보안
119

삐뽀삐뽀 보안 119

© 2022. 문광석 All Rights Reserved.

1쇄 발행 2022년 9월 6일

지은이 문광석
펴낸이 장성두
펴낸곳 주식회사 제이펍

출판신고 2009년 11월 10일 제406-2009-000087호
주소 경기도 파주시 회동길 159 3층 / **전화** 070-8201-9010 / **팩스** 02-6280-0405
홈페이지 www.jpub.kr / **원고투고** submit@jpub.kr / **독자문의** help@jpub.kr / **교재문의** textbook@jpub.kr

소통기획부 김정준, 이상복, 송영화, 권유라, 송찬수, 박재인, 배인혜
소통지원부 민지환, 김정미, 서세원 / **디자인부** 이민숙, 최병찬

진행 및 교정·교열 장성두 / **내지디자인** 이민숙 / **내지 편집** 블랙페이퍼 / **표지디자인** 미디어픽스 / **삽화** 정진호
용지 에스에이치페이퍼 / **인쇄** 한승문화 / **제본** 일진제책사

ISBN 979-11-92469-21-8 (93000)
값 29,000원

제이펍은 독자 여러분의 아이디어와 원고 투고를 기다리고 있습니다. 책으로 펴내고자 하는 아이디어나 원고가 있는
분께서는 책의 간단한 개요와 차례, 구성과 저(역)자 약력 등을 메일(submit@jpub.kr)로 보내주세요.

삐뽀삐뽀

보안
119

문광석 지음

Jpub
제이펍

추천사 15
머리말 18
이 책의 특징 20
베타리더 후기 24

SECTION 1 | 정보 수집(정찰)

001 인터넷 정보 수집
누군가 나의 정보를 알고 있어요 28

002 자동화 봇
내 PC나 서버에 공격 트래픽이 마구 들어와요 31

003 개인정보 수집
나의 중요한 개인정보(주민등록번호)를 누군가 알고 있어요 34

004 금융정보 피싱
내 개인정보를 이용해 금융정보를 빼내려고 해요 38

005 다크 웹
내 개인정보를 사고팔고 한대요 41

006 법인정보 공격
개인정보와 유사한 연락처 정보는 어떤 정보일까요? 45

007 온라인 마녀사냥
나도 모르는 사이에 나에 대한 토론이 시작됐어요 49

008 불법 AP
무료 와이파이는 좋은 것이 아닌가요? 52

009 패킷 감청
불법 AP로는 무엇을 할까요? 56

SECTION 2 | 정보 추적/활용(조합)

010 연결 공격
사소한 개인정보도 연결되고 조합된다면?　　　62

011 동질성 공격/배경지식 공격
통계적 기법과 사전지식을 이용한 내 정보 빼앗기　　　65

012 쏠림 공격/유사성 공격
민감정보의 분포도와 유사도를 이용한 정보 유출　　　69

013 개인정보 프로파일링
나를 특정해서 만드는 온라인 프로필 공격　　　72

014 사전 공격
알려진 단어 조합의 비밀번호가 위험한 이유　　　77

015 레인보우 테이블
암호화된 비밀번호가 도난당했는데 왜 위험한가요?　　　80

016 크리덴셜 스터핑
타 사이트의 아이디/비밀번호가 도난당했어요　　　85

SECTION 3 | 초기 공격/실수

017 인터넷 기록 유출
찰나의 순간에 유출된 민감한 정보　　　90

018 무차별 대입 공격
제 계정이 끊임없이 잠기고 있어요　　　94

019 비밀번호 추측 공격
설마 제 계정이 몇 번 만에 뚫리겠어요?　　　97

020 웨일링 공격
사장님이 개인 아이디와 패스워드를 물어봐요　　　101

021 공유 폴더 정보 유출
우리만의 공유 공간이 노출되었어요　　　104

022 악성 코드 유포
토렌트랑 파일 공유 사이트를 이용하다가 그만...　　　108

023 **워터링 홀**
자주 가는 사이트만 이용했는데도 바이러스에 감염되었어요　111

024 **스피어 피싱**
지인이 보낸 메일을 열었는데 바이러스에 감염이...　114

025 **보이스 피싱(전화 금융사기)**
경찰청/금융감독원에서 연락이 왔어요　117

026 **액티브 피싱**
평소처럼 사이트에 접근했을 뿐인데...　120

027 **파밍**
URL 주소도 확인했는데 해킹당했어요　123

028 **스미싱**
문자와 카카오톡을 통한 지인의 연락이 해킹으로...　127

029 **블랙메일**
제가 저작권 위반으로 고소를 당한다고 해요　132

030 **멀버타이징**
광고만 봤는데 감염이 되었어요　136

031 **로그아웃 미흡 & ID 저장(자동 로그인) 실수**
공공장소에서 인터넷을 잠깐 사용했는데도 해킹이 됐어요　139

032 **운영 실수**
서비스 운영 업체의 실수로 홈페이지가 꺼졌어요　142

033 **자동실행 공격**
USB 하나를 주웠을 뿐인데...　145

034 **사무실 정보 유출**
무심코 적어놓은 내 책상 위의 인증정보　149

035 **어깨너머 훔쳐보기**
내 어깨너머에서 몰래 본 정보로 사고가 일어났다는데...　152

036 **부재중 정보 유출**
화장실을 다녀왔을 뿐인데 메일 해킹을 당했어요　155

037 **덤스터 다이빙(쓰레기통 뒤지기)**
휴지통을 통한 회사의 기밀 정보 유출 사고　158

038 절도
노트북에 비밀번호를 설정했지만 정말 괜찮을까요?   161

039 따라 들어가기
사무실 문을 출입 통제하고 있는데도 위험할까요?   166

040 백도어
개발상 편의를 위해 만들어놓은 나만의 통로로 해킹이...   169

041 휴민트
친한 지인이 계속 회사의 정보를 물어봐요   172

042 비즈니스 스캠
거래 업체가 갑자기 계좌를 바꾸자고 하네요   175

043 로맨스 스캠
온라인 공간에서의 연애가 해킹으로...   178

044 전자상거래 사기
중고 거래를 했는데 벽돌이 왔어요   181

045 사이버스쿼팅
네이버가 아니라 네버였네요   184

SECTION 4 | 적극적 공격 & 공격 실행

046 위치 추적
누군가 나를 몰래 추적하고 있어요   190

047 드라이브 바이 다운로드
사전에 검사했을 때는 괜찮았는데 나중에 해킹을 당했어요   193

048 바이러스
컴퓨터가 점점 느려지고, 정보가 유출되는 것 같아요   197

049 스마트폰 바이러스
스마트폰이 점점 느려지고, 배터리가 너무 빨리 닳아요   201

050 스마트폰 복제
내 문자와 전화가 다른 사람에게도 가는 것 같아요   204

051 랜섬웨어 – 파일 암호화
화면의 해골 표시와 함께 제 문서 파일이 암호화되었어요   207

052 랜섬웨어 – 화면 잠금
제가 무엇을 잘못했나 봐요.
범죄를 저질렀다고 FBI에서 연락이 왔어요   212

053 랜섬웨어 – 시스템 파괴
부팅 자체가 안 되고 윈도우가 작동하지 않아요   216

054 랜섬웹
내 홈페이지를 더 이상 이용할 수가 없어요   219

055 독스웨어
중요 데이터를 유출하겠다는 협박을 해요   222

056 몸캠 피싱
부끄러운 개인정보를 이용해 유출 협박을 해요   225

057 애드웨어
계속해서 이상한 광고가 떠요   229

058 트로이 목마
PC의 키보드와 마우스가 마음대로 움직여요   233

059 제로데이, 원데이
누구도 막을 수 없는 공격과 반드시 막아야 하는 공격   236

060 충전기 해킹
저렴한 휴대폰 충전기를 꽂았더니...   240

061 공급망 공격
다리미와 냉장고가 해킹해요   243

062 디지털 도어록 공격
우리 집 대문을 누군가 마음대로 여닫는다면?   246

063 아파트 월패드 공격
우리집을 누군가 감시하고 있어요   250

064 무선 공유기 해킹
우리 집의 모든 인터넷이 다 해킹을 당했다면?   254

065 섀도 IT
블로그에서 프로그램을 받으면 해킹당하나요?   258

066 좀비 PC
PC가 느려지고 이상한 행동을 하는 것 같아요   262

067 문자 폭탄
메신저/문자 폭탄으로 스마트폰이 멈췄어요 265

068 디페이스 공격
제 블로그 페이지가 성인 광고로 바뀌었어요 269

069 매크로 포함 문서
문서만 열었는데 PC가 이상해요 272

070 사이버 따돌림
빠져나올 수 없는 지옥 같은 시간 275

071 사이버 스토킹/사이버 성폭력
보이지 않는 곳에서 나를 지켜보는 시선 278

072 사이버 명예훼손
서서히 다가오는 평판 및 이미지 훼손 281

073 SQL 인젝션
대형 개인정보 유출 사고의 대표적인 공격 기법 285

074 XSS/CSRF
난 글만 열어봤는데 이상한 행동을 했다고 하네요 288

075 취약한 접근 제어
다른 지원자의 이력서가 다 보이는 사고가 일어났어요 292

076 딥페이크
누군가 포르노에 제 얼굴을 합성해서 유포하고 있어요 295

SECTION 5 | 지속적인 공격

077 작업 스케줄러 악성 코드
백신으로 치료하고 악성 프로그램을 제거했는데도... 300

078 SNS 계정 유출
누군가 내 계정으로 성인 광고를 하고 있어요 304

079 OS 계정 등록
누군가 내 PC 속에서 몰래 사는 것 같아요 308

080 루트킷
내 PC/서버가 계속 외부로부터 조정당하고 있어요 312

081 크립토재킹(암호화폐 채굴)
내 전자기기가 비트코인을 채굴하고 있어요 316

082 불필요한 브라우저 확장 프로그램
유용하지만 위험한 양날의 검 319

083 파일리스 공격
해킹을 당했는데 악성 프로그램이 없어요 322

084 세션 하이재킹
관리자는 나뿐인데 누군가 몰래 쓰고 있어요 326

085 세션 리플레이
반복된 사용을 통한 악의적인 행동 332

086 서비스 거부 공격(DoS)
서버가 멈췄어요. 모든 이용자가 사용할 수 없대요 332

087 분산 서비스 거부 공격(DDoS)
통신 트래픽이 너무 많아 정상과 비정상을 구분할 수 없어요 335

088 분산 반사 서비스 거부 공격(DRDoS)
전부 정상 사용자인데 계속 공격을 해요 339

089 시간 서버 증폭 공격
시간 서버가 멈춰서 연결된 장비들의 시간이 전부 이상해요 343

090 지속 가능한 서비스 거부 공격(PDoS)
스마트폰, 태블릿 PC 등 각종 무선기기 등이 망가졌어요 346

091 웜
회사 동료가 해킹을 당했는데 저희 팀 전체가 먹통이에요 349

092 보안 로그 및 모니터링 오류
공격을 당했는데 흔적이 없어요 352

093 상용 소프트웨어 취약점
끊임없는 보안 관련 패치를 과연 해야 할까요? 356

094 서비스 종료
비용을 지불한다고 해도 쓰지 말라고 해요. 꼭 필요한데... 360

SECTION 6 | 권한 상승/방어 우회

095 불필요한 권한 상승
사용자 계정 컨트롤(UAC)도 이용하는데 해킹이...   366

096 웹셸 업로드
웹 서버의 모든 파일이 유출되고 지워졌어요   369

097 리버스 셸
분명히 외부에서 요청하는 모든 접속을 차단했는데...   373

098 논리 폭탄
백신이나 샌드박스 같은 보안 솔루션에서도 이상 없었는데...   376

099 백신 무력화
만병통치약인 백신을 설치했는데도 작동하지 않아요   379

100 감사 로그 삭제
윈도우에 열심히 감사 로그를 남겨놨는데 사라졌어요   383

101 보안 솔루션 우회 사용
누군가 허가되지 않은 프로그램을 이용해요   387

102 시스템 파일 위장
윈도우의 기본 프로그램만 띄워져 있는데...   391

103 악성 프로그램 은닉
바이러스 토털에서 검사했는데도 아무것도 안 보여요   395

잠깐 쉬어가기 | 해커는 다 나쁜 게 아니었나요?!?!   399

SECTION 7 | 내부 이동 공격

104 서비스 검사
켜져 있는 시스템, 열려 있는 서비스를 노리는 하이에나   402

105 사내 협업 도구 공격
사내 메신저를 통한 문의라서 믿고 얘기했는데...   405

106 사내 파일 공유 공격
사내 시스템을 사용한 것뿐인데 악성 프로그램에...   408

107 **임시 및 잘못된 구성**
개발이나 테스트용으로 잠시 준비한 것들인데...   412

108 **원격 데스크톱 프로토콜 공격**
항상 열어놓는 서버 접근용 단말기에 취약점이...   416

잠깐 쉬어가기 | 개인정보 유출 사고와 법원 판결   419

SECTION 8 | 조정 & 탈취

109 **자격증명 덤핑 공격**
잠시 자리를 비웠을 뿐인데 내 계정이 털렸어요   422

110 **비밀번호 관리 대장 탈취**
비밀번호를 관리하기 위해 정리해둔 파일이 유출됐어요   425

111 **원격/재택 접속 공격**
회사 PC에 누군가 원격으로 자꾸 접속해요   428

112 **원격회의 공격**
회의 중인데 누군가 몰래 들어와서 정보를 유출해요   431

113 **화면 캡처 유출**
회사의 주요 기밀 데이터가 외부로 유출됐어요   435

114 **키보드 로킹**
타이핑하던 자료가 그대로 해커에게 전달되었어요   438

115 **게임 계정 도용**
소중한 게임 아이템이 사라졌어요   441

116 **SNS 계정 탈퇴**
네이버, 인스타그램 계정이 탈퇴 처리가 되었어요   445

117 **SNS 사칭**
연예인, 유명인인 줄 알고 대화했는데 가짜 계정이었어요   449

118 **웹캠/IP 카메라 해킹**
민감한 사진과 영상이 외부로 유출돼요   452

119 **깃허브 업로드**
기업 자료, 개인정보, 소스 코드가 인터넷에 유포되고 있어요   455

잠깐 쉬어가기 | 모순   459

APPENDIX | 주요 침해사고 대응 및 관리 방법

001 중고 물품 거래 사기꾼 잡기   462

002 온라인 사이버 수사대 신고   468

003 한국인터넷진흥원 신고   473

004 개인정보 유출 소송   477

005 스마트폰 백업과 복원   481

006 윈도우 초기화   488

007 윈도우 10 재설치   490

008 윈도우 11 업그레이드   498

에필로그   501

찾아보기   504

백형충 — 한국정보공학기술사회 회장, 컴퓨터시스템응용기술사, 기술거래사

포스트 코로나 시대에 일상의 모든 영역은 언택트, 즉 비대면으로 가속화되고 있습니다. 우리는 매일 웹사이트에 접속해서 뉴스와 동영상을 보거나 정보를 검색하고 있으며, 이런 흔적은 고스란히 남게 되는데 이는 해킹 공격에 악용될 수 있습니다.

이 책은 저자의 축적된 경험과 지식이 융합되어, 단순히 이론을 소개하는 방식을 넘어 전문적인 보안 지식이 없는 일반인도 보안을 쉽게 이해하고 대응할 수 있도록 집필한 노력이 돋보입니다. 《삐뽀삐뽀 보안 119》가 항상 옆에 두고 참고할 수 있는 보안 가이드가 될 것으로 기대하며 적극적으로 추천합니다.

전상덕 — 김앤장법률사무소 디지털포렌식 전문위원, 한국정보공학기술사회 부회장, 정보관리기술사

디지털 환경이 일상화된 사회에서 IT 기술에 대한 이해는 선택이 아닌 필수입니다. 더군다나 정보 유출과 같은 해킹 위협은 우리 옆에 상존하고 있습니다. 이런 시대에 우선시해야 할 건 해킹에 대비할 수 있는 보안 기술이라고 생각합니다. 이 책 《삐뽀삐뽀 보안 119》는 보안 전문 지식이 없는 일반인에게도 해킹의 위협을 쉽게 우회하고 방어할 수 있는 지식을 전달하는 훌륭한 교재가 될 것입니다.

서정훈 — 엔씨소프트 플랫폼센터 실장, 정보관리기술사, 《PMP Agile 바이블》 공저자

COVID-19 팬데믹은 현대 IT 사회에 많은 영향을 미쳤습니다. 비대면 재택근무와 온라인 수업, 온라인 게임 및 스트리밍과 같은 인터넷 네트워크를 활용한 서비스가 급증하였으며, 이에 따라 코로나19를 악용한 해킹이 증가하고, 비대면 서비스의 약한 고리를 노린 보안 공격도 급증하였습니다.

바로 이 시점에 보안 위협에 대한 증상과 예방 및 대처 방법을 한눈에 볼 수 있는 책이 나왔습니다. 《삐뽀삐뽀 보안 119》는 저자의 다년간 실전 경험과 깊이 있는 노하우를 바탕으로 주변에서 흔히 일어날 수 있는 보안 사고 및 사례를 친절하게 설명하고 있고 유튜브 강의까지 제공하고 있습니다.

이를 통해 보안 전문가가 아니어도 누구나 쉽게 이해할 수 있으며, 위급한 상황과 마주했을 때 침착하게 대응할 방법을 제공하고 있습니다. 보안 위협이 의심된다면 이 책에서 제시한 방법대로 따라 하면 충분히 대처할 수 있을 것입니다. 곁에 두는 것만으로도 보안 위협에 든든한 보안전문가, 《삐뽀삐뽀 보안 119》를 강력히 추천합니다.

곽규복 — LG CNS 보안기술전략팀장 & 전문위원, 정보관리기술사

이 책 《삐뽀삐뽀 보안 119》는 우리가 주변에서 흔하게 겪을 수 있는 다양한 보안 사고를 총망라하고 있습니다. 무려 119개의 꼭지를 통해 보안 사고의 증상과 대응 방법까지 자세히 설명해주는데, 실제 저자가 침해사고 분석 및 대응 업무를 해보지 않았으면 알기 힘든 사례들도 눈에 띕니다. 그러면서 보안에 대한 깊이 있는 지식을 가진 전문가가 아니더라도 쉽게 읽을 수 있게 구성한 책입니다. 보안 사고가 날로 증가하는 요즘, 컴퓨터를 사용하는 모든 일반인이 반드시 곁에 두고 혹시 모를 사태에 대비하면 좋겠습니다.

주성진 — 한화솔루션 CISO

최근 피싱 메일, 스미싱 등 개인을 대상으로 하는 해킹 공격이 증가하고 있지만, 개인이 자신을 보호하기 위한 구체적인 방법은 찾아볼 수 없는 것이 현실입니다. 특히, 주변에

전문가를 찾아 물어보는 것도 여의치 않기 때문에 쉽게 보안 위험에 노출되고 피해를 볼 수밖에 없는 상황입니다. 하지만 이 책을 읽어보는 것만으로도 인터넷, SNS, 무선 공유기 등 일상생활에서 발생 가능한 보안 위협을 쉽게 확인하고, 개인이 자신을 보호하는 가장 효과적인 방법을 찾을 수 있을 것이라 확신하며 추천합니다. 또한, 최근 재택근무의 증가에 따라 개방된 환경에서 근무하고 있는 임직원들의 보안 위험에 대해 고민하는 기업의 보안 조직에서 보안 대책을 설계하는 데에도 도움이 되리라 생각합니다.

김두민 — SK텔레콤 정보보호팀, 차세대 보안리더 양성 프로그램 BoB 멘토

COVID-19는 WFA Work From Anywhere 시대를 앞당겨 일하는 방식의 큰 변화를 가져왔지만, 미흡한 보안 대책과 이를 노리는 해커의 공격 증가로 그 어느 때보다 큰 보안 위협에 직면하게 되었습니다. 이에 저자는 다양한 사고 대응 및 보안 활동을 통한 노하우와 전문성을 바탕으로 《삐뽀삐뽀 보안 119》를 집필하였으며, 보안 사고가 사전 예방 못지않게 사후 대처도 중요하다는 것을 역설하였습니다. 보안 관련 사고가 의심이 들 때 책을 펼치면 마치 아군이 옆에서 든든히 지켜주고 있다는 안도감을 느낄 수 있을 것입니다.

보안업계 종사자는 물론 개인정보 보호에 진심인 분, 그리고 보안 관련 사고에 많은 부담을 가지고 있던 분들에게 추천합니다. 쉽고, 간결하고, 매력적인 책입니다!

해킹 사고 대응에 가장 쉬운 매뉴얼을 만들고자 했습니다!

평상시 보안에 대해 별 관심이 없는 분들도 보안 업무 담당자를 찾을 때가 있습니다. 바로 IT 보안 사고가 났을 때입니다. 또한, 다양한 보안 관련 오픈채팅방이나 커뮤니티에서 많은 분이 해킹 사고와 관련하여 문의하는 모습을 많이 보았습니다. 컴퓨터 공학을 전공한 사람들에게 컴퓨터 조립 방법을 물으면 잘 모른다고 하거나 귀찮아하는 것처럼, 보안 업무를 하는 사람들에게 해킹 사고 대응에 관해 물으면 역시 비슷한 반응을 보입니다. 그래서 '일반인에게 IT 보안 관련 사고가 발생했을 때 사고 대응 방법을 어떻게 하면 쉽게 전달할 수 있을까'라는 고민에서 이 책이 시작되었습니다.

보안에 관한 지식이 전혀 없는 사람 누구라도 해킹 사고나 IT 보안 관련 사고가 발생했을 때 참고하면서 사고에 대응할 수 있는 친절한 책을 꿈꾸며 집필한 책입니다. 그래서 보안 지식이 부족한 비전공자들이 가장 궁금해하는 주제와 주변에서 흔히 발생하는 해킹 사고 위주로 선별하였습니다. 해킹 공격 기법의 프레임워크인 MITRE ATT&CK나 사이버 킬체인과 같은 공격 기반의 분류는 보안을 처음 접하거나 당장 사고에 대처하려는 분께는 와닿지 않을 것입니다. 그래서 이용자 측면에서 쉽게 이해할 수 있도록 PC와 스마트폰, 시스템 등에서 일어날 수 있는 사고를 기준으로 정리했습니다.

물론, 책에서 설명하지 않는 보안 위협도 있을 것입니다. 그러나 가벼운 보안 사고라도 실제로 발생하면 우리는 당황하여 어찌할 바를 모르게 되기 쉬운데, 이 책은 그럴 때발 빠르게 대처할 수 있도록, **집 안의 상비약처럼 언제나 내 옆을 지켜줄 든든한 보안 가이드**가 될 것이라 확신합니다.

끝으로, 항상 저에게 힘이 되어준 가족과 여러 동료, 그리고 출판사 관계자들께 고마움을 표합니다. 무엇보다도 저를 항상 돌봐주시는 하나님께 가장 큰 감사를 드립니다.

지은이 **문광석**

① 알기 쉬운 사고 발생 원인 및 사고 대응 방안 제시

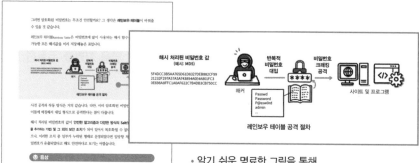

• 알기 쉬운 명료한 그림을 통해
사고 발생 원인 이해

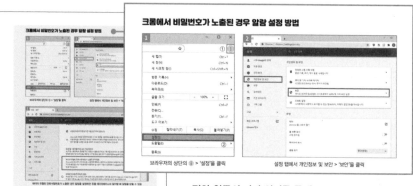

• 절차 위주의 따라 하기를 통해
손쉬운 사고 대응

2 예시와 정의를 통한 알기 쉬운 설명

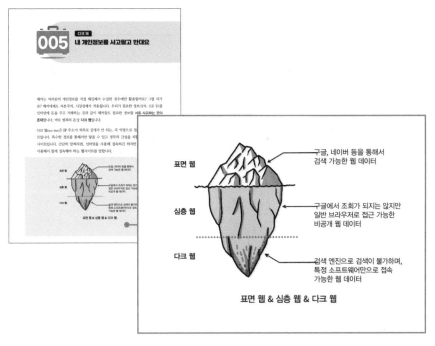

- 텍스트 위주의 설명보다는 **예시**를 통해 빠른 이해를 유도

- **정의** 기반의 명료한 설명

  예) 다크 웹: 검색 엔진으로 검색이 불가하며, 특정 소프트웨어만으로 접속 가능한 웹 데이터

자세한 설명은 다음 동영상을 참고하세요.
https://bit.ly/Security_001

- 보충 설명이 필요한 내용은
  저자의 온라인 **무료 특강** 제공

해커들의 인터넷 정보 수집Internet Information Gathering의 대표주자 **구글 해킹**Google Dork은 구글이 제공하는 검색 문법을 통해 보안이 취약한 곳을 찾아 상세히 검색하는 해킹 기법을 말합니다. 여러분의 일상생활에서도 사용할 수 있는 좋은 기법입니다.

구문	의미	예시
" "	" " 안에 들어간 문구를 찾는다.	"해킹 사고"
FILETYPE	특정 확장자를 가진 파일을 검색한다.	filetype:ppt
SITE	특정 사이트에 한정하여 검색한다.	site:naver.com
INTITLE	검색어가 포함된 타이틀을 검색한다.	intitle:키워드
INURL	검색어가 포함된 URL을 검색한다.	inurl:security
INTEXT	검색어가 포함된 본문을 검색한다.	intext:incident

위와 같은 방식으로 하면 좀 더 정확하게 원하는 정보를 찾을 수 있습니다. 공격에도 많이 이용되지만, 평상시에도 이용하기 좋겠죠.

검색엔진에서 '해킹 site:naver.com filetype:pdf'라고 입력하면 네이버에서 해킹과 관련된 각종 PDF 파일이 검색될 겁니다. 실제 해킹은 이것보다는 좀 더 상세한 조건과 정보의 조합으로 이루어집니다.

- 정보 수집, 정보 추적/활용, 초기 공격/실수,
  지속적인 공격 등 다양한 영역의 **사고**에 대해
  기술적, 관리적, 물리적 보안 **대응법** 제공

4 증상 확인을 통해 사고의 신속한 예방과 대처

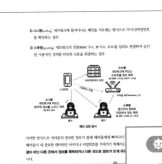

• 보안 사고에 따른 **증상**을 통해
  사고 유형을 빠르게 파악

😈 증상

■ 에러 메시지나 인터넷 브라우저의 이상 표시가 나타납니다.

■ 내 아이디와 비밀번호를 이용해 타인이 로그인을 시도합니다.

■ 평상시보다 접속 시간이 조금씩 느려집니다.

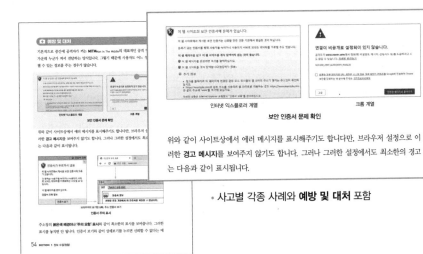

위와 같이 사이트상에서 에러 메시지를 표시해주기도 합니다만, 브라우저 설정으로 이러한 **경고 메시지**를 보여주지 않기도 합니다. 그러나 그러한 설정에서도 최소한의 경고는 다음과 같이 표시됩니다.

• 사고별 각종 사례와 **예방 및 대처** 포함

📖 김미희(이글루코퍼레이션)

지금 이 순간에도 공격자와 방어자 간의 제로섬 게임이 이뤄지는 IT 환경 속에서 무심코 지나친 해킹의 징후를 발견하지 못해 큰 사고로 이어지고 있습니다. 끊임없이 발생하는 해킹의 포화 속에서 우리의 자산과 데이터를 지키기 위해서는 보안의 중요성을 인지하고 예방하는 것이 그 무엇보다 중요합니다. 일각에서는 보안을 귀찮고 어려운 존재라고 치부하기도 합니다만, 이 책을 통해 더 많은 이들이 보안의 필요성에 공감하고 공유할 수 있는 시간이 되었으면 합니다. 다양한 공격 유형과 그 대응법을 보안 비전문가 눈높이에 맞춰 제시하였다는 점이 매우 좋았습니다.

📖 나덕근(경찰청)

일상생활에서 발생하기 쉽고 지나치기 쉬운 보안 상식을 알기 쉽게 정리한 책이라고 생각합니다. 또한, 다양한 공격 기법에 대한 사례를 통해 대응 방법과 예방 방법 등을 보안 초보자도 쉽게 이해할 수 있게 구성되어 있어서 보안을 처음 접하는 분들에게 좋은 가이드가 될 것 같습니다.

📖 서도현(삼성물산)

보안은 많은 경험과 지식을 바탕으로 하는 종합적인 분야이지만, 이 책은 복잡한 해킹 원인과 방어 기법 등 다양한 보안 지식을 과도한 해석 없이 누구나 이해하기 쉽고 깔끔하게 설명하고 있습니다. 랜섬웨어 등 잇따른 대형 보안사고 발생으로 사회적 위기 의식과 국민적 관심이 고조된 이 시점에, 이 책은 보안 담당자뿐만 아니라 일반 독자에게도 제대로 된 '보안 리터러시'를 제공할 것입니다.

📖 신은수(아마존웹서비스코리아)

이 책은 IT 보안 분야에서 일하는 전문가뿐만 아니라 학생이나 주부와 같은 일반인에 이르기까지, 자신의 데이터를 보호하고 중요한 자산을 지키기 위한 방법을 아주 쉽고 간결하게 풀어 설명하고 있습니다. 보안 강화가 필요한 기업 담당자나 보안에 관심 있는 개인이라면 부담 없이 가볍게 읽기 바랍니다. 이 책이 여러분을 다양한 위협으로부터 안전하게 지켜줄 것입니다.

📕 **안호영**(금융보안원)

이 책은 일상생활에서 무심코 지나쳤던 다양한 보안 관련 사례를 폭넓게 다루고 있습니다. 최신 보안 이슈에 대한 원인과 증상, 예방 및 대처 방법까지 체계적으로 구성하고 있으며, IT나 보안을 잘 모르는 일반 독자를 포함하여 기업의 IT 보안 담당자들에게도 도움이 될 정도로 다양한 상황을 알기 쉽게 풀어주는 책입니다. IT 기기와 떼려야 뗄 수 없는 현대 사회에서 누구에게나 일독을 권하게 만드는 책입니다. 전체적으로 구성이 깔끔하고 읽기 쉽게 잘 집필된 것 같습니다.

📕 **윤영빈**(《수제비 정보처리기사》 저자)

보안이라는 무거우면서 중요한 분야를 일반인들도 쉽게 접근할 수 있도록 만든, 보안의 A부터 Z까지 잘 정리된 책이었습니다.

📕 **이용원**(에이스손해보험)

공격자의 관점에서 각 공격 단계별 보안 사건이 내 주변에 어느 정도까지 일상화되어 있는지를 쉽게 풀어 설명한 점이 신선했습니다. 사건을 재구성하고, 증상과 예방 및 대처 방법을 안내하며, 보안 자격시험에서나 접하던 최신의 주제까지도 포함하고 있는 것이 좋았습니다.

📕 **허원석**(김앤장법률사무소)

이 책은 정보 보안에 관심을 두고 알고 싶어 하는 분들 모두에게 유익한 도서입니다. 처음 접하는 분들도 쉽게 이해할 수 있게, 그리고 잘 모르는 분야에 대한 두려움을 줄여드리기 위해 읽기 편한 문체를 사용하는 등 많은 배려와 노력의 결실이 돋보이는 책입니다. 제목처럼 119개의 정보보안 위험을 다룬다는 것이 쉬운 게 아님에도 하나하나 보안 사고의 내용과 증상, 대응 방안이 탄탄하게 표현된, 일반인을 위한 최고의 IT 보안 도서라 말씀드리고 싶습니다.

☐ 인터넷 정보 수집

☐ 자동화 봇

☐ 개인정보 수집

☐ 금융정보 피싱

☐ 다크 웹

☐ 법인정보 공격

☐ 온라인 마녀사냥

☐ 불법 AP

☐ 패킷 감청

SECTION 1

정보 수집(정찰)

현대 사회에서 모든 전쟁의 시작은 정보전입니다. 사이버 세상도 다르지 않습니다. 해커들도 여러분을 공격하기 위해서 여러 정보를 수집하는 것부터 시작합니다. 여러분을 공격할 수 있는 정보를 하나씩 수집하고 이를 서로 연결하여 공격합니다. 점점 조여 들어오는 해커의 공격 기법에 따라 여러분의 정보는 다양한 경로로 수집되고 있습니다. 이 섹션에서는 모든 해커의 공격 시작점인 정보 수집 단계에 대해 알아보겠습니다.

001

누군가 나의 정보를 알고 있어요

자세한 설명은 다음 동영상을 참고하세요.

https://bit.ly/Security_001

여러분은 필요한 정보나 궁금한 것이 있으면 무엇을 하나요? 당연히 검색부터 할 겁니다. 네이버나 구글과 같은 검색엔진을 통해서요. 그렇다면 해커들은 어떻게 궁금증을 해소할까요? 해커들 또한 다르지 않습니다. 그들도 공격 대상을 목표로 검색합니다.

인터넷 정보 수집 Google Dork

해커들의 인터넷 정보 수집Internet Information Gathering의 대표주자 구글 해킹Google Dork은 구글이 제공하는 검색 문법을 통해 보안이 취약한 곳을 찾아 상세히 검색하는 해킹 기법을 말합니다. 여러분의 일상생활에서도 사용할 수 있는 좋은 기법입니다.

구문	의미	예시
" "	" " 안에 들어간 문구를 찾는다.	"해킹 사고"
FILETYPE	특정 확장자를 가진 파일을 검색한다.	filetype:ppt
SITE	특정 사이트에 한정하여 검색한다.	site:naver.com
INTITLE	검색어가 포함된 타이틀을 검색한다.	intitle:키워드
INURL	검색어가 포함된 URL을 검색한다.	inurl:security
INTEXT	검색어가 포함된 본문을 검색한다.	intext:incident

위와 같은 방식으로 하면 좀 더 정확하게 원하는 정보를 찾을 수 있습니다. 공격에도 많이 이용되지만, 평상시에도 이용하기 좋겠죠.

검색엔진에서 '해킹 site:naver.com filetype:pdf'라고 입력하면 네이버에서 해킹과 관련된 각종 PDF 파일이 검색될 겁니다. 실제 해킹은 이것보다는 좀 더 상세한 조건과 정보의 조합으로 이루어집니다.

🦠 증상

- 여러분의 블로그, 인스타그램, 페이스북, 홈페이지 등에서 조회 수가 갑자기 증가합니다.
- SNS에서 모르는 사람으로부터 친구 추가나 메시지 수신이 발생합니다.
- 내 PC나 개인 블로그에 해외 트래픽 유입이 증가합니다.

구글에서 여러분에 대한 정보를 검색합니다. 전화번호, 이름과 같은 개인정보를 포함해서 하면 더 좋겠죠. 찾으셨다면 **구글 검색 센터**[1]**를 통해 검색 결과에 대한 삭제를 요청할 수 있습니다.**

구글에서 내 정보 삭제하기

가장 좋은 예방법은 인터넷에 불필요한 중요 정보를 처음부터 올리지 않는 것입니다. 개인정보의 조합이 새로운 공격 포인트가 되기 때문입니다.

⊕ 한 줄 대응
불필요하게 노출된 검색 결과를 삭제하고 처음부터 노출되지 않도록 주의한다!

---

1   https://developers.google.com/search/docs/guides/advanced/remove-information?hl=ko

자동화 봇

내 PC나 서버에 공격 트래픽이
마구 들어와요

검색엔진은 어떻게 여러분의 정보나 회사의 중요한 정보를 찾을 수 있을까요? 바로 자동화된 검색 봇을 이용하기에 가능합니다. **자동화 봇**Automated Bot은 특정 작업을 수행하도록 만들어진, 즉 프로그래밍된 소프트웨어를 말합니다. 이렇게 자동화된 봇은 여러 용도로 이용됩니다.

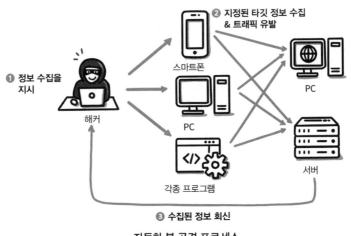

자동화 봇 공격 프로세스

정보를 수집하거나 대량의 트래픽을 유발시키는 자동화 봇의 공격을 받으면 내 PC나 서버가 느려지는 현상을 느낄 수 있습니다. 이러한 자동화 봇을 통해 공격하는 방식의 대표 주자로는 **DDoS**Distributed Denial of Service라고 불리는 분산 서비스 거부 공격이 있습니다. 봇을 이용한 공격은 **분산 서비스 거부 공격(087)**에서 자세히 다시 알아보겠습니다.

☠ 증상

- **홈페이지나 블로그가 정상적으로 표시되지 않습니다.**
- **PC나 서버가 갑자기 먹통이 되면서 느려지는 시작하는 증상이 발생합니다.**
- **공격자로 악용되어 좀비 PC(066)나 좀비 스마트폰이 됩니다.**

💼 예방 및 대처

PC라면 Windows Defender 방화벽을 '사용'으로 변경해야 합니다. 방화벽을 통해 불필요한 트래픽을 차단해서 PC로 몰려드는 부하와 검색을 막을 수 있습니다. **윈도우 버튼을 누른 후, 'Windows Defender'를 입력하고 엔터키를 누르면 개인용 PC 방화벽인 Windows Defender를 사용**할 수 있습니다. 다음 그림과 같이 방화벽 사용을 안 하고 있다면, '**권장 설정 사용**'을 누르면 자동으로 방화벽이 활성화됩니다.

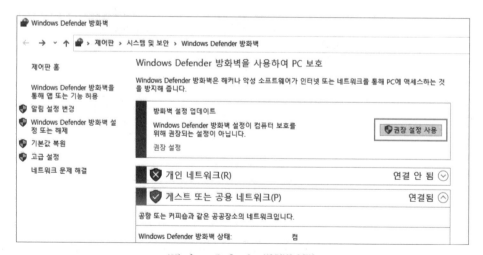

Windows Defender 방화벽 설정

전문적인 방안으로는 **윈도우의 서버 관리용 프로그램인 Sysinternals의 TCP View 프로그램이나 명령어 창에서 Netstat 명령어(netstat -na | findstr [서비스 포트])를 통해 접속된 네트워크 트래픽들을 확인해 방화벽에 수기로 추가**하여 차단하는 방법도 있습니다.

별도의 클라우드/자체 서비스 제공자(AWS, 네이버, 구글 등)를 통해서 서버를 사용하는 경우라면 **디도스 대응 서비스(예: AWS Shield Advanced)**를 이용하는 것도 좋은 방법입니다. 특히, 여러분의 서버에 검색 봇의 접근이 많아서 줄이고 싶다면 서버 루트 디렉터리(서비스를 제공하는 최상위 폴더)에 **robots.txt 파일**을 둬서 하위 데이터 검색을 막을 수 있습니다.

최상위 폴더(루트)의 페이지만 허용		모든 검색 엔진의 로봇에 대해 허용	
User-agent: *		User-agent: *	
Disallow: /		Allow: /	
Allow: /$			
네이버 검색 로봇만 수집 허용		**모든 검색 로봇에 대해 불가**	
User-agent: *		User-agent: *	
Disallow: /		Disallow: /	
User-agent: Yeti			
Allow: /			

Robot.txt 파일 설정 방법

기업용 서버라면 방화벽, Anti-DDoS, IPS 등과 같은 다양한 **보안 솔루션**을 이용하거나 IP 블랙리스트를 이용한 차단을 통해서도 자동화 봇을 막을 수 있습니다.

⊕ 한 줄 대응

PC는 Windows Defender 방화벽으로, 서버라면 디도스 방어 서비스를 이용하고 서버에 Robots.txt 파일을 설정한다!

개인정보 수집

나의 중요한 개인정보(주민등록번호)를 누군가 알고 있어요

해커는 인터넷을 통해 여러분의 중요한 정보를 불법적으로 수집하여 사용하고 있습니다. 그중 제일 많이 수집하는 정보가 개인정보입니다.

여러분의 개인정보가 유출되면 다양한 공격에 이용될 수 있습니다. **금융정보 피싱** (**004**), **크리덴셜 스터핑**(**016**) 등과 같은 공격은 이후에 다시 알아보겠습니다.

한편, 개인정보 수집이 단순하게 개인정보 유출이라는 문제를 넘어 비밀번호 조합으로도 많이 이용되고 있습니다. 그래서 사이트 중에서는 개인정보의 조합으로 만들어지는 비밀번호를 사용하지 못하도록 막는 경우도 있습니다. 그렇다면 **개인정보**는 무엇일까요?

개인정보Personal Information는 성명, 주민등록번호 등을 통하여 살아있는 개인(죽지 않은 사람)을 알아볼 수 있는 정보와 컴퓨터 IP 주소, 이메일 등 다른 정보와 쉽게 결합하여 개인을 알아볼 수 있는 정보를 말합니다.

    1) 일반정보: 이름, 전화번호, 주소, 생년월일, 출생지, 성별, 국적 등

    2) 가족정보: 가족 구성원 이름, 출생지, 직업, 생년월일, 전화번호 등

    3) 교육/훈련정보: 최종 학력, 학교 성적, 자격증, 훈련 프로그램, 동아리 등

    4) 병역정보: 군번 및 계급, 제대 유형, 주특기, 근무 부대 등

5) 부동산정보: 소유 주택, 토지, 자동차, 상점 및 건물 등

6) 소득정보: 급여, 보너스, 수수료, 기타소득, 이자소득, 사업소득 등

이외에도 신용정보, 고용정보, 법적정보, 의료정보, 조직정보, 통신정보, 위치정보, 신체정보, 취미정보까지 다양한 정보가 존재합니다. 특히, **주민등록번호, 운전면허번호, 여권번호, 외국인등록번호**와 같이 하나의 정보만으로도 개인을 특정 지을 수 있는 중요한 정보를 **고유식별정보**라고 합니다. 앞에서 언급한 다양한 개인정보 이외에도 고유식별정보가 노출된 경우에는 쉽게 변경할 수도 없어서 피해가 더욱 클 것으로 예상됩니다.

이러한 개인정보가 여러 곳에 분산되어 있고, 해커들은 이러한 정보를 수집하여 해킹에 이용합니다. 그럼, 해커들은 어떻게 여러분의 개인정보를 수집할까요?

가장 기본적으로는 여러분이 다른 사람이 볼 수 있도록 외부에 공개한 자료를 통해서 수집합니다. 즉, **인스타그램, 페이스북, 블로그**와 같은 경로를 통해서 수집합니다. 여러분의 사진, 이름, 학력, 이메일, 운이 좋으면 전화번호까지 얻을 수도 있습니다. 앞에서 얻은 정보로 추가적인 검색을 하겠죠. 여러분의 **전화번호**로 구글 검색이나 네이버 검색을 진행해서 각종 정보를 수집합니다. 특히, 보안이 취약한 쇼핑몰에서 인터넷 구매를 한 경우라면 여러분의 **주소**까지 검색될 수 있습니다. 해커가 마음먹고 표적화한 검색에 들어가면 여러분의 거의 모든 개인정보를 '탈탈' 털 수 있습니다.

☣ 증상

- 여러분에게 텔레마케팅 전화가 더 자주 걸려옵니다.
- 광고 문자 및 음란 문자가 오는 경우도 있습니다.
- 직접적인 금융정보 취득을 위한 금융정보 피싱(**004**) 전화가 늘어나기도 합니다.

➕ 예방 및 대처

주기적으로 본인의 이름이나 전화번호와 같은 정보를 검색해 봅니다. 검색엔진에서는 주기적으로 키워드를 기반으로 정보를 수집합니다. 따라서 여러분과 관련된 검색어로 검

색되는지를 확인해서 개인정보가 유출되었는지를 확인해봐야 합니다.

불필요한 개인정보가 검색된 경우라면 **인터넷 정보 수집(001)**과 같이 **구글이나 네이버에 검색 결과에 대한 삭제를 요청**합니다.

보안이 부족한 쇼핑몰에서 물건을 구매하는 것을 자제해야 합니다. 별도의 결제 페이지가 없거나 게시판에 전화번호를 등록하여 구매하는 시스템이라면 구매를 자제하는 것이 좋습니다. 특히, 게시판을 통한 견적 문의나 예약은 나의 연락처는 물론이고, 내가 행사 참여를 위해 예약하는 것이기 때문에 행사의 참석 여부도 노출될 수 있습니다. 또한, 단순 비밀글로만 보호한 경우가 많아서 우회 접근이 가능하기도 하고, 비밀번호가 쉬운 경우나 관리자의 실수로 비밀글이 풀리면 나의 개인정보가 외부로 유출되기 더 쉬울 것입니다. 실제로 간단한 검색을 통한 이런 부류의 사건/사고는 비일비재하게 발생하고 있습니다.

견적문의 및 예약확인 게시판

No	카테고리 ▾	제목	글쓴이	업데이트	조회수
⚐	공지사항			2020-09-16	1860
1313	견적문의			2일전	2
1312	견적문의			2일전	11
1311	예약확정	게시판을 통해		2021-02-17	9
1310	예약확정	견적이나 예약을 받는 경우		2021-02-17	7
1309	예약확정	비밀글로 하더라도		2021-02-17	12
1308	예약확정	개인정보는 존재		2021-02-17	6
1307	예약확정	실수로 접근 가능?!		2021-02-16	13
1306	예약확정			2021-02-16	10
1305	예약확정			2021-02-16	14
1304	예약확정			2021-02-16	17

게시판을 이용한 취약한 예약 & 견적 요청

보안이 취약한 사이트는 사용한 이후 회원 탈퇴로 개인정보를 제거해야 합니다.

해커가 개인정보 수집을 못 하도록 하는 제일 좋은 방어법은 불필요한 개인정보를 인터넷 세상에 남기지 않는 것입니다. 내가 의도하건 의도하지 않았건 간에 실제 나의 개인정보는 인터넷 곳곳에 숨어 있습니다. 여러분이 생활하는 지금 이 순간에도 개인정보는 어딘가에 남겨지고 있습니다. 여러분이 스마트폰으로 소셜커머스에서 물건을 검색하고, 결제하고, 배송하면 여러분의 결제 및 배송 기록이 다 남겠죠. 이런 사소한 곳에서부터 각종 기록이 남습니다. 꼭 드릴 말씀이 있습니다. 이순신 장군님이 말씀하셨던 것처럼 "나의 개인정보를 적들에게 알리지 마라!"

⊕ 한 줄 대응
유출된 개인정보는 삭제하고, 불필요한 사이트에서는 탈퇴하고, 보안 수칙을 지키며 쇼핑한다!

금융정보 피싱

004
내 개인정보를 이용해
금융정보를 빼내려고 해요

개인정보만으로 돈이 될까요? 물론, **다크 웹(005)**에서 거래하는 경우는 돈이 될 수도 있습니다. 그렇지만 개인정보 자체만으로는 해커에게도 당장 돈이 되지는 않습니다. 그러면 개인정보를 어떻게 돈으로 만들 수 있을까요? 개인정보를 금융정보로 변경하는 과정이 필요합니다. 바로 여러분에게 사기를 쳐서 각종 금융정보를 얻어내는 과정이죠.

금융정보 피싱 Financial Information Phishing은 개인에게 거짓으로 작성된 메일이나 메시지 등을 전달해 금융정보를 취득한 후 범죄에 악용하는 공격 기법입니다.

혹시 다음과 유사한 메일을 받아본 적이 있나요?

"안녕하세요? Mr. Kim. 나는 이스라엘에서 변호사를 하는 Mr. ABC라고 합니다. 제가 연락을 드린 이유는 이스라엘의 부자인 Mr. Buja Kim이 지인 없이 죽었기 때문입니다. 그래서 같은 이름을 가진 당신에게 해당 증여를 하려 합니다. 저와 1/2씩 분할해서 갖는 조건으로 당신에게 제안하려고 합니다. HSBC 1234-5678-91011로 1만 원을 송금하고 당신의 **계좌번호를 이메일로 회신**해주면 추가로 안내하겠습니다."

말도 안 되는 내용이죠? 하지만 생각보다 이런 식의 **피싱**Phishing(개인정보 + 낚시) 메일은 상당히 많습니다. 보안 기술이 발달하면서 네이버, 구글 등과 같이 메일 서비스를 이용하는 곳에서 이러한 금융정보 피싱 메일을 상당수 막아주고 있습니다만, 100% 보호되지는 않습니다. 여러분의 조직도 마찬가지입니다. 또한, 메일로만 여러분을 공격하지 않습니다. SNS와 같이 다양한 방법으로 여러분에게 접근해서 금융정보를 빼내려거나 실제로 금전적인 사기를 치려는 사람도 많지만, 현실적으로 모두 차단할 수는 없습니다. 그렇다면 여러분을 공격하는 금융정보 피싱을 어떻게 막아야 할까요?

☣ 증상

- 영문으로 장문의 메일이 오는 경우가 많아집니다.
- 모르는 사람으로부터 친분이 있는 듯한 제목으로 메일이 옵니다.
- 메일만이 아니라 SNS 등과 같은 다양한 방법으로 여러분에게 지인인 척 가장하여 메시지 등을 통해 연락해옵니다.

⚕ 예방 및 대처

일반 문자 메시지는 전화번호가 보이기 때문에 해커들은 좀 더 편리하고 정체를 알기 어려운 카카오톡을 선호하는데, 실제 카카오톡에서 표시되는 **별도 친구 경고, 해외 지구본 경고**가 발생했다면 의심을 해보고 금융정보나 돈을 절대로 전달하지 않아야 합니다. **신고 버튼을 누르면 차단됩니다.**

이상한 메일에는 회신하지 않아야 합니다. 회신하게 되면 여러분의 대화를 기반으로 개인정보 취득이나, 더 나아가 최초의 목적대로 금융정보를 요구할 것입니다. **모든 금융거래정보 요구에는 일절 응대하지 않아야 합니다.**

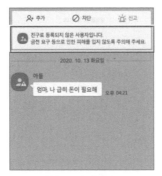

별도의 친구 표시 경고(국내인 경우)

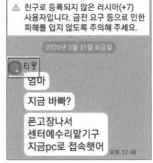

지구본 모양에 추가 경고(해외인 경우)

메신저를 통한 금융정보 피싱 사례(카카오톡)

대부분은 비대면 특성을 지닌 메시지나 메일의 형태로 전달되기 때문에 **연락해온 상대방의 신분을 전화로 확인**해야 합니다. 연락이 안 될 때에는 **별도의 지인**(회사 동료, 친구) 등을 통해서 상황을 파악해야 합니다.

혹시라도 연락이 안 되는 동안 너무 걱정되거나 속아서 금융거래정보를 전달해 유출했다면, **유출된 정보는 곧장 해지하거나 폐기**하기를 권장합니다.

⊕ **한 줄 대응**

의심되는 메일이나 메시지는 전화 등을 통해 당사자가 누군지 확인하고, 유출된 정보는 바로 폐기한다!

다크 웹

내 개인정보를 사고팔고 한대요

해커는 여러분의 개인정보를 직접 해킹해서 수집한 경우에만 활용할까요? 그럴 리가요? 해커에게도 자본주의, 시장경제가 적용됩니다. 우리가 필요한 정보(강의, 신문 등)를 인터넷에 돈을 주고 거래하는 것과 같이 해커들도 필요한 정보를 **서로 사고파는 곳이 존재**합니다. 바로 범죄의 온상 **다크 웹**입니다.

다크 웹 Dark Web은 IP 주소가 외부로 공개가 안 되는, 즉 익명으로 접속이 가능한 사이트입니다. 특수한 경로를 통해서만 닿을 수 있고 정부의 간섭을 피할 수 있는 폐쇄형 사이트입니다. 간단히 말하자면, 인터넷을 사용해 접속하긴 하지만 특정 프로그램을 이용해서 몰래 접속해야 하는 웹사이트를 말합니다.

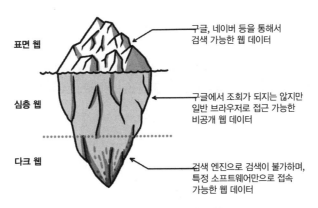

표면 웹 ← 구글, 네이버 등을 통해서 검색 가능한 웹 데이터

심층 웹 ← 구글에서 조회가 되지는 않지만 일반 브라우저로 접근 가능한 비공개 웹 데이터

다크 웹 ← 검색 엔진으로 검색이 불가하며, 특정 소프트웨어만으로 접속 가능한 웹 데이터

표면 웹 & 심층 웹 & 다크 웹

여러분이 일반적으로 검색을 통해서 얻는 정보는 **표면 웹**Surface Web 데이터입니다. 이 데이터는 모든 사람이 노력만 하면 얻을 수 있는 자료입니다. 관계가 있는 사람, 허용 권한이 있는 사람만이 얻을 수 있는 데이터들도 있습니다. **심층 웹**Deep Web 데이터라고 불리는데, 이는 회원이나 지인의 관계를 통해 얻는 데이터입니다. 이것보다 더 숨겨진 데이터로는, 아무나 접근하지 못하고 정해진 특정 소프트웨어로만 접근할 수 있는 **다크 웹**Dark Web 데이터도 존재합니다.

다크 웹의 데이터에는 어떤 것이 있을까요? 총기, 마약, 의약품들과 같은 불법적인 물건 거래부터 포르노와 같은 음란물까지 있는데, 이들 데이터는 각종 범죄에 많이 이용됩니다. **실크로드**Silk Road라고 불리는 다크 웹이 유명한 적이 있었는데, 각종 불법적인 물품을 비트코인을 통해서 거래했습니다. 현재는 최초의 운영자가 체포되고 사이트는 폐쇄되었습니다. 이처럼 범죄를 종용하는 웹사이트들이기 때문에 접속해서 가입하거나 결제할 경우 범죄로 분류될 수도 있으니 주의해야 합니다.

그러면 범죄자나 해커는 이러한 다크 웹에서 무엇을 할까요? 여러분의 개인정보나 해킹에 필요한 도구를 사고팝니다. 혹시 **RaaS**Ransomware as a Service라고 들어본 적이 있나요? 랜섬웨어 공격 프로그램을 판매하는 서비스입니다. 클라우드가 유행되면서 IaaS(인프라 서비스), PaaS(플랫폼 서비스), SaaS(소프트웨어 서비스)와 같은 서비스가 많이 대여되고 있지만, 해킹 도구까지 대여가 되는 것입니다. 이러한 다크 웹에서는 여러분의 이메일 주소, 전화번호, 이름, 계좌번호 등과 함께 다양한 공격 도구를 같이 팔고 있습니다. 참으로 친절한 해커들이죠. 이런 방식으로 도구와 정보를 산 해커들은 여러분을 공격할 것입니다. 당연히 투자한 만큼 돈을 벌어야 하기 때문입니다.

☣ 증상

- **각종 기사를 통해서 개인정보가 대량으로 유출됐다는 소식을 듣게 됩니다.**
- **금융회사나 유출된 사이트로부터 나의 개인정보가 유출됐다는 연락을 받게 됩니다.**
- **유출된 개인정보가 조합된 다양한 공격을 받게 됩니다.**

🧰 예방 및 대처

일반적으로 다크 웹에서는 한두 건의 데이터를 거래하지는 않습니다. 대량의 데이터를 일괄로 구매해서 그중 실제 공격 가능한 사용자를 걸러내는 작업을 수행합니다. 따라서 **해킹으로 의심되는 메일이나 연락을 받았을 때 회신을 하면 안 됩니다.** 회신하는 즉시 여러분의 이메일 주소나 연락처가 살아있다고 인식되어 더 비싸게 팔리고 해커들의 공격 대상이 될 확률이 높아지기 때문입니다.

유출된 데이터 중에서 가장 많은 데이터가 **ID(아이디)와 비밀번호**입니다. 유출된 사이트에서는 법률상 의무조항으로 인해 여러분에게 유출된 정보를 알려야 합니다.

제34조(개인정보 유출 통지 등) ① 개인정보처리자는 개인정보가 **유출**되었음을 알게 되었을 때에는 지체 없이 해당 정보주체에게 다음 각 호의 사실을 알려야 한다.

1. 유출된 **개인정보의 항목**

2. 유출된 **시점과 그 경위**

3. 유출로 인하여 발생할 수 있는 **피해를 최소화**하기 위하여 정보주체가 할 수 있는 방법 등에 관한 정보

4. 개인정보처리자의 대응조치 및 피해 **구제절차**

5. 정보주체에게 피해가 발생한 경우 신고 등을 접수할 수 있는 **담당부서 및 연락처**

　② 개인정보처리자는 개인정보가 유출된 경우 그 피해를 최소화하기 위한 대책을 마련하고 필요한 조치를 하여야 한다.

　③ 개인정보처리자는 대통령령으로 정한 규모 이상의 개인정보가 유출된 경우에는 제1항에 따른 통지 및 제2항에 따른 조치 결과를 지체 없이 보호위원회 또는 대통령령으로 정하는 전문기관에 신고하여야 한다.

개인정보보호법 제34조(개인정보 유출 통지)

개인정보가 유출되었다는 사실이 가입한 사이트로부터 통보받으면 지체 없이 비밀번호를 **전부 변경**해야 합니다. 필요에 따라서는 법적 절차에 따라 구제 조치도 가능합니다. **개인정보 관련 대응 절차는 부록**에서 좀 더 알아보겠습니다.

보안 전문가들은 주기적으로 다크 웹을 검색하면서 유출된 데이터를 **정부 기관에 신고**하기도 합니다. 이러한 기사들을 주의 깊게 보면서 보안사고 기사 이후 개인정보 관련 공격을 많이 받는지 확인해보고 **현저하게 공격 횟수가 상승한 정황이 발견된다면 KISA나 사이버 수사대에 신고**하는 것도 방법입니다.

회사는 유출된 기업 데이터를 다크 웹에 뿌리겠다는 협박을 받을 수도 있습니다. 몇몇 보안 사고를 통해 '한국은 사이버 공격 후 협박을 하면 금전적 이득을 볼 수 있다'는 안 좋은 선례가 발생하기도 했습니다. **해커와 거래를 해서는 절대 안 됩니다.** 거래하는 순간, 여러분은 공격하면 돈이 나오는 해커의 ATM으로 전락하게 됩니다. 반드시 정식으로 신고하여 대응하기를 권합니다.

> ⊕ 한 줄 대응
> 개인정보 유출이 발생했다면 각종 피싱 공격에 절대로 회신하지 않는다!

006

법인정보 공격

개인정보와 유사한
연락처 정보는 어떤 정보일까요?

여러분은 **개인정보 수집(003)**에 대해서 알아보았습니다. 이름, 전화번호, 이메일 정보는 전부 중요한 개인정보로 분류되었습니다. 그렇다면 여러분이 인터넷을 통해 물건을 구매하거나 서비스를 예약할 때 연락하는 전화번호는 어떨까요?

빠른 짜장면 배달, 홍길동 반점(사장 홍길동), 02-1234-5678

이런 정보는 개인정보일까요, 아닐까요? 홍길동 사장님께 전화하고 싶다면 02-1234-5678로 전화할 수 있을 것입니다. 이 전화번호를 모른다면 여러분은 홍길동 반점에서 맛있는 짜장면을 배달시켜 먹을 수가 없겠죠.

개인을 특정하여 나타내지만 개인정보라고 하기에는 애매한, 회사를 나타내는 정보를 바로 **법인정보**라고 합니다. 법인이나 단체에 속해서 그 소속을 대표할 수 있는 정보를 말합니다. 회사의 사장, 임원의 이름 및 대표 전화번호 등이 그 분류에 속합니다.

이러한 법인정보를 통해서도 해킹 공격이 발생합니다. 어떤 식으로 공격을 수행할까요? 법적 분류상으로는 분명히 개인정보와는 다른 정보입니다. 누구나 활용이 가능하고 공개된 정보입니다. 문제는 그 법인정보도 바로 개인에게 귀속된 경우가 많다는 것입니다. 특히, 요즘같이 1인사업자도 많고 내선번호가 아닌 휴대폰을 이용해서 업무를 보는 분들이 많아지면서 이러한 공격은 더 많은 사람에게 손해를 끼치게 되었습니다.

☣ 증상

- 전화로 개인정보를 얘기하면서 금융정보나 금전을 취득하려는 시도가 생깁니다.
- 장난 전화나 통화 불능 상태를 목적으로 하는 전화 폭탄 등과 같은 생활 공격도 받을 수 있습니다.
- 대량의 스팸 메일로 정상적인 업무가 불가능할 수도 있습니다.

🧰 예방 및 대처

공개된 법인정보는 누구나 수집할 수 있지만, 범죄에 사용하라고 허락해준 정보가 아닙니다.

금융정보 피싱(004)이 시도된다면 이 또한 신고 및 대응을 할 수 있습니다. 법인정보라고 해도 개인의 생활을 침해할 권리는 어디에도 없습니다.

장난 전화나 전화 폭탄을 방지하기 위해서는 **업무 전화와 개인 전화를 분리**할 것을 권장합니다. 2개의 스마트폰도 가능하겠지만, 비용상 부담이 된다면 **투넘버 서비스**를 이용하는 것도 좋습니다. **업무에 필요한 별도의 임시 전화번호를 받아서 전화벨 소리를 분리하거나 카카오톡을 분리**한다면, 업무 시간 이외에 걸려오는 불필요한 연락을 피해 사생활을 보호할 수 있습니다. 투넘버 서비스는 통신사 고객센터에 문의 후에 이용할 수 있습니다.

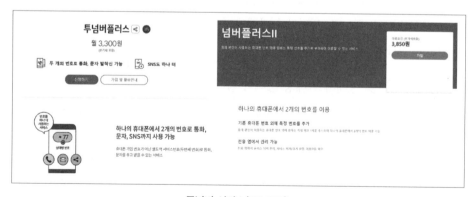

투넘버 서비스(KT, SKT)

정보통신망법에 따라서 문자 메시지와 카톡 등을 반복적으로 보내 위협이나 협박을 통한 공포나 불안을 야기할 경우 형사 처벌을 받을 수 있습니다. 대량의 전화나 문자 등을 통해서 정상적인 업무를 할 수 없게 되었다면 위계에 의한 **업무방해죄**에 속할 수도 있습니다. 다양한 법적 제도를 통해서 여러분은 보호받을 수 있습니다. **악의적인 행위에 대해서는 형사, 변호사를 통해서 법적으로 대응**하기를 바랍니다.

대량의 스팸 메일 때문에 정상적인 업무가 힘들다면 스팸 신고 등을 통해 계속해서 신고 처리를 해주면 됩니다. 처음에는 한두 개라서 귀찮아 신고를 안 할 수도 있으나, 여러 사람이 이러한 스팸 메일에 대해 신고하면 패턴들이 등록돼서 이후 유사한 메일들은 전부 차단할 수 있습니다. 바로 **집단지성의 위대함**이 발휘되는 부분이기도 합니다.

처음에는 귀찮지만
반복하면 패턴으로 등록

🗑 영구삭제   스팸신고   이동 ▾   번역

☆ [광 고] 실시간 스포츠경기 결과예측게임 - 분석하는 재미 + 맞추는 재미 🗗

🔺 보낸사람 VIP ▓▓▓▓▓▓▓▓▓▓▓▓▓▓▓▓▓▓▓▓▓
    받는사람 ▓▓▓▓▓▓▓▓▓▓

<a href=▓▓><h2><font color=purple>
클릭! 먹튀 없는 스포츠토토 ~ 믿고 베팅하세요 막강한 자본력으로 적중시 바로바로 지급 최고의 적중률

(충전후 10%추가 포인트 혜택도 드려요)

불법 스팸 메일 신고 차단

좀 더 효과적이고 전문적인 설정을 해보겠습니다. 다른 상용 메일에도 비슷한 기능이 있기도 합니다만, 가장 보편적인 네이버 메일을 기준으로 설명하겠습니다.

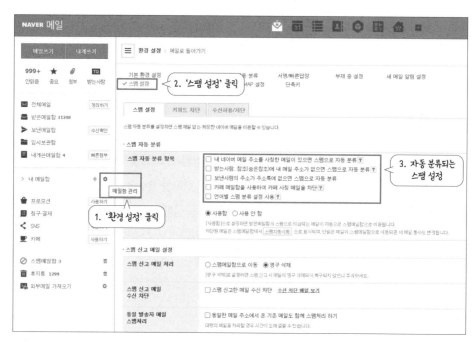

네이버 스팸 메일 자동 분류 설정

메일함 좌측 하단에서 **환경 설정 ➡ 스팸 설정**을 통해서 **자동 분류되는 스팸 설정**을 하면 이전에 여러분이 받았던 상당량의 스팸들이 차단될 것입니다. 물론, 해커들이 공들여서 일반적인 스팸 패턴을 전부 피해 메일을 발송한다면 해당 자동 분류를 회피할 수 있겠지만, 그만큼 해커들은 여러분을 공격하기 위해 많은 시간을 소요해야 합니다. **해커들은 가성비가 좋지 않으면 공격 대상으로 선정하지 않습니다.** 세부 스팸 설정까지 잘되어 있는 상대에게 스팸을 우회하여 보내기 위해서는 시간도 많이 소요되고, 보낸다고 한들 속지 않을 가능성이 크기 때문에 그 사람을 공격하는 것 대신에 다른 대상을 찾아 공격하게 될 것입니다.

이러한 사소한 설정이 여러분을 더 큰 공격으로부터 보호해줄 것입니다. 모든 것은 작은 것으로부터 시작됩니다. 자나 깨나 해킹 조심!

➕ **한 줄 대응**

전화는 투넘버 서비스로 업무와 분리하고, 메일은 스팸 자동 분류를 설정한다!

007 나도 모르는 사이에 나에 대한 토론이 시작됐어요

자세한 설명은 다음 동영상을 참고하세요.
https://bit.ly/Security_007

최근에는 상당수의 사람들이 여유 시간을 인스타그램, 유튜브, 페이스북, 카카오톡과 같은 다양한 온라인 SNS와 커뮤니티를 통해 소모하고 있습니다.

너무 과다하게 사용하다 보니 스스로 자율적인 통제가 불가능한 **사이버(인터넷) 중독** Cyber/Internet Addiction이라는 새로운 병적 증상을 보이는 사람들도 나오고 있습니다. 그만큼 사이버 삶이 중요해지고 있습니다. 사이버 세계의 나, 우리 가게, 우리 회사의 이미지는 현실 세계까지 영향을 미치며 엄청난 여파를 만들어내고 있습니다.

온라인 마녀사냥 Online Witch-Hunt은 SNS 등장 이후에 연예인/유명인만이 아닌 일반인을 대상으로 익명성, 확산성을 기반으로 진위를 파악하지 않고 커뮤니티로 확산시키는 악성 행위를 말합니다. 특히, 사이버 세계에서는 익명의 가면을 쓰고 표현의 자유라는 팻말을 들며 수사관을 자처하는 무책임한 불특정 다수의 사람이 특정 개인의 삶을 망가뜨리고 있습니다.

한번 목표로 특정되면 온라인의 글 하나만으로 마치 혐의가 확정된 것처럼 표현하며, 무차별적인 배포와 확산을 통해 많은 사건을 만들어냈습니다. 김포 보육교사 사망 사건(2018), 광주 맘카페 난폭운전 사건(2018), 240번 버스 사건(2017), 채선당 사건(2012)과 같이 온라인에서 마녀사냥이 증가하고 있습니다. 실제 2018년 아동학대 혐의로 조사받던 경기 김포시 보육교사가 한 맘카페에 실명과 사진이 유포되자 스스로 목숨을 끊는 사건은 온라인 마녀사냥의 피해가 어느 정도까지 위험한지를 나타내는 대표적인 사건이었습니다.

온라인 커뮤니티/SNS 마녀사냥

물론, 그 이야기가 진실일 수 있습니다. 그러나 대부분 불확실한 정보와 한쪽의 일반적인 왜곡된 주장에 따른 인신공격이 온라인을 통해 빠르게 전파되면서 피해자가 발생합니다. 사생활과 신상이 유포되면서 당사자는 엄청난 고통과 피해를 받지만, 온라인에서 공유하는 사람들은 그저 흥밋거리로 개인의 인권을 유린하게 됩니다.

😈 증상

- 갑자기 주위 사람들로부터 나를 걱정하는 연락이 많이 늘어납니다.
- 불특정 다수로부터 욕설 및 비난을 포함한 전화 및 메시지가 옵니다.
- 각종 커뮤니티 및 SNS에 해당 이야기가 마구 배포됩니다.

🩹 예방 및 대처

가장 기본적으로는 **사실관계가 확인되지 않은 글들을 군중심리에 휩쓸려서 전파하는 행위를 하지 않아야 합니다.** 이러한 글들을 전파하는 행위는 정보통신망법상 **사이버 명예**

훼손(072)으로 처벌될 수 있습니다.

이런 사건이 발생했을 때 단순하게 흥밋거리로 생각하여 전달하는 행동은 하지 말고 언론 및 수사기관의 확인 이후에 공표될 때까지 기다리는 성숙한 온라인 문화가 만들어져야 합니다. '**헌법 제27조 제4항 무죄추정의 원칙**'과 같이 형사피고인은 유죄가 확정될 때까지는 무죄로 추정된다는 원칙이 있습니다. 헌법을 무시하면서까지 그 사람을 비난할 수 있는 권리는 그 누구에게도 없을 것입니다. 그러나 이미 발생했다면 피해자 입장에서 어떻게 대처해야 할까요?

일단, **이슈가 발생했다면 온라인의 커뮤니티, SNS 등의 댓글 내용을 확인하지 않는 것이 좋습니다.** 최초의 원문 정도는 신고 및 대응을 위해서 체크를 하고 증거를 수집해야 하겠지만, 그 이상의 온라인 반응을 체크하는 것은 정신 건강을 해칠 뿐 본인에게 도움될 게 없기 때문입니다.

우리가 알고 있는 '허위 사실 유포죄'란 명칭의 죄목은 없습니다. **명예훼손, 허위 사실 공표, 신용훼손** 등과 같은 다른 항목으로 법적 대응을 해야 합니다. 명예훼손 쪽은 이후에 좀 더 다루겠습니다. 일단, **법무법인을 통해 변호사와 상담할 것을 권고**합니다.

피해받은 쪽이 증명 책임을 지고 해야 하는 만큼 전문가와 상담을 통해서 실제 필요한 **증거를 수집하고 같이 형사고소**를 준비해야 합니다.

원론적으로, 이러한 부분은 커뮤니티 및 사이버 문화가 성숙하여 자체적인 규칙을 정하고 조치를 하는 자정적인 변화가 필수적으로 선행되어야 합니다.

➕ 한 줄 대응
제삼자는 사실 관계가 확인되지 않은 글을 전파하지 말고, 피해 당사자는 법무법인을 통해 법적으로 대응한다!

008

불법 AP

무료 와이파이는
좋은 것이 아닌가요?

자세한 설명은 다음 동영상을 참고하세요.

https://bit.ly/Security_008

현대인에게 살아가면서 가장 필요한 환경(인프라)은 무엇일까요? 가까운 지하철역, 집 앞의 마트, 다치면 치료할 수 있는 병원, 직장과 가까운 위치 등 다양한 요소가 많겠지만, '인터넷'이라고 말씀하는 분들도 많을 겁니다.

인터넷이 안 되는 환경에서 24시간만 산다고 생각해보면, 검색엔진도 못 쓰고, 모바일 뱅킹도 안 되고, 재택근무도 못 할 것이며, 다양한 불편함이 생기게 될 것입니다. 그러다 보니 이러한 통신 네트워크도 삶의 중요한 요소가 되었고, 그 중심에 **와이파이**Wi-Fi(무선인터넷망)가 있습니다.

서울시 공공 와이파이, 스타벅스와 같은 커피숍 와이파이 등 다양한 곳에 무료 와이파이가 있고, 많은 사람이 이용하고 있습니다. 여러분도 그중 한 사람일 것입니다. 그런데 이러한 무료 와이파이를 좋아하는 사람은 여러분만이 아닙니다. 여러분을 공격하고자 하는 공격자도 매우 좋아합니다. **불법 AP** 공격이 가능하기 때문입니다.

불법 AP Rogue Access Point는 무료로 공개된 와이파이와 이름을 유사하게 하여 사용자의 통신 데이터를 도청/복제하는 기술입니다.

커피숍을 예를 들어보겠습니다. 해커들은 스타벅스 같은 커피숍에 자리를 잡게 됩니다. 그 이후에 본인의 노트북을 가지고 와이파이를 만듭니다. 인터넷 공유기로만 와이파이를 만드는 줄 아는 분들도 계시겠지만 노트북, 심지어 여러분의 휴대폰으로도 인터넷을 공유할 수 있는 와이파이를 만들 수 있습니다.

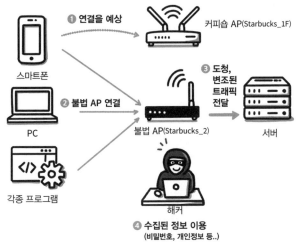

불법 AP 공격 과정

여러분은 커피를 주문하고 커피숍에서 제공하는 **인터넷 와이파이인 Starbucks_1F**에 접속하는 줄 알았지만, 사실은 해커가 만든 **불법 AP인 Starbucks_2**에 접속하게 됩니다. 비밀번호도 물론 동일하겠죠. 인터넷도 잘됩니다. 그러나 여러분은 커피숍 AP가 아닌 불법 AP에 접속했기 때문에 모든 통신은 도청되고 변조될 수 있습니다. 나의 아이디/비밀번호, 개인정보는 열심히 해커에게 전달될 것입니다.

😈 증상

- 에러 메시지가 뜨거나 인터넷 브라우저에 이상한 표시가 보입니다.
- 내 아이디와 비밀번호를 이용해 타인이 로그인을 시도하게 됩니다.
- 평상시보다 접속 시간이 조금씩 느려집니다.

기본적으로 중간에 공격자가 끼는 **MITM**Man In The Middle의 대표적인 공격 형태입니다. 가운데 누군가 껴서 전달하는 방식입니다. 그렇기 때문에 사용자도 어느 정도 눈치를 챌 수 있는 정보를 주는 경우가 많습니다.

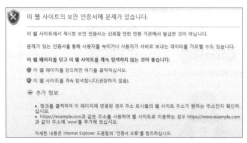

인터넷 익스플로러 계열

크롬 계열

보안 인증서 문제 확인

위와 같이 사이트상에서 에러 메시지를 표시해주기도 합니다만, 브라우저 설정으로 이러한 **경고 메시지**를 보여주지 않기도 합니다. 그러나 그러한 설정에서도 최소한의 경고는 다음과 같이 표시됩니다.

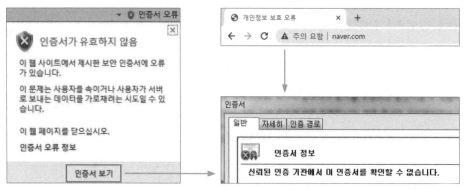

브라우저의 표기된 URL 주소 인증서 보기

인증서 주의 표시

주소창의 **붉은색 배경이나 '주의 요함' 표시**와 같이 최소한의 표시를 보여줍니다. 그러한 표시를 놓치면 안 됩니다. 인증서 보기와 같이 상세보기를 누르면 신뢰할 수 없다는 메시지를 같이 볼 수 있습니다.

완벽한 예방을 할 수 있는 방법이 있습니다. **공공장소에서 공유 와이파이를 쓰지 않는 것**입니다. 지하철, 커피숍에서 제공되는 와이파이는 전부 해킹될 수 있다고 가정하고 안 쓰는 것입니다. 실제로 보안 전문가들은 그렇게 하는 분들도 많습니다.

그러나 일반 사용자는 그 정도까지 하지는 않습니다. 내 데이터 요금은 소중하니까요. 그러면 어떻게 해야 할까요? 꼭 써야 한다면, **와이파이 이름(SSID)을 정확하게 적힌 것을 보고 연결**해야 합니다. Starbucks_1F와 Starbucks_2는 분명히 다릅니다. 이러한 사소한 변화를 보고 의심해야 합니다.

보안과 편의성, 여러분은 어떤 것을 선택하겠습니까?

⊕ **한 줄 대응**
인증서 확인, 공공장소의 와이파이 사용 자제, 사용하려면 이름을 정확하게 보자!

009

패킷 감청

불법 AP로는 무엇을 할까요?

악의적인 와이파이인 **불법 AP**(008)에 대해서 알아봤었습니다. 그러면 그러한 불법 AP 에서는 어떠한 방법으로 내 정보를 취득하는 걸까요? IT를 전공하지 않은 분들은 이럴 때 흔히 **'그런 전문적인 영역까지 알아야 하나요?'** 라는 질문을 하곤 합니다. 이에 대한 대답으로서 간단한 원리의 이해를 통해 대응 방법을 다르게 가져갈 수 있기 때문에 알 아둘 것을 권장합니다. 불법 AP로 제일 많이 하는 것이 아이디와 비밀번호 도용을 위 한 **패킷 감청**입니다.

패킷 감청 Packet Sniffing은 네트워크로부터 전달되는 데이터를 담은 단위인 패킷을 중간 에서 확인하여 실시간으로 중요한 정보를 몰래 가로채는 행위를 말합니다. 국내 모바 일 메신저에 대한 통신비밀보호법의 조항에 따라 정부 수사기관의 검열 논란이 불거지 면서 해당 감청에 대한 이슈가 커진 적이 있었습니다. 당시에 **'사이버 망명'** 이라는 명목 으로 외국산 메신저가 많이 이용되기도 하였습니다. 이처럼 합법적인 목적으로 패킷 감청이 이뤄지기도 합니다만, 대부분의 해커가 공격 용도로 이용하는 패킷 감청의 방 식은 불법입니다.

패킷 감청에는 다음의 세 가지 방식이 많이 사용됩니다.

1) 스누핑 Snooping: 네트워크상의 정보를 중간의 프로토콜을 통해 합법적으로 청취 하는 방식으로 정보를 얻는 경우

2) 스니핑 Sniffing: 네트워크에 돌아다니는 패킷을 가로채는 방식으로 아이디/비밀번호를 획득하는 경우

3) 스푸핑 Spoofing: 네트워크의 흐름(MAC 주소, IP 주소, 포트)을 임의로 변경하여 승인된 사용자인 것처럼 타인의 신분을 위장하는 경우

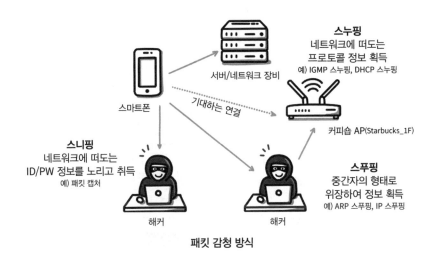

패킷 감청 방식

이러한 방식으로 여러분의 중요한 정보가 몰래 해커들에게 빠져나가고 있습니다. 결국, 해커들이 내 중요한 데이터인 아이디나 비밀번호를 가져가기 위해서는 **내가 기대하는 연결이 아닌 다른 곳에서 정보를 획득하거나 다른 곳으로 정보가 오게 유도해야 한다는 것**입니다.

☣ 증상

- ■ 에러 메시지나 인터넷 브라우저의 이상 표시가 나타납니다.
- ■ 내 아이디와 비밀번호를 이용해 타인이 로그인을 시도합니다.
- ■ 평상시보다 접속 시간이 조금씩 느려집니다.

🏥 예방 및 대처

앞에서 설명한 불법 AP의 증상은 물론 예방 및 대처 방법도 거의 비슷합니다. **불법 AP 에서 하는 행위가 바로 패킷 감청**이기 때문입니다. 그러면 앞에서 했던 방법보다 좀 더 **전문적인 방식**으로 대처를 해보겠습니다. 패킷 감청까지 막고자 하는 분이라면 일단 공 공 AP를 사용하시지 않고 커피숍에서도 본인의 휴대폰 데이터로 인터넷을 이용하면 됩니다.

휴대폰 핫스팟 설정

휴대폰의 핫스팟(개인용 네트워크 와이파이)을 켠 후에 사용하면 카페에서도 해킹당할 위험 이 상당히 줄어들게 됩니다. 반면, 데이터 사용량이 많아지는 부담은 있겠죠.

스푸핑 중에 제일 많이 사용되는 ARP 스푸핑을 확인해보겠습니다. 공공장소나 회사 에서 와이파이를 사용하던 중에 내 패킷이 다른 사람에게 전달되는 ARP 스푸핑에 당 한 것으로 의심된다면, **명령 프롬프트를 띄운 후 arp -a 명령어로 확인**할 수 있습니다.

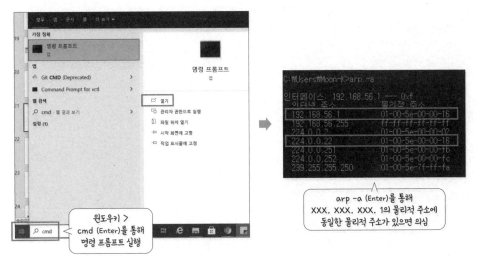

명령 프롬프트를 이용하여 ARP 스푸핑 공격 확인

이와 같은 방식으로 확인하면 공공장소에서의 패킷 감청의 위험으로부터 상대적으로 안전하게 이용할 수 있습니다.

안전한 이용에는 여러분의 소중한 비용이 소요됩니다. 과연 여러분은 아이디와 비밀번호를 보호하기 위해 시간적 & 금전적 비용을 지불할 준비가 되었나요?

⊕ 한 줄 대응

공공장소에서 개인 핫스팟을 이용하고, 공공 와이파이의 물리적 주소를 재확인한다!

☐ 연결 공격

☐ 동질성 공격/배경지식 공격

☐ 쏠림 공격/유사성 공격

☐ 개인정보 프로파일링

☐ 사전 공격

☐ 레인보우 테이블

☐ 크리덴셜 스터핑

SECTION 2

정보 추적/활용(조합)

해커들은 다양한 정보를 이용해 공격합니다. 인터넷에 있는 개별적인 나의 정보 중에는 그다지 중요하지 않은 정보도 많습니다. 그러나 이러한 정보가 누군가에 의해 추적/활용(조합)이 된다면 어떻게 될까요? 여전히 크게 의미를 가지지 않는 별 볼 일 없는 정보일까요? 해커가 여러분의 단순한 정보를 해킹에 유용하게 만드는 과정인 정보의 추적/활용 단계에 대해 알아보겠습니다.

010 사소한 개인정보도 연결되고 조합된다면?

정보 수집 단계에서 해커는 나의 정보를 여러 루트를 통해 얻을 수 있었습니다. 해커는 획득한 정보를 실제 공격에 어떻게 이용할까요? **'이름: 홍길동'**과 같은 단순한 정보를 다른 정보와 결합하는 식으로 공격에 이용합니다. 바로 **연결 공격**입니다.

연결 공격 Linkage Attack은 공개된 데이터와 비식별조치(개인을 알아보지 못하게 하는 방식)된 데이터 간의 결합을 통해 개인을 식별하는 공격 기법입니다. 즉, 외부에 알려진 정보와 나의 공개된 개인정보를 연결하여 나를 추정하는 공격 방식입니다.

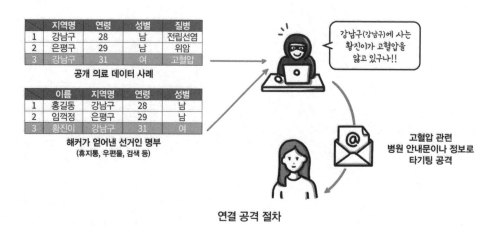

	지역명	연령	성별	질병
1	강남구	28	남	전립선염
2	은평구	29	남	위암
3	강남구	31	여	고혈압

공개 의료 데이터 사례

	이름	지역명	연령	성별
1	홍길동	강남구	28	남
2	임꺽정	은평구	29	남
3	황진이	강남구	31	여

해커가 얻어낸 선거인 명부
(휴지통, 우편물, 검색 등)

강남구(강남구)에 사는 황진이가 고혈압을 앓고 있구나!!

고혈압 관련 병원 안내문이나 정보로 타기팅 공격

연결 공격 절차

외부에 공개된 데이터(공공 의료 데이터)와 해커가 얻어낸 나의 사소한 정보를 연결하여 민감한 질병 내역과 같은 정보를 유추하여 공격할 수 있습니다. 만약 내가 어떤 병원에서 어느 질병을 치료하고 있다는 사실을 해커가 알게 된다면, **병원 안내를 가장하여 표적화한 공격**이 가능할 것입니다.

☣ 증상

- 민감한 개인정보를 이용한 메일이나 문자 메시지가 수신됩니다.
- 질병, 종교와 같은 개인적인 민감정보 관련 메일의 수신 횟수가 증가합니다.
- 나의 다양한 정보를 아는 낯선 사람으로부터 피싱 전화를 받게 됩니다.

⛑ 예방 및 대처

나의 공개된 비식별 개인정보와 정보 수집을 통해서 얻어낸 나의 개인정보를 조합하여 공격하는 방식으로, 내가 별다른 실수를 하지 않았는데도 공격의 효과가 상당히 높은 공격 기법입니다. 이에 대해서는 두 가지 측면에서 대응할 수 있습니다.

개인적인 측면에서는 기본적으로 외부에 공개된 나의 정보에 대해 불필요한 데이터의 양을 줄여야 합니다. 연결 공격의 가장 큰 사례였던, 미국 매사추세츠주의 '선거인 명부'와 '공개 의료 데이터'의 결합을 통한 개인의 병명 노출 사례처럼 공격자는 나를 지칭하는 공개 자료 없이는 나의 데이터를 결합하지 못합니다. 그만큼 **불필요하게 SNS 등에 남긴 나의 개인정보**(위치, 주소, 이메일 주소, 병원 정보) 등은 공격자에게는 정보를 결합할 수 있는 훌륭한 실마리와 같습니다.

기관적인 측면에서는 비식별 조치를 통해 이름, 주민등록번호 등 개인을 직접 식별할 수 있는 데이터는 삭제하였으나, 활용 정보의 일부가 공개되거나 획득 가능한 정보와 결합하여 개인을 식별할 수 있는 문제점이 발생할 수 있습니다. 이러한 점을 인식하여 **가명정보 처리 가이드라인, 비식별화 국제표준**(ISO/IEC 20889)에 맞는 조치를 최대한 수행해야 합니다.

그중 연결 공격을 방어할 수 있는 가장 효과적인 방법인 **K-익명성 기법을 이용**해 공개된 정보를 연결하여 추론하지 못하도록 해야 합니다.

	지역명	연령	성별	질병
1	강남구	20-28	남	전립선염
2	강남구	31-37	여	위암
3	강남구	31-37	여	고혈압

공개 의료 데이터 사례(K=2)

	이름	지역명	연령	성별
1	홍길동	강남구	28	남
2	임꺽정	은평구	29	남
3	황진이	강남구	31	여

해커가 얻어낸 선거인 명부
(휴지통, 우편물, 검색 등)

위암? 고혈압?
무슨 병에 걸린 거지?

지역명, 연령, 성별 등의
준식별자가 동일한 사람을
K개 이상 생성
(K가 높을수록 찾기 어려움)

K-익명성 기법 사례

K-익명성은 서로 다른 개인을 식별할 수 있는 준식별자가 동일한 레코드를 K개 이상 만들어 식별하지 못하게 하는 개인정보보호 모델입니다.

개인적으로도 조심해야 하는 공격이지만, 기본적으로 기관들도 공개 데이터를 조심해서 운영해야 연결 공격으로부터 안전할 수 있습니다.

⊕ 한 줄 대응

개인은 불필요한 연결 가능한 정보를 SNS에 노출하지 말고, 기관에서는 K-익명성을 준수한다!

011

통계적 기법과 사전지식을 이용한
내 정보 빼앗기

연결 공격에 따라서 비식별화되었던 정보가 재식별되어 해커의 공격에 활용되었습니다. 이러한 연결 공격에만 잘 대응하면 더 이상 나의 정보는 재식별되지 않을까요? 아쉽게도 그렇지 않습니다. 공격은 더욱 진화되어 통계학의 맹점을 이용하고 있습니다. **동질성 공격**과 **배경지식 공격**을 통해서요.

동질성 공격 Homogeneity Attack은 데이터가 K-익명성(식별이 가능한 코드 K개가 동일한 경우)을 만족하더라도 데이터 간의 민감한 정보가 동일하다면 공격에 활용할 수 있다는 것입니다. 간단히 말해, 여러 명이 있어도 조건이 동일하다면 의미가 없다는 것입니다.

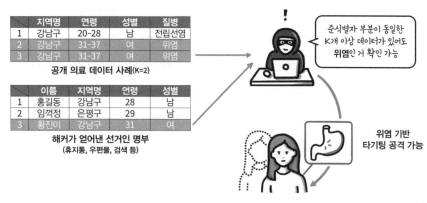

	지역명	연령	성별	질병
1	강남구	20-28	남	전립선염
2	강남구	31-37	여	위염
3	강남구	31-37	여	위염

공개 의료 데이터 사례(K=2)

	이름	지역명	연령	성별
1	홍길동	강남구	28	남
2	임꺽정	은평구	29	남
3	황진이	강남구	31	여

해커가 얻어낸 선거인 명부
(휴지통, 우편물, 검색 등)

준식별자 부분이 동일한 K개 이상 데이터가 있어도 위염인 거 확인 가능

위염 기반 타기팅 공격 가능

동질성 공격 절차

또한, **배경지식 공격**Background Knowledge Attack은 사전에 알고 있거나 제약조건을 통해서 민감정보를 알아내는 공격 기법입니다.

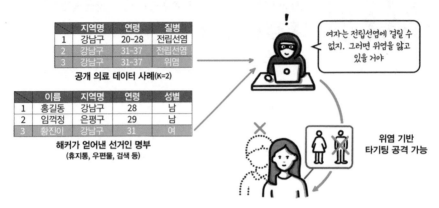

공개 의료 데이터 사례(K=2)

	지역명	연령	질병
1	강남구	20-28	전립선염
2	강남구	31-37	전립선염
3	강남구	31-37	위염

해커가 얻어낸 선거인 명부
(휴지통, 우편물, 검색 등)

	이름	지역명	연령	성별
1	홍길동	강남구	28	남
2	임꺽정	은평구	29	남
3	황진이	강남구	31	여

여자는 전립선염에 걸릴 수 없지. 그러면 위염을 앓고 있을 거야

위염 기반 타기팅 공격 가능

배경지식 공격 절차

동질성 공격, 배경지식 공격을 이용하면 **K-익명성**을 통한 추가적인 보호 조치가 있더라도 개인의 민감정보를 알아낼 수가 있습니다. 서로 간의 차이를 인식하는 준식별자 부분이 동일하다고 하더라도 나머지 민감정보 부분의 유형이 다양하지 않고 지정이 가능하다면 쉽게 인물을 특정하여 확인할 수 있는 것입니다. 이러한 공격은 기본적인 개인정보에 대한 조치를 한 기업에서도 언제든지 발생할 수 있습니다.

🦠 증상

- 민감한 개인정보를 기반하여 메일이나 문자 메시지가 수신됩니다.
- 질병, 종교와 같은 개인적인 민감정보 관련 메일의 수신 횟수가 증가합니다.
- 나의 다양한 정보를 아는 낯선 사람으로부터 피싱 전화를 받게 됩니다.

🧰 예방 및 대처

증상에서는 연결 공격과 크게 차이가 없습니다. 차이점은 K-익명성이라는 보호 조치를 하더라도 나의 공개된 개인정보는 여전히 위험하다는 것입니다. 두 가지 측면의 대응 방안에 대해서 알아보겠습니다.

개인적인 측면에서는 기존의 불필요한 SNS 활동 등을 줄여서 노출되는 개인정보를 줄이는 것과 동시에 일상생활, 특히 **민감정보가 노출될 수 있는 곳에 개인정보 관련 동의를 최소화하는 것**입니다. 너무나도 당연한 말이라고요? 좀 더 알아보겠습니다.

우리나라는 개인정보 처리 시에 정보 주체가 일일이 동의해야 정보를 제공하는 **옵트인** Opt-In **방식**을 채택하고 있습니다. 그에 따라 여러분은 인터넷 홈페이지 가입, 통장 개설 등의 행위를 할 때 동의 여부를 직접 결정하고 있습니다. 그러나 이러한 옵트인 방식을 써도 **선택적 정보 제공에 동의하거나 전체 동의**를 하면 개인정보 활용에 사용될 가능성이 높습니다. 개인정보보호법 제22조 5항에 따라 선택적 정보에 대해서는 정보 제공에 동의하지 않아도 해당 서비스(인터넷 사용, 통장 가입 등)를 사용할 수 있습니다. 불필요한 이용을 최소화하는 것이 효과적인 개인정보보호 방법의 첫걸음입니다.

기관적인 측면에서는 K-익명성 조치 이후에도 여전히 안전하지 못한 문제점을 해결하기 위해서는 **L-다양성**이라고 불리는 추가적인 보호 조치를 해야 합니다.

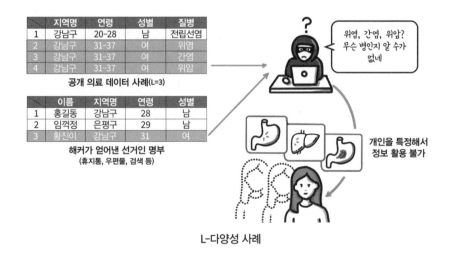

L-다양성 사례

L-다양성은 데이터 집합에서 함께 익명화된 데이터 레코드(개인별 정보)는 적어도 L개의 **서로 다른 민감정보**를 가져야 한다는 개인정보보호 모델입니다.

이와 같이 추가적인 보호 모델까지 적용하게 되면 더 이상 동일한 조건을 이용한 민감정보 유추가 불가능할 것입니다. 개인정보는 나와 이용하는 기관 모두가 보호해야만 안전하게 지킬 수 있습니다.

⊕ 한 줄 대응

개인은 민감정보에 대한 선택적 동의를 최소화하고, 기관은 L-다양성을 연계한 개인정보보호 모델을 적용한다!

012

민감정보의 분포도와 유사도를 이용한 정보 유출

비식별화 정보에 대한 연결 공격을 피하기 위해 K-익명성을, 동질성 공격과 배경지식 공격을 피하기 위해 L-다양성의 조치를 했습니다. 그렇다면 이제는 정말 재식별의 위험이 없는 것일까요? 재식별하기 위한 공격은 아쉽게도 아직 끝나지 않았습니다. **쏠림 공격**과 **유사성 공격**이 있습니다.

쏠림 공격 Skewness Attack은 민감한 정보가 특정한 값에 쏠려 있음을 통해 민감정보를 알아내는 공격 기법을 말합니다.

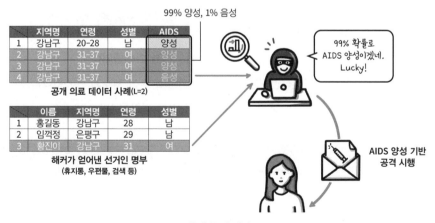

쏠림 공격 절차

아무리 기존의 민감정보 유형이 L-다양성에 맞추어 다양하게 분리되었다고 해도 99%가 양성이라면 다양성이 의미가 거의 없을 것입니다.

유사성 공격 Similarity Attack은 하나의 동질 집합에서 익명화된 레코드 정보의 의미가 유사함을 이용한 공격 기법을 말합니다.

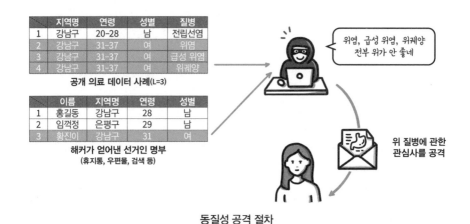

	지역명	연령	성별	질병
1	강남구	20-28	남	전립선염
2	강남구	31-37	여	위염
3	강남구	31-37	여	급성 위염
4	강남구	31-37	여	위궤양

공개 의료 데이터 사례(L=3)

	이름	지역명	연령	성별
1	홍길동	강남구	28	남
2	임꺽정	은평구	29	남
3	황진이	강남구	31	여

해커가 얻어낸 선거인 명부
(휴지통, 우편물, 검색 등)

위염, 급성 위염, 위궤양 전부 위가 안 좋네

위 질병에 관한 관심사를 공격

동질성 공격 절차

공개 의료 데이터의 레코드 2, 3, 4가 속한 동질 집합의 병명이 서로 다르지만, 의미가 서로 유사함에 따라 공격 대상이 '위'에 관련된 것이라는 사실을 알아낼 수 있습니다.

☣ 증상

- 민감한 개인정보를 이용한 메일이나 문자 메시지가 수신됩니다.
- 질병, 종교와 같은 개인적인 민감정보 관련 메일의 수신 횟수가 증가합니다.
- 나의 다양한 정보를 아는 낯선 사람으로부터 피싱 전화를 받게 됩니다.

🏥 예방 및 대처

증상에서는 연결 공격, 동질성 공격, 배경지식 공격과 크게 차이가 없습니다. 기존에 K-익명성, L-다양성을 수행했으나 여전히 재식별화라는 이슈에서 벗어나지 못하는 경우가 발생할 수 있다는 것입니다.

이러한 공격에 대해서 개인이 예방하거나 대처하기는 쉽지 않습니다. 데이터의 분포, 유사도를 이용한 공격이므로 데이터를 처리하거나 공개하는 기관에서 민감정보에 대한 **데이터 분포도를 T-근접성 모델을 통해 관리**해야 합니다.

T-근접성은 동질 집합에서 특정 정보의 분포와 전체 데이터 집합에서 정보의 분포가 T 이하의 차이를 보여야 하는 보호 모델입니다.

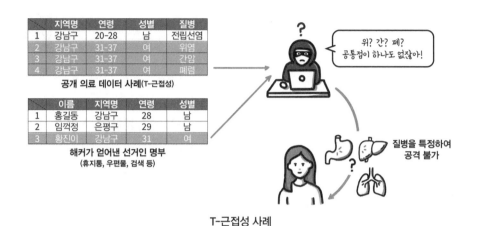

	지역명	연령	성별	질병
1	강남구	20-28	남	전립선염
2	강남구	31-37	여	위염
3	강남구	31-37	여	간암
4	강남구	31-37	여	폐렴

공개 의료 데이터 사례(T-근접성)

	이름	지역명	연령	성별
1	홍길동	강남구	28	남
2	임꺽정	은평구	29	남
3	황진이	강남구	31	여

해커가 얻어낸 선거인 명부
(휴지통, 우편물, 검색 등)

위? 간? 폐?
공통점이 하나도 없잖아!

질병을 특정하여
공격 불가

T-근접성 사례

위 그림을 보면 민감정보인 질병의 유형이 L=3으로 다양하게 분리되고 공통점이 없어서 해커가 질병을 특정하여 공격할 수가 없습니다. 이러한 T-근접성 값의 범위는 0에서 1 사이의 소수이며, 0에 가까울수록 개인을 식별할 가능성이 적음을 의미합니다.

비식별화되었다고 해도 모든 것이 끝나지 않습니다. 적절한 평가단을 구성하여 **정기적인 적정성 평가**를 통해서 재식별될 수 있는지를 확인해야 합니다. 이러한 과정을 통해 개인정보를 처리하는 기관에서 정보를 안전하게 비식별화할 수 있습니다.

➕ **한 줄 대응**

개인정보를 처리하는 기관에서 T-근접성 모델을 적용하고, 정기적인 적정성을 평가해야 한다!

개인정보 프로파일링

나를 특정해서 만드는
온라인 프로필 공격

자세한 설명은 다음 동영상을 참고하세요.
https://bit.ly/Security_013

연결 공격(**010**), 동질성/배경지식 공격(**011**), 쏠림/유사성 공격(**012**)을 통해서 해커는 나의 다양한 민감정보를 얻을 수 있습니다. 기존에 해커가 '검색을 통해서 얻은 개인정보 + 공개된 정보의 통계정보'를 조합하여 나에 대한 모델을 만들 것입니다. 바로 **개인정보 프로파일링**을 통해서요.

개인정보 프로파일링 Privacy Profiling은 개인의 사적인 측면의 평가, 업무 수행, 경제적 상황, 건강, 취향, 신뢰성, 태도, 위치, 이동 경로 등에 대한 분석 예측 등 모든 형태의 자동화된 처리를 말합니다.

본래의 개인정보 프로파일링은 악의적인 공격으로 사용하기보다는 기업들이 정보를 수집하여 프로필을 형성해서 이용자의 관심사에 맞춘 광고와 서비스를 제공하는 용도로 사용했습니다.

여러분도 쉽게 확인할 수 있습니다. 요즘 구글 계정 한두 개쯤은 있을 겁니다. 특히, 안드로이드 폰을 사용한다면 구글 계정을 더 많이 사용할 텐데요. 여러분이 서비스를 이용할 때 구글에서는 여러분의 개인정보를 프로파일링하고 있습니다. 휴대폰의 각종 검색, 위치정보, 업무 처리 등을 어느새 동의를 받아서 수집하고 있었던 것이죠. 이곳[2]을

---

2   https://adssettings.google.com/authenticated?hl=ko

한번 휴대폰 창이나 여러분의 PC에 입력해보면 구글이 분석하고 있는 여러분의 개인 정보 프로파일링을 볼 수 있습니다.

개인정보 프로파일링 예시(구글)

프로파일링 자체가 정확하지는 않습니다. 틀린 부분도 종종 나옵니다. 그러나 나의 관심사와 정보에 대해 생각보다 많은 부분을 가지고 있고, 사용하고 있는 전체 인구를 측정했을 때 상당히 높은 수준의 정확도를 보유하고 있을 것입니다. 이런 식으로 해커들도 여러분에 대한 프로파일링을 수행하고 있습니다. 여러분에 대한 정보를 그냥 모으는 수준에서 끝나지 않고 추적/활용을 고민하는 단계를 수행합니다.

개인정보 프로파일링을 이용한 공격

해커는 여러분의 정보를 하나씩 조합하고 모아서 하나의 가상 인물 모형인 **페르소나** Persona(사회 역할이나 배우에 의해 연기되는 등장인물)를 구성합니다.

이렇게 만들어진 모형으로 여러분을 공격하기도 합니다. "안녕하세요. OOO의 어머니 되시죠? OOO가 갑작스럽게 다쳐서..." 이러한 유형도 대표적인 개인정보 프로파일링을 이용한 공격 방식 중의 하나입니다.

☣ 증상

- 피싱 전화와 같은 개인정보를 활용한 연락을 많이 받게 됩니다.
- 블로그, 개인 메일 등 다양한 환경을 통해 조회 및 사전 공격 연락을 받게 됩니다.
- 구체적인 사례에 기반한 공격을 받게 됩니다.

🧰 예방 및 대처

개인정보 프로파일링을 통한 공격에서는 타 공격보다 좀 더 다양하고 세부적인 나의 개인정보를 활용하는 경우가 많습니다. 공개된 정보와 수집된 정보를 모두 결합해서 나에 대한 모델링을 구성하였기 때문에 내가 실제로 다양하게 질의하였을 때 정확한 수준으로 대답하는 경우가 많습니다. 기존의 단순한 피싱 형태의 공격보다는 표적화된 형태의 **보이스 피싱(025)**, **스피어 피싱(024)**과 같은 공격으로 발전될 확률이 높습니다. 그렇기 때문에 **개인정보를 다양하게 알고 있다고 해서 비대면 환경에서 상대방을 신뢰해서 는 안 됩니다.** 이름, 자녀 유무, 각종 정보를 안다고 해도 상대방이 내 지인이 아닐 가 능성이 더 높습니다. 특히, 프로파일링의 경우에는 프로파일링 정보를 통해 많은 정보 가 유출되는 경우라 더 위험합니다.

구글은 이러한 프로파일링 정보를 가장 많이 가지고 있는 계정 중의 하나인데요. 이러 한 **프로파일링 정보를 가지지 않도록 수정**하는 것도 방법입니다. 이렇게 되면 나에게 딱 맞는 맞춤형 광고가 오지는 않겠지만, 개인정보가 노출되는 위험은 줄일 수 있습니다.

구글 개인정보 프로파일링 해제 설정

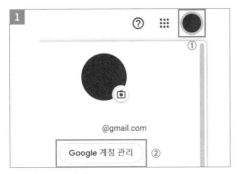

우측 상단의 계정 버튼 클릭 > Google 계정 관리 클릭

데이터 및 맞춤설정 관리 클릭

대쉬 보드 중 광고 설정의 광고 개인 최적화로 이동

개인별 광고 최적화 맞춤설정 해제

맞춤설정 비활성화

구글 계정 ➡ Google 계정 관리 ➡ 데이터 및 맞춤설정 관리 ➡ 광고 설정으로 이동 ➡ 광고 개인 최적화 사용 해제 ➡ 비활성화를 통해서 구글과 같은 다양한 정보를 수집하는

개인정보 프로파일링 설정을 제거할 수 있습니다.

⊕ 한 줄 대응

비대면 환경에서는 상대방을 무작정 신뢰하지 말고, 개인정보 프로파일링은 해제하도록 설정한다!

014

사전 공격

알려진 단어 조합의 비밀번호가
위험한 이유

매년 인터넷 보안 업체인 노드패스NordPass에서는 최악의 비밀번호를 조사해서 공개합니다. 2021년에 선정된 최악의 비밀번호 Top 200 중 1위는 **123456**이었습니다. 그 외에도 **123456789, 12345, qwerty, password, 12345678, 111111, 123123, 1234567890**이 그 뒤를 이었습니다. 위와 같은 비밀번호만 위험할까요? 그렇지 않을 것입니다. **사전 공격**을 이용해서 비밀번호를 **크래킹**Cracking할 수 있기 때문입니다.

사전 공격 Dictionary Attack은 비밀번호로 사용할 만한 것들을 사전으로 만들어놓고 이를 반복적으로 대입하여 비밀번호를 알아내거나 암호를 해독하는 공격 기법을 말합니다.

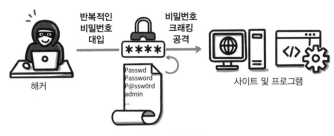

사전 공격 절차

해커가 소유한 사전에 따라 다르겠지만, 해커의 사전에는 많이 사용되는 비밀번호의 유형이 거의 포함되어 있습니다. 여러분이 password나 1q2w3e4r 정도로 비밀번호를 설정하였다면 바로 탈취당할 확률이 높을 것입니다. 노드패스에서 조사한 바에 따르면,

password라는 비밀번호에 대한 탈취 시간은 1초 미만으로 알려져 있습니다. 위와 같이 단순한 비밀번호를 쓴다면 여러분의 비밀번호는 더 이상 여러분의 것이 아닙니다.

🦠 증상

- **가입된 여러 사이트에서 로그인 시도가 발생합니다.**
- **다양한 사이트에서 내 계정으로 위법 행위(불법 광고) 등이 발생합니다.**
- **다크 웹**Dark Web**에서 유출된 계정 리스트에 내 아이디와 비밀번호가 포함되어 발표됩니다.**

➕ 예방 및 대처

여러 사이트에서 같은 비밀번호를 이용하는 경우가 많습니다. 물론 편의성을 위해서는 당연한 방법이기는 합니다만, 비밀번호는 우선 복잡성을 지켜야 합니다. 기본적으로 사이트에서 비밀번호의 복잡성을 의무화하는 사이트들이 많으나, 그렇지 않은 사이트라도 **비밀번호 복잡성**을 반드시 지켜야 합니다.

한국인터넷진흥원(KISA)에서 2019년에 발표한 '패스워드 선택 및 이용 안내서'에서는 안전한 비밀번호 사용을 위한 가이드를 제시하고 있습니다. **두 종류**(대문자, 소문자, 특수 문자, 숫자 중) **이상의 문자 구성과 8자리 이상의 길이로 구성된 문자열이나 10자리 이상의 길이로 구성된 문자열**로 구성된 복잡도를 지키게 되어 있습니다.

기업들은 2008년도 기준의 패스워드 선택 및 이용 안내서대로 비밀번호의 복잡도인 **세 종류 이상의 문자 구성으로 8자리 이상 길이로 구성된 문자열 또는 두 종류 이상의 문자로 구성된 10자리 이상의 길이로 구성된 문자열**을 많이 강제하고 있습니다.

2008년도에 비해 2019년에 비밀번호 규칙이 오히려 단순해진 이유는 어려운 비밀번호 조합을 강제화하고 일정 기간 변경하게 하면 기억하기 어려운 점을 감안한 것으로 보입니다.

사전 공격은 사전에 있는 단어들의 조합으로 비밀번호를 탈취하기 때문에 **사전에 없는**

조합을 만드는 것이 중요합니다. 내가 좋아하는 책, 노래, 속담, 명언이 있다면 가공해서 만드는 것도 방법입니다.

백설 공주와 일곱 난쟁이 ➡ **White7난쟁이** ➡ **White7skswoddl** 이런 식으로 표현한다면, 어떠한 사전 공격 도구를 이용하더라도 비밀번호가 탈취되기는 불가능에 가까울 것입니다.

이미 탈취된 비밀번호라면 이후 **크리덴셜 스터핑(016)**으로 또다시 침해당할 가능성도 높습니다.

➕ **한 줄 대응**
비밀번호는 사전에 없는 안전한 조합을 통해 만든다!

레인보우 테이블

015 암호화된 비밀번호가 도난당했는데 왜 위험한가요?

자세한 설명은 다음 동영상을 참고하세요.

https://bit.ly/Security_015

여러분은 비밀번호 유출 사고를 겪어본 적이 있나요? 2011년에 네이트와 싸이월드 사용자 3,500만 명의 개인정보가 유출된 사고가 발생하였습니다. 많은 인터넷 사용자의 개인정보가 유출되어 큰 이슈가 된 사건이었습니다.

회원 여러분의 개인정보가 유출되어 심려를 끼치게 된 점 진심으로 사과드립니다.

고객 여러분께 알려드립니다.

당사에서는 내부 모니터링을 통해 고객의 일부 정보가 7월 26일 해킹에 의해 유출된 사실을 7월 28일 확인하였으며 고객 여러분의 피해 예방 및 조속한 범인 검거를 위해 수사기관 및 관계기관에 즉시 조사를 의뢰하였음을 알려드립니다.

해킹으로 인해 고객 여러분의 개인정보가 유출되어 심려를 끼치게 된 점 진심으로 사과 드립니다

현재까지 파악된 바는 유출된 개인정보는 아이디, 이름, 휴대폰번호, 이메일주소, 암호화된 비밀번호, 암호화된 주민등록번호 등이며, 비밀번호, 주민등록번호는 최고 수준의 기술로 암호화되어 있어 안전합니다.

이는 중국발 IP으로부터의 악성코드를 통해 해킹된 것으로 추정하고 있으며 자세한 상황은 수사기관 및 관계기관의 사실 확인을 바탕으로 추가 공지해 드리겠습니다. 고객 여러분의 서비스 사용에서는 아무런 문제가 없습니다만, 보이스 피싱 및 스팸메일 예방을 위해 고객 여러분의 세심한 주의를 부탁드립니다.

고객정보 유출 사건 공고문(네이트, 싸이월드)

이때 유출된 정보는 아이디, 이름, 휴대폰 번호, 이메일 주소, **암호화된 비밀번호**, 암호화된 주민등록번호였습니다. 암호화되어 있기 때문에 안전하다는 공고문이었습니다.

그러면 암호화된 비밀번호는 무조건 안전할까요? 그 생각은 **레인보우 테이블**이 바꿔줄 수 있을 것 같습니다.

레인보우 테이블 Rainbow Table은 비밀번호에 많이 사용되는 해시 함수를 사용하여 변환 가능한 모든 해시값을 미리 저장해놓은 표입니다.

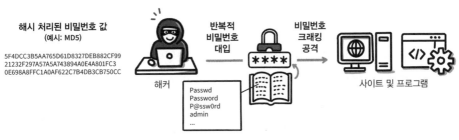

해시 처리된 비밀번호 값
(예시: MD5)

5F4DCC3B5AA765D61D8327DEB882CF99
21232F297A57A5A743894A0E4A801FC3
0E698A8FFC1A0AF622C7B4DB3CB750CC

해커

Passwd
Password
P@ssw0rd
admin
...

반복적
비밀번호
대입

****

비밀번호
크래킹
공격

사이트 및 프로그램

레인보우 테이블 공격 절차

사전 공격과 작동 방식은 거의 같습니다. 다만, 이미 암호화된 비밀번호를 레인보우 테이블에 매칭해서 대입 형식으로 공격한다는 점이 다릅니다.

해시 처리된 비밀번호의 값이 **안전한 알고리즘과 다양한 방식의 Salt(별도의 임의의 초깃값을 추가하는 기법) 및 그 외의 보안 조치**가 되어 있어서 복호화될 수 없다면 안전할 수 있으나, 이러한 조치 중 일부가 누락된 형태로 운영되었다면 일방향 처리된 암호화된 비밀번호가 유출되었다고 해도 안전하다고 보기는 어렵습니다.

🦠 증상

- 가입된 여러 사이트에 로그인 시도가 발생합니다.
- 유출된 사이트의 고객정보를 활용한 사고가 증가합니다.
- 나의 아이디와 비밀번호가 여러 곳에서 이용되고 있다는 경고가 발생합니다.

앞에서 알아보았던 바와 같이 암호화 여부만으로는 유출된 비밀번호의 안전을 장담할 수 없으며, 어떠한 암호화 방식을 이용해서 관리했느냐가 더 큰 영향을 미칠 수 있습니다. 암호화가 능사가 아니라는 것입니다.

비밀번호가 포함된 개인정보가 유출되는 경우, 법적 의무조항에 따라서 기업은 유출된 당사자에게 홈페이지, 문자, 메일 등의 다양한 방법으로 안내할 것입니다. 그렇게 해서 나의 암호화된 비밀번호가 유출되었다는 것을 확인하였다면 **같은 비밀번호를 사용하는 모든 사이트의 비밀번호를 변경**해야 합니다. 암호화 알고리즘 기준에 따라 현재의 비밀번호가 수학적으로 안전하다고 해도 **양자 컴퓨터**Quantum Computer와 같이 컴퓨팅 성능이 높아지면 복호화될 수 있기 때문에 영원히 안전하다고는 할 수 없습니다.

그러면 기업의 공지로만 암호화된 나의 아이디와 비밀번호가 유출되어 이용되고 있는지를 알 수 있을까요?

구글에서는 **크롬 브라우저에 사용자의 비밀번호가 유출되었을 때 경고하는 기능**을 제공하고 있습니다. 다크 웹에서 유출되거나 온라인에서 유통되고 있는 40억 개 이상의 아이디와 비밀번호 데이터베이스를 수집해 이용자 로그인 정보와 대조하여 위험 여부를 알려주고 있습니다.

크롬에서 비밀번호가 노출된 경우 알람 설정 방법

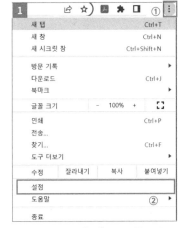

브라우저의 상단의 **⋮** > '설정'을 클릭

설정 탭에서 개인정보 및 보안 > '보안'을 클릭

데이터 유출로 인해 비밀번호가 노출된 경우 알림을 설정하면 유출 데이터베이스와 일치할 때 알림을 받을 수 있음

위와 같은 설정하면 노출되었을 시에 알람 창을 통해 확인할 수 있습니다.

비밀번호 확인

사이트 또는 앱의 정보 유출로 인해 비밀번호가 노출되었습니다. 지금 저장된
비밀번호를 확인하는 것이 좋습니다.

ⓘ　　　　　　　　　　　　　비밀번호 확인　　　　닫기

크롬 브라우저에서 비밀번호가 노출된 경우의 알람 창

이와 같이 암호화된 비밀번호라도 안전한 것이 아니기 때문에 유출된 비밀번호는 반드
시 변경하기를 권고합니다.

개인정보 유출에 따른 소송 등과 같은 **개인정보 측면의 대응은 부록**에서 자세히 알아보
겠습니다.

➕ 한 줄 대응

암호화된 비밀번호가 유출되었을 시에는 비밀번호를 변경하고, 브라우저의 비밀번호 노출 알림 서
비스를 이용한다!

크리덴셜 스터핑

타 사이트의 아이디/비밀번호가
도난당했어요

자세한 설명은 다음 동영상을 참고하세요.
https://bit.ly/Security_016

여러분은 암호화된 비밀번호가 유출되었던 사례에 대해서 알아봤습니다. 그러나 만약
아이디와 비밀번호가 그대로 도난당했다면 어떨까요? 대표적인 사례로, 2020년 1월에
발생한 **연예인 A씨의 스마트폰 해킹 사건**이 많이 알려져 있습니다. 일부 연예인들의 개
인정보가 해킹당해 해커에게 유출 협박을 받는 사건이 이어지고, 특히 연예인 A씨의
경우 타인과 주고받았다는 내용의 문자 메시지와 사진이 유출되며 2차 피해로 확산되
었습니다. 관련 연예인은 해당 내용이 구설에 오르며 이미지에 커다란 손상을 받게 되
었습니다. 바로 **크리덴셜 스터핑**이라는 방식을 통해서 말입니다.

크리덴셜 스터핑 공격 예시

크리덴셜 스터핑Credential Stuffing은 유출된 아이디와 패스워드를 여러 웹사이트나 애플리케이션에 대입해 로그인이 되면 개인정보나 자료를 유출하는 공격 기법입니다.

해당 사건은 기존에 **다른 사이트에서 사용하던 아이디와 패스워드**가 도용되어 스마트폰에서 **백업**(별도의 저장소에 분리하여 저장하는 기법)된 문자 메시지를 S사의 **클라우드**(외부에 존재하는 데이터 저장소)에 접속해서 가져오는 방식의 공격이었습니다.

🦠 증상

- 해외에서 로그인을 시도했다는 알람을 받게 됩니다.
- 여러 개의 사이트에서 유출된 아이디와 비밀번호로 계속해서 피해가 발생합니다.
- 커뮤니티나 SNS가 연동된 경우에는 내 계정을 통해 광고 쪽지나 광고 글이 많이 발생합니다.

🧰 예방 및 대처

크리덴셜 스터핑에 당하지 않으려면 사용하는 웹사이트나 애플리케이션마다 **서로 다른 아이디와 비밀번호를 이용**해야 합니다. 내가 알지도 못하는 다양한 곳에서 유출 사고가 발생하는 시대입니다. 사용하는 아이디와 비밀번호가 이미 외부로 유출되었다면, 추가 피해를 막기 위해 **동일한 아이디와 비밀번호를 사용하는 서비스의 모든 비밀번호를 바꿔야 합니다.** 또한, 웹사이트나 애플리케이션에서 서로 다른 방식을 혼합해 인증하는 **2차 인증**2-Factor Authentication을 지원한다면 2차 인증을 적용하는 것이 필요합니다. 2차 인증의 가장 간편한 예로는 휴대폰으로 송부되는 **본인 확인 인증 번호**(대개 4자리~6자리 숫자)가 있습니다.

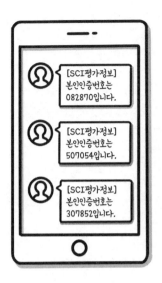

본인 확인 인증 번호 예시

여러분이 은행 앱을 통해 이체하거나 큰 액수를 결제할 때 문자 메시지로 당사자 여부를 확인하는 경우가 있습니다. 이런 방식으로 기존의 내가 알고 있는 지식 기반인 **아이디와 비밀번호**(1차 인증) 이외에도 추가로 가지고 있는 스마트폰에 문자를 보내 **소유하고 있는 물건으로 추가 인증**(2차 인증)을 하는 방식입니다. 만약 해당 사건도 2차 인증을 적용했다면 해커가 S 클라우드를 접속할 때 문자를 받았겠죠?

"해커가 해킹하려고 하는데 인증을 허용하실 건가요?"

그러면 당연히 '**아니요**'를 클릭하고 해당 연예인은 안전하게 개인정보를 지킬 수 있었을 것입니다.

➕ 한 줄 대응
서로 다른 비밀번호를 사용하고, 2차 인증을 이용하며, 이미 유출되었다면 비밀번호를 변경한다!

□ 기술적 실수 사고

　무차별 대입, 비밀번호 추측, 공유 폴더 정보 유출, 백도어

□ 관리적 실수 사고

　로그아웃 미흡 & ID 저장(자동 로그인) 실수, 운영 실수

□ 물리적 실수 사고

　자동실행 공격, 사무실 정보 유출, 어깨너머 훔쳐보기, 부재중 정보 유출,

　덤스터 다이빙, 절도, 따라 들어가기, 인터넷 기록 유출

□ 관계 이용 사고

　웨일링, 휴민트, 비즈니스 스캠, 로맨스 스캠, 전자상거래 사기

□ 감염 & 피싱 사고

　악성 코드 유포, 워터링 홀, 피싱(스피어, 보이스, 액티브), 파밍, 스미싱, 블랙메일,

　멀버타이징, 사이버 스쿼팅

SECTION 3

초기 공격/실수

해커와 같은 공격자가 가장 많이 공격하는 취약점은 무엇일까요? 이용자 스스로가 남긴 실수 기반의 취약점입니다. 해커들은 이용자의 실수와 쉬운 공격 방식을 혼합하여 초기 공격을 수행합니다. 초기 공격만 효과적으로 막는다면 해커 공격의 대부분을 막을 수 있습니다.

해커는 누구보다도 효율적인 공격을 수행하며, 시간 낭비를 하기 싫어합니다. 이 섹션에서는 간단한 조치로 나를 안전하게 만드는 방법에 대해 알아보겠습니다.

인터넷 기록 유출
찰나의 순간에 유출된 민감한 정보

자세한 설명은 다음 동영상을 참고하세요.
https://bit.ly/Security_017

여러분은 아침에 일어나서 저녁에 잠들 때까지 대부분의 시간을 스마트폰과 PC와 함께 보냅니다. 그 시간 동안 여러분이 사용한 내용을 다른 사람이 알게 된다면 어떨까요? 외부에 공개하고 싶지 않은 병이 있어 관련 치료법을 검색하고 있었는데 타인이 알게 된다면... 개인정보 유출과 함께 이미지에 심각한 피해가 발생할 수 있습니다.

인터넷 기록 유출 Internet History Exfiltration은 여러분이 스마트폰이나 PC를 통해서 인터넷을 이용한 기록이 외부의 타인에 의해서 유출되어 악용되는 공격을 말합니다.

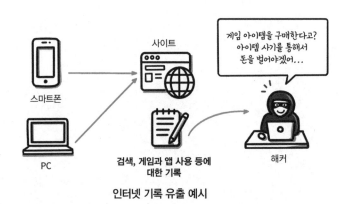

인터넷 기록 유출 예시

현대사회에서는 PC와 스마트폰에 너무 많은 정보가 존재합니다. 이러한 정보가 잠깐의 실수로 유출된다면 어떨까요?

나의 취향이나 종교, 병역 기록과 같은 민감한 정보가 스마트폰만 잃어버리면 너무 손쉽게 유출될 수 있습니다.

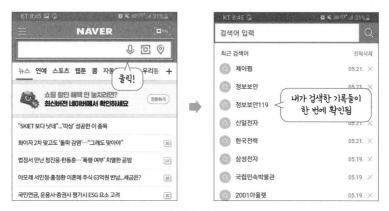

검색 기록 확인 예시

내가 타인의 스마트폰을 잠시 볼 수 있다면 위의 그림과 같이 그 사람의 검색 기록을 한 번에 확인할 수 있습니다. 이런 식으로 별다른 전문지식이 없어도 너무 쉽게 중요한 정보를 알아낼 수 있습니다.

☣ 증상

- 내 최근 검색 기록 및 관심 정보를 타인이 알게 됩니다.
- 갑자기 나에 대한 주위의 시선이나 평판이 달라집니다.
- 공격성 악성 메일과 문자가 옵니다.

💼 예방 및 대처

보통 이러한 인터넷 기록 유출은 기술적 방법에 의한 유출도 있지만, 영화나 드라마에서 보듯 **물리적인 유출**이 가장 많습니다.

누군가 물리적인 접근을 통해서 인터넷 기록을 유출하려고 한다면 가장 잘 막을 방법이 무엇일까요? 가장 효과적인 방법은 접근 자체를 막는 것입니다.

스마트폰이나 **PC에 화면 보호기를 설정**하는 것이 중요합니다. 화면 보호기가 설정된다면 내가 잠깐 자리를 비운 사이에 외부의 누군가가 접근해서 내 PC나 스마트폰을 열어볼 수가 없을 것입니다. 암호나 패턴 & 생체정보 등을 통해서 내가 열어 주기 전에는 몰래 정보를 획득하여 악용할 수 없을 것입니다.

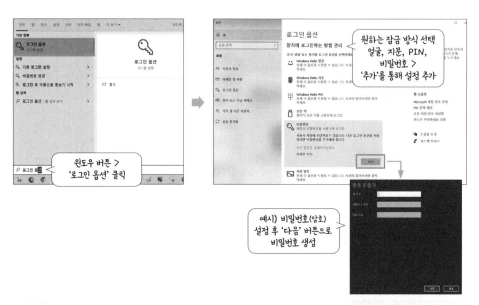

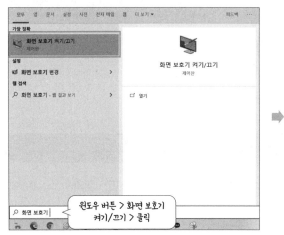

PC의 화면 보호기 설정

PC의 화면 보호기 설정을 위해 **윈도우 버튼 ➡ 로그인 옵션 ➡ 잠금 방식 선택**을 통해서 **인증**할 수 있는 방법을 설정합니다. 이후 화면 보호기에 비밀번호를 연동하여 설정하면, 내가 지정한 시간 이후에는 PC의 화면 보호기가 작동하여 비밀번호를 통한 잠금 해제를 하지 않고는 나의 인터넷 기록을 볼 수 없게 됩니다.

스마트폰 잠금화면 설정

스마트폰에서의 잠금화면 설정은 **설정 ➡ 잠금화면 ➡ 화면 잠금 방식 ➡ 패턴 등 필요한 잠금 설정**을 통해 할 수 있습니다.

기록이 유출된 다음에는 늦습니다. 안타깝게도 이미 유출되어 다른 사람이 보았다면 그 사람의 기억을 지우기 전에는 되돌릴 수 없습니다. 소를 잃기 전에 외양간부터 고쳐야 합니다.

➕ **한 줄 대응**
PC의 화면 보호기와 스마트폰의 잠금화면을 설정한다!

무차별 대입 공격

제 계정이 끊임없이 잠기고 있어요

여러분이 아이디와 비밀번호로 사이트에 접속하려고 하는데 아이디가 잠겨서 로그인 하지 못했던 적이 있나요? 누군가 여러분의 아이디를 통해 로그인 시도를 하면 겪게 되는 증상입니다. 초기에 포털이나 다양한 웹사이트에서 종종 발생했는데, 점차 없어지고는 있지만 **무차별 대입 공격**에 의해 여전히 그러한 증상이 나타나고 있습니다.

무차별 대입 공격 Brute-Force Attack은 특정 암호나 비밀번호를 풀기 위해 금고를 여는 것처럼 가능한 모든 값을 반복적으로 대입하는 공격 기법입니다.

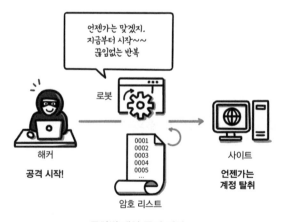

무차별 대입 공격 절차

해커가 로봇을 이용하여 반복된 비밀번호 매칭 공격을 통해 내 계정을 탈취하려 할 때 가장 많이 일어나는 현상이 바로 **계정 잠금 증상**입니다.

사이트에 무차별 대입 공격이 발생할 때 기업에서 제일 먼저 적용하는 기술은 **인증 실패 횟수 제한**Clipping Level입니다. 시스템에 실패한 로그인 횟수를 제한하도록 하여 공격자가 계속 공격하지 못하게 하는 가장 중요한 대응 방안입니다.

문제는 홈페이지 접속 시 인증 수단을 비밀번호로만 하고 이용자 아이디에 인증 최대 실패 횟수 제한이 걸려 있다면, 해커는 로그인 시도를 계속 반복하여 이용자의 계정을 계속 잠기게 만들 것입니다. 그러면 어떻게 해야 이와 같은 로봇을 이용한 해커의 반복적인 무차별 대입 공격을 막을 수 있을까요?

☣ 증상

- 내 계정에 접근 시도가 있다는 알림이 SMS나 메일로 옵니다.
- 계정에 대한 잠금 처리가 반복적으로 발생합니다.
- 커뮤니티 사이트에서 내 계정에 대한 영구정지가 발생합니다.

🧰 예방 및 대처

무차별 대입 공격은 가장 기본적인 공격의 형태로서 누구나 아이디만 알고 있다면 무차별적으로 공격할 수 있습니다. 이럴 때는 먼저 서비스 제공자 측면에서 적절한 보호 조치를 수행해야 합니다.

가장 먼저 **인증 최대 실패 횟수 제한을 IP & 세션 기반으로 거는 방식**을 수행해야 합니다. 내부 사용자만 사용하는 시스템이라면 사용성을 떨어뜨리더라도 보안의 수준을 높이기 위해서 무차별 대입 공격에 대해 아이디 기준으로 차단하기도 합니다. 다만, 일반 이용자들이 이용하는 대외 서비스나 사이트는 누구라도 접근해서 공격할 수 있기 때문에 **아이디로 기준을 잡는 것보다는 장치와 세션 기준을 통해서 이용자를 구분하여 횟수 제한**을 걸어야 합니다. 그러면 한 사용자를 기준으로 끊임없이 반복되는 무차별 대입 공격에서 공격자만 차단되고 일반 이용자는 막히지 않고 접속할 수 있게 됩니다.

기계적으로 반복하는 공격에 대해서 사람임을 증명하는 방법 중 **캡차**Captcha**(컴퓨터 판별 문자)가** 있습니다. **캡차를 통해서 시스템은 사람과 컴퓨터의 시도를 분리**하여 판별할 수 있습니다.

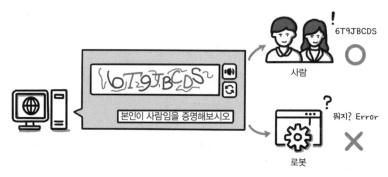

캡차를 통한 사람 인증

인증 시점에 일반적인 문자 대신 사람의 경험을 통해 이해할 수 있는 **뒤틀려진**Twisted **문자**를 보여주고 이에 대한 입력을 유도합니다. 기계 입장에서는 다양하게 기울어진 문자를 해독하기가 쉽지 않습니다.

물론, 이용자의 불편이 증가하기 때문에 문자 입력을 포기하는 사람도 있습니다만, 안전한 사용을 위해서는 사람임을 증명하는 약간의 불편함을 감내하는 것도 필요하지 않을까요?

⊕ **한 줄 대응**
IP 또는 장치와 세션 기반으로 비밀번호 횟수를 제한하고, 캡차를 이용하여 반복 공격을 방지한다!

019

비밀번호 추측 공격

설마 제 계정이 몇 번 만에 뚫리겠어요?

앞에서 **무차별 대입 공격(018)**에 대해서 알아봤었습니다. 이러한 무차별 반복 공격으로 여러분의 비밀번호가 쉽게 탈취될까요? 물론, 쉽지는 않습니다. 일반적으로 9999라는 네 자리의 비밀번호를 탈취하기 위해서는 0000부터 9999까지를 반복적으로 수행해야 비밀번호를 탈취할 수 있을 것입니다. 이와 같은 지극히 어려운 과정을 통해 비밀번호를 탈취해야 하므로 단순하게 반복적인 공격만으로는 현실적인 탈취가 쉽지 않습니다. 해커들은 효율성을 위해 **비밀번호 추측 공격**을 통해 공격 횟수를 많이 감소시킵니다.

비밀번호 추측 공격 Password Guessing Attack은 사전 공격에 추가적인 단서를 연결하여 암호로 설정했을 법한 것들 위주로 공격하는 방식입니다.

가장 쉬운 비밀번호 추측 공격은 무엇일까요? 대표적으로 **생일, 기념일**과 같은 비밀번호입니다. 기본적인 사전에는 포함되어 있지 않습니다. 남들이 볼 때는 그저 일반적인 숫자에 불가하니까요. 하지만 해커가 여러분의 정보를 사전에 어느 정도 수집한 상태라면 어떨까요? 제일 먼저 시도하는 것이 바로 여러분의 생일일 것입니다.

PC나 휴대폰의 PIN 번호를 본인, 배우자, 자녀의 생일로 지정한 분들은 해커에게 '**언제든지 가져가도 좋습니다**'라고 말하는 것과 같습니다.

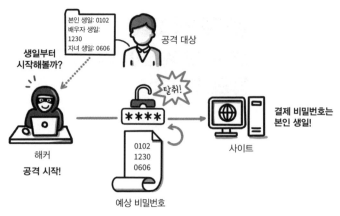

비밀번호 추측 공격 사례

생일, 기념일, 주소, 전화번호 뒷자리 등을 조합해서 비밀번호를 만들면 아주 쉽게 비밀번호를 탈취당할 것입니다.

🐛 증상

- 내 계정에 대한 접근 시도 알림을 SMS, 메일 등을 통해 받게 됩니다.
- 반복적으로 계정에 대한 잠금 처리가 발생합니다.
- 비밀번호가 탈취되어 해커가 여러분의 계정을 이용하여 로그인합니다.

🧰 예방 및 대처

기본적으로 증상 자체는 기존의 무차별 대입 공격과 거의 비슷합니다. 다만, 실제로 공격 성공 횟수가 늘어나고 공격자 입장에서 공격 시간이 줄어들게 됩니다. 이러한 공격을 방어하기 위해서 기업에서는 **비밀번호의 제약 조건을 걸어야 합니다.** 비밀번호 복잡도를 만족하는 것 이외에도 **생일, 전화번호, 학번 등 기본적으로 유추 및 추측이 가능한 단어를 이용하여 비밀번호를 사용하지 않도록 로직을 추가**해야 합니다.

이용자 측면에서 할 수 있는 보호 조치는 무엇이 있을까요? 네이버 기준을 통해서 알아보겠습니다. 해외에 자주 나가지 않는다면 **해외 로그인 차단 기능**을 통해서 해외에 있는 공격자들이 내 계정에 대한 로그인 시도를 막을 수 있습니다.

해외 로그인 차단 기능 설정

네이버 로그인 이후에 **내정보** ➡ **보안설정** ➡ **로그인 차단 설정** ➡ **해외 로그인 차단** ➡
ON을 통해서 해외에서 내 계정에 대한 로그인 시도를 차단하고 계정 소유자에게 메일
알람을 보내줍니다.

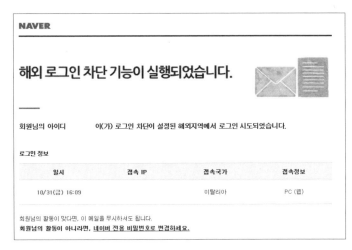

해외 로그인 차단 기능 알람 메일

다만, 해외 출장이나 여행을 가야 한다면 해외 로그인 차단 기능을 해제하고 출국해야
겠죠.

⊕ 한 줄 대응
기업에서는 비밀번호의 제약 조건을 설정해야 하고, 이용자는 해외 로그인 차단 기능을 설정한다!

웨일링 공격

사장님이 개인 아이디와 패스워드를 물어봐요

유재석, 강호동과 같은 유명 연예인들이 여러분께 전화를 걸어온다면 어떨까요? "안녕하세요? 유명 연예 프로그램의 MC 유명해입니다. 반갑습니다! 이벤트 당첨으로 연락을 드렸습니다. 신규 프로그램을 시작하면서 여러분께 전화를 드리는 프로그램입니다. 자기소개를 부탁드려도 될까요?" 좀 이상한 요청이죠? 이러한 공격에 여러분은 안전할까요?

웨일링 공격 Whaling Attack은 CEO와 같은 고위급 임원 또는 정치인, 연예인 등으로 속여 미끼를 던져 중요 정보와 금전을 취득하는 공격입니다.

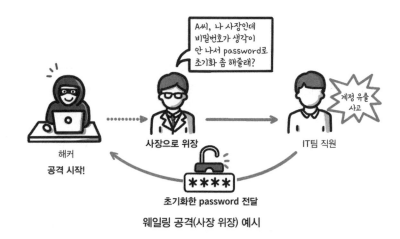

A씨, 나 사장인데 비밀번호가 생각이 안 나서 password로 초기화 좀 해줄래?

해커
공격 시작!

사장으로 위장

IT팀 직원

계정 유출 사고

초기화한 password 전달

웨일링 공격(사장 위장) 예시

여러분이 함부로 대하기 힘든 사람들로 위장하여 연락한다면 어떨까요? "나 사장인데, 지금 해외에서 갑자기 급해서 그런데 ABC 계좌로 100달러만 보내주겠나?" 이러한 공격 방식은 사장이나 고위 임원, 연예인과 같은 사람들로 위장해서 여러분에게 정보를 얻어내려고 할 것입니다. 이러한 공격은 혹시나 하는 마음을 쉽게 떨쳐내지 못하도록 공격 대상으로 삼은 여러분의 성향, 최근 동향 등을 사전에 파악해서 공격합니다.

☠ 증상

- **CEO, 고위 임원진 등으로부터 갑작스러운 연락을 받습니다.**
- **일반적이지 않은 요구 조건을 요청합니다.**
- **중요한 정보를 이메일이나 전화 등으로 요청합니다.**

🧰 예방 및 대처

이러한 공격은 이메일이나 전화로 많이 발생합니다. 이메일 공격은 주로 개인 메일을 통한 경우가 많습니다. 일반적으로 여러분이 ABC란 회사에 다닌다면 사장이나 임원 메일은 ABC 회사 메일로 올 것입니다. 지메일, 네이버 메일과 같은 **상용 메일로 사칭 메일이 오는 경우는 별도의 채널을 통해서 재확인**이 필요합니다. 메일로 온 경우 전화와 같이 다른 채널을 통해서 다시 한번 확인한다면 실제 그 메일이 사칭인지 아닌지를 확인할 수 있을 겁니다. 그리고 평상시에 개인 메일로 연락하지 않았던 분들이라면 갑작스럽게 개인 메일로 연락할 확률은 거의 0%에 가깝습니다.

전화로 요청이 왔다면 어떨까요? 목소리도 비슷하다면 번호를 확인하는 것이 중요합니다. 회사라면 내선 번호로 요청하는 경우가 많고, 휴대폰으로 전화가 오더라도 소규모 회사는 전화번호를 공유하고 있을 것이고, 일정 규모 이상의 기업이라면 임직원 간의 업무용 전화번호를 검색할 수 있는 시스템이 있을 겁니다. 그러한 시스템을 활용해서 **내선 번호 & 업무 전화번호를 한 번 더 확인**하는 것이 유출 사고를 방지할 수 있을 것입니다.

유출되었을 시에는 **빠르게 내부에 확인해서 비밀번호를 무효화시키고 회사 정보보안팀에**

신고하여 또 다른 유출 사고를 방지해야 합니다. 임원진 요구에 빠르게 대처하지 못할까 봐 걱정된다고요? 유출된 경우에는 영원히 대처하지 못할 수도 있습니다.

⊕ 한 줄 대응
상용 메일을 확인하고, 추가 전화번호(내선, 업무 번호)를 검색하여 확인한다!

021

우리만의 공유 공간이 노출되었어요

여러분이 두 대 이상의 PC를 사용하거나 회사에서 일할 때 동료들과 자료를 주고받아야 할 때가 있을 겁니다. 여러분은 어떤 방법으로 자료를 공유하나요? **메일, USB** 등 다양한 방식이 존재할 겁니다. 용량이 크거나 빠른 공유가 필요할 때는 일반적으로 공유 폴더를 가장 많이 사용합니다. 이러한 **공유 폴더**에서 유출이 발생한다면 어떨까요?

공유 폴더 정보 유출 Data Exfiltration with Shared Folder은 공유된 폴더를 이용해서 자료를 주고받을 때 해당 폴더를 이용해서 정보 유출을 하는 공격을 말합니다.

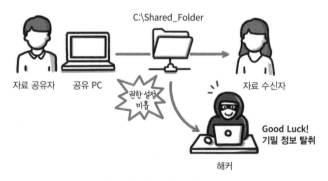

공유 폴더 정보 유출 예시

서로 편하게 사용하기 위해 만들어놓은 공유 폴더가 외부 해커에게 유출의 경로로 사용될 수 있습니다.

- 공유 폴더에 알 수 없는 사용자가 추가됩니다.
- 공유 폴더에 있는 데이터가 외부에 유출되어 피해를 받습니다.
- 공유 폴더의 데이터가 삭제/변조되어 이용이 어려워집니다.

예방 및 대처

공유 폴더의 유출은 **권한 설정이 미흡**한 경우에 대부분 발생합니다. 당연한 말이지만, 파일을 공유할 할 때는 주의해서 권한을 설정해야 합니다.

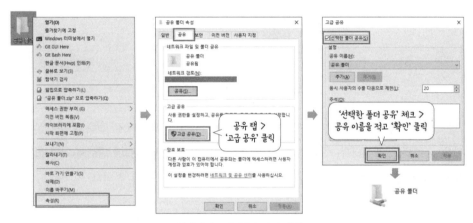

일반적인 공유 폴더 설정 방식

일반적인 공유 폴더 설정은 **공유할 폴더에서 마우스 오른쪽 버튼 ➡ 속성 ➡ 공유 탭 ➡ 공유 확인 ➡ 고급 공유 ➡ 선택한 폴더 공유 ➡ 공유 이름 설정 ➡ 확인**을 통해서 진행합니다. 그런데 이렇게 설정하면 **권한 설정의 문제**가 발생합니다.

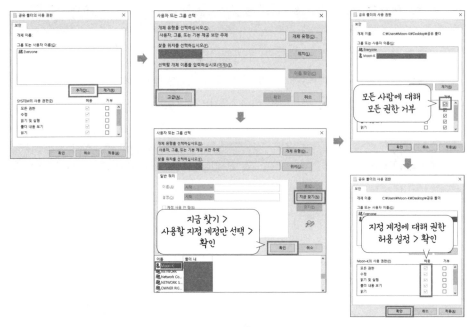

권한 설정의 문제점 및 해결 방법

모든 사람에게 읽기 권한이 발생함에 따라 해당 PC에 네트워크로 접속할 수 있는 사람은 누구라도 데이터를 가져갈 수 있습니다. 그러므로 **모든 사람에 대해서 거부 설정 & 지정한 계정만 추가 설정**을 통해서 접근 가능한 사람을 제한해야 합니다.

만약 좀 더 전문적 조치를 원한다면, 윈도우가 생성하는 **시스템 기본 공유 항목을 제거**함으로써 비인가자가 시스템 자원에 접근할 수 있는 위험성을 제거할 수 있습니다.

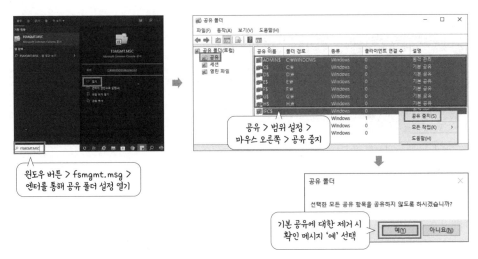

시스템 기본 공유 항목 제거 방법

공유 폴더 설정 변경을 통해서 시스템 기본 공유 항목에 대해 공유 중지를 하거나 레지스트리를 변경하는 방법이 있습니다. **시작** ➡ **실행** ➡ **Regedit** ➡ **새로 변수를 생성**하여 '컴퓨터\HKEY_LOCAL_MACHINE\SYSTEM\CurrentControlSet\Services\Lanmanserver\Parameters\AutoShareWks'의 **값(DWORD)을 생성하여 값을 0으로 수정**합니다. 서버인 경우에는 AutoShareWks 대신에 AutoShareServer의 값을 수정합니다. 이와 같은 공유 폴더의 안전 설정을 통해서 외부 해커가 나의 공유 폴더에 접근하는 것을 방어할 수 있습니다.

➕ 한 줄 대응

모든 사람에 대해 거부로 설정 & 지정한 계정만 접근을 허용하며, 시스템의 기본 공유 항목을 제거한다!

악성 코드 유포

토렌트랑 파일 공유 사이트를 이용하다가 그만...

영화나 드라마, 예능 등 재미있는 영상자료가 너무 많은 요즘입니다. COVID-19 이후로 외부 활동이 제한되면서 영상자료에 대한 관심이 더욱 높아지고 있습니다. 여러분은 콘텐츠를 어디에서 얻고 있나요? 설마 **파일 공유 사이트나 토렌트를 이용**해서 구하고 있지는 않은가요? 다운로드하기 전에 확인해야 할 것이 있습니다. 바로 **악성 코드 유포**의 위험입니다.

악성 코드 유포 Malware Distribution는 악의적인 행동을 하는 프로그램을 타인에게 전달하여 감염을 시킨 후 정보를 탈취하거나 공격에 이용당하게 하는 것을 말합니다.

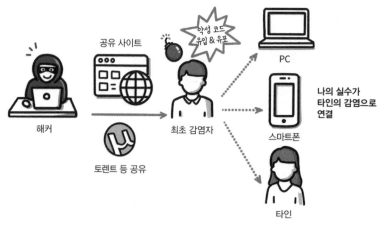

악성 코드 유포 사례

해커는 인터넷 검색을 통해서 쉽게 얻을 수 있는 드라마, 영화, 예능 프로그램, 유틸리티 등에 악성 코드를 숨겨 손쉽게 여러분의 컴퓨터를 감염시키고 있습니다. 모든 자료에 악성 코드가 있지는 않습니다만, 상당히 많은 악성 코드가 파일 공유 사이트와 토렌트 등을 통해 유포되고 있습니다. 악성 코드 유포를 통한 감염은 여러분만 피해를 보는 것이 아니고, 감염자 또한 **2차 공격자**가 되어 다른 사용자를 자신도 모르게 공격하는 문제가 발생합니다.

☠ 증상

- **컴퓨터, 스마트폰의 속도가 현저하게 늦어집니다.**
- **내 컴퓨터에서 외부에 대한 연결(세션)이 늘어납니다.**
- **별로 사용하지 않을 때도 기기의 CPU 사용률이 상당히 높습니다.**

🧰 예방 및 대처

악성 코드 유포는 토렌트나 파일 공유 사이트를 통해서 많이 이루어집니다. 이용자의 마음에 경계심보다 호기심이 많아서 다소 의심스럽더라도 이용하는 경우가 많습니다. 이럴 때의 가장 좋은 대처는 **법률을 어기지 않고 자료를 받는 것**입니다. 토렌트나 파일 공유 사이트는 저작권법에 위배되는 경우가 많습니다. 그에 따라 불법 파일 공유를 통해 받은 파일에 대해서는 제공한 사이트나 **P2P**Peer to Peer**(토렌트에서 파일을 공유하는 기법)** 에서 악성 코드 포함에 따른 책임을 지지 않습니다. 그러므로 애초에 악성 코드 유포의 위험이 존재하는 공유 사이트나 토렌트를 이용하지 않는 것이 가장 좋은 예방법일 것입니다. **불법 사이트를 이용하지 않고 넷플릭스와 같은 OTT 영상 플랫폼을 이용**하는 것도 좋은 대처 방안일 것입니다.

공유 사이트를 통해서만 감염될까요? 많이 감염되는 또 다른 경로는 바로 비공식 사이트입니다. **비공식 사이트**는 불법은 아닙니다만 신뢰할 수 없는 경우입니다. **블로그나 커뮤니티 카페**에서 다운로드하는 프로그램들이 대표적입니다.

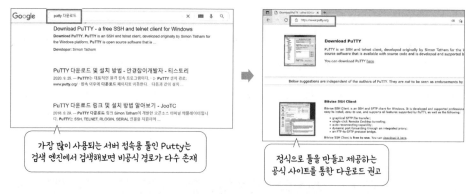

가장 많이 사용되는 서버 접속용 툴인 Putty는 검색 엔진에서 검색해보면 비공식 경로가 다수 존재

정식으로 툴을 만들고 제공하는 공식 사이트를 통한 다운로드 권고

비공식 사이트 & 공식 사이트 다운로드 사례

예를 들어, 서버 접근 도구(SSH)로 제일 많이 이용되는 **Putty**를 인터넷 검색을 통해서 다운로드하기는 쉽습니다. 그렇지만 그 안에 악성 코드가 숨어 있을지 없을지는 아무도 모릅니다. 그렇기 때문에 도구를 만들어 배포하고 있는 공식 사이트를 통해서 다운로드하는 것이 가장 안전합니다.

조금 다른 이야기이지만, 방송이나 광고 등 여러 미디어에서도 공식 사이트의 이미지가 아닌 인터넷에 떠도는 이미지를 사용했다가 특정 인터넷 커뮤니티와 연루되었다는 의혹을 겪는 등의 문제가 불거지기도 했습니다.

검증된 사이트를 통한 파일 이용은 악성 코드 감염 위험으로부터 상당 부분 자유로울 수 있습니다. 하지만 모든 감염 경로를 막을 수 없는 것은 현실입니다. 그렇다면 이미 감염되었다면 어떻게 해야 할까요? 이후 **바이러스(048)**에서 더 자세한 대응에 대해 알아보겠습니다.

⊕ 한 줄 대응

자료는 불법 사이트를 이용하지 말고 공식 사이트를 통해서 받자!

자주 가는 사이트만 이용했는데도 바이러스에 감염되었어요

악성 코드 유포(022)를 통해서 공격받았을 때는 자신도 모르게 감염되는 경우가 많습니다. 하지만 돈이나 정보가 목적인 해커에게 이렇게 확보한 악성 코드 감염자는 그다지 효용성이 높지 않을 수 있습니다. 그러면 해커들은 효용성이 높은 대상을 어떻게 감염시킬까요? 바로 **워터링 홀** 기법을 이용해서 대상을 표적화하는 공격을 많이 사용합니다.

워터링 홀 Watering Hole 기법은 공격 대상이 방문할 가능성이 있는 외부 웹사이트를 미리 감염시킨 뒤 잠복해 있다가 피해자가 방문했을 때 피해자의 컴퓨터에 악성 코드를 설치하는 공격 기법을 말합니다.

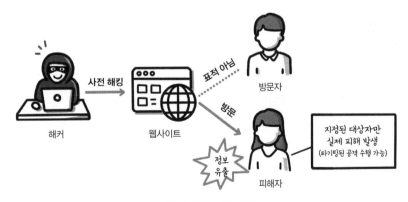

워터링 홀 공격 기법 절차

해커가 미리 덫Trap을 심어놓는 방식으로, 공격할 대상자를 선정하여 해당 피해자가 자주 가는 사이트에 해킹을 통해서 미리 악성 코드를 심어놓습니다. 공격 대상이 아닌 일반 방문자는 공격이 수행되지 않아서 들키지 않지만, 지정된 피해자가 방문했을 때 악성 코드가 작동하여 실제 해킹이 발생하는 방식입니다.

사자가 먹이를 잡기 위해 물웅덩이 근처에 매복하고 있다가 먹잇감이 물에 빠지면 공격하는 방식에서 유래된 공격입니다. 자신의 관심사가 있는 사이트이고 평소에도 자주 이용했기 때문에 아무런 의심 없이 이용하게 되지만, 이용하는 순간 감염되는 공격입니다.

회사 내에서 인터넷을 이용하는 임직원을 대상으로 검사했을 때 제일 많이 발견되는 대표적인 공격 기법입니다. 자연스러운 나의 일상을 망가뜨리는 이러한 공격에는 어떻게 대응할까요?

🤢 증상

- 웹 브라우저만 열어도 이상한 사이트들과 연결됩니다.
- 설치하지 않은 이상한 프로그램들이 자신의 컴퓨터에 설치됩니다.
- 해킹을 당했다는 연락을 정보보안팀으로부터 받습니다.

🩹 예방 및 대처

워터링 홀 공격은 사전에 공격 대상자의 이용 패턴을 예상해서 수행하는 공격이기 때문에 사용 자체를 하지 않는 방식의 대응은 불가능합니다. 그에 따라 현실적으로 **안전한 사용**이 필요합니다. 워터링 홀 공격 방식에서 제일 많이 사용되는 방식은 패치되지 않은 취약점을 이용해서 이후 **드라이브 바이 다운로드(047)**를 이용하는 것입니다. **보안패치가 나왔을 때 빠르게 업데이트**하여 취약점을 없애면 미패치로 인해 공격당할 가능성이 줄어들게 됩니다. 스마트폰이나 PC를 사용할 때 '프로그램의 업데이트가 필요합니다.'와 같은 메시지와 함께 지금 설치, 예약, 추후 설치가 표시될 때 추후 설치를 누르지 말고 조금 번거롭더라도 **지금 설치**Update를 선택하기 바랍니다.

그리고 좀 더 안전한 방법으로는 크롬과 같은 브라우저에서 **안전한 이용을 하도록 세이프 브라우징(안전 이용) 설정**을 하는 방식이 있습니다.

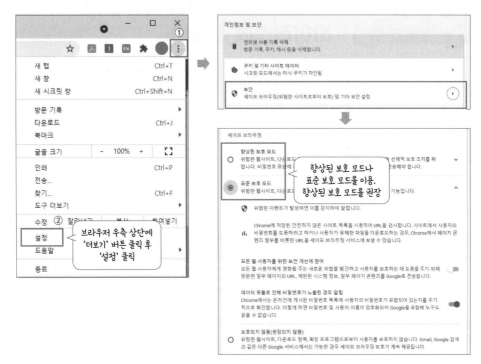

크롬의 세이프 브라우징 설정

브라우저의 설정 기능을 통해 세이프 브라우징의 **향상된 보호 모드나 표준 보호 모드를 선택하여 이용**하면, 위험한 이벤트가 발생했을 때 이를 감지해서 사용자에게 알려주는 역할을 수행합니다. 특히, 향상된 보호 모드는 위험한 이벤트가 발생하기 전에 사전 예측 알람도 제공합니다. **편의와 안전이라는 트레이드 오프**Trade off 사이에서 효율적인 선택이 필요합니다.

⊕ **한 줄 대응**
보안 패치는 빠르게 업데이트하고, 안전한 이용을 위해 세이프 브라우징(크롬)을 설정한다!

스피어 피싱

지인이 보낸 메일을 열었는데
바이러스에 감염이...

자세한 설명은 다음 동영상을 참고하세요.

https://bit.ly/Security_024

1천만 명이 넘는 고객의 개인정보가 유출된 인터파크 해킹 사건을 기억하나요? 엄청난 규모의 유출 사고로 많은 사람에게 큰 경각심을 주는 사고였습니다. 이러한 엄청난 사고는 특정 직원의 신상 정보를 캐낸 뒤에 지인을 사칭해서 보낸 메일 한 통으로 시작되었습니다. **스피어 피싱**을 이용한 APT(지능형 지속 위협) 공격을 통해서였죠.

스피어 피싱 Spear Phishing은 직장 동료나 친구, 가족을 사칭한 이메일 사기 기법으로, 특정인을 대상으로 ID, 비밀번호를 획득하여 정보를 획득하거나 감염시키는 공격 기법을 말합니다.

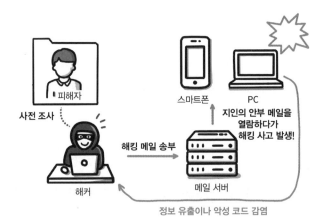

스피어 피싱 공격 기법 절차

일반적으로 영어로 된 **피싱**Phishing 메일을 받더라도 메일에서 요구한 부분을 전부 따라서 수행하지 않기 때문에 악성 코드에 감염될 확률은 높지 않습니다. 그러나 평소에 자주 보거나 편하게 생각하는 **지인을 사칭**하여 메일이 온다면 어떨까요? 아무 생각 없이 열어볼 것입니다. 그 메일에 첨부 파일까지 같이 보내면서 친절하게 안내해준다면 더욱 의심 없이 실행하겠죠. 이러한 방식으로 천만 명의 개인정보가 유출되었습니다. 아무런 의심 없이 열어본 메일 한 통, 사실은 오랫동안 준비된 공격이었음을 당하기 전에 알아야 합니다.

🦠 증상

- 지인에게 받은 메일에 첨부 파일이 존재합니다.
- EXE 형태나 DOCX.EXE와 같이 복합적으로 보이는 파일명이 존재합니다.
- 메일 내용은 지금까지의 대화와 연관성이 있는데 메일 주소가 이상합니다.

🧰 예방 및 대처

메일을 통한 지인의 연락을 보지 않기는 쉽지 않습니다. 어떻게 대처해야 할까요? 가장 쉬운 방법은 **의심이 되는 메일 주소를 다시 한번 확인하는 것**입니다. 기본적으로 메일 주소를 탈취하는 방법은 많은 준비 단계가 필요한 과정입니다. 그러다 보니 공격자가 완벽한 준비가 되지 않은 상태에서 관계만 확인하고 메일을 보내는 경우도 많습니다. 이러면 메일 주소가 탈취되지 않기 때문에 **평소 사용하는 메일이 아닌 조금은 다른 주소**로부터 메일이 송부됩니다. **사이버스쿼팅(045)**의 형태로서, friend1234@naver.com ➡ friends1234@naver.com과 같이 메일 계정 주소가 조금 변경되거나, friend@abc.com ➡ friend@abcc.com과 같이 도메인 주소가 조금 변경된 메일로 보내게 됩니다. 평소에 메일 주소를 확인해 보는 습관을 들인다면 비슷한 주소를 이용한 공격에는 당하지 않을 것입니다.

보낸 사람 상세 메일 주소 확인 방법

만약 공격자가 정말 시간을 들여서 내 지인의 메일을 탈취해서 나에게 공격을 한다면 어떨까요? 보낸 이의 메일 주소를 확인하여도 이상이 없어서 그냥 열어볼 수밖에 없겠죠? "긴급하게 해당 내용을 확인 요청해요."라는 메시지와 함께 ABC.docx.exe가 첨부 파일로 들어 있습니다. 많이 본 확장자는 아니지만, MS 워드 문서 파일이라는 생각에 열어보면 큰일 납니다. **첨부 파일이 실행 파일이라면 함부로 열어봐서는 안 됩니다.** 특히, 문서 파일로 위장한 문서파일.EXE의 구조는 90% 이상이 악성 코드일 확률이 높습니다. 만약 설치해야 하는 정상적인 EXE 파일로 보이는 프로그램이거나 정말 궁금해서 실행과 설치를 해야 한다면, 가장 쉬운 대응 방법이 있습니다. 바로 **보낸 사람에게 전화와 같은 다른 채널을 통해서 사실 여부를 확인**하는 방식입니다. 이렇게 자료가 송부된 방식과 다른 채널을 통해서 인증 및 확인하는 방식을 **2채널 인증** 방식이라고 합니다.

➕ **한 줄 대응**
이메일 주소를 확인하고, 의심스러운 첨부 파일은 2채널 인증 등으로 재확인한다!

보이스 피싱(전화 금융사기)

경찰청/금융감독원에서 연락이 왔어요

자세한 설명은 다음 동영상을 참고하세요.
https://bit.ly/Security_025

"안녕하세요, 홍길동 씨인가요? 경찰청입니다. 90XXXX-1XXXXXX 맞으시죠? 최근에 소유하신 쏘나타 차량 서울 가 XXXX번이 과속으로 적발되어서 저희가 자택으로 벌금 고지서를 송부해드렸습니다. 세 번 송부해드렸는데도 벌금 납부가 따로 없어서 연락을 드렸습니다. 금일까지 납부가 안 되면 경찰청 출석을 해주셔야 할 것 같습니다. 바로 납부하시려면 ABC 은행 12345678 경찰청으로 입금해주세요." 이런 **보이스 피싱** 전화는 어떻게 대처해야 할까요?

보이스 피싱 Voice Phishing은 타인의 재산이나 정보를 빼앗기 위해서 전화 등을 통해 금융 분야에서 발생하는 사기 범죄 공격 기법입니다.

?) 안녕하세요, 홍길동씨가 맞나요?
경찰청입니다. 90XXXX-1XXXXXX 맞으시죠?
나) 예, 맞는데요. 무슨 일이시죠?
?) 최근에 소유하신 쏘나타 차량 서울 가 –
XXXX번이 과속으로 적발되어서
저희가 자택으로 벌금 고지서를 송부해 드렸습니다.
세 번 송부해 드렸는데도 벌금 납부가...

사칭

보이스 피싱 사례(경찰청 사칭)

이렇게 연락해온다면 과연 여러분은 속지 않고 송금을 안 할 수 있을까요? 누군가 유출된 나의 개인정보를 이용하여 속이려고 마음을 먹는다면 방금 든 사례에서처럼 가능할 것입니다. 이름, 전화번호, 주민등록번호, 차량 정보, 자택 주소만으로 만든 시나리오가 앞에서 말씀드린 경우입니다. 실제로도 보이스 피싱은 계속 진화되고 있습니다.

보이스 피싱은 실제 눈에 보이지 않는 상대라 접근하기도 쉬우며, 속는 경우도 상당히 많아 공격자들이 선호하는 방법의 하나입니다. **어르신들을 대상**으로 하는 공격 중 제일 큰 비중을 차지하기도 합니다. 최근에는 20~30대 **젊은 여성을 표적**으로 하는 경찰, 검찰, 금감원 등 정부 기관을 사칭하는 보이스 피싱으로도 변화하였습니다. 공시생, 기간제 여교사 등의 개인정보를 사전에 확보한 후 시험 응시 자격 박탈 및 정규직 전환에 불이익 등이 있을 수 있다면서 상대편을 기만하는 보이스 피싱도 증가하고 있습니다.

☠ 증상

- 나에 대한 정보를 많이 아는 사람으로부터 전화가 옵니다.
- 자녀, 형제, 자매 등 가족이 위험에 빠졌다는 전화가 옵니다.
- 심리적 압박감을 느끼게 하거나 협박성 전화가 옵니다.

🧰 예방 및 대처

보이스 피싱은 어르신을 대상으로 한 표적화된 공격에서 패턴을 점차 복잡하게 변화시키고 있습니다.

보이스 피싱에 대응하기 위해서는 **금융거래정보 요구에 일절 응대하지 않아야 합니다.** 대부분 금전 획득을 목적으로 하므로 금전적인 요구가 잘 먹히지 않으면 중단하는 경우가 많습니다. **현금지급기로 유인하면 100% 보이스 피싱으로 의심**해야 합니다. 현금지급기로 유도하여 돈을 요구하는 방법은 가장 고전적이면서 지금도 성행하는 방법입니다. **자녀 납치나 가족 상해 보이스 피싱에 대해서는 직접 또는 친구나 선생님에게 전화나 문자로 재확인**을 해야 합니다. 또한, 개인/금융정보를 미리 알고 접근하는 경우가 많으므로 **대상 기관의 진위 파악이 필요**합니다. 특히, 경찰청이나 금융감독원을 사칭하는 경우가 많습니다. 전화번호를 받아서 본인이 직접 전화해서 확인하겠다고 하는 것도 좋은 방법입니다.

이미 피해를 봤다면 **112 콜센터 또는 금융회사 콜센터에 연락하여 신속하게 지급 정지**를 요청해야 합니다. 100만 원 이상이 입금된 계좌에서는 **30분간** 해당 금액을 출금/송금을 할 수 없게 지연인출 제도를 운영하기 때문에 **지급 정지를 통해서 출금을 막을 수도 있습니다.** 30분을 넘겼다고 해도 신고는 반드시 해야 합니다. 사기범은 보통 여러 계좌를 거쳐서 돈을 찾기 때문에 이체가 이뤄진 계좌들도 연쇄 정지를 하기 때문에 추가적인 피해를 막을 수 있습니다. 보이스 피싱에 이용된 **유출된 금융거래정보는 해지하거나 폐기하기를 권장**합니다. 이미 유출된 금융거래정보는 여러 보이스 피싱 집단에 넘어가서 추후 다른 범죄에 이용될 가능성이 높습니다. 또한, **발신 전화번호는 조작이 가능함**에 유의해야 합니다. 발신 전화번호를 무조건 맹신하지 말아야 합니다.

⊕ 한 줄 대응
금융정보를 요구받으면 의심을 품고 가족에게 전화나 문자로 재확인하고, 피해를 봤다면 지급 정지 요청과 함께 신고한다!

액티브 피싱

평소처럼 사이트에
접근했을 뿐인데...

스피어 피싱(024), **보이스 피싱**(025)과 같은 다양한 유형의 피싱에 대해서 알아봤습니다. 비슷한 피싱 기법이지만, 기술적 유형에 따라 방어 방법이 달랐습니다. 이번에 알아볼 피싱도 진화된 피싱의 형태입니다. 직접적인 개입을 통한 기술적 피싱 기법인 **액티브 피싱**입니다.

액티브 피싱 Active Phishing은 이용자가 입력한 정보를 중간에서 가로채 이용자에게는 공격자가 실제 웹사이트인 것처럼 속이고, 웹사이트에는 공격자가 정상 이용자인 것처럼 속이는 신종 피싱 공격입니다.

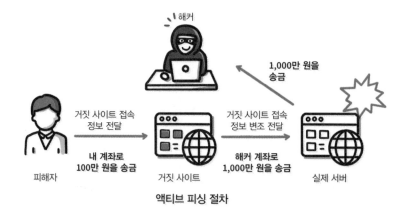

액티브 피싱 절차

이용자에게는 **거짓 사이트**Fake Site를 보여주고 실제 해커가 중간에서 트래픽을 가로채어 변조한 이후 실제 서버에 송부합니다. 모든 정보를 해커가 중간에서 확인이 가능하기 때문에 가능한 방식입니다. 피해자는 평범하게 사용하던 방식의 은행을 접속했을 뿐인데 어떻게 거짓 사이트로 접속하게 되었을까요? 상세한 원리는 **파밍(027)**에서 좀더 알아보겠습니다. **유사 도메인**이나 **파밍**을 이용하여 강제로 거짓 사이트로 접속하게 만들어서 피해자가 송금 및 다른 행위를 했을 때 중간에서 액수 및 수신자를 변경하는 방식을 이용합니다.

☣ 증상

- 계좌에서 하지 않은 송금 이력이 발생합니다.
- 이용하던 금융 사이트(은행 등)가 평소보다 더 느려집니다.
- 지속해서 개인정보 & 금융정보가 유출되는 문제가 발생합니다.

⬛ 예방 및 대처

액티브 피싱은 다른 피싱보다 공격자에게 조금 더 많은 노력을 요구합니다. 거짓 사이트를 미리 정교하게 만들어야 속지 어색하게 만들면 요즘에는 잘 속지 않습니다. 그러나 모든 것을 완벽하게 만들 수는 없습니다. **모바일 앱이나 사이트에서 로그인할 때 개인화 이미지(피싱 방지 서비스)를 이용**한다면 따라 만들기가 어렵습니다.

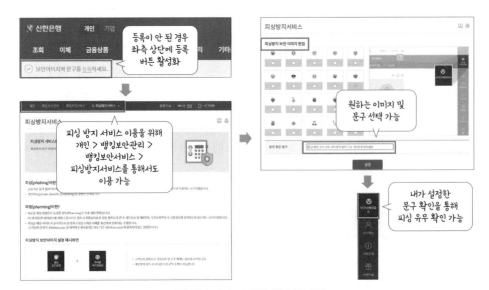

피싱 방지 서비스 절차(신한은행 기준)

개인화 이미지를 설정해놓으면 **로그인 시에 미리 설정한 형태의 피싱을 방지하기 위한 이미지와 문구**가 표시되기 때문에 피싱 사이트 사실 여부를 빠르게 확인할 수 있습니다.

간단하게 확인하는 방법도 있습니다. 기본적으로 일대일 실시간으로 액티브 피싱을 확인하면서 변조하지 않는 경우에는 일반적인 요구를 많이 하는데, **보안카드의 번호 전체를 요구하는 경우는 실제 거래 시에는 없는 형태이므로 피싱 사이트일 가능성이 높습니다.** 반드시 주의해야 합니다. 또한, 실시간으로 변조하여 전달하는 경우에는 필히 중간에 응답을 받아서 수정하면서 처리해야 하므로 중간 대기 속도가 느린 경우가 많습니다. 평소와는 다르게 **은행 사이트 속도가 너무 늦다면 피싱을 의심**하고 URL 확인과 바이러스 감염 여부를 검사해보는 것이 좋습니다.

⊕ 한 줄 대응

개인화 이미지(피싱 방지 서비스)를 이용하고, 보안카드 번호를 알려주지 않도록 한다!

파밍

URL 주소도 확인했는데 해킹당했어요

자세한 설명은 다음 동영상을 참고하세요.
https://bit.ly/Security_027

액티브 피싱(026) 공격을 받으면 평소에 사용하던 사이트를 접속했을 뿐인데도 해킹을 당하게 됩니다. 분명히 네이버의 정식 URL인 www.naver.com을 적었는데도 네이버로 연결되지 않고 사기 사이트로 연결되었습니다. 어떻게 된 것일까요?

파밍Pharming은 Phishing(피싱)과 Farming(파밍)의 합성어로서, 사용자가 정상 사이트 주소를 입력해도 가짜 사이트로 연결되도록 하여 개인정보 탈취 등을 시도하는 공격 기법입니다.

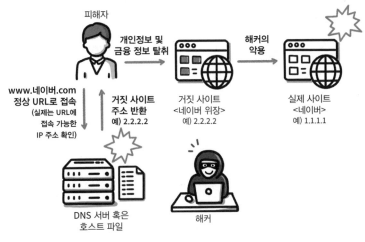

파밍 절차

액티브 피싱에 이용하기 위한 **사전 작업**으로, 많이 이용되는 공격 기법의 하나입니다. 네이버에 접속할 때는 www.naver.com으로 연결하는 분들이 많은데, www.naver.com 이라는 주소는 사람이 알아보기 쉽게 만들어놓은 **URL 주소**이며, 컴퓨터가 실제로 접속할 때는 컴퓨터가 알아볼 수 있는 **IP 주소**(예: 11.22.33.44)를 이용합니다. 예시를 들어보겠습니다. **우편물을 배달할 때는 주소**가 있어야 합니다. 바로 그 주소를 **URL 주소**라고 하면, 우체국에서 실제로 배달하기 위해서 분류하는 분류번호인 **우편번호**가 바로 **IP 주소**입니다. 우체국에서는 우편번호를 기준으로 먼저 배송지를 찾고 분류합니다. 실제 컴퓨터도 다르지 않습니다. 우편번호 대신에 IP 주소를 찾는 과정을 수행합니다. 이렇게 URL 주소를 IP 주소로 변경해주는데, 이 역할을 **DNS**Domain Name Service 서버나 **호스트 파일**Hosts File이라고 불리는 곳에서 하며, 파밍은 그 부분을 속이는 공격입니다.

☠ 증상

- 사이트 주소를 확인하고 눌렀는데 해킹 경고가 발생합니다.
- 내 아이디와 비밀번호가 유출되어 다른 사이트에서 이용됩니다.
- 개인정보, 금융정보 기반의 사기 연락이 늘어납니다.

🛠 예방 및 대처

기본적인 피싱 단계에서는 사용자가 어느 정도 조심하면 회피가 가능한 경우도 많습니다. 특히, URL 주소 확인을 통해 **www.never.com**인지 **www.naver.com**인지만 확인해도 내가 접근하려는 사이트를 확인할 수 있습니다. 그러나 파밍의 경우는 다릅니다. 일반적인 확인만으로는 어렵습니다. 파밍이 수행된다는 것은 **내 PC나 DNS 서버가 악성 코드에 감염**되어 침해되었다고 보아야 하기 때문입니다.

액티브 피싱의 전 단계 공격으로도 사용되기 때문에 대응 방법도 일부는 같습니다. 바로 **개인화 이미지**를 통한 피싱 방지를 하게 되면 파밍도 확인되는 경우가 많습니다. 또한, 파밍 사이트는 다수의 사람에게 사기를 치기 위해서 만드는 경우가 많아 액티브 피싱이 아닌 경우에는 **OTP**One Time Password 장치를 이용한다면 상당수 막을 수 있습니다.

OTP 장치

OTP(One Time Password)는 전자금융 거래에서 사용되는 일회용 비밀번호 생성
기기로, 1분마다 새로운 비밀번호가 생성되어 해킹이나 외부노출의 위험으로부터
안전하게 서비스를 이용하기 위한 보안 기기입니다.

가로형 발생기
별도의 장치로서 걸이 형태로 이용

카드형 발생기
카드 모양으로 휴대 편의성이 높음

스마트형 발생기
스마트폰의 NFC 기능과 연동하여 접촉을 통한 인증으로 OTP 생성

OTP 장치 예시(우리은행)

OTP 장치는 실시간으로 일회성 인증 정보를 가지고 있어야 하므로 보안이 강화됩니
다. 파밍은 피싱보다 기술적인 공격이기 때문에 좀 더 전문적인 대응 방법을 확인해보
겠습니다.

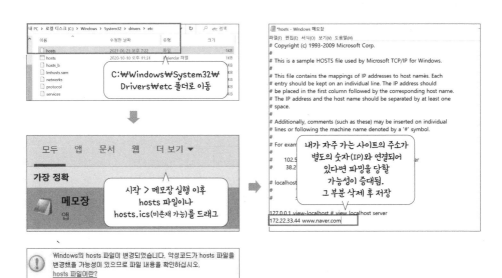

호스트 파일 점검 방법

내 컴퓨터에서 감염을 통한 **hosts 파일이나 hosts.ics 파일의 변경이 확인**되거나 **백신에서 hosts 파일 변경 경고를 띄웠다면** 파밍을 당했을 가능성이 높으니 해당 부분을 삭제 후 저장하여 이용하거나 **PC 초기화**를 권장합니다.

⊕ 한 줄 대응
개인화 이미지 및 OTP 장치를 이용하고, 호스트 파일 점검과 백신 경고를 확인해야 한다!

스미싱

문자와 카카오톡을 통한
지인의 연락이 해킹으로...

자세한 설명은 다음 동영상을 참고하세요.

https://bit.ly/Security_028

'가장 빠른 대출 www.대출.com', '안전 배팅 10만 원 무료 증정 www.도박.com', '배달물 예상 배송일, 주소 확인 요망 www.배달.com' 등과 유사한 형태의 문자를 받아보았을 것입니다. 스마트폰을 노리는 공격은 지인의 연락을 가장한 **스미싱**으로 더욱 다양화되고 고도화되기 시작했습니다.

스미싱Smishing은 SMS(문자)와 Phishing(피싱)의 합성어로서, 문자 메시지를 송부해 클릭을 유도하여 소액결제 및 개인/금융정보를 탈취하는 공격 방식입니다.

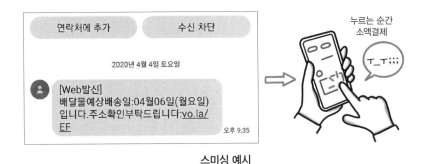

스미싱 예시

지인을 사칭한 돌잔치 초대장이나 청첩장부터 불특정 다수를 노리는 배송 문자, 대출 문자까지 다양한 스토리를 이용하여 여러분의 정보와 돈을 노리고 있습니다. 여러분이 많이 알고 있는 '**김미영 팀장님**'도 그중 한 분일 겁니다.

젊은 사람들도 위험하겠지만, 나이 많은 어르신들이 이러한 공격에 좀 더 취약합니다. 문자를 받고 주소만 눌렀을 뿐인데 결제까지 진행되는, 예전에는 존재하지 않았던 방식의 공격이 생겨남에 따라 본인도 모르는 사이에 해킹을 당하는 분들이 점점 늘고 있습니다.

문자에 있는 링크만 클릭해도 원치 않는 사이트로 유도되고, 그런 후에 소액결제가 되는 경우가 많습니다.

☣ 증상

- **지인으로부터 문자나 카카오톡으로 짧은 주소의 문자가 옵니다.**
- **클릭했더니 소액결제가 되었다는 연락을 받습니다.**
- **모르는 번호로부터 다양한 문자를 수신합니다.**

🧰 예방 및 대처

스미싱은 주의하면 예방의 효과가 높은 공격 중의 하나입니다. 우선, **출처가 확인되지 않은 문자의 인터넷 주소를 클릭하지 않아야 합니다.** yo.la/abcdEF 이런 식의 문자로 오는데, 과연 링크 모양만으로 정상과 비정상을 구분할 수 있을까요? 쉽지 않을 것입니다.

악성 URL 탐지 서비스(VirusTotal)

전문가들은 의심이 되는 경우에는 VirusTotal과 같은 **악성 URL 탐지 서비스를 통해서 확인**합니다. 하지만 매번 일일이 이렇게 검사하기는 쉽지 않습니다.

가장 쉽게 확인할 수 있는 방법으로서, 지인에게 온 문자 메시지에 인터넷 주소가 포함되었다면 **클릭하기 전에 전화로 확인**하면 됩니다. 그 지인이 고의로 악성 인터넷 주소(URL)를 보내지 않은 이상 전화로 확인하면 바로 알 수 있습니다. 어렵지 않으면서도 가장 기본적인 일이지만, 귀찮아서 문의를 안하는 경우가 많습니다. 해커는 그런 귀차니즘을 악용합니다.

카카오톡에는 해외에서 오는 **글로벌 스미싱을 막기 위한 시그널**이 있습니다. 빨간색 지구본 모양입니다. 다음 그림과 같은 표시가 보이면 해외에서 접근하는 사용자라고 생각하면 됩니다.

카카오톡 글로벌 프로필 사진

스미싱의 링크를 클릭하면 악성 앱이 설치되는 경우가 종종 있는데, 설치하기 전에 앱을 설치할 것인지를 묻습니다. **출처를 알 수 없는 앱에 대한 경고를 받았다면 확실한 경우를 제외하고 설치를 허용하면 안 됩니다.** 취소를 누르면 2차 피해를 막을 수 있습니다.

또한, 스미싱에서 가장 많이 노리는 부분이 바로 **소액결제**입니다. 평소에 소액결제를 많이 사용하지 않는다면 **사전에 이동통신사 고객센터에 연락하여 소액결제 서비스를 차단하거나 결제 금액을 제한**하는 방법이 좋습니다. 자신의 스마트폰에서 114를 눌러 상담원과의 통화를 통해 소액결제 기능을 차단할 수도 있습니다.

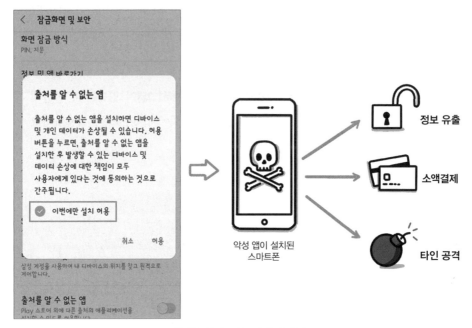

출처를 알 수 없는 악성 앱 설치

이미 피해가 발생했다면 **빠르게 신고하고 대처**해야 합니다.

1) 피해 사실 신고하기: 경찰서에 해당 내용을 신고하고 이후 경찰서에서 발급받은 '**사건사고 사실확인원**'을 이동통신사, 결제대행사 등 관련 사업자에게 제출하고 피해를 신고해야 합니다

2) 피해금 환불받기: 해당 결제대행사의 고객센터, 과학기술정보통신부 민원센터(www.emsit.go.kr, Tel. 1335), 휴대폰/ARS 결제 중재센터(www.spayment.org, Tel. 1644-2367) 등에 **결제취소 및 환불을 적극적으로 요구**해야 합니다.

3) 악성 앱 제거: 스마트폰에 있는 악성 앱 및 바이러스를 제거해야 합니다. 상세 방법은 **스마트폰 바이러스(049)**에서 좀 더 자세히 알아보겠습니다.

⊕ 한 줄 대응
출처를 알 수 없는 링크는 클릭하지 말고 전화로 재확인하고 소액결제 기능은 차단한다!

블랙메일

029

제가 저작권 위반으로 고소를
당한다고 해요

하루에도 엄청나게 들어오는 **스팸 메일**. 포털에서 제공하는 이메일은 이러한 스팸 메일을 많이 막아줍니다. 막히지 않은 메일들은 **법인정보 공격(006)의 스팸 메일 자동 분류 설정**을 참조하여 걸러줍니다. 그런데 여러 개를 동시에 보내지 않고 1개씩 나누어서 보내기 때문에 공격으로 판단하기 애매한 것들이 있습니다. 이러한 메일 중에 여러분을 협박하는 메일이 있다면 어떨까요?

블랙메일Blackmail은 이용자의 어떤 행위에 대해서 문제를 제기하며 악의적인 메일을 송부하여 부당한 압력이나 위협을 가하는 공격 기법을 말합니다.

블랙메일 공격 절차

악성 코드를 담아서 전달한다는 측면에서는 **스피어 피싱**과 유사합니다. 그러나 스피어 피싱은 상대편의 관심사를 파악하여 치밀한 준비 끝에 표적화하여 공격하는 반면, **블랙메일은 모두의 공통 관심사를 목표로 하여 공격합니다. 바로 위법 행위를 했다는 협박**

입니다. **저작권을 위반**했다는 협박 메일을 받으면 어떻게 될까요? 아무런 잘못을 하지 않아도 이러한 협박을 받게 되면 심리적으로 위축되고, 어떠한 잘못을 했는지 궁금해 하게 됩니다. 해커는 그 심리를 이용해서 여러분을 공격합니다.

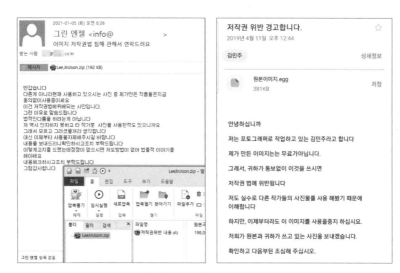

블랙메일의 사례(저작권 위반 경고)

여러분이 블로그, 인스타, 유튜브, 네이버 카페, 카카오톡 오픈채팅방 등의 SNS를 안 한다면 별로 문제될 만한 일이 아니라고 생각할 수 있겠지만, 현실적으로 이러한 것을 대수롭지 않게 여기는 분은 별로 없습니다.

☣ 증상

- 저작권을 위반했다는 경고 메일을 받게 됩니다.
- 갑자기 고소나 신고가 발생했다며 경찰서로 출두하라는 메일을 받습니다.
- 압축된 첨부 파일을 증거라고 하면서 확인을 요구받습니다.

⚕ 예방 및 대처

주로 여러분이 법률을 위반했다는 협박성 공격으로, 여러분의 심리를 위축시키고 실수 를 유발하게 하려는 공격 기법입니다. 피해를 당하지 않기 위해서는 아무리 걱정되더라도 가장 기본적인 점검을 하고 확인을 해야 합니다. 메일 본문은 협박성 문구 말고 모두 정상적입니다. 돈을 요구하지도 않고 별도의 클릭을 유도하는 URL도 존재하지 않습니다. 그러나 첨부 파일이 존재합니다. 증거를 모아놓았다는 그 첨부 파일에 악성 코드도 같이 존재합니다. 그래서 증거를 확인하기 전에 **첨부 파일의 파일 형식을 점검**해야 합니다.

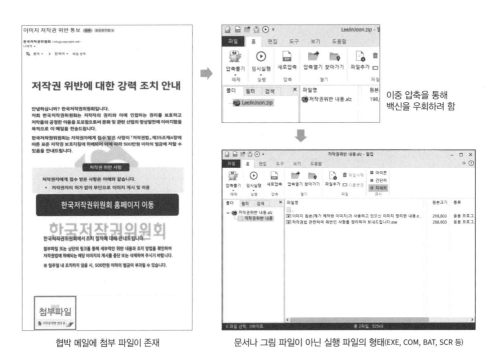

협박 메일에 첨부 파일이 존재   문서나 그림 파일이 아닌 실행 파일의 형태(EXE, COM, BAT, SCR 등)

블랙메일 첨부 파일 점검 방법

블랙메일의 첨부 파일은 2회 이상 압축하여 메일 전달 시에 백신 검사를 우회하려고 합니다. 1회 압축은 메일을 수신하는 포털에서 기본적으로 압축을 해제하여 바이러스가 존재하는지를 검사하기 때문입니다. ZIP 파일을 열어보았을 때 **최종 확장자가 EXE, COM, BAT, SCR과 같은 실행이 되는 파일인지**를 점검해서 동일하다면 블랙메일이라고 판단하면 됩니다.

그리고 블랙메일은 여러분에 대한 직접적인 표적화를 하기보다는 무작위로 보내는 경우가 많기 때문에 **나에 대한 정확한 정보 및 위법 행동에 대해서 명시**되어 있는지를 먼저 확인해야 합니다.

안녕하세요? 저는 **XXX**의 **ABC**라고 합니다.

귀하께서 **https://cafe.네이버.com/해킹/보안/119** 카페에 올리신 글이 저작권법을 위반하여
이에 대한 안내를 드립니다.
아래의 안내대로 이뤄지지 않을 경우에는 불가피하게 법적 소송을 제기할 것임을 미리 밝혀둡니다.

귀하께서 범한 **저작권법** 위반 사항은 다음과 같습니다.

1. 출처 미고지: 저작권법 제37조 위반
2. 저작권자로부터 이용 허가를 받지 않음: 저작권법 제46조 위반

저작권 침해와 관련된 자료는 아래 링크로 보내드립니다.
https://저작권 침해 증명 자료.zip=Share
위 사항에 대하여 저작권자와 상의하여 아래와 같은 요구사항을 제시합니다.

~~~~~~~~~~~~
~~~~~~~~~~~~

실제 저작권 위반 시의 전달 메일

실제로 저작권을 위반했다면 해당 저작권자와 법정 대리인은 여러분께 **어떤 행동이 위반**이며 **어떠한 문제가** 있는지 공유한 이후에 **원하는 요구사항**이 있을 것입니다. 이와 같이 상세한 내용 없이 위반했으니 ZIP, EGG와 같이 압축된 EXE 파일을 열어보라는 것은 여러분을 감염시키기 위한 블랙메일일 것입니다.

당황한 마음에 성급하게 첨부 파일을 여는 일은 없어야 합니다. 바쁠수록 돌아가라는 말처럼 좀 더 신중하게 내가 한 행동과 함께 자세히 비교하면서 내용을 확인하기 바랍니다. **이미 열고 실행까지 했다면 바이러스(048)와 동일하게 검사하고 악성 코드 감염을 치료**해야 합니다.

➕ **한 줄 대응**
첨부 파일의 파일 형식을 점검하고, 위법 행동에 관한 내용을 정확히 확인한다!

멀버타이징

광고만 봤는데 감염이 되었어요

포털에 접속하면 무엇을 먼저 보나요? 검색창도 보겠지만 많이 보는 것 중의 하나가 바로 광고일 겁니다. 포털 기업들이 최근 맞춤식 광고를 많이 진행하면서 여러분께 좋은 정보도 많이 주고 있지만, 악성 프로그램도 같이 준다면 어떨까요?

멀버타이징Malvertising은 Malicious(악성)와 Advertising(광고)의 합성어로, 웹사이트 자체는 정상적이나 웹사이트에 노출되는 **온라인 광고**를 이용하여 악성 프로그램을 전파하는 공격 기법을 말합니다.

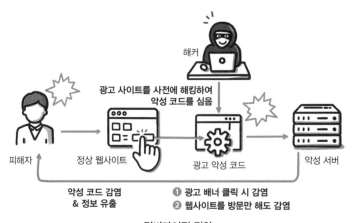

해커

광고 사이트를 사전에 해킹하여
악성 코드를 심음

피해자   정상 웹사이트   광고 악성 코드   악성 서버

악성 코드 감염
& 정보 유출

❶ 광고 배너 클릭 시 감염
❷ 웹사이트를 방문만 해도 감염

멀버타이징 절차

멀버타이징은 웹사이트가 감염되거나 문제가 있지 않음에도 이용자가 사이트를 방문했을 때 자동으로 보이는 광고를 통해서 공격을 수행합니다. 사이트를 운영하는 기업 입장에서도 억울하고 이용자도 억울한 상황이 발생하게 됩니다. 광고 배너에 악성 프로그램을 숨겨서 **배너 클릭 시에 감염**시키거나 **웹사이트를 방문만 해도 악성 프로그램을 자신도 모르게 다운로드**하게 하여 감염시키는 방식입니다.

포털과 같은 웹사이트는 **Ad Provider(광고 서비스 제공자)**를 통해서 고객들의 광고 배너를 실시간으로 나타나게 합니다. 그래서 웹사이트 운영 측에서도 어떠한 광고나 나올지 모르는 경우가 많습니다. 그렇기 때문에 취약한 Ad Provider의 검증으로 웹사이트의 신뢰성까지 떨어뜨리는 문제가 발생하게 됩니다.

☣ 증상

- ▪ 평소처럼 사이트에 접속했는데 PC가 느려집니다.
- ▪ 갑자기 랜섬웨어, 바이러스 등에 감염되는 현상이 발생합니다.
- ▪ 접속하지도 않았던 이상한 사이트가 계속 열립니다.

➕ 예방 및 대처

해커는 일반적으로 두 가지 방식으로 공격을 수행하므로 기업들도 그에 맞추어 방어해야 합니다. 첫째, 해커는 광고료를 지불하고 합법적으로 광고 서비스를 이용하기도 합니다. 일정 기간 정상적인 광고를 보여주다가 갑자기 멀버타이징 광고로 변경하는 방법입니다. 이때를 대비하여 광고를 제공하는 **Ad Provider와 웹사이트에서 지속적인 검증**을 수행해야 합니다. 바로 보여주는 방식이 아닌, **자동화된 지속 검증을 통해서 일정 시간 이상 지연시킨 후에 광고를 노출**해주는 방식을 이용해야 합니다.

둘째, 취약한 광고 서버를 해킹해서 공격하는 경우도 있습니다. 이러한 공격은 AD Provider의 취약함이 원인일 때가 많습니다. 따라서 **보안 수준이 확인된 AD Provider에게만 광고를 허용**하면 됩니다. 또한, AD Provider에게 공간을 할당하지 않고 이미지 형태로 받아서 **웹사이트에서 직접 광고를 관리**하는 방법도 가능할 것입니다.

이용자 입장에서는 공격에 이용될 여지가 많은 **브라우저와 플러그인 기능을 최신 버전**으로 유지해야 합니다. 또한, **사용하지 않거나 서비스가 종료된 플러그인(예: 어도비 플래시 플레이어)을 제거**하는 것도 좋은 대응 방안입니다. **바이러스(048)** 탐지에 효율적인 백신을 사용하는 것도 필수적입니다. 인터넷을 주로 검색 위주로 사용한다면 AdBlock처럼 브라우저에서 설정 가능한 **광고 차단기를 사용**하는 것도 좋은 방법입니다.

광고 차단기 설정(크롬 기준)

다만, 광고 차단기를 설치하면 정상적인 사이트도 일부 차단될 수 있기 때문에 주의가 필요합니다.

➕ **한 줄 대응**
웹사이트 기업은 광고를 검증하고, 이용자는 브라우저와 플러그인을 최신화하고 광고 차단기를 설치한다!

031

공공장소에서 인터넷을 잠깐 사용했는데도 해킹이 됐어요

자세한 설명은 다음 동영상을 참고하세요.
https://bit.ly/Security_031

일반적으로 여러분은 비슷한 환경(집, 회사)에서 PC를 이용하고, 스마트폰을 항상 휴대하면서 인터넷이나 애플리케이션 서비스를 이용하고 있을 겁니다. 그러나 가끔은 평소에 가지 않았던 공공장소나 PC방 등에서 인터넷에 접속하는 일도 있을 것입니다. **로그아웃 미흡**이나 **ID 저장(자동 로그인)** 같은 한순간의 실수가 큰 사고를 만들기도 합니다.

로그아웃 미흡은 외부의 PC나 스마트폰에서 서비스를 이용한 후에 로그아웃을 수행하지 않은 상태를 말합니다.

ID 저장(자동 로그인) 실수는 외부의 PC나 스마트폰에서 서비스를 이용할 때 ID 저장(자동 로그인)을 통해 기록을 남겨놓은 상태를 말합니다.

로그아웃 미흡 & ID 저장(자동 로그인) 실수

아주 작은 실수 때문에 생긴 상황이지만 그로 인한 피해는 절대 작지 않습니다. 로그아웃 미흡 사고는 이용자의 세션을 그대로 사용하여 내 계정을 이용한 **악의적인 메일 쓰기, 정보 유출, 게시판의 광고 글과 같은 다양한 문제**를 일으키게 됩니다. 또한, ID 저장 실수는 이보다 더 큰 상황을 만들기도 합니다. 단순한 ID 저장은 계정 정보가 유추될 수 있는 정도이지만, 자동 로그인 설정은 앞으로 그 기기에 대해서는 인증을 묻지 않고 마음대로 사용할 수 있을 정도의 프리 패스를 준 것이나 다름이 없기 때문입니다. 계정이 탈취당한 상황에서는 거의 모든 악의적인 행동이 가능하게 됩니다.

☣ 증상

- 내 계정을 통한 커뮤니티에 글, 광고 메일/쪽지 등 악의적 행위가 발생합니다.
- 내 계정의 비밀번호가 마음대로 변경되는 경우도 발생합니다.
- 해당 계정에 연결된 타 사이트의 비밀번호가 자신도 모르게 변경됩니다.

🧰 예방 및 대처

이와 같은 문제는 단순한 실수로 발생하는 경우가 대부분입니다. 자신이 자주 사용하는 PC나 스마트폰에 자동 로그인 설정을 하는 건 보안 측면에서 좋은 방식은 아니지만 편리함 때문에 많이 사용하고 있습니다. 그러나 공공장소에서도 동일하게 하는 습관이 문제입니다. 공공장소에서는 **로그인 저장이나 자동 로그인 설정을 하지 않고, 사용 이후에는 반드시 로그아웃이나 PC 종료**를 해야 합니다.

예방은 단순하지만, 이미 벌어진 경우에는 빠르게 대응해야 합니다. 그 장소를 벗어난 이후에 로그아웃을 하지 않았음을 알았다면 어떻게 해야 할까요? 자동 로그인 설정이 되어 있다면 일단 **비밀번호를 변경**해야 합니다. 사이트 접속 시마다 자동 로그인 설정을 통해 기존 비밀번호 값을 반복적으로 이용하기 때문에 비밀번호가 바뀌면 이전의 비밀번호 값으로 접속할 수가 없습니다.

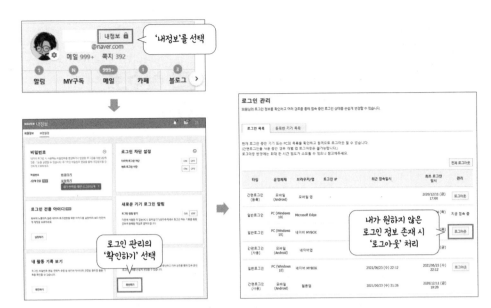

원격 로그 아웃 처리(네이버)

이미 장소를 벗어났기 때문에 다시 방문하여 사용하던 PC에서 로그아웃을 하기에는 늦을 수 있습니다. 그때는 포털이 제공하는 **원격에서 로그인 연결 정보를 관리**할 수 있는 기능을 이용하면 됩니다. 네이버 기준으로, **내정보 ➡ 보안설정 ➡ 로그인 관리 ➡ 로그아웃** 처리를 통해서 직접 방문하지 않고도 원격에서 로그아웃을 할 수 있습니다.

실수를 하지 않는 것이 중요하지만, 실수를 했다면 빠른 대처를 통해서 피해를 최소화하는 것이 필요합니다.

➕ 한 줄 대응

공공장소에서 로그인 저장과 자동 로그인을 금지하고, 원격 로그인 연결 정보 관리를 통해 로그아웃을 한다!

운영 실수

032
서비스 운영 업체의 실수로
홈페이지가 꺼졌어요

이 책의 독자들은 이용자 측면에서 서비스를 이용하는 분들이 대부분일 것입니다. 하지만 이번에는 다른 입장 측면에서 알아볼까 합니다. 기업에서 IT나 보안 담당자인 분들도 계실 것이고, 개인사업자로서 쇼핑몰을 운영하는 분들도 계실 것입니다. 이용자 측면이 아닌 **서비스 제공자** 측면에서의 사고 유형 중 제일 많이 발생하는 **운영 실수**에 대해서 알아보겠습니다.

운영 실수 Operational Mistake는 서비스 제공을 위탁받아서 운영하는 위탁업자(위탁부서)에서 설정 미흡과 같은 실수 때문에 서비스가 중단되거나 사고가 발생하는 문제점을 말합니다.

자주 발생하는 운영 실수 유형

1) 협의되지 않은 작업을 통한 서비스 이상
2) 절차를 이해하지 못하거나 지키지 못하는 직원의 실수
3) 문제 발생 시에 복구 전략이 부재
4) 계정 관리 실수
5) 비용 지표 관리 실수

사전에 협의가 이뤄지지 않은 상태에서 작업을 진행하다가 문제가 발생하는 경우가 많습니다. 또한, 절차를 지키지 않은 운영을 통해서 위탁업자도 모르는 실수가 발생하면 원인 분석이 어려워지게 됩니다. 문제가 발생해도 빠른 복구가 가능하다면 쉽게 대응할 수 있지만, 복구에 대한 전략이 없다면 복구 자체가 불가능할 수도 있습니다. 계정 관리의 실수로 인해 연결된 시스템이 영향을 받아서 서비스 자체가 안 되는 경우도 있습니다. 또한, 비용 지표 설정을 관리하지 않아 비용이 초과하여 서비스 제공이 중단되는 경우도 발행합니다. 이러한 것들은 해킹 사고로 보기는 어려우나 서비스 제공이 중단된다는 점에서 지속적인 관리가 필요합니다.

☣ 증상

- 갑작스럽게 내가 관리하는 홈페이지의 서비스가 중단됩니다.
- 고객센터에 지속적인 문의 글이나 불만 사항이 접수됩니다.
- 서비스가 제공되지 않는 상태가 계속 유지됩니다.

🧰 예방 및 대처

대표적인 글로벌 클라우드 서비스 제공 기업인 AWS조차도 DNS 설정 오류로 많은 기업을 수시간 동안 장애 상태를 만들어 이슈가 된 적이 있습니다. 이처럼 **인적 장애**Man Fault로 인한 뉴스는 심심치 않게 들립니다. 이와 같은 운영 실수를 줄이기 위해서는 **사전 작업 계획 공유 및 계획서 검토**를 통해서만 작업을 진행하여 서비스 이상 시에 바로 대처할 수 있도록 해야 합니다. 또한, 표준화된 절차를 인지하지 못해서 나오는 이슈가 많은 만큼 **사전에 정해진 절차를 준수하도록 직원에 대한 정기적인 교육**을 진행하여야 절차 미숙지로 인한 문제가 발생하지 않습니다.

중요한 서비스에 대해서는 **BIA**Business Impact Analysis와 같은 **비즈니스의 실제 중요도/영향도를 파악하여 복구 절차**를 수립해야 합니다. 서비스 중단이 될 수도 있으니 중단 시 영향도에 따라서 **RTO(복구 목표 시간 = 서비스할 수 없는 상태로 허용된 최대 시간), RPO(복구 목표 시점 = 마지막 복구 시점 후 허용되는 최대 데이터 손실 시간)**을 파악해야 합니다. 실제 제공할 서비스 수준에 따라서 적정한 비용의 복구를 위한 투자를 해야 합니다.

계정에 대한 추적 관리가 없는 경우에는 비밀번호의 변경만으로도 서비스에 영향을 주는 경우도 많습니다. 계정 변경 시 영향도를 파악하고 계정에 대해서 지속적인 추적을 통해 안전하게 이용해야 합니다.

비용적인 측면에서도 상한선Limit을 걸어놓고 홈페이지와 같은 서비스를 제공하는 경우에는 **상한선(페이지 노출 수, 트래픽의 양, 비용 제한 설정 등)** 조건의 문제로 더 이상 서비스를 제공하지 못하는 경우도 발생합니다. 이러한 문제를 방지하기 위해서는 적절한 상한선 설정 및 확인이 필요합니다. 비용적인 원인에 따른 문제라는 점에 대해 파악이 쉽도록 **알람 설정**도 좋은 방법이 될 수 있습니다.

> ⊕ 한 줄 대응
> **사전에 작업 계획을 공유하고, 표준을 준수하기 위한 직원 교육, 복구 절차를 수립한다!**

자동실행 공격

USB 하나를 주웠을 뿐인데...

2010년 6월에 역사적으로 가장 유명한 산업 시스템 해킹이 발생했습니다. '**스턱스넷** Stuxnet'이라고 불리는 공격은 그 당시 상대적으로 안전하다는 폐쇄망의 공장을 뚫고 해킹한 사례로 아직도 많이 회자되고 있습니다. 이러한 국가시설급의 폐쇄적인 시설을 어떻게 공격할 수 있었을까요? 놀랍게도 **USB 1개의 자동실행**으로 가능했습니다.

자동실행 공격 Autorun Attack은 CD-ROM, USB, 외장하드와 같은 이동식 매체가 삽입되면서 자동으로 특정 작동을 수행하는 방식으로 악성 코드를 실행하여 감염시키는 공격 기법을 말합니다.

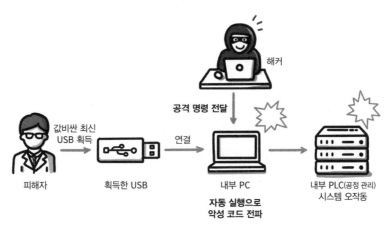

자동실행 공격 사례(스턱스넷)

해커는 사전에 악성 코드를 담은 **최신 USB**를 타깃으로 삼는 회사의 카페나 이동 경로에 놓습니다. 지나가던 직원은 포장까지 있는 최신 USB를 보고 그대로 가져와서 회사의 PC에 연결하게 됩니다. 그 이후에 악성 코드가 담긴 USB가 PC를 감염시키고, 내부 공정 관리 시스템에도 영향을 주어 공장 시설이 오작동을 하도록 만듭니다. 위와 같이 상대적으로 안전하다고 평가되는 폐쇄망의 공장조차도 작은 USB의 자동실행을 통해서 내부 시스템이 악성 코드에 감염되어 전체가 망가져버리는 사고가 발생했습니다. 비단 USB뿐만이 아닌 CD-ROM, 외장 하드와 같은 다양한 이동식 매체에서 모두 발생가능한 방식의 공격입니다.

🦠 증상

- 포장된 USB, 외장 하드 디스크 등이 분실물로 확인됩니다.
- USB와 같은 이동식 매체를 연결하면 PC가 매우 느려집니다.
- USB에 자동실행 옵션이 확인됩니다.

🧰 예방 및 대처

자동실행은 대개 사용자의 편의성을 위해서 만듭니다. 물론, 정상적인 업무에서도 사용되고 있는 기능입니다. 그러나 오용의 여지나 문제점이 많은 기능이라 확인이 필요합니다.

자동실행 기능 자체가 편의성 위주의 기능이기 때문에 경우에 따라서는 수동실행으로 이용하면 됩니다. 그러므로 기본적으로 **이동식 매체에서 자동실행 기능을 사용하지 않기**를 권장합니다.

윈도우 10 기준으로 **프로페셔널과 같은 기업용 PC**라면 실행(윈도우 키 + R) ➡ **gpedit.msc(로컬 그룹 정책 편집기 실행)** ➡ **컴퓨터 구성** ➡ **관리 템플릿** ➡ **Windows 구성 요소** ➡ **자동 실행 정책** ➡ **자동 실행 끄기에서 사용, 모든 드라이브 선택 후 적용**을 하면 쉽게 미사용으로 설정할 수 있습니다.

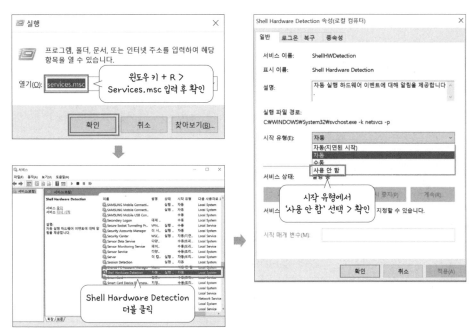

이동식 매체 자동실행 미사용 처리

그렇지만 윈도우 10 홈은 로컬 그룹 정책 편집기가 기본적으로 설치되어 있지 않습니다. 추가해서 설치하는 방법도 있겠지만, 서비스 설정으로 차단할 수 있습니다.

윈도우 키 + R ➡ Services.msc ➡ Shell Hardware Detection ➡ 시작 유형 ➡ 사용 안 함 ➡ 확인으로 USB의 사용을 차단할 수 있습니다.

반드시 자동실행을 사용해야 하는 경우에는 **백신의 USB 드라이브 자동 검사**하기를 설정하면 됩니다. 백신에서도 자동실행 방지 옵션이 존재하여 해당 기능으로 차단할 수도 있습니다. 안랩의 V3 백신 기준으로 **AhnLab V3 실행 ➡ 환경 설정 ➡ 고급 설정 ➡ 'CD/USB 드라이브 자동 실행' 방지 체크 & 'USB 드라이브 자동 검사' 체크 후 적용**을 하면 차단하고 검사까지 수행합니다.

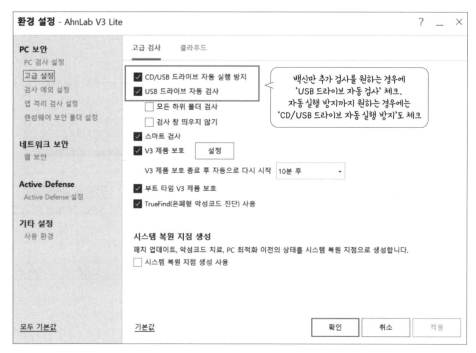

USB 드라이브 백신 자동 검사(V3 기준)

이미 자동실행 바이러스에 감염이 되었다면 **포맷**하는 것이 가장 효율적인 대응 방안입니다. 포맷에 대해서는 부록에서 알아보겠습니다.

⊕ 한 줄 대응

이동식 매체의 자동실행 기능을 사용하지 말고, 백신의 USB 자동 검사 기능을 이용한다!

사무실 정보 유출

무심코 적어놓은
내 책상 위의 인증정보

직장인들이 하루에 가장 많은 시간을 보내는 곳은 어디일까요? 집? 카페? 지하철? 다양한 대답이 있을 수 있겠지만, 대부분은 사무실에서 가장 많은 시간을 보냅니다. 그렇기 때문에 사무실에는 여러분에 대한 많은 정보가 흩어져 있습니다. 그 정보는 과연 안전할까요?

사무실 정보 유출 Office Information Leakage은 사무실에서 사용하는 다양한 인증정보, 개인정보, 업무정보 등에 대해서 적절한 통제를 거치지 않고 외부로 전달되는 공격을 말합니다.

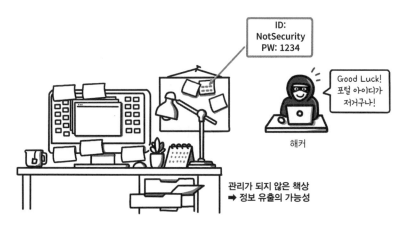

사무실 정보 유출의 예시(포스트잇 계정 유출)

사무실에서 생활하는 시간이 가장 많은 만큼 여러분에 대한 정보도 여기저기에 노출되어 있을 확률이 높습니다. 가장 많이 보이는 정보는 여러분이 지금 진행하고 있는 업무에 대한 정보일 것입니다. 어떠한 아이템을 가지고 어떠한 협력업체와 진행하고 있는지부터 시작해서 시스템에 대한 아이디와 비밀번호를 포스트잇에 붙여놓은 분도 있을 것이고, 더 심하면 업무상 비밀문서를 출력해서 책상 위에 놔둔 분들도 있을 것입니다. 출력해서 놔두는 것은 본인 마음이듯이, 몰래 침투하는 것도 해커 마음입니다. 여러분의 책상 옆으로 와서 조용히 정보를 보는 **어깨너머 훔쳐보기(035)**도 가능할 것입니다.

☣ 증상

- **적어놓은 아이디와 비밀번호를 이용해서 해킹이 발생합니다.**
- **업무상 기밀 정보가 외부로 유출되어 사고가 발생합니다.**
- **경쟁사에 우리 회사의 기밀 정보가 유출되어 경쟁이 발생합니다.**

🧰 예방 및 대처

여러분의 책상이 지저분하면 할수록 물건이나 정보를 찾기가 어려우니 괜찮지 않겠냐고 생각하는 분도 있을 것입니다. 물론 정보를 찾기도 어렵지만, 중요 정보가 존재한다는 사실조차 놓치기 쉽습니다. 중요 정보를 숨기거나 삭제하지 않고 그대로 퇴근하는 일도 벌어지게 됩니다. 그래서 사무실의 관리되지 않은 지저분한 책상은 해커들의 물리적 접근 공격에 타깃이 되기 좋습니다. 책상 관리를 잘하지 않을수록 중요 정보가 노출되는 경우가 많을 것이기 때문입니다. 그래서 **클린 데스크**Clean Desk를 통해서 사무실 환경을 깨끗하게 관리해야 합니다. 책상 위에 중요 업무 서류를 방치하지 않고 메모지에 비밀번호나 중요 정보를 적어서 붙여놓지 말아야 합니다.

클린 데스크 예시

특히, 많은 곳에서 놓치고 있는 부분 중 하나는 스캔이나 복사를 한 후에 프린터/복합기에 방치되고 있는 문서들입니다. **복사나 스캔, 인쇄 등을 한 이후에 중요 문서를 방치하지 않도록 확인**해야 합니다.

퇴근하기 전에는 PC 전원은 끄고 시건장치를 확인해야 합니다. 특히, 서랍은 꼭 잠그고 퇴근해야 아침에 왔을 때 중요 서류가 사라지는 경험을 하지 않을 것입니다.

⊕ 한 줄 대응

클린 데스크를 시행하고, 프린터/복합기에 중요 문서를 방치하지 말고, 퇴근 전에는 시건장치를 확인한다!

035 어깨너머 훔쳐보기

내 어깨너머에서 몰래 본 정보로
사고가 일어났다는데...

사무실에서 업무를 볼 때 어떻게 일하나요? 재택근무를 하거나 개인 사무실이 있는 경우를 제외하고는 사무실에서 다 같이 모여서 업무를 할 것입니다. 협업하기가 쉽고 빠른 응대와 같은 다양한 장점 때문에 회사들은 사무실에서 단체 근무 형태를 시행하고 있습니다. 이러한 사무실에서 여러분의 정보는 과연 안전할까요?

어깨너머 훔쳐보기 Shoulder Surfing는 기술정보, 인증정보(PIN, 비밀번호) 등의 중요한 정보를 피해자의 어깨너머로 보거나 민감한 정보를 엿듣는 방식의 사회공학적 공격 기법입니다.

어깨너머 보기 사례

여러 사람이 생활하는 만큼 사무실에서는 정보 유출의 위험성이 큽니다. 회사 내/외부의 경쟁 대상에게 나의 중요한 정보가 유출되어 피해를 입을 수 있습니다. 내가 출시하려고 했던 신제품의 정보가 경쟁사에 유출되어 출시할 수 없게 된다면 어떻게 될까요? 나는 내 자리에서 그저 열심히 일했을 뿐인데 지나가던 누군가가 옆에서 슬쩍 보면서 중요한 정보를 빼간다면 너무 허무할 것입니다. 이와 같은 피해는 생각보다도 많습니다. 최근 COVID-19 이후 **WFA**Work From Anywhere(**모든 곳에서 업무 가능**)가 활성화되어 근무지가 다양해짐에 따라 더욱 중요해지고 있습니다.

☣ 증상

- **친하지 않은 직원이 내 자리 근처를 기웃거립니다.**
- **업무상 관련이 없는데도 내 자리 근처로 자주 오는 사람이 생깁니다.**
- **보유하고 있는 업무상 중요한 정보가 외부로 유출됩니다.**

🧰 예방 및 대처

물리적인 접근이 있어야지만 가능한 공격으로, 회사 내부에 적이 있을 확률이 높습니다. 그러나 회사의 동료를 항상 경계하는 것은 어렵기 때문에 어깨너머 보기 공격은 본인 스스로가 항상 조심해야 합니다. 사람들이 가까이 오거나 업무상 협조를 구하기 위해 내 자리로 올 때, 화면에 **중요한 정보가 띄워져 있다면 화면을 닫거나 최소화**한 후 이야기를 나눠야 합니다. 고의이든 고의가 아니든 타인이 민감한 정보를 보게 되었을 때는 유출될 가능성이 커집니다. 따라서 먼저 주의하여 유출할 수 있는 상황을 만들지 않는 것이 중요합니다.

기술적으로 막는 방법도 있습니다. **모니터 보안기를 사용**하여 시력 보호만이 아닌 시야각 자체를 줄여서 정면으로 보고 있는 나를 제외하고는 타인이 내 모니터 화면을 보지 못하도록 할 수도 있습니다.

최근에는 재택근무가 늘어남에 따라 다양한 근무지에서 발생할 수 있는 어깨너머 훔쳐보기를 방지하기 위해서 카메라로 근무자를 인지하여 **타인이 카메라를 일정 시간 이**

상 바라보면 화면을 잠그는 방식의 보안 제품도 생겨나고 있습니다.

앞으로 장소와 관계없이 근무하는 형태가 늘어나면서 이러한 어깨너머 훔쳐보기와 같은 사회공학적 공격은 증가할 것이며, 이에 따라 여러분도 더 각별히 주의해야 할 것입니다.

⊕ **한 줄 대응**
타인과 협의 시에는 중요한 정보가 담긴 창을 닫고, 모니터 보안기를 사용한다!

036

화장실을 다녀왔을 뿐인데
메일 해킹을 당했어요

어깨너머 훔쳐보기(035)를 통해서 정보 유출이 발생하는 경우를 알아보았습니다. 어깨너머 훔쳐보기는 내가 자리에 앉아 있는 동안 보안 활동을 통해서 안전하게 보호하는 방식이었습니다. 내가 PC 앞에 있었기 때문에 공격에 대응할 수가 있었습니다. 만약에 내가 자리를 비운 그때를 노려서 공격자가 들어온다면 어떻게 대응해야 할까요?

부재중 정보 유출 Information Leaking When Away은 일시적으로 자리를 이탈하였을 때 접근 권한이 없는 타인이 접근하여 내 자원을 이용하여 정보를 유출하는 공격을 말합니다.

부재중 정보 유출

이제는 근무를 사무실만이 아니라 다양한 곳에서 하고 있습니다. 특히, 일부 IT 기업은 평생 재택근무 제도를 채택하면서 근무지를 제한하지 않기도 합니다. 사무실과 집을 벗어나 카페와 같은 공공장소를 근무지로 선택하기도 합니다. 이러한 이유로 물리적 보안에 대한 위험성은 증가하고 있습니다. 어깨너머 훔쳐보기와 다른 점은 자리를 비움에 따라 공격에 대한 직접적인 조치가 어렵다는 것입니다. 누가 내 자리에 와서 몰래 자료를 유출하는지에 대한 확인조차도 어려울 것입니다. 예를 들어, 카페에는 CCTV와 같은 시설이 잘 되어 있으니 안심하고 10분 정도 화장실에 다녀올 수도 있습니다. 그러나 문제는 여기서 발생합니다. 그 10분간 내 노트북은 안전할 수 있지만, **기밀 정보**는 유출될 수 있습니다.

☣ 증상

- 내가 열어보지 않았던 업무 자료가 열려 있습니다.
- 화면 보호기가 작동하지 않고 있습니다.
- 기밀 정보, 개인정보 등의 정보가 유출되어 악용됩니다.

🧰 예방 및 대처

부재중 정보 유출은 공격자가 내 노트북 등에 다가올 때 실시간으로 대응하거나 반응할 수가 없습니다. 잠시 자리를 비운 사이 CCTV를 실시간으로 모니터링하고 있지 않은 이상은 직접적인 대응이 어려울 것입니다. 그렇다면 자리를 비울 때는 어떻게 해야 할까요? 제일 좋은 방법은 바로 **화면 보호기를 설정**하는 것입니다. 몇 분 이상 컴퓨터를 사용하지 않으면 자동으로 화면을 잠가서 다른 사람이 접근하지 못하게 하는 방식입니다. 더 좋은 방법은 자리를 뜰 때 화면 보호기를 작동시키는 방식입니다. 간단하게 **윈도우 키 + L 키**를 동시에 누르면 화면 보호기를 설정할 수 있습니다. 물론, 비밀번호는 사전에 설정되어 있어야 합니다.

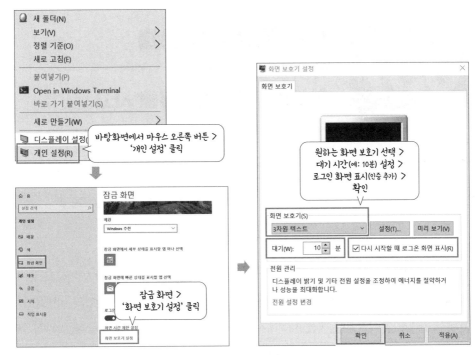

화면 보호기 설정 방법(윈도우 10 기준)

화면 보호기 설정을 위해서는 **바탕화면 마우스 오른쪽 버튼 ➡ 개인 설정 ➡ 잠금 화면 ➡ 화면 보호기 설정 ➡ 화면 보호기 선택 ➡ 대기 시간 설정 ➡ 로그인 화면 표시 체크 ➡ 확인**을 통해서 설정할 수 있습니다. 자리를 비울 시에 화면 보호기를 거는 습관을 들인다면 부재중 정보 유출의 위험성에서 벗어날 수 있습니다.

➕ **한 줄 대응**

화면 보호기를 설정하고, 자리를 비울 시에는 윈도우 키 + L 키를 누른다!

037

휴지통을 통한
회사의 기밀 정보 유출 사고

영화나 드라마를 보다 보면 스파이가 열심히 쓰레기통을 뒤지고 쓰레기 더미에서 증거를 찾아내는 장면을 심심찮게 볼 수 있습니다. 또한, 요리 영화에서 맛집의 비법을 알아내기 위해서 음식점에서 배출한 쓰레기를 뒤지면서 요리 레시피를 추측하는 과정 역시 비슷할 것입니다. 이러한 과정은 비단 영화에만 나오는 것이 아니라 IT 세계에서도 있습니다.

덤스터 다이빙 Dumpster Diving은 쓰레기통을 뒤져서 폐기물 사이에 버려진 문서를 확인하여 가치 있는 정보를 획득해 해킹에 이용하는 방식의 공격 기법을 말합니다. **가비지 피킹**Garbage Picking이라고도 합니다.

덤스터 다이빙 절차

쓰레기통을 뒤져서 정보를 얻는 정말 단순한 방법임에도 아직도 많은 회사에서 이러한 문제가 발생합니다. 인쇄된 종이 정도로는 아무 일도 없을 것이라는 방심에 가볍게 쓰레기통에 문서를 넣습니다. 버려진 문서들은 다른 쓰레기들과 함께 회사의 폐기물 보관소로 옮기게 될 것입니다. 그런데 폐기물 보관소에서 철저하게 보안 사항을 지키는 회사가 얼마나 될까요? 물론, 엄격하게 지켜야 하는 회사나 관공서도 있습니다만, 대다수의 회사는 그다지 신경 쓰지 않을 것입니다. 해커는 이러한 취약점을 노립니다. 쓰레기 더미를 뒤져 그 회사의 중요한 정보도 함께 버려졌는지를 확인하는 것입니다.

🦠 증상

- **쓰레기 더미에 회사의 문서가 원형 그대로 존재합니다.**
- **쓰레기 봉지가 사라지는 현상이 발생합니다.**
- **기밀 정보, 개인정보 등의 정보가 유출되어 악용됩니다.**

🧰 예방 및 대처

해커가 쓰레기 더미를 뒤진다고 해서 우리가 쓰레기를 지키고 있을 수만은 없습니다. 그렇다면 정보를 어떻게 안전하게 폐기해야 할까요?

가장 쉬운 방식은 **세단기를 이용**해서 얇게 세단하는 것입니다. 문서마다 세단기를 이용해서 얇게 자르고, 자른 종이가 통에 쌓이면 그 통을 비우는 방식입니다. 소형, 중/대형 등 다양한 크기의 세단기가 있습니다.

소형 세단기
몇만 원 수준
수동이 많음
시간 소요
노동력 소요

중/대형 세단기
몇십만 원 수준
자동 운영 가능
시간 소요
공간의 한계

세단기 유형

하지만 인원이 몇백 명이 넘어가는 회사에서 이러한 세단기를 매번 쓰는 게 효율적일까요? 생산되는 문서도 많을 뿐만 아니라 몇백 명 이상이 이러한 세단기를 사용하기 위해 기다리고 문서를 넣고 처리된 것을 확인하면서 진행하기는 쉽지 않습니다. 그래서 규모가 큰 회사는 **문서 현장 파쇄 서비스**를 많이 이용합니다. 기업에서는 보안 스티커나 잠금장치로 구성된 문서함에 문서만 넣어두고 일정량 이상이 쌓이면 파쇄 차량이 와서 공개된 현장에서 문서 전체를 파쇄하는 방식을 많이 이용합니다. 최근에는 **프린터 추적 시스템**을 통해서 출력한 문서의 출처를 확인하고 반드시 직접 체크하고 파쇄해야 문서 폐기가 확인되는 서비스도 개발되고 있습니다. 사용자의 편의성도 중요하지만, 문서 유출 시 발생하는 피해도 고려하여 유출을 방지해야 할 것입니다.

세단기가 없는 **가정에서는** 최소한 개인정보나 중요한 정보가 담긴 **여러 문서를 겹쳐서 손으로 잘게 찢어버릴 것**을 권장합니다. 여러 문서가 겹치면 겹칠수록 조각 조각을 합쳐서 원본을 만들기가 더욱 어렵기 때문입니다.

⊕ 한 줄 대응

문서 세단기를 이용하거나 잠금 문서함 & 문서 현장 파쇄 서비스를 이용하고, 가정에서는 잘게 찢어서 폐기한다!

절도

노트북에 비밀번호를 설정했지만 정말 괜찮을까요?

외국인이 우리나라를 방문해서 가장 놀라는 게 무엇일까요? 그것은 바로 카페나 도서관 등에서 가방만 놔둔 채 자리를 비울 수 있다는 겁니다. 같은 행동을 해외에서 한다면 그 물품은 금방 사라진다고 합니다. 우리나라에서는 흔한 경우가 아니긴 하지만, 절도가 없는 건 아닙니다. 그렇다면 **절도**에 대해서는 어떻게 대응해야 할까요?

절도Stealing란, 동의를 구하지 않고 타인의 물건을 몰래 훔쳐서 재물을 획득하는 범죄행위를 말합니다. 여기서 얘기할 절도의 범위는 PC나 스마트폰을 놓고 자리를 비운 경우로 한정하겠습니다.

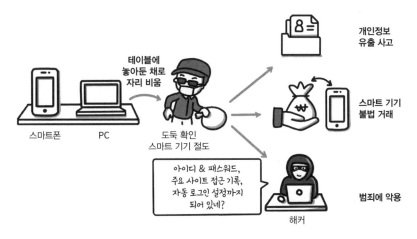

PC & 스마트폰 절도 예시

가장 많이 발생하고 기술적으로도 쉬운 사고가 바로 **물리적 방식**의 절도입니다. 절도 사고는 계획적이지 않다고 하더라도 갑작스럽게 발생하기 쉬우므로 항상 조심해야 합니다. 책상 위의 물건을 주인이 없는 줄 알고 가져갔다는 변명은 현행 국내법상 통하지 않습니다. **형법 제360조(점유이탈물횡령)**에 따라 '**유실물, 표류물 또는 타인의 점유를 이탈한 재물을 횡령한 자는 1년 이하의 징역이나 300만 원 이하의 벌금 또는 과료에 처한다.**'라고 되어 있기 때문입니다. 이유를 막론하고 남의 물건을 가져가려고 하면 문제가 될 수 있습니다. 그리고 물건을 찾게 되면 법률적으로 여러분의 소유권을 인정받고 처벌할 수 있겠지만, 찾지 못하면 아무런 대응을 할 수 없겠죠. 어떻게 해야 안전하게 내 PC와 스마트폰을 보호할 수 있을까요?

😈 증상

- 테이블 위에 스마트 기기가 사라집니다.
- 아이디 & 비밀번호가 여러 곳에서 악용됩니다.
- 사라진 스마트폰으로 전화를 걸어도 받지 않습니다.

🩹 예방 및 대처

사람들은 스마트폰을 거의 항상 갖고 다니기 때문에 상대적으로 PC보다 도난의 위험이 적은 편입니다. 그에 반해서 분실의 위험은 위치의 변경이 잦은 만큼 좀 더 높을 것입니다.

분실은 나의 실수로 인해 잃어버린 경우이므로 다시 회수할 가능성이 존재하지만, **도난**은 악의적인 목적으로 이뤄진 행위이기 때문에 다시 회수할 가능성이 높지 않습니다.

그렇다면 **PC**는 어떻게 보호할 수 있을까요? 노트북을 많이 사용하는 기업이라면 반드시 지키는 보안 원칙이 있습니다. 자리를 비울 시에는 **노트북 잠금장치**를 해야 한다는 것입니다. 프로젝트 때문에 자리 이동이 많은 회사에서는 노트북 잠금장치부터 연결하는 교육을 직원들에게 시킵니다.

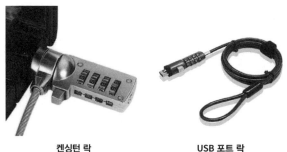

켄싱턴 락
별도의 잠금장치를
위한 홈에
고정걸쇠 고정 방식

USB 포트 락
켄싱턴 락이 불가능한
PC 등에서 이용할 수 있는
USB 포트 방식

노트북 잠금장치 종류

스마트폰은 **내 디바이스 찾기 서비스** 기능이 포함되어 있다면 미리 간단한 설정을 통해서 분실과 도난 시에 유용하게 활용할 수 있습니다.

내 디바이스 찾기 사전 설정 방법(삼성 스마트폰 기준)

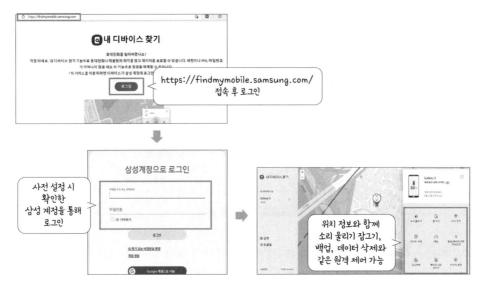

내 디바이스 찾기 서비스(삼성 스마트폰 기준)

단, 분실 이전에 설정해둬야 합니다. 삼성 스마트폰이라면, **설정 ➡ 생체 인식 및 보안 ➡ 내 디바이스 찾기 ➡ 본인의 삼성 계정**을 확인한 후에 **내 디바이스 찾기**[3] 서비스를 통해서 확인할 수 있습니다. **이곳에 접속하여 확인한 계정으로 로그인하면 위치정보 확인 및 소리 울리기, 잠그기, 백업, 데이터 삭제 등과 같은 원격 제어가 가능**합니다. 해당 기능을 이용해서 근거리로 이동 이후에 소리 울리기 등을 통해 찾을 수도 있습니다.

---

3   https://findmymobile.samsung.com/

나의 찾기 서비스(아이폰 기준)

물론, 아이폰에서도 비슷한 기능이 있습니다. **설정 ➡ 내 Apple ID ➡ 나의 찾기 ➡ 나의 iPhone 찾기**에서 설정한 이후에 www.icloud.com 에 접속하여 iPhone 찾기를 통해서 **사운드 재생, 분실 모드, iPhone 지우기**를 통해 이 기능을 사용할 수 있습니다.

➕ 한 줄 대응

PC는 노트북 잠금장치를 이용하고, 스마트폰은 디바이스 찾기 서비스를 이용한다!

따라 들어가기

039 사무실 문을 출입 통제하고 있는데도 위험할까요?

사무실이나 아파트 현관에 아무나 들어올 수 있을까요? 물론, 아닙니다. 허가받은 사람만 들어올 수 있도록 만들어져 있습니다. 그러면 그 허가 여부를 어떻게 알 수 있을까요? **출입(접근) 통제**Access Control의 형태로 카드를 찍거나, 생체인증(지문, 홍채)이나 스마트폰 연결을 통해서 확인하여 문을 열 수가 있습니다. 그러나 출입을 통제해도 **따라 들어가기**와 같은 사각지대는 존재합니다.

따라 들어가기 Tailgating, Piggybacking는 권한이 있는 사용자가 통과한 다음에 권한이 없는 사용자가 바로 따라서 통과하여 들어오는 방식을 말합니다.

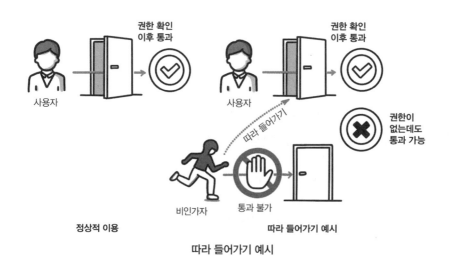

정상적 이용

따라 들어가기 예시

따라 들어가기 예시

실생활에서도 많이 발생합니다. 여러 명이 점심을 먹고 회사로 돌아올 때를 떠올려봅시다. 한 명이 출입 카드를 대고 통과할 때 나머지 사람들이 권한 검증을 수행하지 않은 채 그대로 따라 들어가는 경우가 빈번합니다. 이게 가장 간단한 형태의 따라 들어가기입니다. 따라 들어가기에서 권한이 있는 사람이 따라 들어가는 건 크게 문제가 되지 않으나, 권한이 없는 사람이 따라 들어가게 되면 문제가 발생합니다. 아파트 현관 출입문을 예로 들어보겠습니다. 출입문에서 내가 출입 카드를 찍고 통과를 합니다. 옆에서 지켜보던 누군가가 같이 따라 들어옵니다. 그 사람이 과연 우리 아파트 현관문을 통과할 수 있는 권한이 있는 사람일까요? 이렇게 들어온 사람은 층을 돌면서 문 앞에 세워둔 자전거, 킥보드 등을 훔쳐서 달아날 수도 있을 것입니다. 권한을 증명하지 못한 이상 확인할 방법은 없을 것입니다.

☣ 증상

- 밖에서 기다리던 사람이 내가 출입할 때 따라 들어옵니다.
- 내가 통과한 다음에 문이 열린 틈을 이용해 따라 들어옵니다.
- 사무실이나 아파트에서 도난 사고가 자주 발생합니다.

🧰 예방 및 대처

따라 들어가기는 기존의 물리적인 출입 통제 보안 시스템을 아주 간단하게 무력화시키는 방법입니다. 가장 쉬운 대응 방안은 **주의 기울이기**입니다. 출입문을 통과할 때 누가 주위에 있는지를 확인하기 바랍니다. 먼저 와서 기다리는 사람이 있다면 권한이 없어서 기다리는 경우가 대부분이기 때문에 주위를 살피는 것입니다. 따라 들어가기는 대개 초 단위의 빠른 접근이 필요해서 근처에서 기다리고 있지 않으면 쉽게 수행할 수 없습니다. 특히, **문이 열린 후 닫지 않거나 일부러 열어두는 행동은 지양**해야 합니다.

특히 전산실과 같은 중요한 곳은 이러한 따라 들어가기를 방지하는 시스템을 구현하는 것이 좋습니다. 보통은 **서클락**Circle Lock, **인터락**Interlock이라고 하는 **1인 출입 통제 시스템**을 이용하는 것입니다. 1인 출입 통제 시스템은 1인만이 진입할 수 있는 공간을 만들어놓고, 인증 이후에 2차로 인증을 수행하여 1명만 통과시키는 시스템입니다.

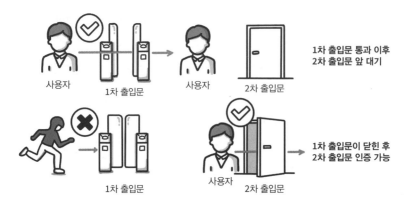

1인 출입 통제 시스템 예시(인터락)

1차 출입문에서 출입 카드 등으로 인증했다면, 1차 출입문이 잠긴 다음에 2차 출입문에서는 생체인증(지문, 홍채)이나 몸무게 등과 같은 정보로 추가 인증을 수행합니다. 위와 같은 시스템을 구축한다면 따라 들어오는 공격을 거의 완벽하게 차단할 수 있습니다. 최근에는 **스피드 게이트**Speed Gate에도 **따라 들어가기 차단**Anti-Tailgating 기능을 탑재하기도 합니다.

1인 출입 통제 시스템의 구축이 어렵다면, **CCTV와 같은 카메라와 출입문을 연동해서 주기적인 검사를 하고 임직원의 교육**을 통해서 인식을 개선하는 방법을 권장합니다.

➕ **한 줄 대응**
주의 기울이기, 문 열어두지 않기, 그리고 인터락과 같은 1인 출입 통제 시스템을 갖추거나 CCTV를 출입문과 연동한다!

백도어

개발상 편의를 위해 만들어놓은
나만의 통로로 해킹이...

자세한 설명은 다음 동영상을 참고하세요.
https://bit.ly/Security_040

앞의 **출입/접근 통제 기술**에서 알아봤듯이, 보안을 강화하면 할수록 일반적으로 인증해야 하는 단계가 많아지고 보안 정책에 따라 제한을 받는 행위가 많이 생겨납니다. IT 시스템도 마찬가지입니다. IT 시스템에 보안 담당자들이 다양한 보안 정책을 설정하게 되면, 개발자가 개발에 필요한 수정 작업을 진행할 때 절차가 추가됩니다. 이러한 상황을 타개하기 위해서 개발자는 자신만이 들어올 수 있는 **백도어**를 만드는 경우가 있습니다. 그런데 이러한 백도어가 어떻게 악용될까요?

백도어Backdoor는 시스템이 고장 났을 때 관리자나 개발자가 정상적인 인증 절차를 거치지 않고 직접 접속할 수 있도록 편의상 일부러 열어놓은, 보안이 제거된 비밀 연결 방식입니다.

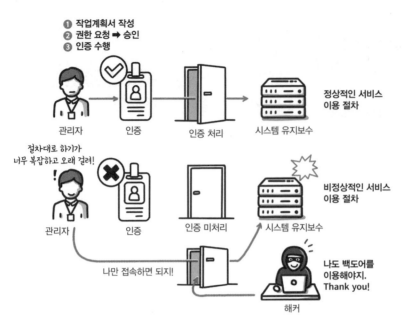

① 작업계획서 작성
② 권한 요청 ➡ 승인
③ 인증 수행

관리자   인증   인증 처리   시스템 유지보수   정상적인 서비스 이용 절차

절차대로 하기가 너무 복잡하고 오래 걸려!

관리자   인증   인증 미처리   시스템 유지보수   비정상적인 서비스 이용 절차

나만 접속하면 되지!

나도 백도어를 이용해야지.
Thank you!

해커

백도어 이용 예시

분명히 관리자나 개발자가 정상적인 본인의 업무를 하기 위해서 만든 것인데도 몰래 만들어놓은 접근 통로이기 때문에 문제가 발생합니다. 해커와 같이 비인가된 사용자가 이 백도어를 이용하여 정보 유출, 파괴, 오작동 등의 다양한 문제를 발생시킬 수 있기 때문입니다. **목적 자체가 정당한 작업**이라고 해도 **방식 자체에 문제**가 있다면 얼마든지 **사고를 일으키는 원인**이 될 수 있습니다. 아무리 올바른 증거라도 적법한 절차로 취득하지 않은 것이라면 효력이 없다는 법률과도 비슷합니다.

😈 증상

- 나만 사용하던 접속 방법(백도어 이용법)에 대한 소문이 납니다.
- 백도어 접속 기록이 증가하며 시스템에 변화가 생깁니다.
- 관련 IT 시스템에 대한 다양한 해킹 사고가 발생합니다.

🩹 예방 및 대처

백도어는 편의성만을 위해 만들어진 경우이기 때문에 보안 측면에서 결코 안전하지 않습니다. 가장 간단한 대응 방법은 **백도어를 사용하지 않는 것**입니다. **백도어가 존재한다는 것** 자체가 절차를 지키지 않고 연결하는 것이기 때문에 결코 만들어서 사용하면 안됩니다. 관리적인 방안으로는 **관리자/개발자들을 교육**해야 합니다. 절차를 무시한 별도의 백도어를 만들어서 사용하면 별도의 책임을 져야 한다는 사실을 전파하고, 사용하면 안 된다는 교육을 지속적으로 해야 합니다. 또한, 기술적으로도 제한할 수 있도록 백도어 세션을 이용한 연결을 정기적으로 검사해야 합니다. 이에 따라서 주기적으로 **netstat -na**와 같은 명령어를 통해서 22(SSH), 3389(Terminal)과 같은 **원격 접속 프로토콜을 감시**해야 합니다. 또한, **관리자 페이지에 접속하거나 DB 쿼리, 명령어를 수행하는 경우를 로그(WEB, WAS)를 이용하여 정기적으로 검사**해야 합니다. **시큐어 코딩**Secure Coding 과 같은 보안 점검을 수행하는 부분도 이러한 백도어를 찾아내는 데 많은 도움을 줄 수 있습니다. 참고로, 시큐어 코딩은 외부의 공격을 방어하기 위해서 프로그램 개발 시에 안전하게 개발하는 방법을 말합니다.

다양한 기술적 점검보다 가장 효율적인 것은 **인식을 바꾸는 것**입니다. 이러한 문제를 일으키는 것도 사람, 이용하는 것도 사람이기 때문에 인식의 개선을 통한 사전 예방이 제일 중요합니다.

⊕ 한 줄 대응

백도어 사용을 금지하고, 관리자/개발자들을 교육하고, 원격 프로토콜을 감시하고, 로그를 정기적으로 검사한다!

휴민트

친한 지인이 계속
회사의 정보를 물어봐요

현대 사회, 특히 회사와 같은 조직에서는 혼자서 업무를 하는 경우가 많지 않습니다. 그러다 보니 신입사원을 채용할 때 협업 능력을 중시하기도 합니다. 여러분 또한 많은 사람과 함께 일하며 친분과 관계를 쌓고 있습니다. 그런데 친분과 신뢰 관계가 쌓인 지인의 부탁은 또 다른 위험으로 다가올 수 있습니다.

휴민트Humint는 사람을 의미하는 **Human**과 정보를 뜻하는 **Intelligence**의 합성어로, 정보원이나 인적 네트워크를 통해 취득하는 정보를 말합니다. 본래의 의미는 긍정과 부정이 없는 단어입니다만, 여기에서는 부정적인 측면을 알아보고자 합니다.

휴민트 예시

회사 역시 사람이 사는 공간이기 때문에 동료와의 친분이 쌓일 수밖에 없고, 도움을 주기도 하고 받기도 합니다. 그러나 공과 사의 영역이 구분되지 않으면 문제가 발생할 수 있습니다. 앞의 그림과 같이 김 과장이 친분을 이용해 이 대리에게 물어본 회사 내의 프로젝트 정보(규모, 일정)가 새어 나가면, 타 회사에서 우리 회사에 대한 **기밀 정보**를 유추하여 경쟁을 위한 대응 전략을 만들 수도 있습니다. 그러면 당연히 우리 회사는 큰 손해를 입게 되며, 유출한 개인도 인사상은 물론 민/형사상의 큰 피해를 볼 수 있습니다.

☣ 증상

- 내부의 주요 정보가 외부/업계에 소문이 납니다.
- 부당 거래, 정보 유출로 인해 회사에 큰 손해가 발생합니다.
- 정보 유출로 인해 인사팀과 감사팀으로부터 감사를 받게 됩니다.

➕ 예방 및 대처

물론, 동료 사이에 신뢰도 필요하고 업무상 협력 관계도 필요합니다. 임직원 간의 정보 공유와 협력은 필수적이지만, **정보의 등급 분류**가 우선시되어야 합니다. 이 정보가 외부나 상대방에게 전달되어도 상관없는 정보인지 아닌지를 고려해야 합니다. 정보의 등급 분류는 회사마다 다양한 기준으로 나눌 수 있지만, 일반적으로는 다음과 같이 분류합니다.

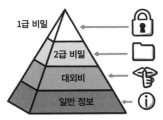

1급 비밀	🔒	회사 내의 필수적인 정보로, 핵심 간부만 접근 가능. 유출 시 회사를 위태롭게 만들 수 있는 정보(예: 핵심 프로젝트 아이템)
2급 비밀	📁	회사 내 중요 자료로서 담당자 수준에서 관련자만 공유 가능. 경쟁사 유출 시 회사에 현저한 피해가 예상되는 정보(예: 기업 간 MOU)
대외비	👆	회사 내부 사람들에게 전파 가능한 수준, 임직원 전파 가능. 외부에 공식적으로 누설 시 악용될 여지가 있는 정보(예: 전화번호)
일반 정보	ⓘ	대외적으로 오픈된 정보로, 홍보 및 공개 목적으로 만들어진 정보(예: 홈페이지 기업 연혁)

정보 등급 분류 예시

1급 비밀에서 일반 정보까지 중요도에 따라 정보를 분류하고 임직원도 등급 내용을 잘 이해하고 있어야 실수로 정보를 유출하는 행위를 줄일 수 있습니다. 본인이 말하려는 것이 1급 비밀 정보란 것을 분명히 인지하고 있다면, 지인에게 과연 쉽게 말할 수 있을까요? 쉽지 않을 것입니다.

관리/경영 측면에서도 휴민트를 통한 유출에서 가장 효율적인 대응 방법은 **임직원에 대한 교육 및 인식 제고**입니다. 임직원에 대한 정기적인 교육으로 비밀 유지의 필요성 및 영향도를 전달하여 인식 자체가 바뀐다면, 서로 불필요한 기밀 정보에 대한 요청/전달 자체가 줄게 됩니다. 문화의 힘은 그 어떤 기술적 해결법보다 강합니다.

⊕ 한 줄 대응
정보를 등급별로 분류하고, 이에 대한 임직원 교육을 수행한다!

비즈니스 스캠

거래 업체가 갑자기
계좌를 바꾸자고 하네요

자세한 설명은 다음 동영상을 참고하세요.
https://bit.ly/Security_042

현대 사회에서는 오프라인 거래보다 온라인 거래가 선호되고 있습니다. 기업 간의 거래 또한 다르지 않습니다. 효율성을 중시하는 만큼 오프라인보다 온라인 거래가 증가하고 있으며, 유선보다는 이메일이나 사이트 등을 통한 거래가 일상화되고 있습니다. 과연 기업 간의 온라인 거래는 안전할까요?

비즈니스 스캠 Business Scam은 무역 당사자 간의 이메일을 해킹하여 거래 진행 상황을 지켜보다가 결제 시점에 구매자에게 결제 은행이 변경되었다는 메일을 보내서 결제 대금을 가로채는 수법을 말합니다.

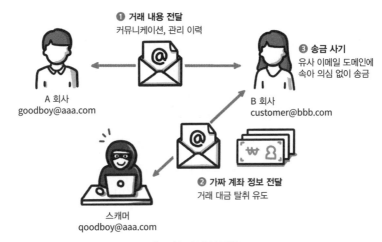

❶ 거래 내용 전달
커뮤니케이션, 관리 이력

A 회사
goodboy@aaa.com

❸ 송금 사기
유사 이메일 도메인에
속아 의심 없이 송금

B 회사
customer@bbb.com

스캐머
qoodboy@aaa.com

❷ 가짜 계좌 정보 전달
거래 대금 탈취 유도

비즈니스 스캠의 절차

기업 입장에서는 제대로 확인하지 않은 송금 한 번으로 막대한 손해를 입게 됩니다. 굴지의 대기업도 해당 공격으로 피해를 본 적이 있습니다. 치밀하게 준비된 이러한 공격으로 중소기업은 한 번에 몇 년간의 순이익이 사라지거나 기업의 존속 여부가 불투명해지기도 합니다.

☣ 증상

- 거래사에서 무역 거래 대금을 받지 못했다는 연락을 받습니다.
- 잘못된 송금 때문에 회사에 큰 손해가 발생합니다.
- 회사의 지속적인 운영이 불투명하게 됩니다.

🧰 예방 및 대처

이미 송금된 상태에서는 **수사기관(경찰)에 신고**를 하고 해킹/사기범이 체포되기를 기다리는 수밖에 없습니다. 이러한 비즈니스 스캠은 사건이 발생하면 대형 사고이기 때문에 예방하는 것이 가장 중요합니다.

먼저, 임직원은 **이메일 주소를 꼼꼼하게 확인**해야 합니다. Security@ABC.com이라는 회사의 메일을 사용한다고 가정할 경우, 해커는 Security@ABB.com 혹은 Security.ABC@gmail.com과 같이 철자만 조금 다르게 해서 메일을 보냅니다. 특히 아웃룩과 같이 이름 형태로 주소를 확인하는 메일 서비스에서는 간과하기 쉬운 게 실제 메일 주소입니다. **중요한 내용(특히, 송금 및 계좌 변경)이라면 메일 주소를 한 번 더 확인하는 습관**을 갖는 것이 중요합니다. 송금을 담당하는 직원을 위해서는 **결재 프로세스를 검토**해야 합니다. 결재 프로세스상에 상급자 결재 및 내부 타 직원의 재확인 절차를 거쳐 **동료 검토**Peer Review를 같이 하게 된다면, 결정할 권한이 있는 관리자가 한 번 더 확인할 수 있기 때문에 담당 직원에게 검토 및 주의를 환기시킬 수 있는 결재 체계를 만들 수 있습니다. 정보보안팀은 임직원의 인식을 높이기 위해 **주기적인 APT**Advanced Persistent Threat **메일 훈련**을 통해서 비슷한 상황이 발생하면 인지할 수 있도록 해야 합니다. 반복적인 훈련은 공격 메일에 좀 더 기민하게 대응하게 합니다.

비즈니스 스캠에 가장 효율적인 검증 방법은 **멀티채널**Multichannel**로 확인**하는 것입니다. **이메일로 연락해오면 전화로, 전화로 연락해오면 이메일**로 연락하여 서로 다른 접근 방식을 통해서 검증하는 방식입니다. 조금은 귀찮고 효율성이 떨어질 수는 있지만, 안전한 거래를 통해서 기업의 목표를 달성하기에는 가장 빠른 방법일 수도 있습니다. 가장 느리다고 생각하는 방법이 가장 빠를 수 있습니다!

이외에도 **무역 보험**(예: 무역보험공사의 수입 보험)을 통해서 사고가 발생하면 금전적으로 보상을 받는 방법도 있지만, 환경에 따라 추가 거래 불가 조건 등의 **제약 조건도 확인**해야 합니다. 전문가적인 방법으로는 메일에 포함된 **출발지**Origin **IP 확인**이 있습니다. 예시로, 중국 업체와 업무 메일을 자주 주고받았는데 갑자기 해당 업체가 중국이 아닌 나이지리아에서 메일을 보내와 송금을 요청한다면 위치 변경에 따른 IP 변화를 확인할 수 있습니다.

한 번의 실수로 막대한 피해를 끼치게 되는 만큼 별도의 기술적 대응보다는 임직원에 대한 보안 의식 고취를 통한 사용자의 주의가 가장 중요합니다.

⊕ 한 줄 대응
송금 전에 이메일 주소를 다시 확인하고, 결재 프로세스를 검토하고, APT 메일 훈련을 실시하고, 임직원에 대한 보안 의식을 고취한다!

043 온라인 공간에서의 연애가 해킹으로...

자세한 설명은 다음 동영상을 참고하세요.
https://bit.ly/Security_043

COVID-19 이후로 직접 대면하면서 사람을 만나는 일상이 많이 줄어들었습니다. 그러다 보니 사람 간의 연애 또한 쉽지 않게 되었습니다. 인스타그램의 다이렉트 메시지로 호감을 표시하며, 페이스북, 카카오톡과 같은 메신저를 통해 연애를 하거나, 다양한 소개팅 앱을 통해 사람을 소개받는, 즉 온라인 세계에서 언택트 형태의 관계가 늘어나고 있습니다. 다음은 이러한 시대에서의 대표적인 해킹인 로맨스 스캠에 대해서 알아보겠습니다.

로맨스 스캠Romance Scam은 **사회 관계망 서비스**Social Network Service, SNS 등을 이용하여 온라인으로 접근하여 친분을 쌓은 후 금전을 갈취하는 사회공학적 공격 기법을 말합니다.

로맨스 스캠 사례

서서히 관계를 쌓아 마음의 장벽을 낮춘 다음, 온라인상에서 새로운 관계가 형성되면 해당 관계를 기반으로 금전을 요구하는 방식입니다. 사람의 감정을 기반으로 공격하는 사기 기법으로, 앞에서 봤던 **비즈니스 스캠(042)** 보다 더 악질적인 공격 기법입니다. 금전적인 피해를 넘어 감정적인 피해 때문에 피해자는 상당한 트라우마를 가지게 되며, 트라우마 때문에 이후 정상적인 삶이 불가능하게 되는 경우도 많습니다.

🐛 증상

- 해외에 거주 중인 매력적인 외국인으로부터 사귀자는 제안을 받습니다.
- 최초 송금 이후 금전 요구가 늘어납니다.
- 금전적 손실 이후 반환을 요구하면 연락이 두절됩니다.

🏥 예방 및 대처

오프라인보다 접근이 쉬워서 이러한 방식의 공격 기법이 점점 늘고 있습니다. 관계를 꾸준히 지속하여 의심을 낮춘 다음 공격하는 방식입니다. 대처 방법은 간단합니다. 사기의 목적이 대부분 **금전**으로 정해져 있는 만큼, 온라인으로 오랫동안 알고 지낸 지인이라고 해도 **금전적인 거래를 하지 않는 것**입니다. 대부분의 로맨스 스캠에서는 해커가 **파일럿, 의사, 군인, 변호사, 펀드 매니저** 등 전문 직종이거나 외형적으로 뛰어난 신분으로 위장합니다. 그리고 피해자에게 큰 이득을 줄 것처럼 유혹하며 사기를 치는 경우가 대부분입니다. 실제로 피해자의 상당수는 사기를 당했다는 사실을 인지하지 못하거나, 사실을 알아도 감정이 연결되어 있어서 적극적으로 대응하지 않기도 합니다. 온라인의 특성상 사칭이 쉽다는 점을 인지하고 조심해야 합니다. 특히, 다음의 **유행하는 시나리오에 대해서 조심**해야 합니다.

- 외국에서 한국으로 계약금을 반입하던 중 외환 거래법 위반으로 페널티를 지급해야 하는데 계좌가 동결되었다는 사례

- 파병 군인인데 갑작스러운 부상으로 수술에 들어가야 한다며 보증료나 수술비가 필요하다는 사례

- 퇴직금을 한국으로 보낼 예정인데 통관비가 필요하다는 등 다양한 사유를 얘기하면서 금전을 요구하는 사례

때로는 계좌번호를 알려달라고 해서 이체를 한 후 다른 계좌로 다시 이체해 달라는 경우도 있습니다. 여러분이 금전적으로 피해를 보지 않았다 하더라도 자금 세탁과 같은 범죄를 도와주거나 사기 방조 등에 대한 혐의를 받을 수도 있습니다.

일반적인 상식에서는 이러한 공격에 누가 속겠느냐고 생각하는 분도 있겠지만, 사람의 외로움을 이용하여 두세 달 이상의 APT 공격으로 내 마음을 100% 이해해줄 것처럼 한 후의 공격에 여러분도 피해자가 될 수 있습니다.

⊕ **한 줄 대응**
금전 거래를 하지 말고, 개인정보나 계좌 요구 시에 불응하고, 유행하는 시나리오에 조심한다!

전자상거래 사기

중고 거래를 했는데 벽돌이 왔어요

자세한 설명은 다음 동영상을 참고하세요.
https://bit.ly/Security_044

예전에 외출을 전혀 하지 않고 온라인 쇼핑만으로 살아가는 콘셉트의 예능 프로그램
이 방송된 적이 있었는데, 이제는 예능 프로그램이 아닌 현실이 되고 있습니다. 새벽
배송, 당일 배송 등 다양한 방식으로 인터넷 상거래를 통해 살아가는 게 당연시되고
있는 요즘, 전자상거래는 과연 안전할까요?

전자상거래 사기E-commerce Scam는 온라인을 통한 재화/용역을 사고파는 과정에서 상대
방을 속여 물건을 받거나 재산상의 이익을 취득하는 사회공학적 공격 기법입니다.

전자상거래 사기 사례

대표적인 사례 중의 하나이며, 전자상거래 사이트(쇼핑몰)에서 결제했지만 입금을 다시
요구하거나 별도의 사이트에서 결제를 요구하기도 합니다. **일반적인 관행**이라는 말에
따라 판매자가 시키는 대로 하면 구매하려던 상품을 받지 못하거나, 환불을 요청해도

처리가 안 되는 경우가 많습니다. 이것뿐만이 아니라 구매했던 사이트가 폐쇄되거나, 무료체험 유도 후 사기, 위조 해외 제품 구매 등 다양한 사기가 있습니다. 그중에서 가장 많은 **중고 거래 사기꾼 잡기**에 대해서는 부록에서 자세하게 알아보겠습니다.

🐞 증상

- 물품 구매 이후 취소를 했더니 별도의 계좌로 입금을 요구합니다.
- 구매한 물건이 배송되지 않습니다.
- 고객센터 및 판매자와 연락이 되지 않습니다.

🧰 예방 및 대처

온라인을 통한 전자상거래에서는 거래 상대방을 확인할 수 없는 경우가 많아 피해가 발생하면 보상을 받기가 쉽지 않습니다. 그렇지만 편의성이 높은 전자상거래를 하지 않을 수는 없습니다. 그러면 어떠한 방식으로 전자상거래를 해야 안전하게 이용할 수 있을까요?

현금 입금보다는 카드 결제를 진행합니다. 판매자와 연락이 두절되었을 때 카드사에 협조 요청을 하면 카드 결제 취소가 가능하기 때문입니다. 금액이 클 때는 중간에 거래 취소가 가능한 할부로 결제하는 것도 한 방법입니다. 카드 할부를 이용한 경우, 할부철회권(20만 원 이상 거래 시 7일 이내 계약 철회), 할부항변권(20만원 이상, 3개월 할부 거래에 대해서 계약 미이행 시 잔여 납부금 거절)을 이용할 수 있습니다.

인터넷 사기 피해 공유 사이트인 더치트(www.thecheat.co.kr)나 중고나라에서 **피해 사례 및 업체를 검색**해보는 것도 도움이 됩니다. 또한, **지급 및 중재할 수 있는 사이트를 통해서 구매하지 않을 때**(예: 중고 거래)에는 에스크로 제도(결제 대금 예치 제도)를 이용하는 것도 좋습니다. 제삼자가 거래에 개입하여 한쪽이 입금한 것을 확인하고 물건을 보낸 것을 확인한 후에 대금이 지급되는 방식이기 때문입니다.

예방이 제일 좋지만, 이미 사기 피해를 입었다면 전자상거래법(전자상거래 등에서의 소비자보호에 관한 법률)을 이용하여 **시청, 도청, 도지사 등에 피해구제신청**을 할 수 있습니다.

피해구제신청 상담(서울시전자상거래센터)

서울시의 경우, **서울시전자상거래센터**[4]**의 상담실 ➡ 상담 접수**를 통해서 적용 여부를 확인할 수 있습니다. 다만, 모든 경우가 적용되지는 않습니다. **전자상거래법의 제17조 청약철회** 등에 따라 **재화를 공급받은 날로부터 7일 이내 청약철회**를 할 수 있는데, **재판매가 곤란하거나 복제 가능, 훼손한 경우 등은 예외 처리**가 될 수 있습니다. 그 외에는 한국소비자원의 분쟁 조정이나 공정거래위원회에서 피해구제 신청을 해야 합니다. 또한 해외 제품이라면 전자상거래법이 적용되지 않을 수 있기 때문에 **의심이 간다면 거래 자체를 하지 않기**를 권합니다.

모든 전자상거래에서 의심이 들 때 제일 먼저 해야 할 것은 **캡처 등을 통해서 거래 사실 증명 및 피해 사실을 확인**할 수 있도록 하는 것입니다. 물론, 한국소비자원에 신고가 불가능한 개인 간의 거래나 업체와의 별도 거래는 **경찰청 사이버 수사대에 신고**하는 방법도 있습니다. 해당 내용은 부록에서 다시 다루겠습니다.

➕ **한 줄 대응**

피해 사례 및 업체를 조회해보고, 결제는 카드로 하고, 에스크로 제도를 이용하고, 사후 피해구제를 신청하고, 사이버 수사대에 신고한다!

---

4 https://ecc.seoul.go.kr/

045 사이버스쿼팅

네이버가 아니라 네버였네요

여러분은 인터넷 검색이나 문자로 인터넷 URL을 확인할 때 자세히 보고 클릭하나요? 여러분이 하는, 너무 당연해서 고민도 안 하고 하는 클릭을 해커들은 주의 깊게 살펴보고 있습니다. 대부분의 **피싱**Phishing 공격은 사용자가 누를 수 있도록 URL을 송부해서 클릭을 유도하고 있습니다. 대충 보고 지나간 URL에서의 한 글자 차이가 운명을 바꿉니다.

사이버스쿼팅Cybersquatting은 인터넷 주소인 도메인 주소(영문으로 이루어진 URL)를 일부러 판매할 목적이나 악용할 목적으로 선점하는 행위를 말합니다.

[악용 예시]

정상 사이트
www.naver.com

사이버스쿼팅 사이트(예시)
www.never.com
www.navers.com

사용자들의 실수를
유도하여 해킹에 이용

[선점 예시]

정상 사이트
www.naver.com

사이버스쿼팅 사이트(예시)
www.mobiles.naver.com
www.newsite.naver.com

유명 사이트나 상품의
이름을 사전에 점유하여 금전 요구

사이버스쿼팅은 두 가지 목적으로 많이 사용됩니다. 첫 번째로, 피싱과 같은 해킹 때 피해자를 속이기 위해 정상 사이트인 척 위장하는 형태로 **악용하는 방식**(타이포스쿼팅 Typo-Squatting)이 있으며, 두 번째로 유명 기업의 대표 이름이나 상표로 된 도메인 주소를 기반으로 m.abc.com, abc.net과 같은 비슷한 도메인을 선점하여 비싼 돈을 요구하는 **투기성 방식**(콤보스쿼팅Combo-Squatting)이 있습니다. 대표적인 사례로, 1994년에 Wallstreet.com 사례가 있습니다. 이 도메인 주소를 한 개인이 약 7만 원에 선점하였고, 이후 기업이 5년 뒤에 Wallstreet.com 도메인을 사기 위해 약 10억 원의 비용을 지불하였습니다. 국내에서는 KT 사례도 있습니다.

☣ 증상

- 여러분의 회사에 접속하는 이용자들의 해킹 사고가 늘어납니다.
- 회사/개인의 브랜드 도메인이 선점되어 사용할 수가 없습니다.
- 도메인 관련 피싱 사고가 자주 발생합니다.

🧰 예방 및 대처

이러한 선점을 예방하기 위해서는 회사나 제품의 명칭이 출원된 이후에는 **도메인을 먼저 등록**하는 것이 방법입니다. 인터넷 도메인은 정당한 방법을 통해 선점했을 때에는 그 이용자의 도메인 사용 기간이 만료되기 전까지는 다른 곳에서 사용할 수 없습니다. 따라서 홈페이지를 이용한 사업 계획이 있다면 먼저 등록해서 가지고 있는 것이 중요합니다.

네이버 도메인 주소 예시

금전적인 여유가 있다면 비슷한 도메인까지 전부 구매하는 것도 좋습니다. 그러면 나중에 사업을 확장할 때도 좋고 잘못 사용되는 여지도 줄어듭니다.

그러나 이미 선점을 당했다면 어떻게 해야 할까요? 일단, 타이포스쿼팅처럼 실수를 유도하여 **악성 코드 유포**를 목적으로 하는 경우에는 **이용자에게 안내 문자나 메일 송부, 홈페이지에 공지**하여 오해하지 않도록 해야 합니다. 또한, 해당 이슈로 인해 이용자에게 피해가 발생했다면 한국인터넷진흥원(KISA)에 신고하고, 자사 홈페이지에 피해 사례를 공유하고, 발견된 도메인에 대한 폐쇄 요청을 진행할 수도 있습니다.

그러나 악성 행위 없이 정식으로 등록된 **유사 도메인이 존재**하는 콤보스쿼팅 같은 경우에는 해당 **도메인 구매 대행**을 통해 구매 가능 여부를 타진하는 방법도 있습니다. 그러나 비용상 타진이 어렵고 고의로 선점하여 판매하지 않고 이용자의 접속만 뺏을 목적이었다면, **인터넷주소분쟁조정위원회**에 분쟁 조정을 신청할 수도 있습니다.

인터넷주소분쟁조정위원회(www.idrc.or.kr)

가장 효율적인 것은 브랜드/회사 대표 명칭을 정할 때부터 관련 도메인을 먼저 확인하는 것이 중요합니다. 지금의 10만 원이 몇 년 뒤 10억으로 돌아올 수도 있습니다!

➕ 한 줄 대응

사업 준비 시에 도메인을 등록하고, 이미 선점을 당했다면 지속해서 피해를 모니터링한다!

□ 단말기 악성 코드 공격
　위치 추적, 드라이브 바이 다운로드, 바이러스, 스마트폰 바이러스, 스마트폰 복
　제, 랜섬웨어(암호화, 화면 잠금, 시스템 파괴), 애드웨어, 문자 폭탄

□ 네트워크 무기 공격
　트로이 목마, 제로데이, 원데이

□ IoT/AP 기기 공격
　충전기 해킹, 공급망 공격, 디지털 도어록 공격, 아파트 월패드 공격, 무선 공유기 해킹

□ 기업 공격
　랜섬웹, 섀도 IT, 좀비 PC, 디페이스 공격, 매크로 포함 문서, OWASP(SQL
　Injection, XSS, CSRF, 취약한 접근 제어)

□ 관계 & 명예 공격
　독스웨어, 몸캠 피싱, 사이버 따돌림, 사이버 스토킹/성폭력, 사이버 명예훼손, 딥
　페이크

SECTION 4

적극적 공격 & 공격 실행

여러분의 실수나 수동적인 공격으로는 얻어낼 수 있는 정보나 이득이 한정되어 있습니다. 이에 해커는 여러분에게 더 많은 피해를 입히고 더 많은 이득을 취하기 위해 더 적극적으로 변모하고 다양한 공격을 시작합니다. 적극적으로 변한 만큼 공격의 강도나 파괴력은 이전의 사고 사례와는 다를 것입니다. 표적을 정한 이후 더 집요해지기 시작합니다. 이 섹션에서는 직접적으로 여러분에게 큰 피해를 입히는 해커들의 적극적 공격 방식에 대해서 알아보고 대처하는 방법을 배워보겠습니다.

046 누군가 나를 몰래 추적하고 있어요

자세한 설명은 다음 동영상을 참고하세요.
https://bit.ly/Security_046

영화나 드라마를 볼 때 경찰에서 범인을 잡기 위해 전화를 오랫동안 지연시키면서 기지국을 좁히는 방식으로 위치를 찾는 장면을 종종 볼 수 있습니다. 비단 영화나 드라마에서만 일어나는 일일까요? 여러분도 모르는 사이에 발생할 수 있습니다.

위치 추적 Location Trace은 스마트폰에 프로그램을 설치하거나 **GPS**Global Positioning System 등의 장비를 이용하여 사람의 위치를 확인하는 행위를 말합니다.

위치 추적 예시

부모와 자녀와 같이 상대방의 동의를 받아서 추적하는 경우(아이쉐어링, Life 360, Zenly, 지나리)와 상대방의 동의를 받지 않고 몰래 추적하는 경우(해킹 프로그램, WhereURL)로 분류되며, 두 경우 모두 설치 또는 클릭 한 번으로 상대방의 위치를 받을 수 있습니다. **상대방의 동의를 받지 않는 위치 추적은 불법**으로, '위치정보보호의 보호 및 이용 등에 관한 법률'에 따라 개인의 위치정보를 수집하고자 하는 경우에는 이용 약관에 명시한 후 개인정보 주체(상대편)의 **동의를 얻어야** 합니다. 이에 따라 동의를 받지 않고 수집하는 행위 자체는 불법입니다. 그러나 해커들은 불법이라고 해서 멈추지 않고 여러분을 지속해서 공격할 것입니다.

☠ 증상

- 여러분의 위치에 관련된 정보가 타인에 의해서 들려옵니다.
- 설치하지 않은 위치 추적 애플리케이션이 스마트폰에 보입니다.
- 여러분의 위치를 이용한 범죄 활동 및 협박이 진행됩니다.

🧰 예방 및 대처

여러분의 위치정보를 찾기 위해서는 평상시에 가지고 다니는 장비에서 위치정보를 수집 및 관리해야 합니다. 가장 쉽게 위치정보를 나타내는 장비는 **스마트폰과 PC(노트북)**가 될 것입니다. 여러분에 대한 위치 추적을 하기 위해서는 위치를 수집하는 장비와 여러분이 함께 있어야 한다는 조건이 필요하기 때문입니다. 그렇다면 가장 쉬운 예방법은 **위치 추적 프로그램을 주기적으로 검사**하는 방법입니다. 아이쉐어링, Life 360, Zenly, 지나리, Smart 지킴이, Find My Kids와 같이 일반적으로 많이 사용되는 **위치 추적 프로그램이 설치되어 있는지를 확인**하는 것입니다. 본인이 설치했다면 문제가 없겠지만, 본인도 모르는 사이에 주변 사람이나 해커가 설치했다면 내 위치를 실시간으로 가져갈 수 있습니다.

좀 더 확실한 방법도 있습니다. 스마트폰을 탈옥(안드로이드 운영체제)하거나 루팅(iOS 운영체제)하지 않는 이상 위치정보를 수집하는 프로그램은 반드시 위치정보 수집에 대한 스마트폰 권한이 필요합니다. 그 **권한을 요청하는 프로그램 리스트**를 보는 것입니다.

설정 > 위치

최근 위치 요청.
최근에 사용한 위치 정보 앱 확인.
'앱 권한' 클릭

위치 정보에 항상 사용할 때만
이용하는 앱의 종류가 표시

위치정보 요청 리스트 확인

설정 ➡ 위치 ➡ 앱 권한 ➡ 위치정보를 요청하는 프로그램 리스트를 확인해야 합니다. 위치정보를 요청하려면 별도의 위치정보에 대한 접근을 사전에 허용해야 하고, 프로그램에서 스마트폰에 지속해서 권한을 요청/이용해야 합니다. 사전에 설치되어 여러분 몰래 동의 버튼을 눌렀다고 해도 해당 리스트에 존재하기 때문에 확인할 수 있습니다.

이러한 위치정보 수집은 가족, 연인 간에도 가장 많이 이용/악용되고 있습니다. 상대방에게 허가를 받지 않았다면 위치정보보호법에 위배되는 행위이므로 동의 없이는 하지 않아야 합니다.

➕ **한 줄 대응**

위치 추적 프로그램 존재 여부를 검사하고, 위치정보 요청 리스트를 확인한다!

047

사전에 검사했을 때는 괜찮았는데
나중에 해킹을 당했어요

해커가 공격할 때 처음부터 완벽하게 준비해서 여러분을 공격할까요? 물론, 아닐 것입니다. 처음에는 가볍게 검사하고 취약 여부를 확인하는 정도만 해서 공격 가능한 대상자를 추려나갈 것입니다. 취약한 정도가 파악된 다음에는 어떠한 방식으로 공격할까요? 해커가 직접적인 공격 환경을 구성하는 방법에 대해서 알아보겠습니다.

드라이브 바이 다운로드Drive By Download, DBD는 브라우저나 플러그인Plug-in(추가 설치 후 이용하는 프로그램)에서 작동하는 취약점을 악용해서 이용자가 인지하지 못하는 사이에 악성 프로그램을 다운로드하는 공격 기법을 말합니다.

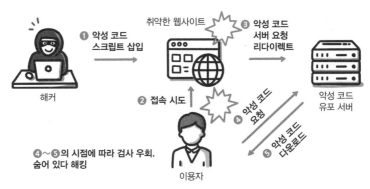

드라이브 바이 다운로드 절차

해커가 인터넷 이용자를 해킹하기 위해서는 프로그램의 **버그**Bug**(문제점)** 중 이용 가능한 **취약점**Vulnerability**을** 선정하여 이용자의 장비 권한을 획득해야 합니다. 이 방식으로 일시적인 권한만 획득해서는 금전, 정보 획득과 같이 원하는 행동을 하는 데 상당히 오랜 시간이 걸립니다. 그래서 해커는 미리 만들어놓은 악성 코드를 다운로드받고 권한을 이용해서 실행합니다. 취약점을 이용한 권한 획득을 하기 전까지 수행 과정에서는 특별한 악성 행위가 없어서 바이러스 백신도 이상 여부를 찾아내지 못합니다. 그러나 이후에 이용자가 **직접 악성 코드를 요청해서 다운로드 후 실행한 것처럼 조정**하므로 백신도 이용자의 요청으로 판단하게 되어 실제로 악성 코드를 탐지하지 못하는 경우도 있습니다.

😈 증상

- 설치하지 않은 프로그램이 설치됩니다.
- 기기(PC, 스마트폰)의 CPU, 메모리의 사용률이 높아집니다.
- 여러분의 개인정보, 금전정보, 기밀 정보 등이 유출됩니다.

🧰 예방 및 대처

악성 코드가 처음부터 같이 들어오지 않고 사전에 취약점을 통해 권한 획득, 행위 유도만 하게 됩니다. 이에 먼저 **취약점을 없애는 것**이 제일 중요한 예방법입니다. **브라우저나 플러그인의 최신 업데이트**를 통해 알려진 취약점을 제거해야 합니다. 알려진 취약점이지만 조치가 안 된 경우가 해커 입장에서 가장 쉽게 침입할 수 있는 경로입니다.

윈도우 키 > 업데이트 확인(엔터)
Windows 업데이트에서 업데이트 확인

업데이트가 필요한 경우
업데이트 수행으로 최신화

윈도우 업데이트 예시

또한, 신뢰할 수 있는 사이트를 제외하고는 **스크립트나 추가 플러그인을 설치하거나 실행 하지 않는 것**입니다. 최신 윈도우 OS에서는 브라우저에 추가 프로그램을 설치할 때 설 치 및 실행을 할 것인지를 기본적으로 묻고 있습니다. 이에 따라 **신뢰하는 경우를 제외 하고는 실행하지 않는 것**이 바람직합니다.

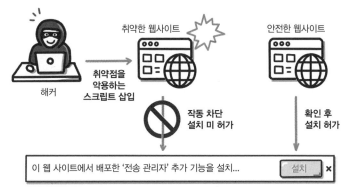

사이트를 신뢰하는 경우를 제외하고는 추가 기능 설치 금지

추가 플러그인 설치 차단 & 허가

기업에서는 로컬 관리자의 권한을 제거하여 내부 사용자가 업무에 필요한 권한 이후 에 비인가된 프로그램의 설치나 운영을 못 하도록 하는, **관리자 권한 제어 솔루션 또는 AD**Active Directory를 사용하고 있습니다. 기본적으로 드라이브 바이 다운로드는 여러 개의 취약점을 시도하여 단 하나의 취약점이라도 통과되는 시점에 권한을 획득하는 사전 작업을 수행하는 방식이어서 **주기적인 바이러스 백신의 탐지 로그 확인**도 좋은 대응 방법입니다.

> ⊕ 한 줄 대응
>
> 브라우저와 플러그인을 최신 버전으로 업데이트(업데이트 자동)하고, 기업은 내부 사용자의 권한을 제어한다!

바이러스

컴퓨터가 점점 느려지고, 정보가 유출되는 것 같아요

자세한 설명은 다음 동영상을 참고하세요.
https://bit.ly/Security_048

여러분이 알고 있는 가장 대중적인 해킹이나 침해사고는 어떤 것인가요? 대부분의 사람은 **바이러스**를 얘기할 것입니다. 사이버 세상의 바이러스는 현실 세계의 바이러스와 별반 다르지 않습니다. 최근 현실에서는 COVID-19 바이러스로 전 세계가 피해를 보고 어려운 시기를 겪었습니다. 마찬가지로, 사이버 세계 또한 여러 바이러스가 끊임없이 여러분의 컴퓨터와 회사를 노리고 공격하고 있습니다.

바이러스Virus는 이용자 몰래 자신을 복제하여 다른 소프트웨어를 감염시켜 악의적인 행동을 수행하는 악성 소프트웨어(코드)를 말합니다.

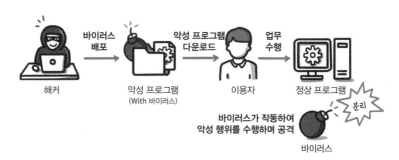

바이러스 감염 절차

최초의 바이러스는 1970년대에 자기 복제를 하는 **장난 같은 프로그램**이었으나, 80년대 이후에는 **컴퓨터를 파괴**하는 역할로 점점 알려지게 되었습니다. 최근에는 단순하게 망가뜨리는 것을 넘어 **금전적인 요구**를 하는 **랜섬웨어**(**051**, **052**, **053**)의 형태도 있습니다. 이러한 바이러스를 통해 해커는 상대방의 컴퓨터를 망가뜨리거나 기업을 공격합니다. 물론, 협박도 같이 진행할 때도 많습니다. 국가 차원에서 이용되기도 하여 **사이버 전**Cyber Warfare에 공격 도구로도 활용되고 있습니다.

자체적으로 실행되며 자신을 스스로 복제하는 **웜**Worm(**091**)과는 다소 다르며, 바이러스를 통해 해커는 다양한 악의적인 행동을 할 수 있습니다.

🦠 증상

- 컴퓨터가 평소와는 다르게 느려집니다.
- 부팅되지 않거나 블루스크린이 자주 발생합니다.
- 이상한 파일명의 EXE 파일들이 마구 생성됩니다.

🧰 예방 및 대처

가장 많이 알려진 만큼 예방 및 대처법도 여러분이 비교적 잘 알고 있습니다. **안티바이러스**Anti-Virus **혹은 백신**Vaccine**이라고 알려진 프로그램을 사용**하는 것입니다. 기업에서 사용할 때는 유료로 사용해야 하지만, 개인적 사용에는 대부분 무료입니다. 우리나라에서는 안랩의 V3, 이스트소프트의 알약이 대표적이고, 해외에서는 아바스트Avast의 Free Antivirus, 카스퍼스키Kaspersky의 Internet Security, 마이크로소프트Microsoft의 Windows Defender 등이 다양한 무료 백신을 제공하고 있습니다.

안랩 V3를 사용하고자 한다면, **안랩 사이트 ➡ 다운로드 ➡ 무료 다운로드 ➡ V3 Lite** 선택을 통해서 개인용 무료 백신을 설치할 수 있습니다.

안랩의 V3 백신 다운로드 페이지[5]

물론, 안랩의 V3 이외에도 다양한 백신 설치를 통해서 기본적으로 컴퓨터 바이러스에 대응할 수 있습니다.

버튼을 클릭하여 PC 보안 > 전체 검사를 통해 컴퓨터에 존재하는 모든 파일을 검사

검사 시작 > 전체 검사 수행 이후 탐지되는 바이러스 항목에 대한 치료하기 버튼 클릭

바이러스 탐지/치료(예: V3 Lite)

설치를 했다면 바이러스 백신의 전체 검사를 통해서 숨어 있는 바이러스를 찾아내야 합니다. V3 Lite의 경우, **V3 버튼 ➡ PC 보안 ➡ 전체 검사 ➡ 검사 시작 ➡ 치료하기**를 통해서 바이러스를 탐지/차단할 수 있습니다.

---

5   https://bit.ly/3xwXrNr

가벼운 바이러스는 백신으로도 충분히 치료할 수 있습니다만, 최신 바이러스는 백신으로도 치료하기 힘든 다양한 **드로퍼**Dropper(바이러스를 몰래 계속 만들어내는 악성 프로그램)가 숨어 있는 경우도 많아 **주요 자료를 백업하고 PC 포맷**을 권장합니다.

⊕ 한 줄 대응
백신 프로그램 설치 후 탐지/차단하고, 주요 자료는 백업 이후 포맷한다!

049

스마트폰이 점점 느려지고, 배터리가 너무 빨리 닳아요

앞에서 우리는 PC나 서버에 영향을 주는 바이러스에 대해 알아보았습니다. 그런데 과연 바이러스는 PC나 서버에만 존재할까요? 당연히 아닐 것입니다. 여러분이 많이 사용하는 물건 중 네트워크에 연결된 것들이라면 해킹과 같은 공격이 진행될 것입니다. 바로 스마트폰과 같이요.

스마트폰 바이러스 Smartphone Virus는 이용자 몰래 자신을 복제하여 스마트폰 내에 다른 소프트웨어를 감염시켜 악의적인 행동을 수행하는 악성 소프트웨어(코드)를 말합니다. 감염되는 대상만 제외하면 컴퓨터 바이러스와 같습니다.

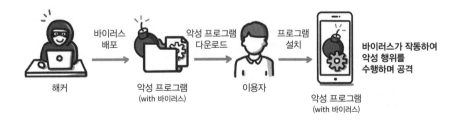

스마트폰 바이러스 감염 절차

스마트폰 바이러스의 공격 절차는 PC 바이러스와는 다소 다릅니다. 기존의 PC 바이러스는 정상 프로그램이 있고 정상 프로그램에 숨어서 악성 행위를 하는 바이러스가 별도로 있었지만, 스마트폰에서는 실제 인터넷을 사용하면서 애드온Add-On 설치 행위를 별로 하지 않고 권한 관리도 개별로 하기에 실제 바이러스만 별도로 분리되는 경우가 많지 않습니다. 그보다 스마트폰에서는 프로그램 자체가 악성으로 존재하는 경우가 훨씬 많습니다. 앱을 주로 사용하는 스마트폰의 이용 패턴에 따라 그렇게 접근하는 게 해커 입장에서는 스마트폰을 좀 더 효율적으로 악용할 수 있기 때문입니다. PC보다는 악용하기 어렵기는 하지만, 한번 감염시키면 거의 1년 내내 켜져 있고 인터넷에 항상 연결되어 있는 만큼 효과는 더욱 큽니다.

😈 증상

- 스마트폰이 평소와는 다르게 느려집니다.
- 스마트폰의 배터리 방전이 자주 발생합니다.
- 개인정보 유출 때문에 광고 연락을 많이 받게 됩니다.

🧰 예방 및 대처

스마트폰 바이러스 역시 바이러스이므로 예방 및 대처법도 **안티바이러스와 백신을 이용하는 것이 가장 효과적입니다.** 다만, PC와 다른 점은 **스마트폰용 백신을 설치**한다는 것입니다. 스마트폰용 백신을 설치하기 위해서 안드로이드폰은 Play 스토어, 아이폰은 App Store를 통해야 합니다. **설치 절차**는 다음과 같습니다.

❶ V3 Mobile Security,
   알약M과 같은 백신 설치

❷ 보안 점검 실행
   (주기적인 점검 & 업데이트)

❸ 감염 시 치료

악성 코드를 발견하면
'모두 삭제'를 통해서
악성 코드 치료

스마트폰 백신 설치 및 실행

앱 마켓(Play 스토어, App Store 등)을 통해 **V3 Mobile Security, 알약M** 등과 같은 백신을 설치합니다. 이후 각 백신에서 제공하는 **보안 점검을 실행**하여 스마트폰에 숨어 있는 바이러스를 탐지 및 차단합니다. 악성 프로그램이 발견된다면 당연히 해당 **악성 프로그램을 치료**합니다.

그러면 스마트폰 바이러스에 **감염되지 않기 위해서**는 어떻게 해야 할까요? 우리는 스마트폰을 이용하면서 다양한 앱을 사용합니다. 그런데 일부 앱은 지정된 마켓 이외에서 받는 경우도 있습니다. 편의성 때문에 혹은 다른 개인적인 목적 때문에 이런 앱들을 이용하다 보면 보안 측면에서 위험해지는 경우가 많습니다. 이런 상황을 피하려면 기기에서 제공하는 **Play 스토어, App Store**와 통신사에서 제공하는 **T스토어, 올레마켓, LG U+** 등과 같은 공인된 마켓을 통해서만 앱 설치를 해야만 합니다. 이곳들도 완벽하지는 않지만 공인된 앱 마켓에 등록할 때는 최소한의 보안 검토가 진행되기 때문입니다. 특히, 애플의 App Store는 앱 프로그램의 전체 **소스 코드**Source Code(프로그램의 전체 설계도)까지도 요구하기 때문에 사용자로서는 상대적으로 더 안전하다고 볼 수도 있습니다.

그리고 한번 악성 프로그램이 탐지되었다면 숨어 있는 악성 프로그램을 피하기 위해 기존에 백업한 이미지를 통해서 다시 복구하는 것도 좋은 방법입니다. 부록에서 **스마트폰 백업과 복원**에 대해 좀 더 자세히 알아보겠습니다.

➕ 한 줄 대응

스마트폰용 안티바이러스와 백신을 설치 후 탐지/차단하고, 정기적으로 백업하고 문제 발생 시에 복원한다!

스마트폰 복제

내 문자와 전화가 다른 사람에게도 가는 것 같아요

자세한 설명은 다음 동영상을 참고하세요.
https://bit.ly/Security_050

복제 폰에 대해서 들어보셨나요? 범죄 드라마나 영화에서 타인의 스마트폰과 동일한 정보를 넣은 스마트폰을 이용해서 타인에게 오는 전화를 복제하여 동일하게 전달하는 방식을 보셨을 텐데, 꼭 영화에서만 일어나는 사건일까요?

스마트폰 복제 Smartphone Duplication는 스마트폰에 악성 프로그램을 설치하거나 기기정보를 복제하여 이용자 몰래 전화, 메시지, 이용 정보를 탈취할 수 있는 악성 행위를 말합니다.

스마트폰 복제 절차

스마트폰 복제는 보통 두 가지 방법으로 많이 알려져 있습니다. 영화나 드라마에서 자주 보이는 **SIM 칩 자체를 복제하는 심 스와핑**SIM Swapping을 해서 실시간으로 오는 전화나 메시지를 받는 방식, 그리고 바이러스와 같은 **스파이 프로그램을 설치**하여 스마트폰에 있는 정보를 복제해서 가져오는 방식입니다.

SIM 복제 기법은 사전에 물리적으로 접근하여 스마트폰을 획득한 후 별도의 SIM 카드 리더기를 연결하여 복제하는 방식입니다. 따라서 반드시 스마트폰을 획득해야 합니다. 최근에는 이러한 물리적인 접근 시간을 최소화하기 위해 미리 준비한 사이트에 접속하여 스파이 프로그램을 설치하고 권한을 얻어 손쉽게 스마트폰의 통화 기록, 메시지, 각종 앱 사용 정보 등을 악용할 수도 있습니다.

☣ 증상

- 다른 사람이 여러분의 전화를 받습니다.
- 통화상의 잡음이나 다른 곳에 전화가 혼선되는 현상이 보입니다.
- 여러분의 온라인 계정 정보가 유출되어 악의적 행동을 합니다.
- 개인정보와 같은 중요한 정보 유출 때문에 어려움을 겪게 됩니다.

🧰 예방 및 대처

스마트폰 복제의 가장 기본적인 원리는 **물리적인 접근이 최소한이라도 있어야 한다**는 것입니다. 물론, **스미싱(028)**과 같은 방식도 존재하긴 하나, 사용자에게 **클릭을 유도하고 권한을 허용**해야 하는 단점이 있습니다. 스미싱을 제외한 가장 일반적인 방식은 **스마트폰 주인이 자리를 비운 사이에 터치 몇 번으로 권한을 획득**하는 물리적인 방식입니다. 그래서 가장 중요한 예방법은 **스마트폰의 패턴 및 생체인증 기능을 이용해서 타인이 여러분의 스마트폰을 사용하는 것을 막아야 합니다.** 거의 항상 내 곁에 있는 스마트폰이지만 종종 일시적으로 떨어져 있기도 해서 허가받지 못한 타인이 접속하지 못하도록 막는 것이 가장 중요한 예방법입니다.

탐지 방법으로는, 여러분의 스마트폰을 정상적으로 종료하고 다른 전화기를 이용해 **내 스마트폰에 전화를 걸었을 때 종료되었다는 응답이 아닌 전화 연결음이 발생**하거나, 다른 누군가가 받았다면 실시간으로 전화가 복제되고 있다고 볼 수 있습니다.

물리적인 SIM 복제가 아닌 스파이 프로그램을 통한 복제는 **앱스토어 ➡ 경찰청 안티스파이 설치 ➡ 검사 시작 ➡ 검사 결과**를 통해서 실제 알려진 스파이 앱의 존재 여부를 확인할 수 있습니다.

❶ App Store, Play 스토어에서
경찰청 안티 스파이 설치

❷ 보안 검사 실행
(주기적인 점검 & 업데이트)

❸ 감염 시 스파이 프로그램 제거

스파이 프로그램 탐지(경찰청 안티스파이)

스파이 프로그램은 지금까지 알려지지 않은 프로그램이라서 패턴 검사를 피할 수 있습니다. 그러나 스파이 프로그램은 위치정보에 접근하게 되므로 **위치 추적(046)**에서 확인했던 바와 같이 접근 권한을 확인하게 되면 의심스러운 프로그램의 존재 여부를 확인할 수 있습니다. 또한, 사전에 **주기적으로 스마트폰을 백업**했다면 이러한 침해사고 발생 시에 언제든지 안전한 상태로 복원할 수 있습니다.

➕ **한 줄 대응**
경찰청 안티스파이 프로그램을 설치하여 탐지/차단하고, 전원 종료 후 전화 연결을 시도한다!

랜섬웨어 – 파일 암호화

화면의 해골 표시와 함께
제 문서 파일이 암호화되었어요

자세한 설명은 다음 동영상을 참고하세요.
https://bit.ly/Security_051

최근 해커의 공격은 자기 과시형에서 점차 금전적 이익을 목적으로 변화되고 있습니다. 이러한 해커의 목적에 부합하는 가장 효과적인 공격 기법은 무엇일까요? 해커들이 그 답을 찾은 것 같습니다. 해커들은 **파일 암호화 랜섬웨어**를 통해 직접 해킹한 이후 피해자들에게 돈을 요구하기 시작했습니다.

파일 암호화 랜섬웨어 File Encryption Ransomware, Nasty Stuff는 사용자의 중요 데이터를 암호화하거나 시스템의 사용을 불가능하게 만든 뒤, 복호화 키를 명목으로 금전(비트코인)을 요구하는 악성 소프트웨어를 말합니다.

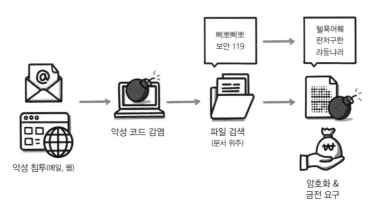

랜섬웨어의 감염 절차

랜섬웨어는 뉴스를 통해서 모두가 한 번쯤은 들어본 대표적인 해킹 공격인데요, 국내 이랜드 그룹, 성형외과 사건 등을 비롯해서 해커들은 매일매일 다양한 형태의 악성 프로그램으로 공격하고 있습니다. 그중 가장 대표적인 랜섬웨어 형태인 파일 암호화 랜섬웨어는 악성 코드에 감염되는 즉시 여러분의 PC나 태블릿의 문서 파일을 찾아서 하나씩 암호화 처리를 하여 중요한 데이터를 더 이상 사용할 수 없게 하는 공격입니다. 해커는 여러분에게 과제, 업무 문서, 계약서, 프로그램 소스 등 다양한 문서를 복구하는 조건으로 금전을 요구하고 비트코인으로 입금하라는 협박을 합니다. 암호화된 문서가 1~2일 이내에 다시 제작 가능한 수준이라면 협박을 무시하겠지만, PC 내의 중요한 문서까지 암호화된 상태에서 협박을 무시하기는 쉽지 않습니다. 실제로 보안 뉴스에 따르면, 랜섬웨어 피해자의 83%가 범인들에게 금전을 주면서 **협상을 택하는 쪽으로 선택**했다고 합니다. 과연 금전을 주면 인질로 잡혀있는 내 문서들을 모두 풀어줄까요?

☣ 증상

- **PC 바탕화면의 배경이 경고 문구로 변경됩니다.**
- **여러 폴더의 문서들이 전부 이상한 확장자로 변경되어 있습니다.**
- **타이머가 작동되면서 비트코인 입금을 요구합니다.**

🧰 예방 및 대처

파일 암호화 랜섬웨어는 **가장 많은** 랜섬웨어의 유형이며, 이외에도 CryptoLocker, Magniber, Gandcrab, Wannacry 등 다양한 종류의 악성 랜섬웨어가 존재합니다. 랜섬웨어는 감염 전에 예방하는 게 가장 중요합니다. 예방은 랜섬웨어의 유형과 관계없이 공통으로 적용됩니다. 이미 알려진 랜섬웨어라도 지속해서 공격이 발생하는 경우가 많으므로 백신 소프트웨어를 설치하고 **엔진을 최신으로 업데이트**해야 합니다. 메일을 통해서 접근해 오는 경우가 가장 많기 때문에 **발신자가 불분명한 이메일의 첨부 파일을 실행하지 않아야** 합니다. 또한, 무료로 제공되는 유틸리티에는 랜섬웨어가 대부분 EXE 형태로 숨어 있기 때문에 보안이 취약한 사이트나 **출처가 불분명한 사이트에서 다운로드한 프로그램을 이용하지 않아야** 합니다. 가장 효율적인 대비 방법은 정기적으로 중요 문서를 외장 하드나 USB, 네이버 마이박스, 구글 드라이브와 같은 **웹하드에 백업하는 습관**을 지니는 것입니다.

구글 드라이브
https://drive.google.com/

네이버 마이박스
https://mybox.naver.com/

웹하드의 백업(구글 드라이브, 네이버 마이박스)

예방을 잘한다면 랜섬웨어에 감염되지 않겠지만, 이미 감염된 이후라면 어떻게 대처해야 할까요? 감염되었을 때는 전문적인 **포렌식**Forensic **기법**을 통해 악성 코드를 추출하여 악성 코드를 분석하지 않는 이상 직접적인 대응을 하기는 사실 어렵습니다.

❶ 바탕화면의 타이머가 작동되며 암호화되었으니 비트코인을 입금하라는 협박

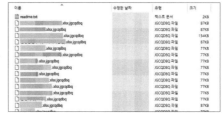

❷ 여러 폴더의 문서들을 확인하였을 때 이상한 확장자로 암호화된 문서가 존재하는 것을 확인

랜섬웨어의 증상 확인

악성 코드 분석을 전문적으로 하는 사람이 아니라면 **증상을 확인**하여 **협박 문구 및 증상을 기반으로 한 구글 검색** 등으로 본인이 감염된 랜섬웨어의 유형을 파악하고 랜섬웨어의 이름을 알아야 합니다. 검색을 통해서 확인하기 어렵다면 국제적인 랜섬웨어 방지 프로젝트인 **노 모어 랜섬웨어**[6] ➡ **랜섬웨어 해결사** ➡ **암호화 파일 업로드** ➡ **확인하기**

---

6 https://www.nomoreransom.org/

를 통해 암호화된 파일을 업로드하거나 화면과 리드미Readme 파일을 업로드하여 확인할 수 있습니다. 감염된 랜섬웨어의 이름을 찾았다면 **복구 프로그램 메뉴를 통해서 검색하여 랜섬웨어 복구 프로그램 존재 여부를 확인**할 수 있습니다.

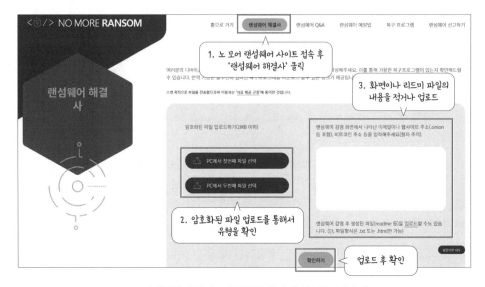

노 모어 랜섬웨어 사이트의 랜섬웨어 해결사(유형 파악하기)

파악된 악성 코드의 유형에 따라 랜섬웨어 이름을 검색하여 복구 프로그램을 다운로드하여 복구합니다.

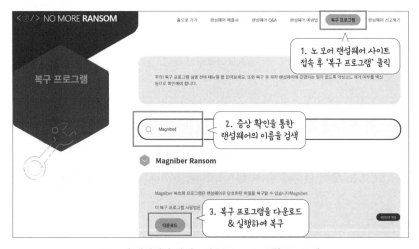

노 모어 랜섬웨어 사이트의 복구 프로그램(암호 풀기)

아쉽게도 **복구 도구를 찾지 못한 경우**는 아직 분석 및 대응이 완료되지 않은 경우일 것입니다. 이럴 때는 **KISA에 신고**[7]하여 피해 사실을 알리면 그에 대한 가이드를 안내받을 수 있습니다.

KISA 보호나라 랜섬웨어 신고

복구 도구를 구하지 못한 경우는 기술적으로 복호화하기가 쉽지 않습니다. 그렇다고 해서 **해커들에게 비용을 지급하여 해결하는 방법은 바람직하지 않습니다.** 비용을 지급하고 정당한 복호키를 가지고도 암호화된 문서가 복호화되지 않는 경우도 많습니다. 또한, 해커들에게 효율적이라는 확신을 주게 되어 범죄가 더욱 늘어날 것이며, 공격 기법도 계속 발전할 것이기 때문에 **타협하지 않는 것이 가장 효과적인 대응 방안**이 될 것입니다.

➕ **한 줄 대응**

백신을 업데이트하고, 불분명한 이메일은 클릭하지 말며, 주기적으로 백업하고, 노 모어 랜섬웨어를 이용한다!

---

7 https://www.krcert.or.kr/consult/ransomware.do

랜섬웨어 - 화면 잠금

052 제가 무엇을 잘못했나 봐요. 범죄를 저질렀다고 FBI에서 연락이 왔어요

파일 암호화 랜섬웨어는 문서 파일을 암호화하였지만 메시지 전달 후에도 비트코인을 지급받기 위해 PC 자체는 정상적으로 이용할 수 있게 해줍니다. 또한, 친절(?)하게 인터넷을 이용하여 돈을 입금하는 방법까지 안내해줍니다. 이번에 알아볼 랜섬웨어는 좀 더 불친절한데요. 파일이 아닌 **OS 자체를 인질**로 잡고 아무것도 못 하게 만들어버린답니다.

화면 잠금 랜섬웨어 Lock Screen Ransomware는 사용자 PC의 **OS 화면을 잠가서** 어떤 행동도 못 하게 하면서 잠금 해제를 명목으로 금전(비트코인)을 요구하는 악성 소프트웨어를 말합니다.

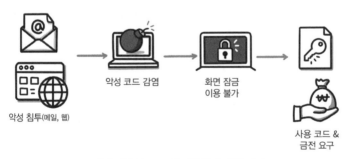

악성 침투(메일, 웹)   악성 코드 감염   화면 잠금 이용 불가   사용 코드 & 금전 요구

화면 잠금(록 스크린) 랜섬웨어 감염 절차

화면 잠금 랜섬웨어 또한 기존의 파일 암호화 랜섬웨어와 감염되는 절차가 크게 다르지 않습니다. 기본적으로 메일을 통해 감염되거나 보안이 허술한 웹을 이용할 때 주로 감염됩니다. 그러나 이후 상황은 아주 다릅니다. 부팅 이후 윈도우에서 더 이상 PC를 이용할 수 없도록 만들기 때문에 아무것도 할 수 없는 IT 초보 입장에서는 더 당황할 수밖에 없습니다. 파일 암호화 랜섬웨어는 PC와 인터넷 사용에는 문제가 없었는데, 이제는 아예 PC를 못 쓰게 됐으니 더 큰 일이 난 게 아닌가요? 하지만 불행 중 다행이라 할까요? 파일 암호화 랜섬웨어보다는 복구할 수 있는 확률이 높습니다.

☣ 증상

- PC의 바탕화면에 경고 문구가 발생합니다.
- 잠금 화면에서 키를 요구하고 PC를 이용할 수가 없습니다.
- 범죄를 저질렀다는 협박 내용이 담겨 있습니다.

⚕ 예방 및 대처

기본적인 **예방법은 파일 암호화 랜섬웨어와 동일**하기 때문에 간단하게만 다시 한번 언급하겠습니다. **주기적인 백업 및 백신 업데이트, 신뢰되지 않은 메일 첨부 파일 및 인터넷 파일을 실행하지 않는 것**입니다. 이미 감염되었을 때의 대응 방안은 기존의 파일 암호화 유형과는 차이가 존재합니다.

PC 화면을 전혀 이용할 수가 없는 상황이다 보니 인터넷에 접속하여 추가적인 파일을 다운로드하여 대응할 수가 없습니다. 그래서 IT에 익숙하지 않은 초보자들이 더욱 당황할 수밖에 없습니다. 하지만 우회하는 방법이 있습니다. **안전 모드**Safe Mode**로 접속해서 백신 검사를 하고 스케줄과 시작 프로그램에 예약된 악성 코드를 제외**하면 됩니다.

윈도우 7에서 F8키를 이용해서 안전 모드로 접속하던 방식은 윈도우 10 버전 이후에는 기본적으로 설정되어 있지 않습니다. 사전에 **명령어 창(실행 ➡ CMD)에서 bcdedit /set {default} bootmenupolicy legacy를 실행**했었다면 F8키를 이용해서 안전 모드로 들어갈 수 있습니다. 그러나 사전 설정을 안 해뒀다면 **파워 버튼 세 번 누르기 방식으로 안**

전 모드에 접속할 수 있습니다.

① 전원 버튼을 **10초 동안 길게
눌러 장치의 전원 종료**

② 다시 전원 버튼을 눌러 장치의
전원을 켜고 윈도우가 시작된
첫 신호(예: 제조업체 로고 등)에서
**10초 동안 길게 전원 버튼 눌러
전원 종료**

③ 다시 전원 버튼을 눌러 장치의
전원을 켜고 윈도우가 시작된
첫 신호(예: 제조업체 로고 등)에서
**10초 동안 길게 전원 버튼 눌러
전원 종료**

④ 다시 전원 버튼을 눌러 장치의
전원을 키면 **WinRe**(안전 모드에
접속하기 전 단계)가 시작

⑤ 옵션 선택 > 문제 해결 > 고급 옵션 > 시작 설정 > Restart

⑥ 장치가 다시 시작되면 표시되는 **옵션 목록에서 5를 선택하거나,
안전 모드(네트워킹 사용)의 경우 F5키를 입력 > 안전모드 접속**

안전 모드 접속 절차

WinRe 모드에서는 옵션 선택 ➡ 문제 해결 ➡ 고급 옵션 ➡ 시작 설정 ➡ Restart를 통해 안전 모드에 접속할 수 있습니다. 안전 모드에 접속했다면 이제 **백신 검사를 하고 시작 프로그램에 예약된 악성 코드를 제외**하겠습니다. **바이러스(048)**처럼 설치된 **백신을 통해서 검사**를 합니다. 이후 **윈도우 키 ➡ msconfig ➡** 이후 '**진단 모드**'를 선택하거나, '**서비스**' 탭에서 의심스러운 서비스의 '**사용 안 함**' **처리**를 통해 록 스크린 프로세스를 제거합니다.

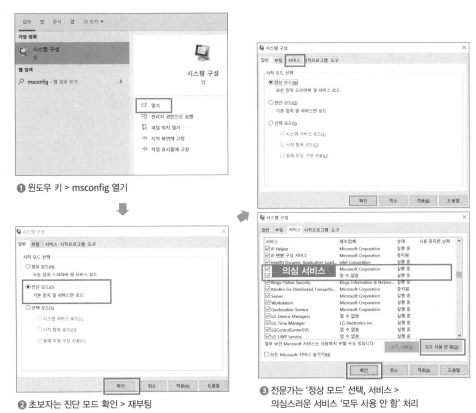

❶ 윈도우 키 > msconfig 열기

❷ 초보자는 진단 모드 확인 > 재부팅

❸ 전문가는 '정상 모드' 선택, 서비스 >
의심스러운 서비스 '모두 사용 안 함' 처리

의심스러운 서비스 실행 제거 절차

이렇게 하는 것도 어렵다면 **하드 디스크를 분리해서 컴퓨터 수리점에 데이터만 복구해달
라고 요청**하거나, 부록을 참고하여 **윈도우를 재설치**하여 PC를 복구할 수 있습니다.

➕ **한 줄 대응**

파워 버튼 세 번 누르기로 안전 모드로 들어가 백신으로 검사하고, 의심스러운 서비스가 있다면 제
거한다!

053

부팅 자체가 안 되고
윈도우가 작동하지 않아요

친절하게 입금 경로까지 알려주며 해결 방법을 제공했던 **파일 암호화 랜섬웨어**, 조금은
불친절하고 윈도우에 정상적인 사용을 방해했지만 복구 방법은 있었던 **화면 잠금 랜섬
웨어**에 이어 더 불친절한 랜섬웨어에 대해 알아보겠습니다. 화면 잠금 랜섬웨어는 부팅
은 가능했지만 PC 사용이 불가능했다면, 이 랜섬웨어는 부팅 자체가 안 되게 합니다.
그럼, 지금부터 파일 시스템 자체를 파괴하는 랜섬웨어에 대해서 알아보겠습니다.

시스템 파괴 랜섬웨어 System Destruction Ransomware는 사용자 PC의 파일 시스템을 파괴/
변조시켜 아무 행동도 못 하게 하여 잠금 해제를 명목으로 금전(비트코인)을 요구하는
악성 소프트웨어를 말합니다.

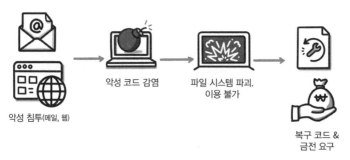

악성 침투(메일, 웹)　　악성 코드 감염　　파일 시스템 파괴,
　　　　　　　　　　　　　　　　　　　　이용 불가

복구 코드 &
금전 요구

시스템 파괴 랜섬웨어 감염 절차

시스템 파괴 랜섬웨어는 파일을 암호화하거나 화면을 잠가서 협박하는 수준이 아닌, 아예 **파일 시스템을 망가뜨리기 때문에 PC 사용이 불가능합니다. 안전 모드 또한 통하지 않습니다.** 안전 모드 역시 파일 시스템에 있는 윈도우 운영체제에 있으므로 파일 시스템 자체를 망가뜨리는 이러한 랜섬웨어는 PC 사용을 원천적으로 차단합니다. 대표적인 이러한 랜섬웨어로는 **페트야**Petya와 **낫페트야**NotPetya가 있습니다. 특히, 시스템 파괴 랜섬웨어의 대표주자인 낫페트야는 우크라이나를 표적화하여 금융, 전력, 통신, 교통까지 수많은 주요 국가 기반 시스템 운용에 차질을 빚게 만들거나 가동할 수 없게 만들었습니다. 국가까지 무너뜨리는 이 랜섬웨어에 어떻게 대응해야 할까요?

☣ 증상

- PC가 부팅되지 않습니다.
- 우회 접속하더라도 운영체제를 작동시킬 수 없습니다.
- 시스템 파괴에 대한 안내를 받으며 복구 코드를 요구합니다.

🧰 예방 및 대처

기본적인 **예방법은 다른 랜섬웨어와 다르지 않습니다.** 이 랜섬웨어도 랜섬웨어의 한 유형이며, **기본적인 예방법을 통해 감염을 막을 수 있습니다.** 그러나 앞에서 알아봤듯이 **감염 이후의 상황은 전혀 다릅니다.** 아무것도 할 수 없습니다. 안전 모드를 통해 우회 접속했던 윈도우마저 전혀 이용할 수 없게 됩니다.

이렇게 시스템이 파괴되었다면 사실 비전문가 수준에서 대응할 방안은 거의 없습니다. 그렇다면 해커에게 돈을 줘야만 할까요? 다시 말씀드리지만, 그 방법은 권장하지 않습니다. 만약 여러분이 페트야와 같은 랜섬웨어에 감염되었다면, **PC 복구 업체를 찾아가 상황을 전달하고 마스터 부트 레코드**Master Boot Record, MBR**라고 불리는, 부팅에 필요한 파일 시스템의 정보를 수정**하여 감염 이전의 상태로 되돌릴 수도 있습니다. 그러나 낫페트야와 같은 다른 유형의 시스템 파괴 랜섬웨어에 감염되었다면 해커에게 비용을 주더라도 복구되지 않을 가능성이 높습니다. 애초에 **복구가 불가능하도록 감염**시켰기 때문입니다. 복구 방법을 찾을 수가 없으니 결국 한 국가의 시스템이 다 망가질 수밖에 없었던 것입니다.

페트야 외의 시스템 파괴 랜섬웨어에 감염되었을 때는 FDISK라는 파일 시스템을 다시 분류하는 구성을 통해 **파일 시스템을 재분류하고, 포맷 및 윈도우 재설치를 수행하여 처음부터 다시 구성**하는 방식을 추천합니다. 안타깝더라도 데이터는 포기할 수밖에 없습니다. 앞으로도 복구가 가능한 다른 시스템 파괴 랜섬웨어에 감염되더라도 IT 전문가가 아니라면 복구를 못할 수도 있으니 빠르게 복구 업체를 찾아 문의 후 재설치 또는 초기화를 하기 바랍니다.

⊕ **한 줄 대응**
페트야는 MBR로 복구하고, 페트야 외의 시스템 파괴 랜섬웨어에는 파일 시스템 초기화(포맷) 및 윈도우를 재설치한다!

054

내 홈페이지를 더 이상 이용할 수가 없어요

자세한 설명은 다음 동영상을 참고하세요.
https://bit.ly/Security_054

랜섬웨어에서 PC 단위의 인질 범죄에 대해 알아봤었습니다. 이번에는 좀 더 나아가 서버를 인질로 잡는 범죄에 대해 알아보겠습니다. 랜섬웨어가 기존의 불특정 대상의 PC 파일, OS, 파일 시스템 등을 인질로 잡아 상대적으로 작은 액수의 돈을 요구했다면, 이 악성 프로그램은 좀 더 규모가 커졌습니다. 불특정 대상의 PC를 노리는 것이 아닌, 지급 능력이 좋은 기업의 서버를 노리기 시작했습니다.

랜섬웹Ransomweb은 랜섬웨어와는 다르게 웹 서버에 저장된 DB를 암호화하고, 백업 데이터를 암호화하거나 삭제하여 해당 정보의 암호 해제를 명목으로 금전(비트코인)을 요구하는 악성 소프트웨어를 말합니다.

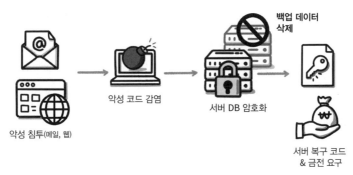

랜섬웹 감염 절차

대부분의 기업, 특히 홈페이지를 통해 웹 서비스를 제공하는 업체는 서비스에 문제가 생길 때를 대비하여 **백업**Backup**(복구를 위한 데이터 및 서비스)**을 합니다. 랜섬웹은 개인이 아닌 기업을 대상으로 공격을 수행하는 만큼 이러한 백업까지 예상하고 공격합니다. **서버 DB를 암호화**하는 동시에 백업 데이터를 확인하여 가능하면 암호화하거나 접근이 어려우면 아예 삭제하여 이용하지 못하도록 합니다. 기업의 시간은 돈과 직결되며, 기존의 복구 데이터도 없기 때문에 울며 겨자 먹기로 해커들과 타협하기도 합니다. 13억 원을 들여가며 해커에게 복구 요청을 했던, **인터넷 호스팅 업체인 나야나 사건**이 그 대표적인 예입니다.

☠ 증상

- 웹 서버가 제대로 작동하지 않습니다.
- 서버의 데이터베이스가 암호화되어 이용할 수 없습니다.
- 백업된 데이터가 삭제되거나 암호화됩니다.
- DB 암호화에 대한 안내를 받으며 복호화 비용을 요구합니다.

🧰 예방 및 대처

랜섬웹에 대한 **기본적인 예방법은 랜섬웨어와 비슷한 부분이 많습니다. 주기적인 백업 및 백신 업데이트, 신뢰되지 않은 메일의 첨부 파일 및 인터넷 파일을 실행하지 않는 것이 기본**이며, 아쉽게도 주기적인 백업을 하더라도 해당 랜섬웹에서는 안전하지 않습니다. 백업 데이터마저 암호화 또는 삭제를 하기 때문에 이러한 단순 백업을 권고하지는 않습니다. 랜섬웹을 예방하기 위해서는 **별도의 원격 시스템(클라우드, 재해복구센터 등)에 백업**해야 합니다. 항상 연결되어 있으면 해커들의 공격 대상이 되므로 백업 시에만 연결되는 방식을 이용해야 합니다. 이 랜섬웹은 대상 자체가 개인이 아니라 기업인 만큼 침해 시 요구 액수가 상상을 초월할 정도로 거대한 경우가 많습니다. 이에 따라 사고 발생 후에 드는 비용을 고려한다면 랜섬웨어 대응보다 좀 더 비용이 들더라도 안전한 백업을 고려해야 합니다.

또한, 불특정 다수를 겨냥하는 랜섬웨어와는 다르게, 사전 조사를 한 후 해커가 직접 악성 프로그램을 조정하며 공격하기 때문에 전체적으로 기업 보안의 강도를 높여야 합니다. **보안 담당자를 지정**하여 기업의 보안 체계에 대해 검토하고, 필요하다면 적절한 투자를 통해 보안의 수준을 높여야 합니다. 다만, 1인기업이나 소규모의 스타트업이라면 초기에 보안 담당자를 채용하기가 쉽지는 않을 것입니다. 그럴 때는 **별도의 업체와 계약 체결**을 통해 정기적으로 분리 백업을 수행하는 정도로라도 해야 합니다. 또한, **중소기업을 위한 KISA의 지원 서비스**[8]인 정보보안 컨설팅(보안 솔루션 포함)도 고려하기 바랍니다.

KISA의 중소기업을 위한
정보보호 컨설팅 사업으로
매년 규모와
사업 범위는 변경됨

KISA의 지역정보보호센터(종합 컨설팅 서비스)

이미 사고가 발생했다면, 기업 규모의 침해사고인 만큼 빠르게 **KISA나 경찰청 등에 해킹 사고를 신고한 후 지원받을 것**을 권고합니다.

➕ 한 줄 대응
별도의 원격 시스템에 백업하고, 기업 보안 담당자를 지정하고, KISA의 컨설팅을 받는다!

---

8 http://risc.kisa.or.kr

독스웨어

055
중요 데이터를 유출하겠다는
협박을 해요

랜섬웨어/랜섬웹은 파일과 시스템을 인질 삼아 파일 복구를 빌미로 금전을 요구하는 공격이었습니다. 그렇다면 해커들은 이러한 파일 및 시스템만 인질로 잡아서 공격할까요? 더 예민하고 민감한 대상을 인질로 잡고 공격하지는 않을까요? 바로 여러분의 사생활을 인질로 잡기 시작합니다.

독스웨어Doxware는 랜섬웨어의 변화된 형태로, 민감한 개인정보 데이터, 영상 등을 노리고 신상털이를 한 후 외부에 공개한다는 협박으로 금전(비트코인)을 요구하는 공격을 말합니다.

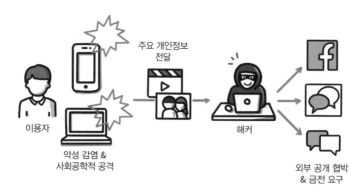

독스웨어 공격 절차

기존의 랜섬웨어는 파일이나 시스템을 기반으로 협박합니다. 그래서 랜섬웨어에 걸린 파일이나 시스템의 비즈니스 중요도에 따라 협박을 받아도 무시할 수 있는 여지가 있었습니다.

하지만 독스웨어는 다릅니다. 대부분 개인의 **민감한 신상정보 및 데이터** 노출을 무기로 협박하기 때문입니다. 기업의 경우에는 회사의 가장 중요한 영업 비밀, 회사 고객의 개인정보, 임직원의 개인정보 등 다양한 중요 정보의 노출을 무기로 협박하며, 개인의 경우도 비슷하게 각종 민감한 개인정보 유출을 무기로 협박합니다. 그러다 보니 단순하게 복구 비용을 넘어 대외 이미지 타격까지 동시에 고민하게 되면서 협박에 굴복하게 됩니다. 특히, **몸캠 피싱(056)**은 개인을 대상으로 하는 독스웨어 유형 중에서도 가장 악질인데, 이후에 집중적으로 다뤄보겠습니다.

☠ 증상

- **민감한 데이터를 해커가 유출합니다.**
- **민감한 데이터의 외부 유출을 볼모로 협박을 당합니다.**
- **민감한 데이터에 대한 일부 샘플이 외부로 유출됩니다.**

🧰 예방 및 대처

독스웨어는 랜섬웨어처럼 어느 정도 무시하면서 대응하기가 쉽지 않습니다. 금전을 지불하지 않았을 때 여러분이 받는 피해가 랜섬웨어 때보다 훨씬 크기 때문입니다. 복구 비용을 넘어 이미지 손상 및 법정 소송 비용까지 다양한 문제에 연관될 수도 있기 때문에 해커의 요구를 가볍게 묵살하기가 어렵습니다. 그렇다고 해커의 요구를 다 들어주는 것도 능사는 아닐 것입니다.

기본적인 예방법은 PC 및 모바일용 백신을 설치하고 최신 업데이트를 수행하는 것입니다. 대부분의 공격은 취약점을 이용하고 권한을 탈취하여 중요한 정보를 탈취하는 것을 목표로 하고 있기 때문에 권한이 탈취되지 않도록 최신 악성 프로그램 탐지 엔진을 업데이트하는 것이 중요합니다. 또한, 독스웨어는 악성 프로그램의 감염 경로가 인간관계를 활용한 **사회공학적인 경로**로 접근하는 경우가 많습니다. 지인이 보낸 것처럼 보이더라도 **불필요한 프로그램을 설치하지 않는 것**이 중요합니다. 비정상적인 경로로 받은 프로그램은 설치하지도 말고, 혹여 설치했더라도 실행하지 않아야 합니다.

이미 주요 데이터가 유출된 상황이라면 **해커와 협상하기에 앞서 KISA의 KrCERT에 상담 및 신고**하는 것을 권고합니다. 개인별로 유출된 데이터의 수준과 영향도가 다르기 때문에 대응 방안은 다를 수 있습니다. 다만, 해커의 요구를 들어준다고 해도 중요 데이터를 외부에 유출하지 않는다는 보장은 없기 때문에 **돈도 잃고 대외 이미지도 손상**될 수 있습니다. 독스웨어와 같이 개인/기업의 이미지에 타격을 줄 수 있는 큰 사건이라면, 보안 전문기관에 신고 및 상담을 받아보는 것이 좋습니다.

➕ 한 줄 대응

불필요한 프로그램은 설치하지 말고, 민감한 데이터가 유출되었다면 KrCERT에 신고 및 상담한다!

몸캠 피싱

부끄러운 개인정보를 이용해 유출 협박을 해요

자세한 설명은 다음 동영상을 참고하세요.
https://bit.ly/Security_056

독스웨어는 중요한 데이터를 외부에 유출한다는 식으로 협박하여 금전을 취득했습니다. 이와 같은 독스웨어 중에서 가장 치명적인 공격은 무엇일까요? 바로 개인의 사회적 이미지 손상을 노리는 몸캠 피싱과 같은 공격일 것입니다.

몸캠 피싱 Bodycam Phishing은 스마트폰의 채팅 어플(스카이프 등)을 통해 음란 화상 채팅을 하자고 하여 상대방의 음란한 행위를 녹화한 후, 지인의 연락처를 탈취해 녹화한 영상을 유포하겠다는 협박을 통해 금전을 취득하는 공격입니다.

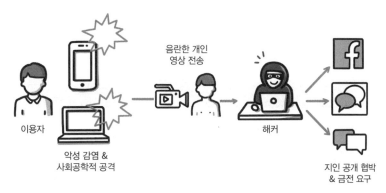

몸캠 피싱 공격 절차

랜섬웨어에 비해 피해가 큰 독스웨어 유형 중에서도 개인에게 타격을 가장 심각하게 주기 때문에 해커의 요구에 응하는 비율이 상대적으로 높습니다.

화상 채팅을 위한 앱으로 위장.
악성 프로그램 설치 요구

악성 프로그램이 설치되며
스마트폰의 권한 요구

주소록 획득 이후에 피해자에 대한
공갈 협박을 통해 금전 획득

몸캠 피싱 사례(이미지 출처: 경찰청)

몸캠 피싱은 대체로 다음과 같은 경로로 이뤄집니다. 먼저, 타인의 사진을 도용하여 여성으로 가장한 범죄자가 랜덤 채팅, 모바일 메신저 앱을 통해 남성에게 접근합니다. 그리고는 협박에 필요한 음란한 영상을 구하기 위해 자극적인 문구로 유혹해 스카이프와 같은 앱으로 화상 채팅을 유도합니다. 미리 준비한 여성 동영상을 보여주며 상대방도 얼굴이 같이 나오게 하면서 음란행위를 하도록 유도합니다. 이후 지인에게 영상을 전송하겠다는 협박을 해야 하므로 필요한 주소록 확보를 위해 *.apk와 같은 악성 프로그램 설치를 유도합니다. 영상과 주소록을 확보하면 유포를 빌미로 협박이 시작됩니다. 따라서 사회적 이미지 타격을 걱정한 피해자는 해커의 요구에 무릎 꿇을 수밖에 없게 됩니다.

🦠 증상

- 처음 보는 사람이 채팅으로 음란행위를 유도합니다.
- 화상 채팅을 하자며 프로그램 설치를 유도합니다.
- 주소록을 탈취한 후에는 음란 영상을 유포하겠다며 협박합니다.

🧰 예방 및 대처

피해가 큰 만큼 예방을 하는 것이 중요합니다. 당연하겠지만, 일단 **모르는 타인에게 음란 영상을 찍어서 보내지 않아야 합니다.** 행위 자체가 없다면 협박을 당할 일이 없겠죠. 추가적으로, 예방을 위해서는 스마트폰에서 **'출처를 알 수 없는 앱 설치 허용'을 해제**해야 합니다.

'출처를 알 수 없는 앱 설치 허용' 해제(안드로이드)

아이폰은 **알 수 없는 앱 설치에 대해서 기본으로 거부 설정**이 되어 있습니다. 허용으로 변경하기 위해서는 프로파일Profile에 대한 신뢰 설정을 해야 하기 때문에 별도로 설치하기가 상대적으로 어렵습니다.

안드로이드에서는 **설정 ➡ 생체 인식 및 보안 ➡ 출처를 알 수 없는 앱 설치 ➡ 앱별로 허용 안 함 확인**을 하면 됩니다. 또한, 설정을 하지 않았더라도 **출처 불명의 앱 파일인 *.apk 파일을 스마트폰에 설치하지 않아야** 합니다. 그리고 낯선 미모의 여성과 랜덤 채팅을 한다면 이러한 범죄에 표적이 될 수도 있다는 사실을 인지하고 주의하는 것도 좋을 것 같습니다. 이미 당했다면 **해커의 송금 요구에 응하면 안 됩니다.** 돈을 받았다고 해서 해커는 약속을 지키지 않습니다. 오히려 금전 획득이 가능한 사람으로 분류하여 계속해서 금전 요구를 할 것입니다. 더 이상 받아낼 수 없다는 확신이 들면 동영상을 유포할 것입니다. 처음부터 협상에 응하지 않고 경찰서에 신고하는 것이 중요합니다. 해당 내용은 큰 범죄로서 **채팅 캡처, 협박 녹음 등을 통해 증거를 확보하여 경찰에 신고하기를** 바랍니다.

> ⊕ 한 줄 대응
> '출처를 알 수 없는 앱 설치 허용'을 해제하고, 채팅 내용은 캡처하고 협박은 녹음한 후에 당국에 신고한다!

계속해서 이상한 광고가 떠요

자세한 설명은 다음 동영상을 참고하세요.
https://bit.ly/Security_057

PC를 사용하다 보면 PC에서 갑자기 광고가 뜨는 경우도 있습니다. 물론 무료 프로그램을 사용하는 대가로 광고를 보여주고 해당 사업 모델을 기준으로 좋은 기능을 제공하는 소프트웨어도 많기 때문에 묵인할 수도 있습니다. 하지만 내가 의도하지 않았는데 화면이 전부 광고로 가득하다면 어떨까요?

애드웨어Adware는 브라우저와 같은 프로그램에서 기능을 추가하여 사용료 대신에 추가적인 요구 조건으로 실행 도중 강제로 광고를 보내는 프로그램을 말합니다.

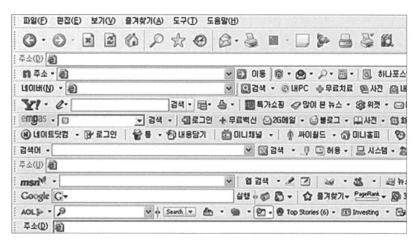

애드웨어 예시(브라우저 ToolBar)

모든 애드웨어가 나쁜 것이라고 하기는 어렵습니다. 우리가 많이 사용하고 있는 상용 프로그램 중에서도 애드웨어 성격을 지닌 것도 많습니다. 이 책에서 많이 추천하는 개인용 백신 프로그램도 광고가 붙기 때문에 애드웨어성 프로그램으로 분류될 수도 있습니다. 또한, 많이 사용하는 압축 프로그램에도 광고가 붙으며, 실제로 기업 내부에서 개인용 프로그램을 이용해서 광고를 통한 공격으로 사고가 발생하기도 했습니다.

프로그램 창 한쪽에 광고를 띄우는 경우도 있고, 실행 도중에 광고 창을 띄우기도 합니다. 물론, 일부 비용을 지급하면 광고를 표시하지 않는 프로그램도 있습니다. 필수적으로 사용할 수밖에 없는 애드웨어성 프로그램은 제외하고, 어떻게 하면 애드웨어 없이 프로그램을 이용할 수가 있을까요?

🦠 증상

- 브라우저의 주소창 밑에 이상한 도구바가 증가합니다.
- 프로그램 실행 도중에 갑자기 광고가 화면에 나타납니다.
- 화면 전체가 광고로 덮여서 컴퓨터 사용이 어렵습니다.

🧰 예방 및 대처

애드웨어 중에서도 여러분의 컴퓨터 사용 자체를 방해하지 않는 선이라면 반드시 문제가 있는 것은 아닙니다. 무료 소프트웨어들 역시 수익 모델이 있어야 하므로 광고를 포함한 것이고, 우리는 그 부분을 **동의하고 사용**하기 때문입니다. 그러나 문제는 여러분을 불편하게 하거나 해를 끼치는 애드웨어도 많다는 것입니다. 화면 전체를 광고로 뒤덮거나, 불법적인 광고를 노출하거나, 컴퓨터를 느리게 한다면 컴퓨터 보안 측면에서 반드시 제거해야 합니다.

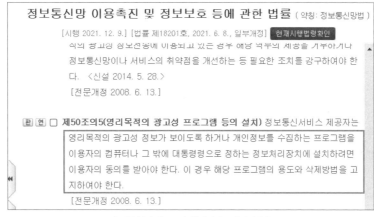

정보통신망법 제50조의 5항에 따라 동의 받지 않은,
삭제 방법을 고지하지 않는 프로그램은 불법으로 과태료 부과

정보통신망법의 애드웨어 설치 시 준수 의무조항

영리성 광고를 제공하는 애드웨어는 **정보통신망법 제50조 5항**에 따라 이용자에게 동의를 받고 삭제 방법을 고지해야 하는 의무가 있습니다. 이에 따라 **불필요하게 되었다면 삭제**하는 것이 중요합니다.

윈도우 버튼 > 프로그램 추가/제거 >
열기를 통해 삭제 가능 프로그램 확인

불필요한 애드웨어 선택 후
제거 버튼 클릭을 통해 프로그램 삭제

프로그램 제거 기능을 이용하여 애드웨어 삭제

특히, 화면을 뒤덮는 브라우저의 애드웨어성 도구바는 정상적인 웹 서핑을 방해하는 경우가 많습니다. 심하면 화면의 80%를 도구바로 채우기도 합니다.

만약 실제로 많이 사용하고 있어서 제거하기 어려운 프로그램이라면, 아무 때나 광고를 띄워 **업무를 방해하지 않도록 환경 설정**을 하는 것이 좋습니다. 프로그램에 따라서는 환경 설정을 통해 **광고에 대한 주기 및 상황을 제한**할 수 있습니다.

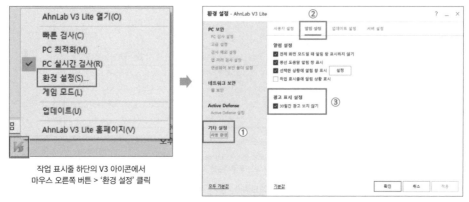

작업 표시줄 하단의 V3 아이콘에서
마우스 오른쪽 버튼 > '환경 설정' 클릭

환경 설정에서 기타 설정 > 사용 환경 > 알림 설정 >
광고 표시 설정에서 '30일간 광고 보지 않기' 설정

광고 표시 설정 제한(안랩 V3 Lite 기준)

많이 소개하는 개인용 백신 프로그램 중에 V3 Lite는 개인용이기 때문에 광고를 의무적 설정으로 넣어놓았습니다만, 사용자에게 선택권을 주었습니다. 작업 표시줄 우측 하단의 **V3 아이콘에서 마우스 오른쪽 버튼 ➡ 환경 설정 ➡ 기타 설정 ➡ 사용 환경 ➡ 알림 설정 ➡ 광고 표시 설정 ➡ 30일간 광고 보지 않기** 설정을 해두면 30일간 광고가 표시되지 않습니다. 또한, **게임 모드를 통해서 일시적으로 광고 및 알람을 보지 않을 수도 있습니다.** 이처럼 광고를 표시하는 애드웨어성 성격의 프로그램 중에서도 사용자의 편의 제한을 최소화하는 설정을 제공하는 프로그램들도 많습니다. 가능하다면 편의성을 최대한 보장할 수 있는 설정을 통해 쾌적하게 PC 사용을 하는 게 좋겠죠.

⊕ **한 줄 대응**
불필요한 애드웨어 프로그램은 제거하고, PC 사용에 방해받지 않도록 설정한다!

058

PC의 키보드와 마우스가 마음대로 움직여요

귀신 PC 소동에 대해서 들어보셨나요? 내가 마우스를 움직이지도 않았는데 마음대로 마우스가 이동하며, 키보드 타이핑 없이 이상한 메시지가 화면에 써지고 마치 귀신이 들린 것 같은 PC가 이슈가 되었던 사건입니다. 과연 귀신의 소행일까요? 귀신보다 더 무서울 수도 있는 악성 프로그램일 수도 있습니다.

트로이 목마 Trojan-Horse는 정상적인 프로그램으로 보이는 프로그램이지만 설치 이후에는 숨겨진 악성 코드를 통해 피해자의 PC를 원격 조정하는 것처럼 악의적 행동을 하는 악성 프로그램입니다.

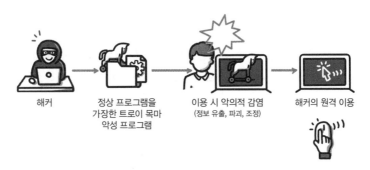

| 해커 | 정상 프로그램을 가장한 트로이 목마 악성 프로그램 | 이용 시 악의적 감염 (정보 유출, 파괴, 조정) | 해커의 원격 이용 |

트록이 목마 감염 절차

트로이 목마는 그리스/로마 신화의 영웅 서사시 《오디세우스》에 등장하는 것처럼 **속이**

텅 빈 **목마** 안에 병사들이 숨어 있다가 성에 들어간 뒤 공격한 설화에서 유래되었습니다. 설화와 동일하게 정상 프로그램인 것으로 가장하여 여러분에게 전달됩니다. 여러분은 해당 프로그램을 설치하게 되고, 이후 해커는 PC의 권한을 획득하여 정보 유출, 파괴 등 하고 싶은 대로 마음대로 하게 됩니다. 그래서 내가 조정하지도 않았는데도 화면의 마우스나 키보드가 움직이는 일이 벌어지는 것입니다.

☠ 증상

- PC나 스마트폰 백신에서 감염되었다는 알람이 발생합니다.
- 키보드와 마우스가 제멋대로 움직입니다.
- 개인정보, 중요 데이터가 외부로 유출되어 피해를 받습니다.
- PC가 느려지거나 부팅 오류와 같은 증상이 늘어납니다.

✚ 예방 및 대처

트로이 목마 악성 프로그램은 실행 파일을 통해서 전파되며, 시스템의 권한 획득을 목표로 하는 게 일반적입니다. 과거의 트로이 목마는 메일로 전파를 많이 했기 때문에 **메일에 포함된 신뢰하지 못하는 파일을 실행하지 않는 방법**으로 주로 예방하였습니다. 그러나 최근에는 인터넷 여기저기에 흩어져 있는 불법 파일이나 프로그램을 기반으로 유포되는 경우가 많습니다. 여러분이 **유료 프로그램을 불법으로 몰래 취득**하려 하거나 **믿을 수 없는 블로그**에서 유틸리티를 받으려 할 때 해커는 여러분의 부주의함을 이용해서 트로이 목마를 감염시킵니다. 가장 중요한 것은 **출처가 불분명한 프리웨어, 불법 프로그램과 같은 파일을 다운로드하거나 실행하는 것에 주의**해야 합니다. 불법으로 유료 프로그램을 사용하고자 몰래 만들어진 프로그램을 웹하드, P2P 등을 통해서 받을 때 악성 프로그램도 같이 받아지는 일이 잦습니다. 무료로 제공되는 프로그램도 마찬가지입니다. 반드시 **프로그램을 제공하는 회사의 공식 홈페이지를 통해서 프로그램을 다운로드**해야 합니다. **백신을 최신화하고 주기적으로 점검**하는 것 또한 중요합니다. **바이러스(048)**를 참고해서 **백신의 생활화**를 하기 바랍니다. 공식 홈페이지에 접속해서 다운로드 페이지를 찾고 회원가입 및 개인정보를 입력해야 하는 불편함이 싫어서 검색을 통해 쉽게 찾아

지는 블로그 내의 프로그램을 다운로드하는 순간, 해커는 그 순간을 노리고 여러분의
PC를 차지합니다.

⊕ 한 줄 대응
출처가 불분명한 프로그램은 사용하지 말고 반드시 공식 홈페이지를 통해 다운로드한다!

누구도 막을 수 없는 공격과
반드시 막아야 하는 공격

자세한 설명은 다음 동영상을 참고하세요.
https://bit.ly/Security_059

해킹 공격 중에 100% 성공률을 보이고 그 누구도 막을 수 없는 공격이 있습니다. 정말 무섭지 않나요? 그럼에도 대책 또한 딱히 없는 해킹 기법이 있습니다. 반면, 막을 수 있고 반드시 막아야만 하는 해킹 공격도 있습니다. 그러나 막지 못해서 많은 사고가 벌어집니다.

제로데이0-Day, Zero-Day는 프로그램에 대한 취약점이 알려지지 않아 패치가 나오지 않은 시점에 이루어지는 공격을 말합니다.

아무도 모르고 해커만 아는 취약점을 이용하여 공격하니 속수무책으로 당할 수밖에 없습니다. 전 세계의 시스템을 먹통으로 만든 **워너크라이 랜섬웨어**, 국내 사드THAAD(고고도 미사일 방어체계) 배치가 결정되면서 중국 해커가 이용한 **Apache Struts2 취약점** 같은 경우가 대표적인 제로데이 공격입니다. 그렇다면 반드시 막아야 하는 공격은 어떨까요?

원데이1-Day, One-Day는 프로그램에 대한 취약점이 알려져 이에 대한 패치가 발표되었지만, 아직 적용되지 않아 이루어지는 공격을 말합니다.

제로데이는 제조사조차도 모르는 공격을 이용하기 때문에 아무도 모른 채 당합니다. 각 기업의 보안 담당자들도 알 수 없습니다. 그러나 원데이 공격은 이미 취약점이 발견되고 이에 대한 대응 패치도 존재하는데도 방어를 안 한 경우라서 책임 소재가 발생하게 됩니다. 이에 따라 기업들 입장에서는 제로데이보다도 더욱 신경 쓰고 **반드시 막아야 하는 공격**일 것입니다.

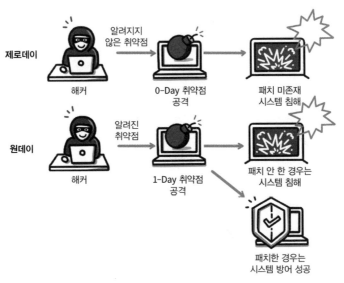

제로데이 & 원데이 공격 대응

이 외에 취약점이 확인되고 **패치가 출시된 지도 오래되었는데 적용하지 않아서 공격**을 당하는 **올데이**Olday도 있습니다. 기업 내에 전담 보안 담당자가 있으면 충분히 막을 수 있는 공격이기도 합니다.

🦠 증상

- 회사 및 개인의 PC가 다양하게 침해당하는 사고가 발생합니다.
- 주요 데이터가 외부에 유출되어 피해를 봅니다.
- 여러 PC가 연속으로 공격당해 바이러스, 랜섬웨어에 걸립니다.

🧰 예방 및 대처

제로데이 공격은 개인 차원에서 대응할 방법이 거의 없습니다. 기업에서는 인터넷망과 업무망을 분리해 외부에 노출된 PC를 없애는 **망 분리**Network Segmentation를 구성하거나, 침해지표와 **기계학습**Machine Learning을 이용해서 알려지지 않는 공격까지도 의심을 통해서 차단하는 **EDR**Endpoint Detection & Response 기술을 이용해 대응할 수 있습니다. 하지만 이러한 기술조차도 100% 안전하다고는 확신할 수 없습니다. 정확한 대응이 되지 않기 때문에 좀 더 범용적으로 막을 가능성을 높일 뿐입니다. 그러다 보니 제로데이에 대해서는 특별히 막을 방법이 많이 없고, **버그 바운티**Bug Bounty(취약점들을 기고해서 상금을 받는 제도)나 **다크 웹**Darkweb상의 **블랙 마켓**Black Market에서 매우 비싸게 거래되고 있습니다.

제로데이는 몰라서 못 막지만, 원데이는 다릅니다. 막는 방법도 있고, 패치도 나오기 때문에 반드시 대응하도록 노력해야 합니다. 그러면 **원데이 공격**에 대응하는 방법에 대해 알아보겠습니다. 가장 기본인 **백신의 최신 업데이트**를 진행해야 합니다. 또한, **드라이브 바이 다운로드**(047)에서 언급되었던 **윈도우 업데이트를 통해서 보안 패치**를 빠르게 적용해야 합니다. 또한, 다른 프로그램들도 패치가 발생하면 반드시 패치하여 안전성을 유지해야 합니다. 스마트폰도 업데이트 요청이 오면 와이파이에 연결하여 **패치를 다운로드받아 설치**해야 합니다. 기업은 **PMS**Patch Management System**를 이용해서 자동으로 전체 시스템의 패치를 관리**해 최신화시켜 주어야 합니다. 망 분리를 통해 인터넷이 되지 않는 경우라도 PMS를 이용하게 되면 안전하게 패치할 수 있습니다.

KISA 보호나라의 보안공지(제품, 프로그램)

만약 보안 담당자로서 기업의 여러 제품이나 프로그램에 대한 관리가 필요하다면, KISA의 보호나라를 통해서 **KISA의 실시간 업데이트 권고**[9]를 확인할 수 있습니다.

> ➕ 한 줄 대응
> 개인은 윈도우와 각종 프로그램의 보안 패치를 적용하고, 기업은 PMS를 이용한다!

---

9   https://www.boho.or.kr/data/secNoticeList.do

충전기 해킹

저렴한 휴대폰 충전기를 꽂았더니...

최초의 스마트폰이라고 불리는 1993년 IBM의 사이먼 이후, 2007년 애플이 스마트폰
계의 베스트셀러인 아이폰을 내놓았고 그때부터 세계는 엄청난 변화를 해왔습니다. 현
재는 1인 1대의 스마트폰을 소유하고 있으며, 무인도에 가져가야 할 가장 중요한 물건
으로 스마트폰을 뽑기도 합니다. 이러한 스마트폰이 한순간에 해킹당할 수 있습니다.
고작 충전기를 꽂았을 뿐인데요.

충전기 해킹 Charger Hacking은 내부에 해킹 칩이 장착된 충전 케이블을 판매하여, 충전
케이블을 USB에 꽂는 순간 해킹 칩에 전력이 공급되고 원격 명령이 가능한 해킹 공격
을 말합니다.

충전기 해킹 공격 절차

겉으로는 평범한 충전 케이블처럼 생겼지만, 내부에는 해킹 칩이 장착된 케이블이 판매되고 있습니다. 겉으로 봐서는 전혀 티도 안 나고, 직접 분해해보기 전까지 육안으로는 차이를 느낄 수 없습니다. 이러한 충전기 해킹은 특정 프로그램을 실행하거나, 특정 사이트에 들어가거나, 웹캠이나 마이크를 켜고 이를 전송할 수도 있으며, 악성 프로그램을 설치하여 모든 입력값을 훔쳐보는 키로거부터 전화나 메시지를 가로채는 스마트폰 복제 기술인 스파이 앱까지 다양한 악성 행위를 할 수 있습니다. 스마트폰, PC 등 다양한 디바이스가 전부 위험 대상입니다. 연결 후 단 10초 만에 여러분도 모르는 사이에 기기를 탈취당할 수 있습니다.

☣ 증상

- 스마트폰의 통화내역 및 메시지가 외부에 유포됩니다.
- 스마트폰의 개인정보가 외부에 유출되어 피해를 봅니다.
- ID와 비밀번호가 유출되어 여러 사이트에서 악성 행위를 합니다.

🧰 예방 및 대처

쉽게 당할 수 있는 공격으로, 만약 누군가가 해킹 칩이 들어 있는 충전기를 식당이나 다중이용 시설에 몰래 설치해뒀다면 충전을 맡겼다가 바로 당할 수 있습니다. 해커는 10만 원이 넘는 해킹 케이블 제작 비용을 들여 여러분께 단돈 1,000원 ~ 2,000원에 판매할 것입니다. 그 이유는 다음에 여러분에게서 더 큰돈을 획득할 수 있다고 믿기 때문입니다.

겉으로 봐서는 전혀 구분이 어려운 공격인데, 어떻게 대응해야 할까요? 가장 쉬운 방법은 **스마트폰 공식 제조사에서 제공하는 충전기만 사용하는 것**입니다. 아이폰이라면 애플, 갤럭시라면 삼성전자와 같이 제조사에서 정품 실을 붙여서 판매하는 충전기만 구매하는 것입니다. 대부분 해커는 이러한 충전 케이블을 만들어서 **저렴한 비용에 판매**하는 방법으로 여러분의 스마트폰의 정보를 획득하려 합니다. **공급망 공격(061)**이라고 하는, 제조사의 공급망에 잠입하여 해킹을 시도한다는 것은 쉬운 일이 아니며, 효율을

따지는 해커 입장에는 너무나 공수가 많이 드는 일이기 때문에 상대적으로 이와 같은 쉬운 방법을 선택하게 됩니다. 정말 단순한 방법이지만 비용이라는 측면에서 우리들도 쉽게 당할 수 있습니다. 조금은 비싸지만 보안 비용으로 지불하는 정품 충전기 가격, 과연 우리의 개인정보보다 비쌀까요? 당하고 나서 땅을 치고 후회하는 것보다 미리 예방하기를 바랍니다.

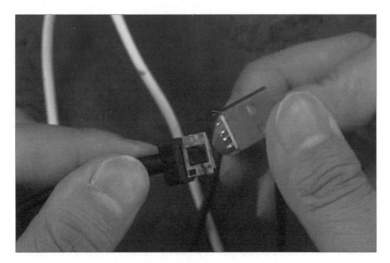

충전기 해킹 칩 사례(이미지 출처: 유튜브)

만약 외부에서 급하게 충전해야 되는 상황이라면, **스마트폰의 전원을 끄고 충전하기**를 바랍니다. 스마트폰 전원이 켜진 상태에서 데이터 전송 기능이 있는 충전기에 연결하면, MTP(미디어 전송 프로토콜)나 해킹 칩을 통해서 스마트폰의 파일에 접근할 수도 있습니다. 전원이 꺼진 상태로 연결하면, 배터리 충전 모드가 되어 화면 보호기가 표시되면서 추가적인 기능이 작동되지 않습니다. 충전되는 동안 여러분은 스마트폰을 사용하지 못해 다소 불편하겠지만, 해커는 아무것도 할 수 없게 됩니다.

> ⊕ **한 줄 대응**
> 스마트폰 공식 제조사에서 제공하는 충전기만을 사용하며, 외부에서 급히 충전할 때는 전원을 끄고 충전한다!

공급망 공격

다리미와 냉장고가 해킹해요

미국 IT 솔루션 기업인 솔라윈즈SolarWinds 사건에 대해 들어보았나요? IT 관리 솔루션인 오리온의 업데이트 파일을 감염시켜 해킹 후 악성 프로그램을 심어 미국 주요 대기업 및 정부 기관에서부터 여러 글로벌 기업까지 영향을 준 대형 해킹 게이트였습니다. 이러한 공격은 동시에 많은 기업 및 피해자를 양성하는 형태의 공격으로, 예상하지도 못하는 사이에 해킹의 여파가 큰 주요 해킹 위협 중 하나로 자리 잡고 있습니다.

공급망 공격 Supply Chain Attack은 제품이나 서비스 제공을 위하여 연관된 기업의 취약점을 이용해서 해커가 시스템에 침투하는 공격을 말합니다.

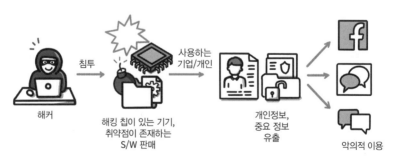

공급망 공격의 방식

미국 증권거래위원회 조사에 따르면, 앞에서 언급했던 솔라윈즈 사건의 해킹 분석 보고서를 통해 오리온 고객사의 약 1만8천 곳이 악성 프로그램이 포함된 프로그램을 내려받았다고 합니다. 이후 악성 프로그램이 유포되고 이 사실이 드러나기까지는 10개월의 시간이 걸렸고, 그사이에 전 세계의 많은 기업이 피해를 보았습니다. 이 사건은 취약점이 개발자의 실수로 인해서 발생한 경우이지만, **고의로 스파이 칩을 심기도 합니다.** 경제주간지인 〈블룸버그 비즈니스 워크〉의 보도에 따르면, 중국에서 **해킹 마이크로 칩을 이용한 애플과 아마존의 정보 수집, 러시아 통관 절차 중 중국산 다리미에서 스팸 발송 칩이 발견**되는 사건 등 해킹 칩을 일반적인 가전기기에 숨겨서 해킹하기도 했다고 합니다. 우리 집의 다리미와 냉장고가 주위의 무선 와이파이에 접속해 악성 스팸 메일을 보낼 수 있다니 정말 상상하기 힘든 일입니다.

☣ 증상

- 가정의 와이파이 속도가 많이 느려집니다.
- 경찰 조사를 통해 가정 내의 IP에서 해킹이 발생했다고 합니다.
- 기업에서 사용하는 기기, 소프트웨어에 대한 취약점이 발표됩니다.

🧰 예방 및 대처

공급망 공격은 **고의적인 경우**와 **개발자의 실수**인 경우로 분리하여 대처할 수 있습니다. 중국 마이크로 해킹 칩의 사건과 같이 제품 자체에 악의적인 목적을 가진 악성 해킹 프로세서를 심어두었다면 일반적인 이용자는 알 수 없습니다. 관세청 등에서 **수입 시에 절차를 강화하여 불법적인 해킹 칩에 대한 선제적인 검사**를 수행해야 합니다. 그러한 부분은 정부에서 수행해야 합니다. 그렇다면 일반 이용자는 어떻게 해야 할까요? **신뢰하는 제조사에서 만든 제품을 이용**해야 합니다. 신뢰라는 것 자체가 기업이 책임을 지고 제조 공정 내에서 안전을 보장한다는 것입니다. 삼성전자, LG전자에서 만든 가전기기에서 해킹 칩이 나왔다면, 사회적인 비난과 앞으로의 영업 활동이 어렵겠죠. 그만큼 신뢰받는 기업들은 강력한 보안 관리와 투명한 제조 체계 등 각종 국제 표준 인증을 가지고 있습니다. 보안이 중요한 곳에서 사용되는 물품이라면 **제조사 자체도 검증된 기업의 제품을 이용**하는 것이 좋습니다.

최근에는 실수로 만들어진 취약점을 이용한 소프트웨어 기반의 공급망 공격이 증가하고 있는 추세입니다. 그에 따른 대응으로 기업에서는 **행정안전부에서 제공하는 소프트웨어 개발보안 가이드 등을 준수하여 시큐어 코딩**Secure Coding을 해야 합니다.

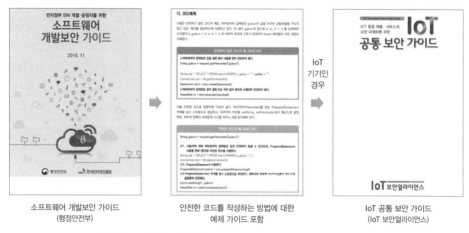

소프트웨어 개발보안 가이드 (행정안전부)	안전한 코드를 작성하는 방법에 대한 예제 가이드 포함	IoT 공통 보안 가이드 (IoT 보안얼라이언스)

시큐어 코딩 참고 자료(S/W 개발보안 가이드, IoT 공통 보안 가이드)

개발자들에 대한 개발보안 가이드 교육을 하거나 취약점 점검 도구(OWASP ZAP, Sparrow, Fortify, Burp Suite 등)를 이용하여 **정기적인 취약점 점검**을 권고합니다. 이용자의 경우는 공급망 공격 역시 상용 제품의 취약점으로 발생하는 경우가 많은 만큼 원데이 공격(**059**)과 같이 **KISA 보호나라**의 보안공지를 참고해서 **이용하는 제품의 취약점 발표 시 보안 패치를 바로 적용**하기를 바랍니다. 만드는 사람도 주의, 이용하는 사람도 주의해야 공급망 공격의 위협에서 벗어날 수 있습니다.

> ➕ **한 줄 대응**
> **신뢰하는 제조사의 제품을 이용하고, 기업은 시큐어 코딩, 이용자는 보안 패치를 한다!**

디지털 도어록 공격

우리 집 대문을
누군가 마음대로 여닫는다면?

최근의 아파트나 빌라와 같은 가정집의 출입문에는 편리하다는 이유로 전자회로가 포함된 **도어록**을 많이 이용하고 있습니다. 손가락이나 스마트 키를 갖다 대기만 해도 문을 열 수 있고, 리모컨을 이용해서 문을 열 수도 있을 만큼 편리해지고 있습니다. 그러나 출입문은 해커에게도 편리해지고 있습니다.

디지털 도어록 공격 Digital Door Lock Attack은 출입문에서 사용되는 잠금장치의 무선주파수 신호를 탐지하여 복사한 뒤 해당 신호를 송부하여 출입문의 잠금을 해제하는 공격 방식입니다.

디지털 도어록 공격 방식

해커가 **무선주파수**Radio Frequency 신호를 읽을 수 있는 장비와 스마트폰을 연결해 근처에서 미리 준비한 신호를 발생시켜 전송만 하면 디지털 도어록이 열리게 됩니다. 이러한 방법을 써서 그 집의 도어록이나 물건을 파손하거나 흔적을 남기지도 않고 문을 열수 있습니다.

최신 아파트는 리모컨을 이용하는 홈 네트워크 디지털 패널을 통해서 원격으로 문을열 수 있는 구조로 되어 있습니다. 그러나 그 문을 해커들은 해킹 기계를 이용해서 **신호 복사의 원리**로 열 수 있습니다. 편의성을 위한 홈 네트워크 디지털 도어록이 도둑을 더욱 편하게 만들어주고 있습니다. 보이지 않는 열쇠를 복사해서요.

☣ 증상

- 집 안의 물품이 도난을 당하는 일이 생깁니다.
- 디지털 패널에 문 열림 기록이 남습니다.
- 집에 누군가의 침입 흔적이 있습니다.

➕ 예방 및 대처

편의를 위해서 만들어놓은 최신 기술이 오히려 공격을 유도하는 문제를 안고 있습니다. 예전의 도둑들은 문을 열기 위해 임시 열쇠를 제작할 수 있는 능력이 필요했습니다. 그러나 최근에는 해커가 문을 여는 시대가 오게 된 것입니다.

해커가 디지털 도어록을 해킹했다면 **신호의 암호화가 없는 경우**가 대부분입니다. 도어록과 패널 사이에 주고받는 신호가 암호화되지 않다 보니 **그대로 복사해서 확인이 가능하고 재사용**이 가능한 것입니다. 무선주파수 신호를 위조할 수 없도록 제조사에서 위조탐지, 암호화 기능을 제공해야 합니다. 도어록 제조사에서 이러한 보안 조치를 했는지 여부는 인증 여부로 확인할 수 있습니다. 그에 따라 **도어록이 IoT 보안 인증을 받은 제품인지를 확인하여 구매해야 합니다.** 정보보호산업진흥 포털 ➡ 정보보호 기술 지원 ➡ IoT 보안 ➡ IoT 보안인증 현황[10]을 통해서 확인할 수 있습니다.

---

10 https://www.ksecurity.or.kr/user/extra/kisis/356/iot/iotList/jsp/LayOutPage.do

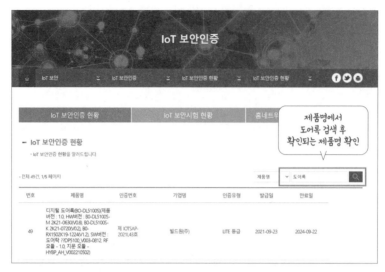

제품명에서
도어록 검색 후
확인되는 제품명 확인

디지털 도어록 IoT 인증 현황 확인(정보보호산업진흥 포털)

디지털 도어록의 안전을 확인하는 것이 귀찮다고요? 저렴한 것이 제일 좋은 거라고 생각한다고요? 그만큼 해커도 편리하게 여러분의 집에 들어갈 수 있음을 알아야 합니다. 이미 도어록을 구매해서 바꿀 수 없다면 어떻게 해야 할까요? 공동 현관문이 아닌 세대별 출입문은 반드시 원격 문 오픈을 해야 하는 경우가 아니라면 **무선주파수 신호 수신기를 빼놓거나 꺼두는 것**도 좋은 방법입니다.

디지털 도어록 무선주파수 신호 수신기 제거(이미지 출처: KBS)

제조사마다 수신기 제거 방법이 다르니 **설명서를 보고 칩을 빼거나 버튼을 눌러서 기능을 제거**하면 됩니다. 내가 조금 불편하고 귀찮다면 해커는 훨씬 더 많이 불편하고 어려워집니다. 어느 쪽을 선택하겠습니까?

⊕ 한 줄 대응
도어록은 IoT 보안인증을 받은 제품만 구매하고, 필요하지 않다면 원격 기능을 제거한다!

아파트 월패드 공격

우리집을 누군가 감시하고 있어요

자세한 설명은 다음 동영상을 참고하세요.
https://bit.ly/Security_063

2021년 11월, 대한민국을 깜짝 놀라게 한 대형 해킹 사건이 벌어졌습니다. 다크 웹에 아파트 월패드를 해킹하여 영상을 찍고 그 영상을 판매한다는 글과 함께 해킹한 아파트 명단을 실시간으로 유포하면서 그 피해는 더 커졌습니다. 경찰은 수사에 착수하였고, 정부에서도 추가 대응 방안을 검토하게 되었습니다.

아파트 월패드 공격APT Wallpad Attack은 최신 아파트의 주택 관리용 단말기인 월패드를 해킹하여 사생활 영상 및 정보 유출에 이용하는 범죄 공격 기법을 말합니다.

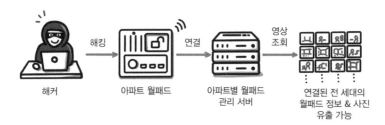

아파트 월패드 공격 예시

해커가 한 세대의 아파트 월패드를 공격하거나, 아파트별 월패드 관리 서버를 해킹하여 네트워크에 접근한 이후 세대별 영상정보를 실시간으로 녹화해서 유출시키는 형태로 공격을 진행합니다. 이 해킹을 통해서 나만의 사생활 영역이 침해당할 수 있으며, 큰 피해를 당할 수 있는 나체 영상 유출까지도 발생할 수 있습니다. 피해자가 17만 가구에 가까운 2021년의 월패드 해킹 사고가 남의 일만이 아닙니다. 여러분이 조심하지 않는다면 말이죠.

☠ 증상

- 사생활이 담긴 영상이 인터넷에 유포됩니다
- 우리 아파트의 명단이 온라인에 유포됩니다.
- 다크 웹에 영상 샘플이 돌아다니면서 거래됩니다.

🧰 예방 및 대처

최근의 월패드에는 많은 정보가 저장되어 있습니다. 문 열기, 가스 밸브/전원 조작 외에도 누군가의 방문 기록, 본인 소유의 차종 번호, 차량 출입 기록, 경비실 공지사항, 집안 촬영 내역도 볼 수 있습니다. 이렇게 많은 정보가 유출된다면 어떻게 될까요? 생각만 해도 끔찍합니다.

최근의 월패드는 각종 IoT와 연동되어 외부에서 모바일 앱을 통해서도 관리할 수 있습니다. 이에 따라 사용자/관리자 비밀번호가 **초기 비밀번호로 설정되어 있다면 반드시 변경**해야 합니다. 한 아파트 단지의 모든 월패드가 초기 비밀번호로 설정되어 있다면 제조사가 임의로 설정한 비밀번호 하나로도 모든 세대를 뚫을 수 있을 것입니다. 그러나 아직도 상당수의 월패드는 초기 기본 비밀번호를 사용하고 있다는 점이 안타깝습니다.

월패드 해킹이 일어났을 때 가장 피해가 큰 부분은 바로 개인 사생활 영상 유출일 것입니다. 피해에 비해 이러한 사생활 영상 유출을 막을 수 있는 방법은 아주 간단합니다. 내부의 영상 전송을 위한 카메라는 추가 기능으로, 잘 사용하지 않을 겁니다. 그렇다면 **렌즈 가리개나 화분 등으로 카메라 부분을 가리면 됩니다.**

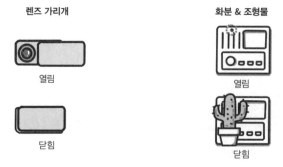

렌즈 가리개

열림

닫힘

간단하지만 어떠한 원격 해킹으로도
카메라를 찍을 수 없는 효과적인 방법

화분 & 조형물

열림

닫힘

미적 효과까지 얻으면서
카메라를 가리는 방법

렌즈 가리개와 화분/조형물로 렌즈를 가리는 방법

카메라는 렌즈만 막으면 아무것도 찍을 수가 없습니다. 따라서 렌즈 가리개를 통해 카메라가 보이지 않도록 하거나 화분이나 조형물을 이용하여 렌즈를 가린다면 가장 단순하지만 영상 유출을 완벽하게 막을 수 있습니다.

아파트의 홈 네트워크는 하나의 통신망을 모든 세대가 이용하도록 되어 있을뿐더러 한 가지 제품으로 통일되어 있기 때문에 해킹에 상당히 취약한 구조입니다. 이에 따라 **2022년 7월 1일부터 시행된 지능형 홈 네트워크 설비 설치 및 기술 기준에 따라 주택 건설 사업을 승인받은 건설사**는 홈 네트워크를 설치할 때 **망 분리**를 통해서 인터넷과 분리하여 아파트 내부에서만 통신이 되고 외부와 통신이 되지 않도록 하고 있습니다. 아쉽게 도 이미 지어진 주택은 의무 대상이 아닙니다.

또 한 가지 예방법은 앞의 도어록과 마찬가지로 **IoT 보안인증을 받은 제품인지를 확인하여 구매**하는 것입니다. **정보보호산업진흥 포털 ➡ 정보보호 기술 지원 ➡ IoT 보안 ➡ IoT 보안인증 현황**[11]을 통해서 확인할 수 있습니다.

---

11 https://www.ksecurity.or.kr/user/extra/kisis/356/iot/iotList/jsp/LayOutPage.do

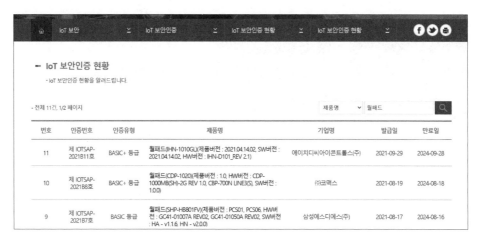

월패드 IoT 인증현황 확인(정보보호산업진흥 포털)

내가 안전하게 검증하거나 정부에서 검증한 기기를 이용하여 슬기롭고 안전한 가정생활을 해야 할 것입니다.

> ⊕ **한 줄 대응**
>
> 초기 비밀번호를 변경하고, 렌즈 가리개나 화분 등을 이용하여 가리고, 건설업체는 망 분리를 하고 IoT 보안 인증제품을 사용한다!

064

무선 공유기 해킹

우리 집의 모든 인터넷이 다 해킹을 당했다면?

자세한 설명은 다음 동영상을 참고하세요.
https://bit.ly/Security_064

최근에는 스마트 홈이 진행되면서 스마트폰, 노트북만이 아닌 다양한 기기에서 인터넷을 사용하게 되었습니다. TV, 냉장고, 세탁기까지 가전기기들도 외부 인터넷이나 최소한 집 안의 홈 네트워크를 사용하는 시대가 되었습니다. 이러한 흐름에 발맞춰 해커는 가장 효율적으로 공격하려 할 것입니다. **SPoF**Single Point of Failure로 한 곳만 노리면 되거든요.

무선 공유기 해킹 Access Point Hacking은 집 안의 무선 네트워크를 구성하는 무선 공유기에 악성 프로그램을 심어서 연결된 모든 장비를 공격하는 해킹입니다.

무선 공유기 해킹 예시

자택 내의 무선 인터넷은 스마트폰, 홈 캠, 노트북, TV, 냉장고 등 집 안에서 사용하는 스마트 제품과 연결됩니다. 그래서 무선 공유기 해킹은 모든 전자기기를 위험에 처하게 만들 수 있습니다. 이에 따라 해커는 무선 공유기와 전자기기 사이에 침입하여 우리 집의 모든 인터넷 통신을 다 훔쳐보고 변조할 수 있습니다. 이러한 공격은 내가 무선 공유기를 사는 순간부터 진행될 수도 있으며, 안전하게 구매하였다고 해도 방심할 수는 없습니다. 설정의 실수로 한순간에 무선 공유기가 해킹당해서 더 이상 소유권이 나에게 없는, 즉 해커의 공격 도구로 사용될 수 있습니다. 이와 같은 무선 공유기는 집만이 아닌 회사에서도 같은 위험이 될 수 있습니다.

🦠 증상

- 무선 공유기의 관리자 페이지가 이상합니다.
- 집 안의 모든 통신이 유출되는 듯한 현상이 일어납니다.
- 홈 캠, 노트북 등에 여러분이 조작하지 않은 흔적이 보입니다.

🧰 예방 및 대처

무선 공유기 해킹의 가장 큰 비중은 바로 **중고 무선 공유기**입니다. 해커는 사전에 무선 공유기를 구매하여 미리 분석합니다. 분석 시에는 실제 분해 수준으로 분리 및 구성을 통해 해킹을 진행합니다. 그 후에 새 제품을 사서 실제 분석된 악성 프로그램을 주입하게 됩니다. 그러한 방식으로 **펌웨어**Firmware(사전에 기기에 설치된 기능 프로그램)를 변조시켜 실제 작동 시에 악성 행위를 하게 만듭니다. 그 이후에 중고 장터에 파는 것이죠. 중고나라, 당근마켓 등 다양한 중고 거래 플랫폼을 이용해서 팔게 됩니다. 집 안에서 여러분의 모든 통신이 이동되는 통로로 사용되는 만큼 **중고 무선 공유기는 구매하지 않을 것**을 권고합니다. 가격이 저렴한 만큼 위험도는 높아집니다. 구매했다면 최소한 공유기의 펌웨어 버전을 확인해야 합니다. **공유기의 펌웨어 버전이 최신 버전이 아니라면 자동 업그레이드를 통해 최신 버전의 펌웨어로 업그레이드**해야 합니다. 펌웨어를 최신으로 덮어쓰는 것만으로도 위험이 상대적으로 줄어들 수 있습니다.

무선 공유기 네트워크 암호 설정 & 관리자 암호 설정(예: iptimes)

1 연결된 PC를 통해 웹 브라우저로 http://192.168.0.1/에 접속

2

설명서의 내용을 확인, 관리자 ID와
비밀번호로 로그인 & 관리 도구 선택
(예로, 이름: admin, 암호: admin)

3

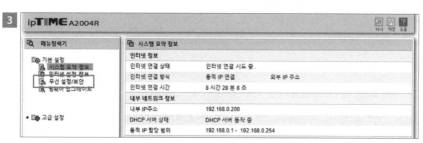

무선 설정/보안 > 인증 및 암호화에서 WPA2PSK + AES(권장)이나 WPA3를 선택

4

암호에서 영문, 숫자, 특수문자를 조합한 8자리 이상의 비밀번호를 설정

5

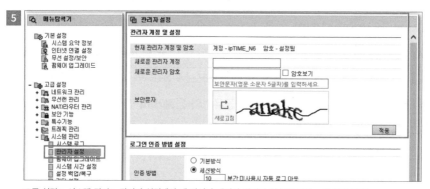

고급 설정 > 시스템 관리 > 관리자 설정에서 새 관리자 계정과 관리자 암호를 변경 > 새 계정 적용

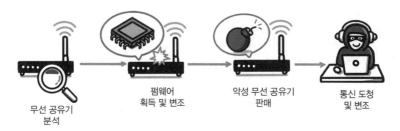

무선 공유기   펌웨어   악성 무선 공유기   통신 도청
분석   획득 및 변조   판매   및 변조

무선 공유기 펌웨어 변조 & 판매

정식 판매처에서 구매하고 봉해져 있는 정품 마크를 뜯고 샀다고요? 그렇다면 안전할까요? 설정을 미흡하게 해서 해킹당하는 경우도 많습니다. 그에 따라 **무선 공유기의 관리자 페이지의 초기 설정 비밀번호는 반드시 변경**해줘야 합니다. **영문, 숫자, 특수문자를 조합한 8자리 이상**으로 설정하기 바랍니다. 그리고 제일 많이 실수하는 부분이 비밀번호 및 인증 설정입니다. 귀찮다고 비밀번호를 사용하지 않는다면 해커에게 '어서 오라고' 문을 열어주는 것과 같습니다. **무선 네트워크 비밀번호를 반드시 설정**하고, 인증 방식을 **WPA2**Wi-Fi Protected Access 이상의 인증 방식을 적용해줘야 합니다. 가능하면 **WPA3 이상을 권고**합니다.

아이디와 비밀번호를 admin/admin으로 설정한 공유기가 많은데, 이는 해커에게 너무 쉬운 입장 방법일 겁니다. 대문을 열어놓고 잠을 잘 수는 없겠죠?

> ⊕ **한 줄 대응**
> 중고 무선 공유기는 가능하면 사용하지 말고, 관리자 페이지의 초기 설정 비밀번호를 변경하고 사용 비밀번호도 새롭게 설정한다!

065 블로그에서 프로그램을 받으면 해킹당하나요?

트로이 목마(058) 악성 프로그램에서 미리 언급되었던 부분으로, 우리의 귀찮음을 이용해서 공격하는 해킹 방식이 있었습니다. 네이버나 구글 등의 검색엔진을 통해서 내가 원하는 프로그램을 검색하면, 검색 결과로 많이 나오는 **블로그나 개인 페이지** 같은 곳에서 손쉽게 다운로드하여 설치하는 것이었습니다. 다운로드하여 설치했다면, 여러분은 처음 보는 마녀가 건넨 독사과를 받아 먹은 백설공주를 비난할 수 없습니다. 여러분도 똑같이 그렇게 한 것이기 때문이죠.

섀도 IT Shadow IT는 회사/집에서 미리 허가받거나 공인되지 않은 프로그램/기기를 이용하여 보안의 수준을 낮춰 미처 파악하지 않은 위험이 존재하는 IT 환경을 말합니다. 간단히 말하면, 허가받지 않고 쓰는 기기입니다.

| 해커 | 침투 | 미인가 기기/
프로그램 이용 | 주위 네트워크
전파 | 회사/집
전체 해킹 사고 발생 |

섀도 IT 공격

마녀의 독사과처럼 섀도 IT의 독은 여러분의 집과 회사로 전파될 것입니다. 여러분의 편의성을 위해 다운로드한 프로그램이나 기기가 악성 코드에 감염된 상태라면 어떻게 될까요? 사고 발생 책임이 여러분에게 있을 것이고, 주위 사람들에게 따가운 시선을 받고 상당히 민망한 상황이 연출될 것입니다. 나의 실수는 맞지만 과연 예방할 수는 없었을까요? 이렇게 될 줄 전혀 몰랐는데, 프로그램이나 기기를 어떻게 해야 안전하게 허가받고 사용할 수 있을까요?

☣ 증상

- 백신에서 바이러스가 탐지되었다는 로그가 발생합니다.
- 신뢰할 수 없는 프로그램을 실행하겠냐는 알람이 발생합니다.
- 내 주변에 있는 컴퓨터 기기가 감염됩니다.

🧰 예방 및 대처

검색을 하자마자 나온 프로그램, 소중한 나의 시간을 더 소모할 필요 없이 그 프로그램을 다운로드하여 이용하면 되는 것이 아닐까요? 그 순간 여러분의 PC, 스마트폰은 감염될 것입니다. 이러한 상황에서 가장 기본적인 예방법은 **백신 프로그램을 설치/이용**하는 것입니다. 인터넷을 통한 다운로드는 백신 검사가 의무적이라고 생각하면 됩니다.

또한 트로이 목마에서 그러하였듯, 가장 중요한 것은 **불필요한 프로그램/기기(섀도 IT)를 이용하지 않는 것**이 중요합니다. 사용해야 하고 회사에서도 허가받은 프로그램이라면 반드시 **공식 홈페이지를 통해서 다운로드**해야 합니다. 그러나 이미 공식 홈페이지에서 없어졌거나 내가 더 이상 찾을 방법이 없다면 어떻게 해야 할까요? 그 프로그램을 반드시 사용해야만 하는데, 방법이 없을까요? 위험을 감수하고서라도 써야 하고 백신도 있다면 최소한의 방법은 존재합니다. 바로 **프로그램의 코드 서명을 확인**하는 방법입니다.

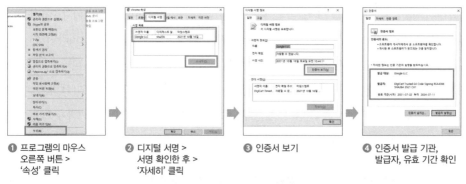

① 프로그램의 마우스
   오른쪽 버튼 >
   '속성' 클릭

② 디지털 서명 >
   서명 확인한 후 >
   '자세히' 클릭

③ 인증서 보기

④ 인증서 발급 기관,
   발급자, 유효 기간 확인

프로그램의 코드 서명 확인(예: 크롬)

프로그램에서 **마우스 오른쪽 버튼 ➡ 속성 ➡ 디지털 서명 ➡ 자세히 ➡ 인증서 보기 ➡ 인증서 발급 기관, 발급자, 유효 기간 등의 정보를 확인**합니다. 이러한 인증서는 공신력 있는 기관에서 그 기업이 프로그램을 만든 것이라고 확인을 해주는 서명이라 상대적으로 신뢰할 수 있습니다.

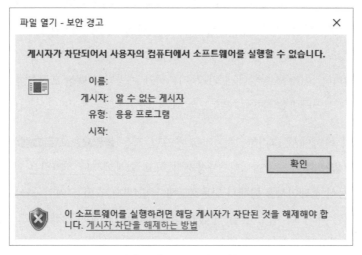

코드 서명이 없는 프로그램에 대한 경고

코드 서명이 없어 윈도우에서 **게시자를 알 수 없다는 보안 경고가 뜰 때는 회사 내에서 만든 프로그램이 아니면 실행하지 말 것**을 권고합니다. 경고해도 무시하는 경우에는 그만한 위험을 감수하겠다는 것입니다. 참고로, 회사의 보안 담당자와 자산 관리자는

NACNetwork Access Control **솔루션**을 통해 이러한 섀도 IT를 관리할 수 있습니다. 회사 네트워크에 접속하기 전에 기기에 대한 검증을 받고 허가된 기기라도 필수 프로그램이 설치되거나 불필요한 프로그램의 설치 여부를 확인하는 방식을 이용하여 접속을 차단할 수 있습니다.

⊕ 한 줄 대응
불필요한 프로그램/기기는 이용하지 말고, 불가피하게 이용한다면 프로그램의 코드 서명을 확인한다!

066

PC가 느려지고 이상한 행동을 하는 것 같아요

트로이 목마(058)에서 PC가 마음대로 조정당하는 방식에 대해 알아봤었습니다. 트로이 목마는 PC의 원격 조정을 통해서 단순히 정보를 취득하는 목적에서 시작되었습니다. 이후 해커는 이러한 원격 조정을 **범죄의 수단**으로 이용하기 시작했습니다.

좀비 PC Zombie PC는 트로이 목마와 같은 악성 프로그램을 감염시켜 원격에서 조정을 통해 디도스나 서버 해킹 공격 등 해킹 범죄에 이용되는 기기/장치를 말합니다.

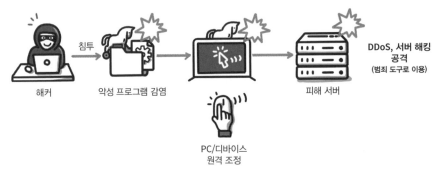

해커 　침투 　악성 프로그램 감염 　PC/디바이스 원격 조정 　피해 서버 　DDoS, 서버 해킹 공격 (범죄 도구로 이용)

좀비 PC 감염 & 공격

트로이 목마는 여러분 소유의 PC를 통해 개인정보를 유출하고 조정하면서 여러분에게 직접적인 피해를 가하는 해킹 공격이었습니다. 그러나 좀비 PC는 다릅니다. 처음에 악성 프로그램을 감염시켜 실제 조정하는 부분까지는 일반적인 트로이 목마와 같습니다만, 감염 이후에는 다릅니다. 좀비 PC는 나의 피해만이 아닌 **외부의 다른 PC, 서버까지 피해**를 주게 됩니다. 그래서 해커는 여러분의 PC를 이용해 다른 기업의 서비스를 망가 뜨리거나 정보를 유출하는 용도로 이용할 수 있습니다. 여러분은 분명히 피해자인데도 어느 순간 가해자가 되는 겁니다. 본인에게 **고의적인 의도가 없는 미필적 사고**이니 어쩔 수 없다고 생각할 수도 있습니다. 그러나 그 사고의 피해가 다시 여러분에게 돌아올 수도 있습니다.

☣ 증상

- **PC가 느려지고 작동시키지 않은 프로그램들이 작동됩니다.**
- **연결된 네트워크의 속도가 아주 느려집니다.**
- **여러 웹사이트의 접속이 차단됩니다.**

🧰 예방 및 대처

좀비 PC는 트로이 목마와 다르게 **타인/기업에 직접적으로 피해를 주는 공격** 방식입니다. 그리고 피해 기업들도 가만히 앉아서 공격당하지 않습니다. 기업들은 원격 조정을 당해 공격을 수행한 **여러분의 PC도 공격자로 분류**합니다. 기업에 공격자로 분류되면 **CTI**Cyber Threat Intelligence**(위협 공유 시스템)**를 공유하여 다른 기업/사이트에서도 악성 공격자로 분류되며, 타 사이트에도 접근이 막히는 경우가 많습니다.

원인을 제거하지 않는 이상 피해자임에 동시에 계속 악의적인 공격자로 남게 될 것입니다. 해커들은 여러분의 PC를 좀비 PC로 감염시키기 위해 악성 프로그램들을 인터넷 곳곳에 숨깁니다. 그래서 검색을 통해 노출된 **블로그나 신뢰할 수 없는 사이트에서 받은 프로그램은 이용하지 않아야 합니다.** 검증되지 않은 이러한 프로그램이 여러분의 PC를 노리고 있습니다. 여러분의 기기가 좀비 PC로 의심된다면, **네트워크를 과다하게 사용하는 악성 프로그램을 종료**해야 합니다.

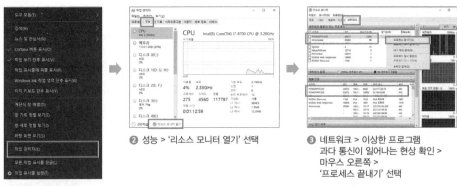

❶ 작업표시줄 마우스
오른쪽 버튼 >
'작업 관리자' 선택

❷ 성능 > '리소스 모니터 열기' 선택

❸ 네트워크 > 이상한 프로그램
과다 통신이 일어나는 현상 확인 >
마우스 오른쪽 >
'프로세스 끝내기' 선택

과다하게 네트워크를 사용하는 악성 프로그램 종료 방법

악성 프로그램을 종료했다면 바이러스, 트로이 목마 등을 찾기 위해서 **백신을 이용해 주기적으로 전체 검사**를 수행하여 **악성 프로그램을 탐지/차단**해야 추가적인 악성 행위를 막을 수 있습니다. 백신을 최신으로 업데이트한 이후에 검사를 수행했음에도 이상한 악성 프로그램이 지속해서 공격한다면 PC를 **포맷(초기화)**하기를 권장합니다.

자신도 피해자인데 너무 억울하다고 하는 분도 있겠지만, 고의가 아니더라도 범죄에 도구로 사용될 수 있기 때문에 조심 또 조심하지 않으면 공격자로 분류되어 여러분의 PC 사용도 피해를 입을 것입니다.

➕ **한 줄 대응**

네트워크를 과다하게 사용하는 악성 프로그램을 종료하고, 백신을 이용하여 주기적으로 전체 검사를 한다!

문자 폭탄

메신저/문자 폭탄으로 스마트폰이 멈췄어요

이전에 **좀비 PC**에 대해서 알아봤었습니다. 만약 악성 프로그램으로 감염된 기기가 PC가 아니라 **스마트폰**이었다면 무슨 일이 발생할까요? 스마트폰이 가지고 있는 정보를 이용해 유출 사고를 발생시킬 수도 있고, 스마트폰을 이용해 악의적인 목적의 범죄를 일으킬 수도 있을 것입니다.

문자 폭탄 Message Bomb은 정치적, 악의적 목적으로 상대편에게 대량의 문자를 보내어 정신적인 스트레스를 주거나 스마트폰 사용을 방해하는 공격 기법을 말합니다.

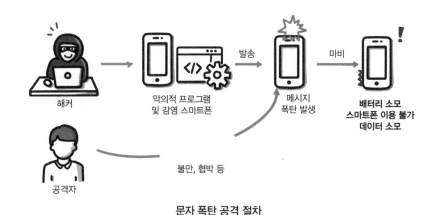

문자 폭탄 공격 절차

침해사고나 해킹 공격은 악의적인 목적을 지닌 해커가 주로 수행하였으나, 문자 폭탄은 고도의 해킹 기술력을 가진 해커만이 아니라 일반인도 많이 사용하는 공격 기법입니다. 국회의원이 만든 법에 대해 불만을 가진 사람들, 사건/사고를 일으킨 연예인을 싫어하는 사람들, 친구/지인에게 악의적인 감정을 가진 사람들까지 일반인도 문자나 카카오톡 메시지를 통해서 문자 폭탄을 보내는 경우가 많아졌습니다. 국회의원/연예인에 대한 문자 폭탄은 과연 국민/시청자들의 의견 전달 방법으로 전혀 문제가 없을까요?

🕷 증상

- **스마트폰에 끊임없이 문자/카톡이 수신됩니다.**
- **스마트폰의 작동이 매우 느려집니다.**
- **스마트폰의 배터리가 빠르게 소모되며 정상적으로 사용하기 어렵습니다.**

🧰 예방 및 대처

타인에게 불쾌감이나 스트레스를 주는 문자 폭탄, 과연 문제가 없을까요? 피해자에게 문자 폭탄은 정신적 폭력으로 다가올 수도 있습니다. 원하지도 않은 이야기를 24시간 × 365일 내내 누군가 옆에서 계속 얘기한다고 하면, 그 누구도 편히 쉬지 못할 것입니다. 문자 폭탄도 마찬가지입니다. 원하지도 않는 문자를 계속 상대방에게 보내면 정신적인 스트레스를 주게 됩니다. 이러한 문자 폭탄은 어떻게 대응해야 할까요? 가장 먼저 할 것은 **메시지 수신 차단**입니다. 현대 사회에서 스마트폰이 없는 사람은 거의 없습니다. 그렇다고 스마트폰을 여러 대 사용하는 사람도 많지 않습니다. 반복적인 메시지 차단 설정을 통해 악의적인 공격자의 문자를 무시하는 게 최선의 방법입니다.

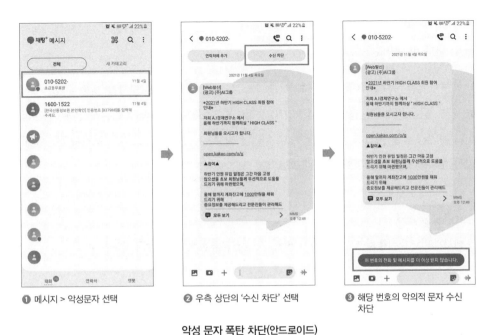

① 메시지 > 악성문자 선택

② 우측 상단의 '수신 차단' 선택

③ 해당 번호의 악의적 문자 수신 차단

악성 문자 폭탄 차단(안드로이드)

메시지 ➡ 문자 선택 ➡ 수신 차단을 통해 가볍게 악성 문자를 차단할 수 있습니다.

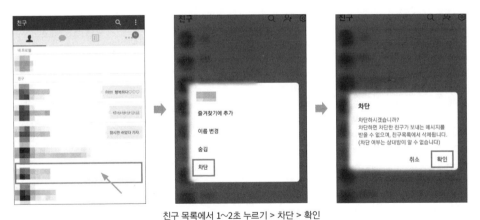

친구 목록에서 1~2초 누르기 > 차단 > 확인

카카오톡에서 문자 폭탄 차단

또한, 카카오톡도 친구 목록에서 1~2초 누르기 ➡ 차단 ➡ 확인을 통해 악성 카톡을 보내는 사람을 차단할 수 있습니다. 그러나 이 방식도 사람이 계속 바뀌며 오는 공격에는 한계가 있습니다. 이럴 때는 스마트폰의 비행기 모드를 이용해 잠시 메시지를 받지 않는 것도 방법입니다.

문자만으로는 범죄가 아닐 것이라고 생각하는 분도 있겠지만, **문자를 통한 욕설, 성희롱, 강요 등은 정보통신망법 제44조의7(불법정보의 유통금지 등)에 따라** 음란물 전송, 공포심이나 불안감 유발 등의 사유로 법적으로 처벌을 받을 수 있습니다. 그리고 피해자들은 **경찰 및 변호사와 상담을 받아보기를 권고합니다.**

> ⊕ 한 줄 대응
> 메시지/카톡 수신을 차단하고, 경찰 및 변호사와의 상담을 통해 법적 처벌을 검토한다!

디페이스 공격

제 블로그 페이지가
성인 광고로 바뀌었어요

COVID-19가 심해지며 모두가 걱정이 많아지던 2020년 3월, 신천지예수교회를 통해 전국에 COVID-19가 무분별하게 퍼지는 사건이 발생했습니다. 모든 사람의 이목이 해당 종교에 몰렸고 비난하는 여론이 많았습니다. 며칠 지나지 않아 모든 비난을 받던 신천지 홈페이지는 전혀 다른 모습으로 바뀌었습니다.

디페이스 공격 Deface Attack은 정치적 메시지를 전달하거나 해커가 자신이 해킹에 성공했다는 사실을 과시하기 위해서 홈페이지 외관 등을 변경하는 공격 기법입니다.

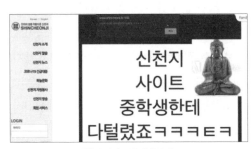

신천지 사이트 홈페이지 변조

부산 서면 디지털 조선일보 전광판 변조

신천지 & 조선일보 디페이스 공격 사례

당시 신천지예수교회 홈페이지의 '코로나19 관련 신천지예수교회에 대한 가짜뉴스 Q&A' 항목에는 '신천지 사이트 중학생한테 다털렸죠 ㅋㅋㅋㅌㅋ'라는 내용의 글과 함께 불상 사진이 담겨 있었습니다. 또한, 해킹한 중학생은 정부에 COVID-19 관련자의 명단을 내놓지 않으면 전체 신도들 주소를 정부에 넘기겠다는 내용의 글을 작성하였습니다. 또한, 2019년 12월에는 부산 서면의 디지털 조선일보에서 운영하는 전광판에도 '조선일보 전광판 중학생한테 다털렸죠?ㅋㅋㅋㅋㅋㅋㅋㅋㅋ'라는 글이 노출되었습니다. 다수 시민이 해당 문구가 노출된 전광판을 목격하며 각종 SNS, 커뮤니티 등에 공유하였습니다. 이렇게 자기 과시를 위해서나 정치적인 메시지를 전달하려는 디페이스 공격은 개인과 기업의 이미지에 커다란 손실을 발생시키게 됩니다. 국제 해커 조직인 어나니머스Anonymous에서도 정치적인 메시지 전달을 위해서 각국의 주요 기관을 공격하기도 합니다.

☠ 증상

- 홈페이지, 화면 등이 해커의 자기 과시형 메시지로 변경됩니다.
- 해킹된 사이트로 등록이 되며, 악의적 트래픽이 늘어납니다.
- 회사 이미지 손실로 인해 매출이 급감합니다.

🧰 예방 및 대처

대부분의 기업은 보안 사고가 발생하였을 때 외부에 노출되는 것에 대해 걱정을 많이 합니다. 그러다 보니 예전에는 외부에 알리지 않고 내부에서 조용히 덮는 경우도 많았으나, 최근에는 **개인정보보호법(제34조 개인정보 유출 통지 등)**에서 유출 사고에 대해서 **통지/신고 의무 조항** 등이 생김에 따라 사고 사실에 대해 외부에 공개하고 있습니다. 일반적으로 사고 기업들은 사고를 파악하고 후속 조치를 수행한 후 사고 사실을 공개합니다. 그러나 디페이스 공격은 준비할 시간도 없이 강제로 해킹 사고 사실이 공개되고 각종 비난을 받게 되며, 기업의 이미지 실추에 따른 **매출 감소**가 이어지게 됩니다.

보통 이러한 공격은 홈페이지의 권한을 획득하기 위해서 **인젝션**Injection**이나 웹셸**Webshell**(해커가 악의적인 목적으로 명령을 수행할 수 있도록 만든 웹 프로그램) 업로드(096)**를 이용합니다. 이를 막는 방법은 **웹 이용자의 입력값을 그대로 사용하지 않는 것**입니다. **SQL**

인젝션(073), XSS(074) 등의 공격을 통해서 권한 획득을 시도하는데, **해당 공격에 대한 입력값** 검증을 하는 것입니다. 자세한 내용은 웹 공격 기법 부분에서 다시 알아보겠습니다. 해커가 가장 많이 사용하는 웹셸을 막기 위해서는 **불필요한 업로드 기능을 제거**해야 합니다. 만약 업로드 기능이 필요하다면 JSP, ASP, HTML과 **실행 기능이 있는 파일 확장자에 대해서 업로드를 금지**해야 합니다.

업로드할 때 확장자 검사 예시

가장 좋은 파일 확장자 관리 방식은 업로드시킬 파일 확장자를 지정해서 **해당 확장자를 제외한 파일은 모두 업로드를 금지**하는 것입니다. 이용자가 입력한 값에 대한 검증이나 업로드 점검은 꼭 해야만 할까요? 당연히 그렇습니다. 해커도 여러분의 사이트를 이용하기 때문이죠.

⊕ **한 줄 대응**
입력값 그대로의 사용을 금지하고, 불필요 업로드 기능은 제거, 그리고 파일 확장자를 점검한다!

매크로 포함 문서

문서만 열었는데 PC가 이상해요

해커가 공격에 사용하는 악성 프로그램은 실행이 가능한 파일이 많습니다. EXE, BAT, COM, SCR과 같이 파일 자체가 실행할 수 있는 것들이죠. 그러면 실행 파일만 조심하면 되지 않냐는 생각을 할 것입니다. 지금부터는 여러분의 생각이 잘못되었다는 것을 증명해줄, 악성 프로그램을 숨겨서 들어오는 방법에 대해 알아보겠습니다.

매크로 포함 문서 Document With Macro는 워드, 엑셀과 같은 문서 파일에 악의적인 행위를 하는 반복용 매크로 프로그램을 포함시켜 문서를 열었을 때 미리 지정된 공격을 수행하는 기법을 말합니다.

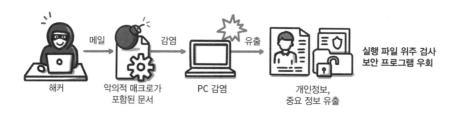

매크로 포함 문서 공격 절차

악성 프로그램이 작동하며 여러분의 PC나 스마트폰에 피해를 주기 위해서는 실행되는 형태를 갖춰야 합니다. 그래서 악성 프로그램을 분석하는 백신 같은 프로그램이나 악성 코드 분석 전문가들은 실행 파일을 먼저 찾고, 이후 연관된 시간 순서에 따라 타임라인을 분석합니다. 그러나 해커들 역시 이러한 점을 알고 있기 때문에 실행 파일 형태가 아닌, 조금은 더 어렵고 효율성이 떨어지기는 하나 탐지를 우회할 확률이 높은 이러한 문서 파일에 악성 매크로를 포함해 전달합니다. 악성 매크로 포함 문서는 형태가 문서 파일이기 때문에 일반적으로 실행 파일만 조심하려는 이용자의 마음을 역이용하여 공격하게 됩니다.

☻ 증상

- 문서 파일에 경고 문구가 발생합니다.
- PC/스마트폰의 속도가 매우 느려집니다.
- 문서 프로그램 이외의 창이 추가로 생성됩니다.

⚕ 예방 및 대처

최근의 보안 프로그램들은 매크로를 포함한 문서 파일 공격도 검사합니다. 하지만 매크로 문서 파일은 악의적 행위를 하는 경우와 정상적인 문서의 행위가 외관적으로는 차이가 크지 않습니다. 문서 내의 매크로 프로그램은 보안상 암호까지 걸려 있는 경우가 많기 때문에 백신 같은 프로그램에서 확인을 못해 우회되기도 합니다. 그럼, 백신은 우회하는 공격에 대해 다른 방어 대책을 갖고 있을까요? 우선, **워드와 엑셀과 같은 문서 편집기 도구에서 경고를 보내는 내용을 확인하여 신뢰 여부를 판단**해야 합니다.

매크로 포함 문서 경고(엑셀 프로그램)

매크로가 포함된 문서는 해커들 입장에서도 사용하기 어려운 이유가 있는데, 제일 많이 사용되는 **워드, 엑셀, 파워포인트 프로그램에서는 자체 검사를 통해 보안 경고를 띄우기** 때문입니다. 매크로가 포함된 경우라면, **정상 매크로와 악성 매크로에 상관없이 첫 실행 시에는 반드시 경고를 띄우는 검사 프로세스**를 이용하고 있습니다. 이러한 검사 프로세스 때문에 별도의 콘텐츠 사용을 누르지 않고는 작동하지 않습니다. 우리가 많이 사용하는 프로그램 중 워드, 아래아한글 등 일반적인 보고서용 프로그램에서는 매크로를 사용하는 경우가 많지 않습니다. 엑셀에서는 종종 사용되기는 하나, **본인이 만들거나 회사에서 제작하지 않은 것이라면 함부로 사용하지 말 것**을 권장합니다.

대부분은 메일을 통해 문서 파일 형태로 오는 경우가 많습니다. '엑셀 호환 이슈로 인해 자세한 내용을 보기 위해서는 콘텐츠 사용을 누르세요'라는 식입니다. **신뢰하지 않는 사람이 보내온 매크로 포함 문서에 대해서는 의심**해야 합니다. 발신자가 신뢰할 수 있는 사람이라고 해도 메일 주소를 변경하면서 **비즈니스 스캠**(042)을 하기도 하니 **전체 메일 주소를 면밀히 확인**해야 합니다.

반복 작업에 대해서 프로그래밍을 하지 않고 있다면, 출처가 불분명한 이러한 문서의 매크로를 실행하지 않는 것이 가장 좋습니다.

➕ **한 줄 대응**

워드와 엑셀 등에서 보내는 경고 문구를 확인하고, 콘텐츠 사용을 누르지 않는다!

사이버 따돌림
빠져나올 수 없는 지옥 같은 시간

자세한 설명은 다음 동영상을 참고하세요.
https://bit.ly/Security_070

이지메, 왕따, 은따, 기절놀이 등과 같은 용어를 들어본 적이 있나요? 학생들 간의 집단 이기주의에서 기인한 학교 폭력을 부르는 말입니다. 서로에게 씻을 수 없는 상처가 되는 잔인한 학교 폭력... 과연 현실 세계에서만 일어나는 일일까요? 오히려 사이버 공간에서의 학교 폭력은 24시간 × 365일 내내 끊이지 않고 더 심해졌습니다.

사이버 따돌림 Cyber Bullying은 인터넷, 휴대폰 등 정보통신기기를 이용하여 특정 학생을 대상으로 지속적이고 반복적으로 심리적 공격을 가하거나, 특정 학생과 관련된 개인정보 또는 허위 사실을 유포하여 상대방이 고통을 느끼도록 하는 모든 행위를 말합니다.

❶ 앱 마켓에서 사이버 폭력 검색 > 사이버 폭력 백신 다운로드 후 체험 시작

❷ 앱 실행 후 피해자 스마트폰으로 가상 체험 시작

❸ 끊임없는 카톡으로 욕설 및 협박 시작

❹ 대화방을 나가도 끊임없이 재초대를 통한 협박 및 신상 공격

사이버 따돌림 체험 프로그램(사이버 폭력 백신)

이와 같은 사이버 따돌림 체험 프로그램에서는 여러분을 괴롭히는 '민지'라는 친구로부터 끊임없이 반복되는 카톡을 받게 되고, 이후 강제 초대된 단톡방에서 여러분을 향해 욕설이 가득한 메시지 알람을 받게 됩니다. 나가도 반복되는 강제 초대 때문에 나갈 수도 없는 지속적인 따돌림 발생을 경험할 수 있습니다. 이처럼 이제는 어디에 있든지 1년 내내 괴롭힐 수 있게 되었습니다. 이후 SNS에 나를 괴롭히는 사진이나 영상이 올라가고, 신상이 공개되면서 괴롭힘은 더욱 심해집니다. 이러한 사이버 따돌림은 심리적인 한계선까지 반복적으로 유도하여 결국 피해자의 극단적인 선택으로 이어지기도 합니다.

☣ 증상

- 끊임없는 카톡으로 욕설 및 조롱을 받습니다.
- 개인정보 및 수치스러운 사진이나 영상이 SNS 등에 공개됩니다.
- 휴대폰 알람에 대해 불안한 행동을 보입니다.
- 등교를 거부하거나 전학을 가고 싶어 합니다.

⚕ 예방 및 대처

교육부/방송통신위원회에 따르면, 청소년들의 이러한 사이버 따돌림은 매년 신고 건수가 늘고 있습니다. 그냥 상대방이 싫어서, 장난삼아서 하는 이러한 범죄 행위에 누구든지 타깃이 될 수 있습니다. 미성년자를 향한 미성년자의 잔인한 범죄에 대해서 어떻게 대응해야 할까요?

사이버 따돌림은 **명백한 범죄 행위입니다.** 2012년 **'학교폭력예방 및 대책에 관한 법률'에서는 범죄로 분류**하고 가해 학생에 대한 조치를 명백하게 적어놓고 있습니다. 사이버 따돌림이 학교 폭력의 유형에 포함됨에 따라 가해자는 폭력대책자치위원회의 의결을 받아 처벌받을 수 있게 되었습니다. 가해자에게 직접 맞서기보다는 **피해 내용을 캡처하여 증거를 수집한 후 경찰서에 방문**해야 합니다. 직접 방문하기 어렵다면 **국번 없이 117**

---

12   https://www.safe182.go.kr

로 전화하거나 안전드림센터[12]로 방문, 안전Dream 앱을 통해서 언제든지 상담 후 대처 방안에 대해서 알아볼 수 있습니다.

안전Dream 앱(안드로이드)

안전Dream 사이트

안전Dream 앱 & 사이트

가장 필요한 예방법으로서 **자녀와 부모 간의 유대관계가 잘 유지**되어야 합니다. 자녀 입장에서는 이러한 괴롭힘에 대해 혼자 고민하지 말고 부모와 상담할 수 있어야 하며, 부모 입장에서는 언제나 자녀가 와서 고민 상담을 할 수 있도록 믿음을 주어야 합니다. 부모와 자녀가 서로 얘기를 자주 하여 사전에 상황에 대해서 인지하고, 그때마다 좋은 조언과 피드백을 줄 수 있다면 사이버 따돌림에 대해서도 대처하기 쉬워질 것입니다. 또한, 실질적인 대응이 필요할 때는 **학교전담경찰관, 학교 선생님** 등에 알리는 것도 필요합니다.

혼자서는 벗어나기 힘든 사이버 공간의 괴롭힘, 같이 해야 이겨낼 수 있습니다.

➕ **한 줄 대응**
117로 신고하고, 안전드림센터와 상담하며, 부모/자녀 간에 긴밀한 유대관계를 유지한다!

사이버 스토킹/사이버 성폭력

보이지 않는 곳에서
나를 지켜보는 시선

자세한 설명은 다음 동영상을 참고하세요.
https://bit.ly/Security_071

은밀히 다가서서 몰래 추적하는 스토킹. 반복적으로 스토킹 범죄를 저지르는 경우 3년 이하의 징역 또는 3천만 원 이하의 벌금에 처할 수 있는 스토킹 처벌법(스토킹 범죄의 처벌 등에 관한 법률)이 2021년 10월 21일부터 시행되었습니다. 그런데 이러한 범죄가 현실 세계에 이어 온라인에서도 이어집니다.

사이버 스토킹 Cyber Stalking은 정보통신망을 통해 악의적 의도를 가지고 지속적이고 반복적으로 공포감이나 불안감을 조성하는 범죄 행위를 말합니다.

비교	스토킹	사이버 스토킹
위치	피해자와 동일한 지역이나 근방에 존재	위치와 무관하며 어디에서든지 접근 가능
대면 여부	신체적으로 피해자와 직/간접적인 대면	직접적으로 대면하지 않고 손쉽게 위협 가능
빈도수	물리적 위치로 인한 제약사항으로 상대적 빈도수는 적음	메시지, DM, SNS 등 다양한 방식으로 상대적 빈도수는 높음
공통점	피해자를 상대로 집요한 접근 시도 복수하거나 지배하고 싶은 목적으로 접근 피해자에게 공포심이나 불안감을 유발	

스토킹과 사이버 스토킹의 차이점과 공통점

사이버 스토킹은 현실의 스토킹에 비해 **물리적인 제약조건이 없고 접근이 쉽다는 측면**에서 더욱 발생하기 쉽다는 특징이 있습니다. 그렇기 때문에 범죄의 심각성을 인지하지 못하고 저지르는 경우가 많습니다. 그러면서 단순하게 관심을 표현하는 문자 정도라고 오판하기 쉬우며, 심한 경우 **사이버 성폭력**까지 발전하는 경우도 많습니다. **사이버 성폭력**Cyber Sexual Violence은 본인 또는 타인의 성적 욕구를 충족하기 위해서 타인에게 성적 수치심이나 혐오감을 일으키는 글, 영상 등을 보내는 행위 등을 말합니다.

음란물, 성희롱, 협박
메시지, 영상, 사진

음란 사진

피해자

사이버 성폭력의 사례

특히, 인터넷 SNS의 채팅을 통해서 상대방에게 음란한 쪽지, 사진, 영상을 보내는 경우가 많으며, 물리적 제약조건이 없는 만큼 피해자의 자아에 심각한 충격을 주기도 합니다. 사이버 공간에서의 성적 범죄 행위 또한 현실의 범죄와 다르지 않다는 점을 알아야 합니다.

🦠 증상

- 원하지 않는 글이나 음란 사진, 영상 등을 수신합니다.
- 허락 없이 개인정보를 이용해서 악의적인 행위를 합니다.
- 성적 모욕 등의 거짓 정보가 유포된 것이 확인됩니다.
- 이유 없이 아이템, 상품권 등의 선물을 주려고 합니다.

📛 예방 및 대처

사이버 스토킹은 법률에 의거한 명백한 범죄입니다. **정보통신망법** 제44조의7에 명기된, 공포심이나 불안감을 유발하는 부호, 문헌, 음향, 화상 또는 영상을 반복적으로 상대방에게 도달하게 하는 행위나, **스토킹 처벌법** 제2조 1의 다에서 얘기하는 정보통신망을 이용한 물건이나 글, 말, 부호, 음향, 그림, 영상, 화상을 도달하게 하는 행위가 해당할 수 있습니다. **경찰서에 형사 고발하거나 변호사 상담을 통해서 법률적으로 책임**을 물을 수도 있습니다.

최근 SNS에 너무 많은 정보가 노출되면서 스토커에게 여러분의 중요 정보가 전달되는 경우가 많기 때문에 **SNS 내의 개인정보 공개를 최소화**해야 합니다. 낯선 사람에게 사진이나 개인정보를 공유하지 않는 것도 좋습니다. 또한 모르는 사람으로부터 계속해서 연락이 와 불안감이 든다면, **녹음과 함께 거부 의사**를 밝혀야 합니다. 가장 중요한 것은 피해 발생이 예상될 때 증거 자료를 확보하여 신고해야 합니다. **지속적, 반복적으로 사이버 스토킹, 성폭력이 발생할 때는 통화 녹취, 화면 캡처 등 증거 자료를 확보해서 수사기관에 신고**하여 더 큰 범죄로 이어지는 걸 막아야 합니다.

> ⊕ 한 줄 대응
>
> 형사 고발하고 변호사와 상담하며, SNS에 개인정보 공개는 최소화하고, 증거 자료를 확보 후 수사기관에 신고한다!

사이버 명예훼손

서서히 다가오는
평판 및 이미지 훼손

자세한 설명은 다음 동영상을 참고하세요.
https://bit.ly/Security_072

현재 10대들은 메타버스를 통해서 온종일 사이버 세상에 살기도 하고, 20~30대는 온종일 스마트폰을 가지고 검색, 사진 업로드, 정보를 공유하며 SNS를 하기도 하고, 40~50대는 유튜브 등의 영상을 통해 사이버 세상을 이용하고 있습니다. 어느새 우리 삶의 많은 부분을 차지하고 있는 사이버 세상에서 여러분을 음해하려는 세력이 있다면 어떻게 하겠습니까?

사이버 명예훼손 Cyber Defamation은 허위 사실은 물론 공공연한 사실이라도 사이버 공간에 적시하여 타인의 명예를 훼손하는 범죄 행위를 말합니다.

사이버 명예훼손 성립 조건

☑ **사람을 비방할 목적**
가해자의 목적 의지를 말하는 경우로, 비방할 목적이 있었는지에 대한 요건

☑ **정보통신망**
전기통신설비를 이용하거나 컴퓨터 및 컴퓨터 이용 기술을 활용하여 정보를 수집/가공/저장/검색/송신/수신을 하는 정보 통신 체제(인터넷 사용)

☑ **사실 또는 거짓 사실의 적시**
타인의 인격에 대한 사회적 가치 내지 평가가 침해될 가능성이 있을 정도의 구체성 존재(구체적 명시)

사이버 명예훼손의 세 가지 성립 조건(출처: 찾기 쉬운 생활법령정보)

사이버 명예훼손은 정보통신망을 사용하지 않는 일반 명예훼손보다 전파 속도가 훨씬 빠르고 피해가 발생하면 회복이 쉽지 않다는 특징이 있습니다. 사이버 명예훼손이 성립되기 위해서는 **사람을 비방할 목적을 가지고 정보통신망을 이용해서 사실 또는 거짓 사실을 적시해야 합니다.** 이외의 **공연성(불특정 다수가 인식할 수 있도록 공개), 위법성 조각 사유(진실하고 공공의 이익에 부합하는 경우 비처벌)**가 없을 것과 같은 조건들이 성립해야 합니다. 특히 사이버 모욕죄와 차이가 있는데, **사이버 모욕죄**는 사회적 평가를 저하할 만한 추상적 판단이나 경멸적 감정을 표현하여 명예를 훼손시킨 경우를 말합니다. 구체적인 사실을 명시했는지 여부에 따라 사이버 명예훼손과 사이버 모욕죄를 나눕니다. 예를 들어, 쇼핑몰을 운영하던 A씨에게 안 좋은 감정을 가지고 있던 사람들이 심한 욕설과 함께 실명을 거론하며 환불도 안 해주었다는 공개 글을 올리고 비방하여 사기꾼처럼 묘사한 경우도 사이버 명예훼손으로 처벌받을 수 있습니다.

☠ 증상

- 인터넷에 여러분의 구체적인 개인정보가 노출됩니다.
- 인터넷에 악성 비방 글이 다수 생성됩니다.
- 여러 커뮤니티에 전파되며 악성 글/댓글이 늘어납니다.

🧰 예방 및 대처

사이버 명예훼손은 앞에서 언급했던 바와 같이 일반 명예훼손보다 전파 속도가 훨씬 빠르고 피해 회복도 어렵기 때문에 최대 형량이 **허위 사실의 경우 징역 7년 이하의 징역 또는 5천만 원 이하의 벌금(정보통신망법)**으로, 일반 명예훼손의 허위 사실 적시 시에 적용되는 5년 이하의 징역 또는 1천만 원 이하 벌금(형법)보다 더 높습니다. 그만큼 명확한 **초기 대응**을 하지 않으면 추후에 막으려고 해도 쉽게 막기가 어렵습니다. 법률적인 대응이 가능하므로 **증거를 수집하여 변호사에게 상담 또는 형사 고소, 민사 소송** 등을 진행할 수도 있습니다. 그러나 해당 내용이 명예훼손에 포함되는 사안인지가 불분명하기도 하여, 상담이 필요하다면 **방송통신심의위원회에서 지원하는 권리침해 상담 서비스**[13](국

---

13 https://remedy.kocsc.or.kr/

번 없이 1377)를 이용하면 됩니다.

❶ 명예훼손 관련 상담 필요시 방송통신심의 위원회의
권리침해 상담 > 신청

❷ 권리침해 상담에 대해 자주하는 질문이나 상담 신청서를
작성해 문의 가능

❸ 신청서 작성이나 자주하는 질문 확인 가능

방송통신심의위원회 권익보호국의 권리침해 상담 서비스

사이버 명예훼손을 고소하기 위해 필요한 최소한의 정보를 얻는 방법으로, **방송통신심
의위원회의 이용자 정보제공청구**를 통해 정보를 확인할 수도 있습니다.

❶ 소송, 고소 등을 진행하기 위한 정보 획득을 위해 이용자 정보제공청구 > 신청

❷ 이후 청구 방법에 따라 우편 또는 홈페이지를 통해서 정보제공청구

❸ 청구서 작성이나 자주하는 질문 확인 가능

방송통신심의위원회 권익보호국의 이용자 정보제공청구

이 청구를 이용하면 인터넷이라는 익명의 한계를 벗어나서 민/형사상의 소송을 제기할 수 있는 정보를 얻을 수 있습니다.

⊕ 한 줄 대응

1377번으로 권리 침해를 상담하고, 방송통신심의위원회 이용자 정보제공청구 후 소송을 제기한다!

073

SQL 인젝션

대형 개인정보 유출 사고의 대표적인 공격 기법

뽐뿌의 196만 명가량의 개인정보 유출 사고, 여기어때 숙박 정보 323만 건 유출과 같은 대형 개인정보 유출 사고에서의 공통점은 무엇일까요? 세계에서 가장 많은 웹 해킹 공격에 대한 Top 리스트를 조사하는 **OWASP**the Open Web Application Security Project **Top 10**에서 항상 상위권을 놓치지 않는 게 바로 **SQL 인젝션** 공격입니다.

SQL 인젝션SQL Injection은 웹페이지나 앱에서 전달하는 사용자의 입력값을 변조하여 데이터베이스에 비정상적으로 접근/요청을 통해 정보를 열람하고 파괴하는 공격입니다.

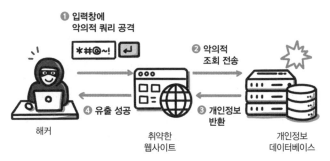

❶ 입력창에 악의적 쿼리 공격

❷ 악의적 조회 전송

❹ 유출 성공

❸ 개인정보 반환

해커

취약한 웹사이트

개인정보 데이터베이스

SQL 인젝션 공격 절차

SQL 인젝션은 이용자를 직접 목표로 삼아 공격하기보다는 서비스를 제공하는 홈페이지와 앱을 목표로 공격하는 경우가 많습니다. 그러다 보니 일반적인 이용자 입장에서는 생소할 수 있습니다. 하지만 쇼핑몰 또는 개인 홈페이지, 블로그 등을 운영하고 있거나 개인 도메인으로 서비스를 하는 분들은 주의 깊게 봐야 합니다. 해커의 다음 타깃이 여러분이 될 수도 있습니다.

☣ 증상

- **홈페이지/사이트에서 개인정보가 외부에 유출됩니다.**
- **사이트의 데이터가 전부 삭제됩니다.**
- **악의적인 이용자가 관리자로 로그인해 사이트를 망가뜨립니다.**
- **사이트 이용자로부터 항의 연락을 많이 받게 됩니다.**
- **웹 서버의 로그에 쿼리**Query**의 흔적이 보입니다.**

➕ 예방 및 대처

SQL 인젝션은 이용자보다는 **사업자를 대상**으로 하는 공격입니다. 인터넷 홈페이지를 통해 쇼핑몰을 운영하거나 정보 제공 등을 하는 서비스를 운영할 때 해당 사이트의 취약점을 파고드는 공격이기 때문입니다. 대기업, 중소기업, 소상공인 등 구분 없이 모두가 이러한 SQL 인젝션의 목표가 될 수 있습니다.

직접 전산실을 운영하면서 서비스를 제공하고 있다면 SQL 인젝션 공격을 막는 **WAF**Web Application Firewall**를 구매하거나 설치**하면 됩니다. 상용 WAF(펜타시큐리티, 모니터랩, AWS WAF 등)도 있고 오픈소스 WAF(Webknight 등)도 있으니 구매하거나 혹은 무료로 이용할 수 있습니다. 별도의 전산실이 없고 혼자 프로그램을 만들어서 올리거나 웹 호스팅 등을 통해 서비스를 제공한다면 사이트 개발 시에 **시큐어 코딩**Secure Coding **을 적용**해야 합니다. 외주로 별도의 개발업체를 통해서 사이트를 만들어 운영한다면 이러한 시큐어 코딩의 적용을 요청해야 합니다. **시큐어 코딩**이란, 외부의 공격을 방어하기 위해서 프로그램 개발 시에 안전하게 개발하는 방법을 말합니다.

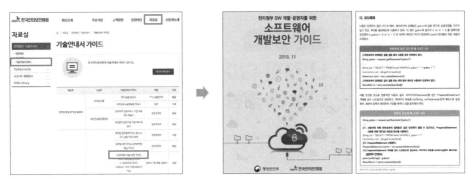

KISA 사이트(https://www.kisa.or.kr/)에 접속 >
자료실 > 기술안내서 가이드 >
'소프트웨어 개발 보안 가이드' 선택

'소프트웨어 개발 보안 가이드'에서 시큐어 코딩을 위한 안전하지
않은 코드, 안전한 코드의 유형 및 각 조치 방안 확인 가능

소프트웨어 개발보안 가이드(KISA)

'소프트웨어 개발보안 가이드'를 통해서 **SQL 인젝션에 안전한 코드와 안전하지 않은 코드를 비교해서 대응**할 수 있습니다. 예를 들어, SQL 인젝션에 안전한 구조인 Prepared Statement 구조체를 이용하는 방법, 많이 사용되는 MyBatis와 같은 프레임워크 이용 시에 #을 통한 SQL 연결 등이 있습니다. 그러면 그전에 이러한 사고를 예방하는 가장 좋은 방법은 무엇일까요? 불필요한 **개인정보가 있으면 삭제**하고 보관을 하지 않는 것이 제일 먼저 이뤄져야 합니다. 그리고 필수 정보는 반드시 암호화 요건 등을 준수해서 안전하게 보관해야 합니다. 비밀을 지키는 가장 훌륭한 방법은 비밀을 가지지 않는 것입니다.

➕ **한 줄 대응**

WAF를 구매하거나 무료로 설치하고, 프로그램 개발 시에 시큐어 코딩을 하며, 불필요한 개인정보는 삭제한다!

XSS/CSRF

난 글만 열어봤는데
이상한 행동을 했다고 하네요

해커는 가장 손쉬운 공격을 하면서도 가장 큰 효과를 보기 위해서 어떻게 할까요? 범용적인 브라우저에서 가능해야 하고, 많은 사람이 보자마자 당해야 하고, 눈에 잘 띄지 않아 당한지도 몰라야 할 것입니다. 그러한 공격이 어디 있냐고요? 이제부터 알아보겠습니다.

XSSCross-Site Scripting는 게시판이나 메일 등에 악의적인 스크립트를 삽입하여 비정상적인 페이지가 보이게 해 다른 사용자의 사용을 방해하거나, **쿠키**Cookie(사용자의 브라우저가 가지는 임시 저장소)나 개인정보를 특정 사이트로 전송하는 공격입니다.

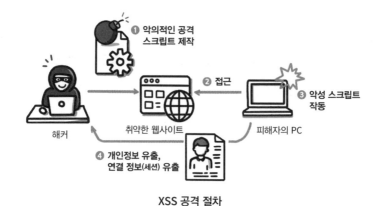

XSS 공격 절차

취약한 웹사이트를 이용하는 이 공격은 미리 저장한 악성 스크립트를 열었을 때 공격하는 **Stored XSS 방식**과 악성 URL을 피해자가 가지고 있다가 취약한 웹사이트를 통해 실행하는 **Reflected 방식**이 주로 사용됩니다. 이러한 공격은 여러분의 눈에 보이지도 않습니다. 자그마한 점 형태로 작동시키거나 스크립트 자체를 외관상 전혀 보이지 않게 하여 공격하는 경우도 많습니다. 그러면 여러분은 평소처럼 웹만 열어봤을 뿐인데도 개인정보가 유출되거나 사이트 연결 정보가 외부에 유출되는 상황을 마주하게 됩니다. 행동을 유도하는 공격 방식인 **CSRF**는 더 심한 행위를 강요합니다.

CSRFCross-Site Request Forgery는 사용자의 쿠키값이나 연결 정보를 의도한 사이트로 보내거나, 특정한 작동을 유발하는 스크립트를 글에 삽입하여 게시물을 클릭하면 원하는 작동을 실행하게 하는 공격입니다.

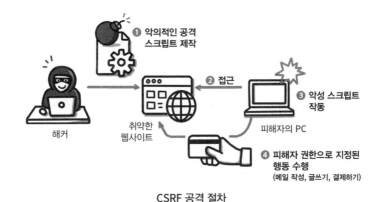

CSRF 공격 절차

앞서 설명하였던 XSS와는 다르게 정보를 유출하는 것으로 끝나지 않습니다. 여러분의 권한을 이용해서 작동하는 순간 **결제하기, 글쓰기, 관리자 정보를 외부에 알려주기 등 다양한 방식의 작동을 수행**하도록 유도합니다. 마치 여러분이 직접 한 것과 같아서 악성 광고나 관리자 권한 유출 등이 자연스럽게 이뤄집니다. 대표적으로 **옥션의 1,800만 명의 개인정보 유출 사고**는 관리자가 악성 스크립트가 담긴 메일을 열어보자마자 CSRF에 의해 계정 정보를 탈취 후 옥션 서버에 접속하여 발생하게 되었습니다. 유명 대형 온라인 쇼핑몰조차도 막지 못한 강력한 공격, 어떻게 해야 할까요?

☠ 증상

- 관리자 정보가 외부에 노출되어 개인정보가 유출됩니다.
- 사이트의 상품들이 100원으로 결제되어 손해를 봅니다.
- 끊임없이 여러분의 계정에 누군가가 로그인합니다.

🧰 예방 및 대처

XSS와 CSRF는 기본적으로 **서비스 제공자**가 검증을 통해서 방어하는 것이 일반적입니다. SQL 인젝션과 마찬가지로 **시큐어 코딩을 적용**하여 막을 수 있습니다. 특히, **'<'과 '>'를 '&lt'와 '&gt'로 HTML 변환 처리**를 하여 특수문자 사용 부분을 제한한다면 악성 스크립트를 이용한 공격의 많은 부분을 막을 수 있습니다. 그 외에도 일반적인 이용자처럼 순차적인 접근이 아니라 한 번에 권한 탈취를 통해 웹페이지에 직접 접근하는 방식을 이용하기 때문에, **리퍼러**Referer **확인**을 통해서 정상적인 순서에 따라 페이지에 이동했는지를 체크해서 막을 수도 있습니다.

```
password new=aa&password conf=aa&Change=Change&user token=9c705d46cbd40f3e9d1cfa02d3fd61a2
inux x86 64; rv:52.0) Gecko/20100101 Firefox/52.0
```
// 로그인 시 또는 작업 화면 요청 시 CSRF 토큰을 생성하여 세션에 저장한다.
session.setAttribute("CSRF_TOKEN",UUID.randomUUID().toString());

// 요청 페이지에 CSRF 토큰을 세팅하여 전송한다.
<input type="hidden" name="_csrf" value="${CSRF_TOKEN}" />

CSRF 토큰 확인

```
▤ Request Headers
           Accept  */*
  Accept-Encoding  gzip, deflate
  Accept-Language  en-US,en;q=0.5
       Connection  keep-alive
   Content-Length  1038
     Content-Type  multipart/form-data; bounda
             Host  test.com
           Origin  http://localhost:59735
           Referer  http://localhost:59735/
       User-Agent  Mozilla/5.0 (Windows NT 10.
```

리퍼러 확인

CSRF 토큰 & 리퍼러 확인

그 외에 관리자 권한 설정, 관리자 메일 전송과 같은 중요한 기능을 수행할 때 사람인지를 추가적으로 체크하는 **CAPTCHA(이미지 형태의 문자, 숫자를 맞춰서 사람임을 증명하는 방식)로 확인**할 수 있습니다. 또한, 반복되는 행위를 막기 위해 무작위에 의한 수를 연결 정보에 저장해서 이용하는 **CSRF 토큰** 등을 이용해서도 검증할 수 있습니다.

이때 이용자도 같이 막아야 합니다. **보안이 검증되지 않은 형태의 사이트(SSL 미적용 및 보안 투자가 되지 않은 사이트)에 접속하지 않는 것**이 중요합니다. 일반적으로 보안 투자가 잘

되어 있는 기업보다는 보안이 취약한 사이트에 더 많은 악성 코드가 숨어 있습니다. **브라우저의 보안 설정을 강화**하여 대응할 수도 있습니다. **앱 및 브라우저 컨트롤에서 평판기반 보호 ➡ SmartScreen 설정**을 켜서 작동 시에 악성 여부를 체크하고 사이트를 확인할 수도 있습니다.

❶ 시작 > 앱 및 브라우저 컨트롤 > 열기 > 평판 기반 보호 > 켜기 > Microsoft Edge를 SmartScreen, Microsoft Store 앱용 SmartScreen 켜기 설정

❷ 악성 프로그램을 설치하거나 브라우저를 이용한 악성 스크립트 작동을 시도할 경우 브라우저에서 작동을 차단하도록 설정

브라우저의 SmartScreen 설정

물론 해당 설정으로 100% 완벽하게 막을 수는 없지만, 상당수의 XSS나 CSRF와 같은 악성 스크립트의 작동을 막을 수 있습니다.

➕ 한 줄 대응

HTML 변환 처리를 하고, CSRF 토큰을 이용하고, 보안 미적용 사이트를 이용하지 말고, SmartScreen을 설정한다!

075

취약한 접근 제어

다른 지원자의 이력서가 다 보이는
사고가 일어났어요

보안의 원칙 중 누구나 동의하는 가장 중요한 원칙은 바로 기밀성입니다. 권한이 있는 사람 이외에는 타인에게 정보가 노출되지 않는 것을 기밀성이라고 합니다. 이러한 기밀성이 너무나도 쉽게 무너지는 경우가 있습니다.

취약한 접근 제어 Broken Access Control는 이용자의 권한이 제대로 적용되지 않아 관리자 외에는 볼 수 없어야 하는 페이지나 데이터에 접속하여 확인하는 공격을 말합니다.

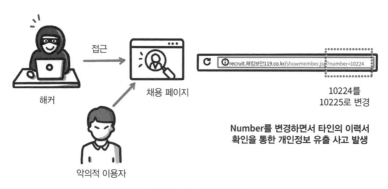

취약한 접근 제어 사례

대기업 채용 사이트를 통해 지원한 지원자가 자신이 접속한 URL을 확인하고 **number를 이용해 지원자들을 구분**하고 있다는 것을 알게 됩니다. 이후 번호를 바꿔가며 경쟁자의 이력서를 살펴보면서 이득을 취한 일이 있었습니다. 또한, **2020년 대학수학능력시험 성적 발표**를 앞둔 시점에 교육과정평가원의 사고가 있었는데, 한 재수생이 성적 발표 이틀 전에 사이트에 접속하여 **연도의 변수**를 변경하여 미리 점수를 확인한 적이 있었습니다. 이는 접근 제어가 명확하게 되지 않았기 때문에 발생한 사고입니다. 너무나도 간단한 조작을 통해 해킹 사고가 발생했습니다. 해커가 아닌, 전문적인 기술이 없는 악의적인 이용자들도 얼마든지 간단한 조작을 통해 할 수 있는 방식이었습니다. 너무 쉬워 일반인도 공격자가 되게 하는 이러한 취약점, 과연 누구의 잘못일까요?

🐛 증상

- 타인의 정보가 노출되어 개인정보 유출 사고가 발생합니다.
- 회사 평가 정보와 같은 미공개 정보가 사전에 유출됩니다.
- 누군가 관리자 페이지에 몰래 접속한 것이 확인됩니다.

🧰 예방 및 대처

최소 권한의 원칙 Least Privilege에 따라 보안의 기본은 허가받은 사람에게만 권한을 주어 볼 수 있게 하고, 허가받지 않은 사람에게는 볼 수 있는 권한을 주지 않는 것입니다. 이런 기본 원칙을 준수하지 않아 생기는 문제는 서비스 운영자가 취약점을 제공하는 원인이 됩니다. 물론, 어떠한 경우라도 **불법적인 해킹/접근이 용인될 수는 없겠지만**, 누구나 예상할 수 있는 취약점을 제공한 **서비스 운영자의 책임 또한 적지 않을 것**입니다. 실제로 **2020년 대학수학능력시험 성적 사전 유출 사고**를 일으킨 사람이 누구인지는 밝혀졌지만, 별도의 처벌은 없어서 각종 커뮤니티와 콘퍼런스에 회자되며 취약점 제공자의 책임에 대해서 끊임없는 논쟁이 진행되었습니다.

```
<select name="selYear"> <option
selected="">학년도를 선택하세요.</option>
<option>2019</option> </select>
```

웹페이지에서 연도만 2020년을 추가해서
확인 시 미리 수능성적 조회가 되는
취약점 존재

2020년 대학수학능력시험 성적 사전 유출 사고

어떻게 막았어야 할까요? 웹 서비스의 기본 중의 기본인데, **ACL**Access Control List**을 이용해 권한을 차등 분리**해야 합니다. 어떤 페이지나 데이터에 누가 접근할 수가 있고 누가 할 수 없는지에 대해서 명확하게 분리하고 관리해야 합니다.

Access Control List

		파일 A	파일 B	파일 C
	사용자 A	소유/읽기/쓰기	읽기	쓰기
Capability List	사용자 B	읽기/쓰기	소유/읽기/쓰기	읽기
	사용자 C	읽기	쓰기	소유/읽기/쓰기

Security Label

ACL을 이용한 접근 통제

파일/데이터/웹페이지에 어느 이용자가 접근할 수 있는지 그 권한을 정의하고 페이지에 접근할 때마다 이용자의 권한을 점검하는 방식입니다. ACL을 통한 권한 관리가 되지 않는다면, 이용자/관리자별 구분이 없는 무분별한 이용으로 또다시 큰 사고가 발생할 것입니다.

물론, 이용자 측면에서도 이렇게 **쉬운 수준의 해킹이라도 해킹 범죄로 분류되어 처벌**될 수 있다는 점을 명심하고 주의해야 합니다.

➕ 한 줄 대응
서비스 운영자는 ACL 적용 권한을 차등 분리하고, 서비스 이용자는 쉬운 해킹이라도 하지 말자!

딥페이크

누군가 포르노에 제 얼굴을 합성해서 유포하고 있어요

자세한 설명은 다음 동영상을 참고하세요.
https://bit.ly/Security_076

최근 뉴스에 K-팝 여성 아이돌 가수가 출연한 음란 영상이 유포되어 방송통신심의위원회가 해당 영상에 대해 접속 차단 조치를 내렸다는 기사가 있었습니다. 음란 영상에 유명인의 얼굴을 합성한 피해가 점점 늘고 있습니다.

딥페이크Deep Fake는 **심층학습**Deep Learning과 **가짜**Fake의 합성어로, 인공지능을 이용해서 허위 영상을 만들어내는 기술을 말합니다. 반드시 모든 딥페이크 기술이 범죄나 악용이라고 말할 수는 없지만, 상당히 많은 딥페이크 영상이 범죄에 이용되고 있습니다.

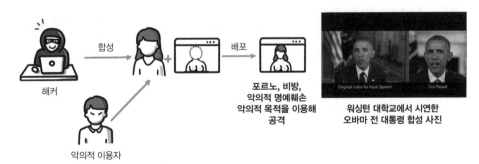

해커 합성 포르노, 비방, 악의적 명예훼손 악의적 목적을 이용해 공격

악의적 이용자

워싱턴 대학교에서 시연한 오바마 전 대통령 합성 사진

딥페이크 예시

특히, 범죄 행위에 많이 사용되는 딥페이크로서 다양한 유명 아이돌, 배우, 가수 등을 이용한 음란 영상 위주의 제작이 이루어져 포르노 사이트에 유포되고 있습니다. 네덜

란드의 사이버 보안 회사인 딥 트레이스에 따르면, 딥페이크 위주의 포르노 사이트에서 유통되는 영상의 25%가 K-팝 여성 아이돌일 정도로 국내 피해자가 점차 늘고 있습니다.

단순히 포르노그라피 사이트 외에도 **범죄자는 SNS와 채팅 메신저, 다크 웹(005)** 등으로 성적 허위 영상물을 제작/판매 및 유포하고 있습니다. 딥페이크 영상의 피해는 단순하게 유명 연예인에게만 한정되지는 않습니다. 일반인을 대상으로 한 영상 제작을 의뢰받아 유포하는 경우도 많습니다. 실제로 전북에서 2019년 10월부터 ~ 2021년 1월까지 **SNS로 23명의 여성의 개인정보와 사진을 받아 제작/유포하였던 범죄자가 검거되었습니다.** AI 기술이 발전되면서 함께 발전해온 지능화된 범죄 피해를 어떻게 막아야 할까요?

☣ 증상

- 연예인을 모방한 포르노 영상이 마구 유포됩니다.
- 여러분의 얼굴을 합성한 음란 영상이 포르노 사이트에서 유포됩니다.
- 합성된 영상을 통해서 하지도 않는 내용을 했다는 가짜 뉴스가 증가합니다.
- 고위 임원의 목소리나 친구의 얼굴을 모방해 영상통화를 걸어 금전을 요구합니다.

🧰 예방 및 대처

딥페이크 기술 자체가 반드시 악의적인 목적으로만 만들어지는 않으나, 악용될 우려가 상당히 높은 기술인 만큼 악용에 대한 단죄가 분명히 이루어져야 합니다. 특히, **딥페이크를 이용한 성적 허위 영상물 제작 및 배포**의 경우에는 '**성폭력범죄의 처벌 등에 관한 특례법**'에 따라 허위 영상물 배포에 대해서는 '영상물 등의 대상자의 의사에 반하여 성적 욕망 또는 수치심을 유발할 수 있는 형태로 **편집/합성 또는 가공한 자는 5년 이하의 징역 또는 5천만 원 이하의 벌금**'에 처하도록 명시되어 있습니다. 특히, 영리의 목적으로 **정보통신망을 통한 경우에는 7년 이하까지의 징역**을 받을 수 있습니다. 일단, 딥페이크 피해를 입었다면 명백한 범죄 행위에 대한 피해자로서 **형사 고소 및 수사**를 요구하는 것이 좋습니다. 증거들을 수집하여 해당 사이트 및 정보를 모아 경찰서에 접수하여 범죄자를 잡아야 할 것입니다.

이미 유포되어 인터넷에 돌아다니는 악성 영상은 복사가 쉬운 디지털 자료라서 쉽게 사라지지는 않을 것입니다. 그러나 잊힐 권리를 보장하기 위한 새로운 직업 중 하나인 **디지털 장의사에게 상담 & 삭제를 요청**할 수 있습니다. 디지털 장의사 서비스는 이러한 허위 동영상에 대해 불법 사이트를 비롯한 플랫폼 사이트에 삭제를 대신 요청하고 지원해주는 서비스입니다.

한국여성인권진흥원 상담 신청 & 방법 확인
https://d4u.stop.or.kr/

사설 업체(디지털 장의사 & 디지털 세탁소)
예: 산타크루즈 Company, 탑로직 등

한국여성인권진흥원 상담 & 디지털 장의사 사이트

사설업체 이외에 **한국여성인권진흥원의 디지털 성범죄 피해자 지원센터**도 있습니다. 피해에 대한 감성적인 지원 및 이후 절차에 대한 상담을 받을 수 있습니다. 현재 피해가 발생하여 걷잡을 수 없이 퍼져만 가는 상황에 낙심하고 계신 분이라면 **당장 지원센터에 연락하기를 권장**합니다. 악성 기술이 발전할수록 여러분을 보호하기 위한 기술도 같이 발전되고 있습니다. 반드시 상담하기를 바랍니다.

⊕ **한 줄 대응**
형사 고소 및 수사를 요청하고, 디지털 장의사나 한국여성인권진흥원 피해자 지원센터에 상담을 요청한다!

□ 시간차 공격

　작업 스케줄러 악성 코드

□ 계정 취약점 공격

　SNS 계정 유출, OS 계정 등록, 루트킷

□ 숨은 악성 프로그램 공격

　크립토재킹, 파일리스, 불필요한 브라우저 확장 프로그램

□ 세션 이용 공격

　세션 하이재킹, 세션 리플레이

□ 이용 불가(가용성) 공격

　서비스 거부 공격, 분산 서비스 거부 공격, 분산 반사 서비스 거부 공격, 시간 서버

　증폭 공격, 지속 가능한 서비스 거부 공격, 웜

□ 관리 미흡 공격

　보안 로그 및 모니터링 오류, 상용 소프트웨어 취약점, 서비스 종료

지속적인 공격

해커의 공격은 단시간에 끝나는 경우는 거의 없습니다. 해킹 성공의 가능성이 보인다면, 해커는 여러분에게 더욱더 큰 피해를 주고 더욱 큰 이득을 보기 위해서 끊임없이 추가적인 공격을 발생시킵니다. 다른 새로운 공격 대상을 찾아 그들의 취약점을 찾고 공격 방법을 개발하는 것보다는 초기 공격을 통해 취약점이 발견되어 추가적인 피해를 줄 수 있는 상대에게 공격하는 것이 훨씬 더 효율적이기 때문입니다. 효율성을 최우선의 가치로 생각하여 지속적인 공격을 하는 해커들에게 어떻게 대응해야 할지 알아보겠습니다.

077

백신으로 치료하고
악성 프로그램을 제거했는데도...

자세한 설명은 다음 동영상을 참고하세요.
https://bit.ly/Security_077

바이러스(048)와 같은 악성 프로그램은 백신과 같은 치료 프로그램을 통해 대부분 치료 및 삭제되고 있습니다. 악성 프로그램의 패턴을 보고 탐지하여 차단하는 백신은 효과적인 대응 방안입니다. 그러나 이러한 백신의 탐지만을 믿고 안전하다고 할 수 있을까요? 예외 사례에 대해 알아보겠습니다.

작업 스케줄러 악성 코드 Job Schedule Malware는 미리 설정된 시간 설정 조건에 따라서 정기적으로 악성 코드를 제작하는 방식의 공격 기법입니다.

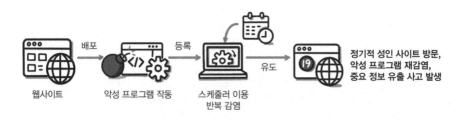

작업 스케줄러 악성 코드 예시

백신을 이용해 한 번 치료하더라도 끝이 아닌 악성 코드가 바로 **작업 스케줄러 악성 코드**입니다. 웹사이트 등에서 받은 악성 프로그램이 작동하면서 악성 행위를 하기도 하지만, 추후에 발견되거나 치료될 것을 염려하여 몰래 작업 스케줄러에 등록하여 공격을 끝없이 수행하는 기법입니다. 이 공격은 치료했는데도 **또 악성 행동을 발생시키고 치료하는 것을 반복**하는 행위를 넘어, **탐지 가능성이 있는 패턴들을 변경**하며 테스트를 수행하면서 결국에는 찾을 수 없을 때까지 진화하는 경우도 종종 존재합니다. 끊임없는 이러한 공격은 성인 사이트 광고 노출부터 반복적인 개인정보 유출까지 다양한 형태의 사고를 유발하며 사용자를 괴롭힙니다. 정기적인 알람 같은 악성 프로그램 문제, 어떻게 해결할 수 있을까요?

☣ 증상

- 정기적으로 백신의 악성 프로그램 알람이 발생합니다.
- PC 부팅 시마다 속도가 눈에 띄게 느려집니다.
- 웹 브라우저를 실행하면 포르노, 쇼핑 등의 광고가 같이 실행됩니다.

➕ 예방 및 대처

정기적인 시간 조건을 이용한 이 공격은 백신이 치료를 수행한다고 하더라도 악성 프로그램만 제거하고 **스케줄링 프로그램을 그대로 두면서 발생하는 공격**입니다. 발생하게 된 조건인 스케줄러를 직접적으로 제한하지 않으면 피해에서 완전히 벗어날 수 없습니다. 제일 먼저 확인해야 하는 부분은 **작업 스케줄러의 악성 코드 등록 여부 체크**입니다. 윈도우의 작업 스케줄러에 등록된 프로그램을 체크해야 합니다.

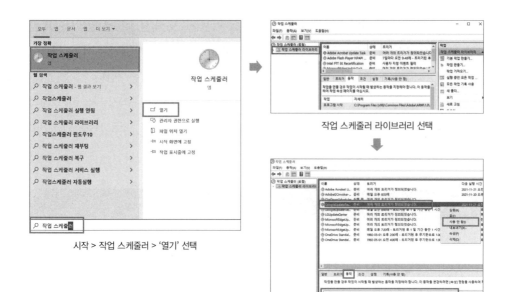

시작 > 작업 스케줄러 > '열기' 선택

작업 스케줄러 라이브러리 선택

의심스러운 작업 스케줄러 선택
작동 프로그램 작동 방식 확인
www.xxxx.com과 같은 별도의 광고 사이트 접속이나 악성
코드 압축 해제 등의 내용 확인 시 사용 안 함 설정

작업 스케줄러에 등록된 악성 코드 확인(광고, 악성 코드 배포)

시간 조건이 설정되어 정기적으로 작동하는 악성 코드는 압축 풀기, 웹사이트 접속 등과 같이 내용만 봤을 때는 백신으로 차단하기에는 정상과 비정상의 구분이 쉽지 않습니다. 내용을 보고 **내가 설정하지 않았거나, 출처를 알 수 없는 사이트 접속 또는 압축 파일의 해제, 실행 등의 동작이 있다면 제거**하는 것이 좋습니다.

또한, 너무 쉽게 등록되어 악성 행위를 하는 **시작 프로그램도 존재하는지 확인**해야 합니다. **작업 관리자의 시작 프로그램**에서 현재 작동하고 있는 프로세스의 내용을 확인할수 있습니다. **이상한 파일명과 아이콘을 확인하여 사용 안 함**으로 처리해야 합니다. 일반적으로 알려진 바와 같이 정상적인 파일명으로 속이는 경우도 흔한데, 그럴 때는 내PC에 설치된 프로그램 리스트와 비교하여 찾아낼 수 있습니다. 또는 정상 상황일 때리스트를 정리해뒀다가 의심스러울 때 비교해보는 것도 좋은 방법입니다.

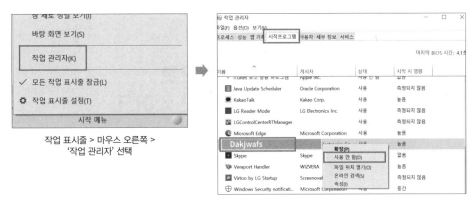

작업 표시줄 > 마우스 오른쪽 >
‘작업 관리자’ 선택

시작프로그램 > 이상한 파일명과
Dakjwafs와 같은 이름 & 게시자 불명,
마우스 오른쪽 버튼 > ‘사용 안 함’ 선택

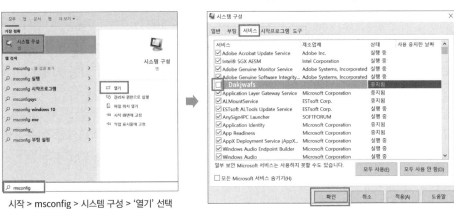

시작 > msconfig > 시스템 구성 > ‘열기’ 선택

서비스 > 이상한 이름의 서비스 및
제조업체가 불분명한 서비스 선택 해제 > 확인

작업 관리자 & 시스템 구성에서 이상한 서비스를 제거

또한, **시스템 구성**을 확인하여 부팅 시 작동하는 악성 서비스를 확인해야 합니다. **이상한 이름의 서비스를 확인해서 선택 해제**를 통해 부팅 시 작동하는 서비스의 반복 이용을 제거할 수 있습니다.

백신만 믿고 안심하면 악성 코드는 걸리지 않을 때까지 진화를 반복하며 패턴을 바꿀 것입니다. 추가적인 스케줄러 점검을 통해 어느 정도 정기적 악성 행위를 막을 수 있습니다.

➕ **한 줄 대응**

작업 스케줄러에서 등록된 악성 코드를 해지하고, 작업 관리자와 시스템 구성을 확인한다!

SNS 계정 유출

누군가 내 계정으로
성인 광고를 하고 있어요

자세한 설명은 다음 동영상을 참고하세요.
https://bit.ly/Security_078

크리덴셜 스터핑(016)과 같이 아이디와 비밀번호가 유출되어 여러 사이트에 접속을 시도한 공격에 대해서 앞에서 알아보았는데요. 이러한 공격을 당하게 되면 실제 어떠한 사고가 일어나게 될까요? 나의 SNS 관계가 모두 무너질 수도 있습니다.

SNS 계정 유출SNS Account Stolen은 유출된 이용자의 아이디와 패스워드를 이용하여 SNS에 로그인하여 채팅/커뮤니티에 악의적인 광고를 수행하여 이용자의 정상적인 이용을 막는 공격입니다.

피해자

ABC 성인 사이트 어서어서 접속하세요 ABC

무슨 일이야?

피해자 지인

이후 며칠간 SNS 접속 제한 이용 불가, 신용 하락

< 학과 게시판 >

1001	성인사이트 어서오세요	피해자
1000	안녕하세요 오늘 과제는?	A교수
999	우리 학과 이번주 행사 안내	과대표
998	이번주 수업 변경 관련 안내	B 교수

이후 악성 스크립트 및 악의적 프로그램 배포로 인해 계정 정지

SNS 계정 유출 예시

계정 유출 사고는 내 개인정보 유출로 끝나지 않습니다. 해커는 내 계정을 이용해서 악성 행위를 수행합니다. 내가 자주 방문하던 온라인 커뮤니티에서 내 계정을 이용해 악의적인 **XSS, CSRF(074)** 등을 수행하여 다른 피해자를 만들어낼 수 있습니다. 도의적 책임에서 자유롭지 않을 것입니다. 또한, 내 지인이나 회사 동료 등과 같이 여러 사람이 모인 자리에서 성인 사이트 광고를 수행하는 듯 나의 평판이 낮아질 수도 있습니다. 만약 내가 유명 **인플루언서**라면 내 생계와 연결이 되는 **SNS가 악성 계정으로 분류되어 정지**되면 금전적 피해까지 받게 될 것입니다.

🦠 증상

- 내 SNS에서 채팅, 쪽지 등을 통해 성인 광고를 비롯한 불법 광고를 합니다.
- 내 계정이 불법 계정으로 분류되어 이용이 제한됩니다.
- 비슷한 아이디와 비밀번호를 사용하는 여러 다른 SNS도 탈취당합니다.

💼 예방 및 대처

최근 또 다른 현실로 분류되는 사이버 세상에서의 SNS는 외부와 나를 연결해주는 창구로 많이 활용되고 있습니다. 이러한 계정이 유출되어 악용되면 단순한 개인정보 유출 사고 외에 추가적인 피해를 주는 수단으로도 사용됩니다. 대부분의 이용자는 여러 사이트의 아이디와 비밀번호를 같은 것으로 사용합니다. 그렇기 때문에 한번 계정이 유출되면 여러 곳에서 피해를 입게 됩니다. **내 계정 정보 유출 여부를 확인하여 유출되었다면 같은 비밀번호를 사용하는 사이트의 계정 비밀번호를 전부 변경**해야 합니다.

'유출여부 조회하기' 선택

이메일 주소 기입 > 인증번호 발송 >
인증번호 입력 > 인증번호 확인 후 2차 인증 선택

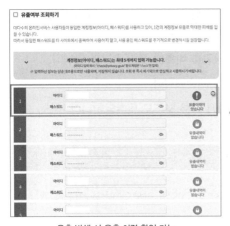

유출 발생 시 유출 이력 확인 가능

내가 이용하는 아이디 & 비밀번호 세트로
입력 후 '확인' 선택으로 유출 여부 조회

국내 계정 유출 조회 서비스(털린 내 정보 찾기 서비스)

계정 정보 유출 여부는 '털린 내 정보 찾기'[14] 서비스와 같은 국내 서비스 또는 'Have I Been Pwned'[15]와 같은 해외 서비스 등에서 확인할 수 있습니다. 유출 이력이 조회되는 아이디와 비밀번호라면 더 이상 이용해서는 안 될 것입니다. 내가 오랫동안 편하게 쓴 만큼 앞으로 해커들도 편하게 여러분을 해킹할 때 이용할 것이기 때문입니다. 유출 이력이 있는 비밀번호를 전부 변경해야 합니다. 비밀번호만 변경했다고 해서 안전한 것은 아닙니다. 추가로 **2차 인증 설정**을 해야 이후에도 안전하게 이용할 수 있습니다.

---

14   https://kidc.eprivacy.go.kr

15   https://haveibeenpwned.com/

2차 인증을 설정하면 해커가 해킹하려고 할 때마다 휴대폰으로 문자가 와서 인증 번호를 넣어달라고 할 것입니다. 그러나 해커는 그 2차 인증 번호를 알 수 없으니 여러분의 계정을 악용할 수 없게 됩니다.

계정 선택 > 'Google 계정 관리'
선택

2단계 인증 선택

'시작하기' 선택

인증번호 확인

전화번호 선택

기기 선택

구글 계정 2차 인증 설정

구글 메일, 구글 드라이브, 유튜브와 같은 구글이 제공하는 주요 서비스에 접근할 때에도 이러한 2차 인증을 연결해놓으면, 누군가 내 SNS 계정을 유출해 이용하려 할 때마다 메시지가 오겠죠? "해커의 이용을 허가하시겠습니까?" 그때마다 여러분은 거절함으로써 계정 악용을 막을 수 있습니다.

➕ 한 줄 대응
계정 정보 유출 여부를 확인한 후 비밀번호를 변경하고, 2차 인증을 추가로 설정한다!

079

OS 계정 등록

누군가 내 PC 속에서
몰래 사는 것 같아요

PC나 서버에 해커가 침입한 이후에는 어떠한 일들이 벌어질까요? 해커는 여러분의 PC를 한번 탈취했다고 해서 그걸로 끝내고 싶어하지 않습니다. 끊임없이 그 PC나 서버를 이용하고 싶어하죠.

OS 계정 등록OS Account Registration은 시스템에 침입한 해커가 상시 이용을 위해서 기본 계정이 아닌 다른 계정을 생성하여 추후 침입 시에 이용하는 공격 방식을 말합니다.

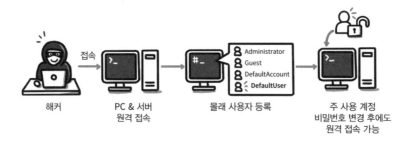

해커   PC & 서버   몰래 사용자 등록   주 사용 계정
원격 접속   비밀번호 변경 후에도
원격 접속 가능

OS 계정 등록 예시

기본적으로 원격 접속은 별도의 원격 접속 프로그램을 이용하지 않는 한 OS에 권한을 가진 사용자의 계정이 있어야 접속할 수 있습니다. 그러다 보니 해커는 서버나 PC의 권한을 가진 사용자 자격을 획득하기 위해 해킹하는 경우가 많습니다. 특히, 관리자

권한을 가진 Super User의 계정을 획득하려 합니다. **윈도우에서는 Administrator, 리눅스/유닉스에서는 Root 계정**이 대표적일 것 같습니다. 그러나 관리자가 비밀번호를 변경하면 해커는 동일한 수준 이상의 수고를 기울여야만 권한을 다시 획득할 수 있을 것입니다. 그렇기 때문에 해커는 또다시 수고를 들이고 싶지 않아서 몰래 접근할 방법을 남겨 놓고 싶습니다. 그 때문에 만들어진 것이 바로 OS(윈도우, 리눅스, 유닉스)의 계정입니다. 그렇다면 해커가 만들어놓은 계정은 어떻게 확인할 수 있을까요?

🦠 증상

- PC나 서버의 계정 비밀번호를 바꿔도 누군가 접속합니다.
- PC나 서버에서 정기적으로 악성 프로그램이 탐지됩니다.
- 내가 만들지 않은 폴더나 파일, 단축 아이콘이 생깁니다.

🧰 예방 및 대처

간단히 생각해보면, 공격 방식은 내 PC에 사용자를 추가하는 행위입니다. 그러므로 **PC나 서버의 원격 접속 로그를 확인**하면 누가 몰래 내 시스템에 접속했는지를 확인할 수 있습니다. 물론, 로그를 지울 수는 있습니다. 그러나 그러한 경우에는 로그를 지웠다고 표시되기 때문에 해커가 침입했다고 가정하고 시스템의 침입 흔적을 찾아야 합니다. 윈도우 시스템에서는(Windows10 기준) **시작 ➡ 이벤트 뷰어 ➡ 응용 프로그램 및 서비스 로그 ➡ Microsoft ➡ Windows ➡ TerminalServices-LocalSessionManager ➡ Operational** 선택을 하면 시스템에 접속한 일시와 누가 접속했는지를 확인할 수 있습니다.

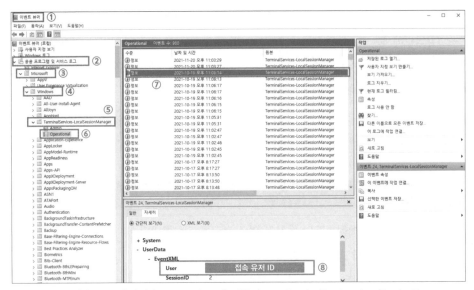

이벤트 뷰어 > 응용 프로그램 및 서비스 로그 > Microsoft > Windows > TerminalServices-LocalSessionManager >
'Operational'을 선택하여 원격 접속한 사용자의 ID 확인

윈도우 시스템 접속 기록 확인

리눅스 시스템에서는 **last 명령어**를 통해 최근 접속 기록을 볼 수 있습니다. 최근 사용
자 접속 기록 및 재부팅 기록 등을 확인하면 타 사용자가 접속하여 시스템을 악용했는
지를 알 수 있습니다.

**last 명령어를 통해 최근에 사용자 접속 기록
및 재부팅 기록 확인 가능**

last -t 20210212040000과 같이 시간 지정 가능

리눅스 시스템 접속 기록 확인

이 점검을 통해서 누군가 접속했다는 의심이 들면 **계정의 존재 여부를 확인 후 삭제**해야
합니다. 윈도우 시스템에서는 **시작 ➡ 컴퓨터 관리 ➡ 로컬 사용자 및 그룹 ➡ 사용자 ➡
의심스러운 사용자 선택 ➡ 마우스 오른쪽 버튼 ➡ '삭제' 선택** 후 사용자 제거를 통해서

의심스러운 시스템 접근 가능 계정을 삭제할 수 있습니다.

시작 > 컴퓨터 관리 > 로컬 사용자 및 그룹 > 사용자 > 의심스러운 사용자 선택 >
마우스 오른쪽 버튼 > '삭제' 선택 후 사용자 제거

윈도우 시스템에서 의심스러운 계정 삭제

리눅스 시스템에서는 **/etc/passwd 파일을 확인 후 userdel을 이용해서 삭제**할 수 있습니다.

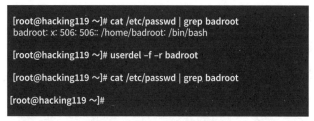

cat /etc/passwd | grep 의심스러운 계정(grep이 없는 경우 전체 표시)
userdel -f -r 의심스러운 계정(의심스러운 계정 삭제)

리눅스 시스템에서 의심스러운 계정 삭제

cat /etc/passwd | grep 의심스러운 계정을 통해 확인하고, userdel -f -r [의심스러운 계정 이름]을 입력하여 계정 삭제를 할 수 있습니다. 해커들의 상시 접속을 위한 전용 계정을 더 이상 무시하고 놔두면 안 됩니다.

⊕ 한 줄 대응

PC나 서버의 원격 접속 로그를 확인하고, 의심스러운 계정이 확인되면 삭제한다!

루트킷

080

내 PC/서버가 계속 외부로부터
조정당하고 있어요

PC 보안에 있어서 만능 도구가 있었죠? 바로 백신이었습니다. 다양한 공격에 대해 초기 대응을 잘해주는 만병통치약이었습니다. 과연 이러한 만능 도구가 여러분에게만 있을까요? 해커에게도 해커 도구 모음집 같은 만병통치약이 있습니다.

루트킷Rootkit은 해커가 PC/서버와 같은 시스템에 전반적으로 접근할 수 있는 관리자(루트) 권한을 쉽게 얻게 해주는, 악의적인 공격 도구 모음을 말합니다.

루트킷 사용 예시

보통 **OS 계정 등록**(079)과 같이 계정이 추가되고 지속해서 표시되면 아무래도 여러분이 알아채기 쉽습니다. 그래서 해커는 여러분 몰래 PC나 서버를 사용하기 위해서 **루트킷**을 이용해 언제든지 접속할 수 있는 **백도어**Backdoor 프로그램을 설치합니다. 그러면 언제든지 관리자 권한을 획득할 수 있습니다. 루트킷에는 시스템이 구동될 때마다 활성화되는 **지속성 루트킷**, 메모리에만 악성 코드를 올려서 증거가 잘 남지 않는 **메모리 기반 루트킷**, 사용자가 이용하는 프로그램에서 작동하는 **사용자 모드 루트킷**, OS 레벨에서 강력한 공격을 하는 **커널 모드 루트킷**이 있습니다. 이렇게 다양한 형태의 루트킷을 악용해 해커는 편리하게 여러분의 PC와 서버를 조정할 수 있답니다.

☠ 증상

- **PC/서버에서 사용하는 계정의 비밀번호를 바꿔도 누군가 접속합니다.**
- **별도의 계정이 없지만, 외부의 접속 흔적이 보입니다.**
- **내가 만들지 않은 폴더나 파일, 단축 아이콘이 보입니다.**

🧰 예방 및 대처

루트킷을 이용한 공격 역시 이메일을 통해 전달되는 경우가 많기 때문에 **의심스러운 이메일을 열거나 링크를 함부로 클릭하지 않아야** 합니다. 신뢰할 수 없는 메일의 첨부 파일과 링크는 루트킷을 다운로드하게 하여 여러분의 PC를 탈취하기 위한 용도로 자주 이용되기 때문입니다. 루트킷의 목적상 관리자 수준의 권한을 획득하기 위해 사용되므로 일반적인 작업에 **불필요한 관리자 수준의 권한이나 계정을 사용하지 않는 것이 필요합**니다. 특히, 관리자 권한의 이용을 할 때마다 경고를 하는 **사용자 계정 컨트롤**User Access Control, UAC **설정**을 의무적으로 설정해야 합니다.

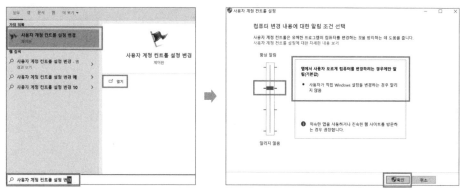

시작 > 사용자 계정 컨트롤 설정 변경 > 열기 >
앱에서 사용자 모르게 컴퓨터를 변경하려는 경우에만 알람 > 확인

사용자 계정 컨트롤 설정 변경 방법

관리자 권한 이용 시 사용자 계정에 대한 **경고창을 발생**시켜야만 앱이 지속해서 몰래 권한을 획득하여 내 PC 이용권을 해커에게 주는 것을 방지할 수 있습니다.

본인이 의도한 프로그램의 관리자 권한의 실행이 아니라면
실행하지 않는 것이 중요

관리자 권한 요청 시 경고 알람

위와 같은 관리자 권한 요청이 발생하였을 때 **본인이 의도한 프로그램의 행동이 아니라면 실행하지 않아야** 합니다. 만약 **의심스러운 루트킷에 감염**되어서 권한이 탈취되는 것이 예상된다면 멀웨어바이트 안티-루트킷, RKILL, 제마나와 같은 다양한 **루트킷 제거 프로그램을 사용해 탐지/차단**해야 합니다. 예시로, **말웨어바이트 안티-루트킷 베타**[16]는 무료로 제공되면서도 루트킷 존재 여부를 체크할 수 있습니다. 그 외에도 Gmer, PCHunter 등과 같은 전통적인 루트킷 탐지 도구를 이용할 수 있습니다.

---

16   https://www.malwarebytes.com/antirootkit

 말웨어바이트 안티-루트킷 베타 다운로드 이후 설치

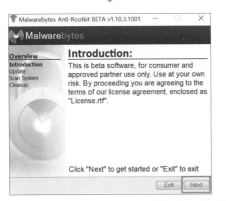 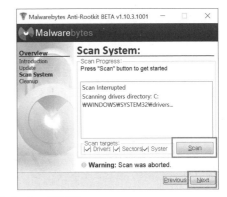

실행 > Next > Update > Next > Scan으로 검사
이후 탐지되는 경우 치료

루트킷 제거 프로그램 예시(말웨어바이트 안티-루트킷)

더 이상 내 PC/서버를 루트킷을 통한 해커의 놀이터로 만들 수는 없습니다.

⊕ 한 줄 대응

사용자 계정 컨트롤을 설정하고, 경고가 발생하면 실행하지 말고 루트킷 제거 프로그램을 이용한다!

081

크립토재킹(암호화폐 채굴)

내 전자기기가 비트코인을 채굴하고 있어요

자세한 설명은 다음 동영상을 참고하세요.

https://bit.ly/Security_081

최근 몇 년간 재테크 관련 최고의 메카는 무엇이었나요? 모두가 인정하는 **블록체인**
Blockchain, 그중에서도 모든 코인을 주도하는 **비트코인**Bitcoin이 최고의 암호화폐로서 재
테크를 주도하였습니다. 비트코인이 모두의 재테크 수단으로 관심을 가질 때 해커 또
한 돈벌이 수단으로 비트코인을 주목했습니다.

크립토재킹Cryptojacking은 **암호화폐**Cryptocurrency와 **납치**Hijacking의 합성어로, 해커가 PC
나 모바일, 서버 등을 감염시켜 컴퓨팅 자원을 이용해서 암호화폐를 채굴하도록 하는
공격입니다.

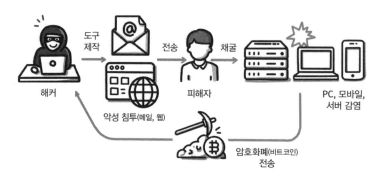

크립토재킹 절차

비트코인 가격이 천정부지로 올라가자 모든 이의 관심이 암호화폐에 쏠렸습니다. 많은 이들이 앞다투어 그래픽 카드를 구매하고 서버와 PC를 연결해서 코인을 채굴하기 시작했습니다. 채굴을 통해 얻은 비트코인은 여러 거래소에서 높은 가격에 거래되었습니다. 해커들 또한 그 사실을 알고 있었습니다. 여러분을 협박해서 돈을 받아내는 것보다 더 쉽고 효과적인 방식이 있다는 것을 말입니다. 바로 **악성 프로그램에 감염시킨 PC/서버/모바일 기기에 채굴 프로그램을 수행**시켜 비트코인을 채굴하고 그 수익을 본인의 암호 지갑으로 보내게 하는 것입니다. 재주는 곰이 부리고 돈은 왕서방이 버는 것처럼, 전기료와 컴퓨팅 자원은 피해자가 내고 돈은 해커가 버는 구조인 것입니다.

☣ 증상

- PC/서버/모바일 기기의 속도가 눈에 띄게 느려집니다.
- PC나 서버의 CPU 점유율이 99~100%에 도달합니다.
- 네트워크 비용이나 전기 비용이 증가합니다.

🩹 예방 및 대처

대부분의 크립토재킹 공격은 메일이나 웹사이트와 같이 웹 기반으로 이루어지기 때문에 웹페이지 사용 시에 안전한 이용이 필요합니다. 특히 **XSS, CSRF(074)**와 같이 스크립트를 이용한 공격이 많기 때문에 웹 브라우저의 **보호 기능**(엣지의 **SmartScreen**, 크롬의 **SafeBrowsing**) 설정이 필요합니다. 또한, **멀버타이징(030)**을 통한 광고 방식의 악성 프로그램 감염도 최근 트렌드인데, **광고를 차단하는 설정**도 크립토재킹을 차단할 수 있는 좋은 방법일 것입니다. 그리고 **루트킷(080)**에서 확인했던 **사용자 계정 컨트롤을 이용하여 관리자 권한 이용을 제한**하는 것도 좋은 대응 방법입니다.

그중 가장 효과적인 방법은 **크립토재킹 차단기 브라우저 확장 프로그램을 추가**하여 채굴 사이트 접근을 차단하는 것입니다. **마이너블록**MinerBlock, **노코인**NoCoin, **안티마이너**AntiMiner 등과 같은 차단 프로그램을 설치하여 해커가 채굴 사이트에 접속해 돈을 버는 행위를 하지 못하도록 제한할 수도 있습니다. 이러한 차단기는 채굴 스크립트를 탐지하고 실시간으로 차단 기능도 제공합니다.

크롬 웹 스토어 열기 > minerBlock 검색 > 채굴 금지 프로그램 선택

브라우저에 추가 > 이후 채굴 사이트 접속 차단

크립토재킹 차단기를 브라우저 확장 프로그램에 추가하는 방법

차단기 확장 프로그램을 추가하면 크립토재킹으로부터 안전한 웹 서핑 환경을 만들 수 있습니다.

➕ **한 줄 대응**

멀버타이징에 대한 광고 차단을 설정하고, 크립토재킹 차단기를 설치한다!

082

불필요한 브라우저 확장 프로그램

유용하지만 위험한 양날의 검

여러분은 해커의 공격을 브라우저에 애드온Add-On되어 있는 확장 프로그램을 이용하여 **크립토재킹(081)**을 막았습니다. 크립토재킹에 대한 접근을 브라우저에서부터 막는 유용한 방법이었습니다. 그러나 브라우저 확장 프로그램이 과연 좋은 쪽으로만 사용될까요?

불필요한 브라우저 확장 프로그램 Useless Browser Extension Program은 악의적인 목적으로 불필요한 권한을 요구하며 해킹에 사용되거나, 취약점이 발생하여 해킹에 활용되는 브라우저 확장 프로그램을 말합니다.

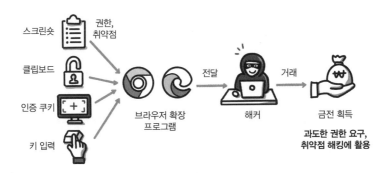

불필요한 브라우저 확장 프로그램 이용 공격

분명히 브라우저의 확장 프로그램은 잘 쓰면 좀 더 편리하고 보안도 강화해줄 수 있는 유용한 도구입니다. 그런데 사이버 보안회사인 AWAKE는 2020년에 발표한 보고서에서 **악의적이거나 과도한 권한을 요구하는 111개의 크롬 확장 프로그램을 발표**하였습니다. 구글은 이 확장 프로그램의 문제점에 관해서 확인한 후 대부분을 크롬 웹 스토어에서 삭제하였습니다. 불필요한 확장 프로그램은 해킹 목적으로 만들어지거나 취약성 때문에 해킹에 이용되는 경우가 많습니다. 유용하지만 우리를 위험에 빠뜨리기도 하는 확장 프로그램, 어떻게 활용해야 할까요?

☣ 증상

- **내가 설치하지 않은 이상한 확장 프로그램이 보입니다.**
- **지속적으로 여러분의 개인정보, 금융정보에 대한 유출이 확인됩니다.**
- **브라우저에서 과도한 CPU와 메모리 사용이 확인됩니다.**

✚ 예방 및 대처

액티브엑스Active-X가 웹 브라우저에서 사용할 수 없게 됨에 따라 대체 수단으로 브라우저 확장 프로그램을 사용하고 있는데, 해커는 이를 놓치지 않고 해당 확장 프로그램의 취약점을 이용하여 감염자를 늘리는 수단으로 활용하고 있습니다. 가장 기본적이면서도 안전한 이용 원칙은 **불필요한 브라우저 확장 프로그램의 이용을 자제**하는 것입니다.

설정 > 도구 더보기 > '확장 프로그램' 선택

불필요 프로그램에 대해서 '삭제' 버튼 클릭 >
취약한 확장 프로그램 사용 안 하도록 권고

불필요한 브라우저 확장 프로그램 삭제 방법(크롬 기준)

확장 프로그램을 많이 제공하는 **구글 크롬에서는 설정 ➡ 도구 더보기 ➡ 확장 프로그램 선택 ➡ 불필요한 프로그램에 대해 삭제**를 통해 취약점으로 사용될 불필요한 확장 프로그램을 제거할 수 있습니다.

또한, 앞에서 언급했던 것처럼 구글에서는 악성 코드가 포함된 확장 프로그램을 인지하면 구글 웹 스토어에서 퇴출하고는 있지만, 이미 설치된 확장 프로그램은 지워지지 않습니다. 그러니 여러분 자신이 **악성 프로그램 포함 여부를 확인하여 제거**해야 합니다.

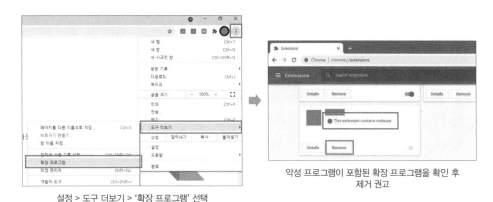

설정 > 도구 더보기 > '확장 프로그램' 선택

악성 프로그램이 포함된 확장 프로그램을 확인 후 제거 권고

악성 프로그램이 포함된 확장 프로그램 확인 방법(크롬 기준)

확장 프로그램에 악성 프로그램이 포함되었다면 **확장 프로그램 리스트에 악성 코드의 포함 여부를 체크하여 삭제**를 진행해야 합니다. 유용하게 잘 써서 삭제하기가 아쉽다고요? 삭제하지 않으면 해커도 여러분의 PC와 서버를 앞으로도 잘 쓸 것입니다.

➕ 한 줄 대응

불필요한 브라우저 확장 프로그램은 이용을 자제하고, 악성 코드가 포함된 것이 확인되면 과감히 삭제한다!

파일리스 공격

083 해킹을 당했는데 악성 프로그램이 없어요

'**모든 범죄는 흔적을 남긴다**'는 말처럼 해킹을 당했을 때 흔적이 하나도 없는 경우는 없습니다. 해커는 각종 IP, 작업 내역, 목적, 행위 등 다양한 기록을 남기게 됩니다. 특히, 악성 행위를 하고 남은 악성 프로그램은 최고의 증거이자 분석 대상입니다. 그러나 해킹을 당하고 난 다음에 이러한 악성 프로그램이 눈에 보이지 않는다면 어떻게 해야 할까요?

파일리스 공격 Fileless Attack은 공격의 대상이 되는 PC/서버와 같은 기기의 하드 디스크드라이브에 별도의 악성 프로그램을 남기지 않고 메모리에만 존재하게 하여 공격하는 공격 기법입니다.

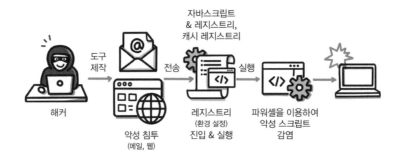

파일리스 공격 절차

파일리스 공격이라고 하면, 악성 프로그램을 작동시키고 그 **악성 프로그램을 삭제해서 흔적을 남기지 않으면 되리라 생각**할 수도 있습니다. 하지만 파일리스 공격은 기존의 설치형 악성 프로그램과는 차이가 큽니다. 여러분의 PC에 악성 프로그램이 설치되면 **파일 시스템**File System에 기록을 남기게 됩니다. 이 파일 시스템의 기록은 물리적으로 파괴하지 않는 이상 어떠한 프로그램이 설치되었고 작동했는지에 대한 상세 내용을 포함하며, 그 내용을 통해 보안 전문가들이 해당 악성 프로그램을 분석하고 대응책을 내놓게 됩니다. 그러나 파일리스 공격은 이러한 흔적이 전혀 남지 않습니다. 부팅하면 마치 존재하지 않았던 것처럼 사라지는 경우도 많습니다. 막상 의심스러워서 검사하고 탐지를 시도했을 때는 아무런 흔적도 찾을 수 없습니다. 그러나 이후 해커가 원하는 것이 있을 때마다 파일리스 공격으로 몰래 들어왔다 나가게 됩니다. 들키지 않는 이상 여러분의 PC/서버/스마트폰은 해커에게 최고의 맛집이 될 것입니다.

☣ 증상

- 정기적으로 개인정보 및 중요 영업정보가 유출됩니다.
- 백신 및 각종 보안 검사를 수행해도 별다른 흔적을 찾을 수 없습니다.
- 회사 보안팀에서도 악성 프로그램의 흔적을 찾을 수 없습니다.

🧰 예방 및 대처

파일리스 공격은 기존에 있던 프로세스에 추가적인 모듈을 넣는 **Reflective DLL** 같은 방식이나 시스템의 메모리의 취약점을 이용하는 **Memory Exploit**, 스크립트를 통해서 레지스트리 등에 숨어서 **파워셸**Powershell(윈도우에서 명령줄 셸 및 스크립트 언어를 이용하는 인터페이스)을 통한 **Script Based Techniques Attack**, 윈도우에서 자원을 관리하도록 구성하는 **WMI**Windows Management Instrumentation 등을 활용하여 구성하므로 PC/서버의 파일 시스템에 흔적이 남지 않습니다. 그러면 이러한 공격에 속수무책으로 당해야만 할까요?

만능 도구였던 **백신도 탐지하기 쉽지 않습니다.** 파일이 가지고 있는 특성인 서명, 패턴 등을 이용해서 비교해야 하는데, 비교할 증거가 남지 않기 때문입니다. 일단은 이메일이나 웹사이트를 이용한 공격 방식을 사용하기 때문에 **출처가 불분명한 메일이나 블로그 첨부 파일을 열람하거나 실행하지 않아야 합니다.** 이러한 파일리스 공격 방식을 이용해 **랜섬웨어(051 ~ 053)**를 감염시키는 경우가 많은 만큼 중요한 데이터는 **정기적으로 백업을 수행하여 따로 보관**할 것을 권장합니다.

파일리스의 경우, 윈도우에서는 파워셸을 주로 이용하기 때문에 **가급적 파워셸의 스크립트 실행 정책을 제한**하는 것이 좋습니다.

시작 > Windows Powershell > '열기'로 파워셸을 시작

❶ Get-ExecutionPolicy로 파워셸에 설정되어 있는 실행 정책 확인

❷ 사용을 하지 않는 경우 정책 변경

❸ Set-ExecutionPolicy Restricted 설정(스크립트 실행 불가) > Y

❹ Get-ExecutionPolicy로 파워셸에 설정되어 있는 정책 변경 확인

파워셸 스크립트 실행 정책 제한 설정

시작 ➡ Windows Powershell ➡ 열기 ➡ Get-ExecutionPolicy로 정책 확인 ➡ Set-ExecutionPolicy Restricted 설정 ➡ Y로 정책 변경을 통해서 사용하지 않으면 스크립트 실행을 제한합니다. 각 실행 정책의 의미는 다음의 표와 같습니다.

실행 정책	의미
AllSigned	서명이 존재하는 모든 스크립트를 실행할 수 있습니다.
Bypass	아무것도 차단되지 않으며, 경고를 보이지 않습니다.
Default	기본 실행 설정을 설정합니다.
RemoteSigned	로컬 컴퓨터 작성 스크립트는 서명이 불필요하며, 인터넷이 연결되지 않는 경우에만 서명하여 스크립트를 실행합니다.
Restricted	**서식, 모듈, 프로필 등 모든 스크립트 파일의 실행을 방지합니다(안전).**
Undefined	설정된 실행 정책이 없습니다.
Unrestricted	서명되지 않은 모든 스크립트를 실행할 수 있습니다.

사용 환경에 따라서 실행 정책을 설정하여 파워셸을 통한 악성 행위를 제한할 것을 권장합니다.

기업에서는 악성 프로그램이 프로세스로 작동하자마자 악성 행위를 인지하여 탐지/차단을 수행하는 **EDR**Endpoint Detection & Response**(PC에서 악성 프로그램 작동 시 머신러닝, 위협 지표를 통해 즉시 탐지/차단하는 보안 솔루션)을 이용**할 것을 권장합니다. 이러한 EDR은 악성 프로그램이 작동하자마자 **IoC**Indicator of Compromise(침해지표) 등을 통해서 백신이 탐지하지 못하는 영역까지 탐지 및 차단할 수 있습니다. 스크립트를 통한 공격에 대해서도 선제적 대응을 통해 안전한 환경을 구성해야 합니다.

➕ **한 줄 대응**

불필요한 경우 파워셸 스크립트 실행 정책을 제한하고, 기업은 EDR을 사용한다!

세션 하이재킹

관리자는 나뿐인데
누군가 몰래 쓰고 있어요

자세한 설명은 다음 동영상을 참고하세요.
https://bit.ly/Security_084

여러분은 앞에서 대표적인 스크립트 공격인 **XSS, CSRF**(074)에 대해서 알아봤습니다. 해커는 스크립트 공격을 통해 PC의 주요 정보를 유출하거나 지정된 행동을 하도록 지시를 했습니다. 과연 어떤 정보를 유출하고 어떠한 사건이 벌어질까요?

세션 하이재킹 Session Hijacking은 연결된 이용자/관리자를 강제로 **끊고**(Reset 패킷 전송) 새로 **연결 번호**Sequence No를 생성하여 연결을 탈취하는 공격입니다.

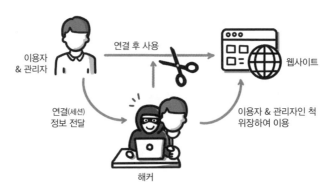

연결 후 사용

이용자
& 관리자

웹사이트

연결(세션)
정보 전달

이용자 & 관리자인 척
위장하여 이용

해커

세션 하이재킹 예시

세션Session은 일시적으로 얻은 사용자와 서버의 활성화된 접속을 말합니다. 이러한 세션을 통해 이용자나 관리자는 자신이 이용하는 웹사이트에 평소처럼 접속합니다. 그 사이에 해커는 미리 심어놓은 악성 스크립트를 이용해 **XSS, CSRF** 등을 활용하여 이용하고 있는 **연결 정보(세션)**를 자신에게 전송되도록 합니다. 전달된 해당 정보를 통해서 해커는 연결되어 있던 세션을 자신의 것으로 만들어 새로 연결합니다. 그러면 마치 해커가 이용자나 관리자인 것처럼 이용할 수 있는 것입니다. **사용이 종료되었지만 남아 있는 이용자의 연결을 끊으면서 동시에 이용자인 척하는 방식으로**, 사이트에는 로그인조차도 요청하지 않고 동일한 서비스를 사용할 수 있도록 만드는 것입니다. 이후에는 마구 광고 글을 올리거나 내 평판을 나쁘게 만들고, 금전적인 피해까지 발생시킬 수 있습니다.

☣ 증상

- ▪ **여러분의 아이디로 로그인 흔적은 보이지 않는데 사용 흔적이 있습니다.**
- ▪ **여러분의 비밀번호가 변경되고 지속해서 계정이 탈취됩니다.**
- ▪ **하지도 않은 게시글 작성, 광고 등의 이유로 계정 사용이 제한됩니다.**

🩹 예방 및 대처

세션 하이재킹은 로그인을 직접 수행하지 않기 때문에 로그인 기록을 제공하는 곳에서도 해당 기록을 볼 수 없는 경우가 많습니다. 이미 로그인은 여러분이 진행한 상태에서 잘 쓰고 있으니 웹사이트는 여러분이 계속 쓰고 있다고 판단하기 때문에 그대로 권한을 가지고 악의적인 행동을 하는 것입니다.

로그인 기록 확인

그렇다면 로그인 기록에 남지도 않는 이러한 공격은 어떻게 차단해야 할까요? 세션 하이재킹은 이용자의 세션을 끊고 해커가 그 이용자인 척 위장해야 합니다. 그래서 일반적으로는 사용 후 지워지지 않고 남아있는 세션을 활용하는 경우가 많습니다. 공격에 활용되지 않게 남아있는 세션을 제거하는 방법이 바로 **로그아웃**입니다. 귀찮다고 쓰고 나서 그냥 브라우저를 닫거나 PC를 종료하면, 네이버와 같은 서버는 해당 내용을 알 수가 없습니다. 그러다 보니 세션은 그대로 남아있는 상태에서 종료되고, 해커는 이후에 그 세션을 악용하는 것입니다. 가장 **단순한 방법이지만 로그아웃은 필수**입니다.

그러면 이용자만 세션 하이재킹을 방어해야 할까요? 아닙니다. 웹사이트도 같이 대응해야 합니다. 자바스크립트에서 쿠키에 존재하는 세션 정보에 접근하는 것을 막기 위한 **HttpOnly 설정**, HTTPS가 적용된 상태에서만 웹 애플리케이션들이 쿠키값을 브라우저에 전달할 수 있도록 하는 **Secure 설정**을 웹 서버(아파치, 톰캣 등)에 설정해주어야 XSS, CSRF를 통한 세션 하이재킹이 발생하지 않을 수 있습니다. 그리고 대부분의 악성 행위자가 세션 하이재킹 이후에 해당 이용자에 대한 비밀번호를 변경하는 공격을 많이 수행함에 따라, **중요 페이지(비밀번호 변경, 금전정보 변경 등) 접근 시 반복 인증**을 하도록 하는 것도 필요합니다. **이용자의 이용 패턴(IP, MAC, 평상시 이용 기기 미사용) 등이 평상시와 다를 경우 다시 인증을 물어보는 것도 좋은 대응 방안입니다.**

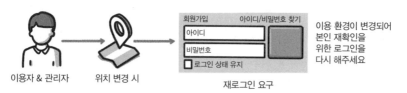

이용자 & 관리자　　위치 변경 시　　　　　　　　　　재로그인 요구

위치 변경(IP 및 이용 기기 변경)에 따른 재로그인

웹 서비스에서 재로그인을 요구했을 때 안전하게 잘 관리하고 있다고 생각하고 약간의 불편함은 감수하는 문화가 보안을 더욱 강화할 수 있을 것입니다.

➕ **한 줄 대응**
사용 후에 로그아웃은 필수, 서버는 HttpOnly, Secure 설정을 통해 보호한다!

085 반복된 사용을 통한 악의적인 행동

세션 하이재킹(084)에서는 기존의 PC에서 스크립트를 통해 세션을 탈취하여 전달하고, 세션을 끊고 다시 접속을 시도하는 정교한 설정 작업을 수행해야 했습니다. 이보다 더 단순하면서 범용적인 단순 반복 작업 방식의 공격도 있습니다.

세션 리플레이 Session Replay는 비인가된 활동을 하기 위해 중간에 네트워크 통신 패킷의 순서나 명령어를 **캡처**Capture해 조작 및 재현하는 방식을 통한 공격 기법입니다.

세션 리플레이 예시

중간에서 해커가 마치 여러분인 양 이용하는 것입니다. 가장 쉬운 예로, 집에 방범 및 애완동물 관리를 위해 웹캠을 설치하였다고 가정하겠습니다. 중간에 사진을 캡처하거나 동영상을 보내는 기능을 중간에 해커가 캡처해서 반복적으로 이용한다면, 원하는 때 아무 때나 웹캠을 이용해 마음대로 사진을 찍거나 동영상을 보내는 행위를 할 수 있을 것입니다. 가족의 안전과 편의를 제공하기 위해서 만들어놓은 **웹캠이 우리 가족을 감시하는 CCTV로 돌변하게 되는 것입니다.** 그 외에도 **IoT를 이용하여 전등의 점등/점멸, 가스 밸브의 열림/닫힘, 자동차 차고 문의 개폐 명령어** 기능 역시 예외는 아닐 것입니다.

증상

- **웹캠을 통해서 가족사진, 영상 등이 유출되어 협박당합니다.**
- **전등의 점등과 점멸이 반복됩니다.**
- **웹사이트에 타인의 로그인 기록이 확인됩니다.**

예방 및 대처

세션 리플레이 공격은 기존의 세션 하이재킹보다는 공격 범위가 한정적입니다. 단순 반복이나 약간의 변조로 범위는 한정적이나 실제 공격의 여파는 작지 않습니다.

가장 먼저 세션 리플레이를 방어하기 위한 방법으로는 **SSL/TLS 암호화**가 있습니다. 중간에 **암호화하지 않는 통신**에서는 웹사이트나 IoT 기기 등과 같이 여러 기기에 보내는 정보를 마음대로 훔쳐볼 수 있으며, 재현 및 조작이 쉽습니다. 전송되는 변수에 CameraCaptureOn=0이 전송되어 웹캠 카메라가 꺼졌다면, CameraCaptureOn=1을 전송하여 다시 켤 수도 있는 것입니다. 이러한 단순한 조작을 막기 위해서는 암호화를 통해 타인의 접근을 막는 것이 중요합니다.

No.	Time	Source	Destination	Protocol	Length	Info
4	0.045405	10.11.0.6	10.10.1.7	TLSv1.2	280	Client Hello
6	0.095250	10.10.1.7	10.11.0.6	TLSv1.2	1410	Server Hello
9	0.103545	10.10.1.7	10.11.0.6	TLSv1.2	872	Certificate, Server
11	0.129362	10.11.0.6	10.10.1.7	TLSv1.2	182	Client Key Exchange
12	0.143760	10.10.1.7	10.11.0.6	TLSv1.2	107	Change Cipher Spec,
14	0.144313	10.11.0.6	10.10.1.7	TLSv1.2	165	Application Data
15	0.194764	10.10.1.7	10.11.0.6	TLSv1.2	344	Application Data
17	0.195088	10.11.0.6	10.10.1.7	TLSv1.2	87	Encrypted Alert

SSL/TLS 암호화 예시

암호화를 하면 연결하는 과정만 보일 뿐 실제로는 데이터를 전혀 확인하지 못하기 때문에 해커의 분석이 불가능합니다. 분석하지 못하니까 안전할까요? 불행하게도 **아닙니다.** 리플레이의 무서움은 여기에 있습니다. 단순히 복사와 붙여넣기를 네트워크를 통해 수행해서 동일하게 작동시킬 수 있습니다. 그렇기 때문에 단순 반복을 저지할 수 있도록 **기기 간의 통신에 Session Token, OTP**One Time Password**, Nonce(조합된 일회성 임시 정보), Timestamp(시간 정보) 등을 조합**한 서로 다른 정보를 통해 반복적인 명령어라도 동일하지 않게 하는 것이 중요합니다. 우리 집에서 보내는 기기의 On/Off 명령어와 타인의 집에서 보내는 기기의 On/Off 명령어가 같다면 타인이 우리 집의 기기를 마음대로 조종할 수 있겠죠! 기본이지만 지켜지지 않는 경우가 많습니다. 추가로, 중요한 기기가 있는 곳에는 **물리적인 접근 통제를 해서 아무나 들이지 않는 것**이 중요합니다. 특히, 무선 통신을 분석하고 녹화가 가능한 기기는 더욱더 조심하는 게 좋습니다.

무선 주파수를 측정 & 녹화 가능한
SDR(Software Define Radio) 장비

무선 와이파이 통신이라면
노트북 장비로도 확인 가능

예: Wireshark

무선 통신 분석 가능 도구

무선 주파수의 녹화 분석이 가능한 **SDR**Software Define Radio뿐만이 아닌 단순 와이파이 통신 분석이라면 노트북 장비로도 충분합니다. 서비스를 제공하는 서버 측에서도 조치가 취해져야 합니다. 세션에 대해서 일정 시간 동안 활동이 없으면, **타임아웃**Timeout **이 되도록 설정**해야 사용되지 않는 연결을 이용한 반복적인 공격이 발생하지 않습니다. 반복적인 단순 사용 공격에 대해서는 좀 더 세밀하게 보호해야 합니다.

⊕ 한 줄 대응
SSL/TLS 암호화를 설정하고, 기기와 시간별 통신을 차별화하고, 중요한 곳은 접근 통제를 한다!

서비스 거부 공격(DoS)

서버가 멈췄어요.
모든 이용자가 사용할 수 없대요

서버의 용량보다 이용자가 많으면 서버가 다운되어 이용할 수 없게 되기도 합니다. 그런데 이용자도 몇 명 없는데도 서버가 멈추는 일이 발생한다면 어떨까요? 설마 우리가 그러겠냐고요? 의심만 하고 아무런 조치도 하지 않는다면 다음 타깃은 여러분일 것입니다.

서비스 거부 공격 Denial of Service, DoS은 서버의 자원을 고갈시켜 정상적인 서비스 요청도 전달하지 못하게 만들어서 서비스를 사용할 수 없게 하는 공격 기법을 말합니다.

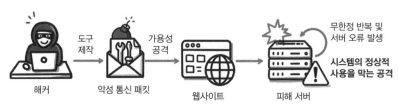

서비스 거부 공격 예시

해커는 시스템의 정상적인 사용을 막기 위해 공격을 수행합니다. 웹 서버에 다수의 연결을 만든 후 완료되지 않는 **패킷 헤더(패킷의 양식)**를 보내 마치 전송될 정보가 남은 것처럼 인식하게 만들어 연결을 유지하고 대기하도록 하는 공격(Slowloris)부터, **출발지와 목적지를 동일하게 설정**하여 요청을 무한 반복하도록 만드는 공격(Land Attack)까지 다양한 방식으로 이용자가 사용할 수 없도록 만드는 공격입니다. 해커가 던진 악성 돌멩이 하나에 여러분의 개구리 서버는 맞아 죽을 수 있습니다.

☣ 증상

- **트래픽이 많지 않은데도 서비스가 멈춥니다.**
- **서버에서 더 이상 이용자에 대한 연결을 추가할 수 없습니다.**
- **고객센터에 이용자의 접속 불량 민원이 증가합니다.**

🧰 예방 및 대처

이용자가 많아 서버에 부하가 생기는 현상이 아니라 해커의 공격 패킷 몇 개에 서버를 아예 사용할 수 없게 되어 보안과 인프라 요원 모두가 비상 사태에 들어가게 됩니다. 물론, 당장 서비스가 안 되기 때문에 증상을 빠르게 확인할 수 있습니다. 그런 후에 IT 부서와 보안 부서가 하나가 되어 열심히 원인을 분석합니다. 그러나 트래픽이 많이 없는데도 서버가 응답하지 않는 신기한 상황에 마주하게 됩니다. 인프라 담당자 입장에서는 답답할 것입니다. 이럴 때 보안 담당자는 어떤 확인을 해야 할까요? **침입 방지 시스템**Intrusion Prevention System, IPS**을 도입**해서 확인하는 것이 가장 일반적인 대응 방안입니다. 침입 방지 시스템은 네트워크를 통해 전송되는 여러 개의 패킷을 모아 하나로 만들고, 이어서 서버가 받는 형태로 **재조립**Re-Assemble하여 공격 여부를 판단할 수 있도록 합니다. 완료되지 않은 상태로 연결만 가지고 있거나, 출발지와 목적지가 같은 이러한 공격들은 서버에 도착하기도 전에 손쉽게 막을 수 있습니다.

해커   침입 방지 시스템   공격 패킷을 전달받지 않아 안전한 운영 가능

서버

침입 방지 시스템을 이용한 방어 예시

침입 방지 시스템을 사용하면 네트워크 중간을 가로막아 실제 패킷이 전달되는 것을 방어할 수 있습니다. 그렇다면 이렇게 많은 비용이 드는 방법 외에는 없을까요? 네트워크가 아닌 서버에서 막는 방법도 있습니다. **웹 애플리케이션 서버**Web Application Server, **WAS를 항상 패치하여 최신화 상태로 만드는 것**입니다. 웹 애플리케이션 서버의 취약점을 공격하는 경우도 많아 최신 업데이트를 하는 것만으로도 공격으로 예상되는 통신을 차단할 수 있습니다. 그리고 **서비스 중에 불필요한 서비스가 있다면 중지**하여 사용하지 않는 것도 좋은 예방법입니다. 서버의 패치만으로도 대부분의 서비스 거부 공격을 막을 수 있습니다. 큰 댐을 무너뜨리는 것은 커다란 구멍이 아니라 작은 구멍에서부터 입니다. 트래픽이 많지 않더라도 반드시 관리하고 방어해야 합니다.

> ➕ **한 줄 대응**
> 침입 방지 시스템(IPS)을 도입하고, 웹 애플리케이션 서버(WAS)를 패치하여 최신화 상태로 만든다!

통신 트래픽이 너무 많아
정상과 비정상을 구분할 수 없어요

몇 개의 통신 패킷만으로 서버를 무력화시켰던 **서비스 거부 공격(086)**과 같이 골리앗을 무너뜨린 다윗도 존재합니다만, 대부분의 기업에서는 최신 패치로 막을 수 있기 때문에 공격의 성공률이 그리 높지는 않습니다. 아직도 **뉴스에 자주 나오는 최고의 빈출 해킹 공격 1위**는 바로 다음과 같습니다.

디도스라고도 불리는 **분산 서비스 거부 공격**Distributed Denial of Service, DDoS은 해커가 여러 대의 PC를 감염시켜 **좀비**Zombie **PC(066)**로 만든 후 서비스를 계속 요청하게 하여 일반 사용자의 서비스 이용을 못하게 만드는 공격 기법입니다.

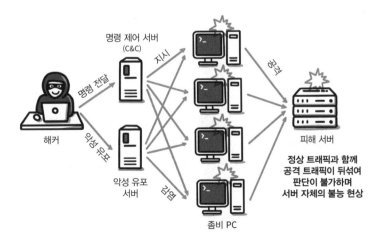

디도스 공격 절차

서비스 거부 공격(DoS)는 해커가 보낸 몇 개의 공격 패킷을 확인했다가 정상이 아닌 것을 확인하고 차단하면 막을 수 있었습니다. 그러나 **분산 서비스 거부 공격(DDoS)**은 다릅니다. 정상 사용자와 감염된 좀비 PC가 뒤섞여서 여러분의 서버를 공격하게 되고, 서버는 정상과 비정상 트래픽을 구분하지 못한 채 작동을 멈추게 됩니다.

서버를 직접적으로 표적화하여 서버에서 더 이상의 연결을 하지 못하도록 만드는 방식의 **PPS**Packet Per Second **증가 공격**, 정상적인 페이지 요청을 많이 보내어 서버에서 처리할 수 있는 능력 이상의 페이지를 호출하는 **웹 서비스 지연 공격**, 네트워크의 트래픽 공간을 꽉 채워서 더 이상 아무도 회선을 사용하지 못하게 만드는 **대용량 트래픽 전송 공격**이 대표적인 디도스 공격 유형입니다. 이러한 디도스 공격은 정상적인 이용자와 구분이 어려워 막기가 쉽지 않습니다.

☠ 증상

- 트래픽이 폭주하여 더 이상 회사의 네트워크를 이용할 수 없습니다.
- 고객센터에 이용자의 접속 불량 민원이 증가합니다.
- 서버가 느려져서 더 이상 사용할 수 없습니다.

🧰 예방 및 대처

서비스 거부 공격과는 달리 요청 자체가 늘어나면서 사용을 못 하는 경우가 발생하게 됩니다. 일반적으로 '사용량이 늘면 운영하는 서버를 늘리면 되는 것 아니야?'라고 생각할 수 있지만, 대부분의 기업은 이윤 추구를 목적으로 설립되어 운영되고 있기 때문에 사용하지도 않을 서버를 매번 늘리는 것도 한계가 있을 것입니다. 서버에서는 **백로그 큐**Backlog Queue라고 하는, PC와 연결할 수 있도록 구성하는 공간 설정값이 있는데, 이 **백로그 큐를 크게 늘리는 것**이 좋습니다. 사용자가 접근할 수 있는 폭의 크기를 늘려주면 서버에서의 병목 현상이 줄어들 수도 있습니다.

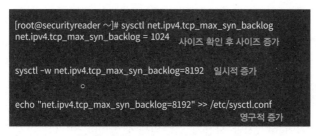

```
[root@securityreader ~]# sysctl net.ipv4.tcp_max_syn_backlog
net.ipv4.tcp_max_syn_backlog = 1024    사이즈 확인 후 사이즈 증가

sysctl -w net.ipv4.tcp_max_syn_backlog=8192    일시적 증가
                      ∘
echo "net.ipv4.tcp_max_syn_backlog=8192" >> /etc/sysctl.conf
                                        영구적 증가
```

리눅스 서버의 백로그 큐 증가 설정 기법

sysctl net.ipv4.tcp_max_syn_backlog를 통해 사이즈를 확인하고, sysctl -w net. ipv4.tcp_max_syn_backlog=8192와 같이 백로그 큐의 크기를 높여주는 것으로 대기할 수 있는 연결 수를 증가시킬 수 있습니다. 그러나 이것 또한 서버의 수용 범위 이상의 대용량 트래픽을 막을 수는 없습니다.

클라우드를 사용한다면 Auto Scaling 설정을 통해서 트래픽이 많을 때 일시적으로 서버를 증설할 수도 있습니다. 하지만 서버 몇 대를 늘리는 것으로 모든 문제를 해결할 수는 없을 것입니다. 그럴 때는 **안티 디도스**Anti-DDoS **장비**를 이용하여 차단할 수도 있습니다. 디도스 대응 장비를 통해 과도한 통신에 대해서는 실시간으로 연결별 차단 기능 제공은 물론 좀비 PC의 행위 분석까지 수행해서 차단해주기도 합니다. 이러한 안티 디도스 장비 구매가 경제적으로 부담스럽다면 국가에서 대신 보호를 해주는 서비스가 있습니다. **KISA와 금융보안원의 사이버 디도스 대피소**입니다. 디도스 대피소와 협약 후에 미리 설정해놓으면 디도스 발생 시 긴급하게 트래픽을 우회시켜 KISA나 금융보안원이 해당 디도스 공격을 막아주고 정상 이용자 트래픽만을 최종적으로 전달해줍니다.

KISA 사이버대피소
https://www.krcert.or.kr/webprotect/cyberShelters/
cyberShelters.do
**중소기업은 사전등록 신청서를 작성해서 필요시
서비스 이용 가능**

금융보안원 비상대응센터
https://regtech.fsec.or.kr/main/main
**금융보안원의 회원사는 비상대응센터와 연계하여
디도스에 대해서 대응 가능**

KISA와 금융보안원의 사이버 디도스 대피소

이렇게 사전 신청을 해두면 공격 시에 긴급 대피가 가능합니다. 더 많은 비용을 투자할 수 있는 대기업이라면 전 세계의 디도스 공격을 분산시켜 줄 수 있는 **스크러빙 센터** Scrubbing Center를 이용하면 공격 트래픽을 해외로 여행을 보내 줄 수도 있습니다. 다만, 돌아올 때는 정상 트래픽만이 귀국할 수 있습니다.

기업이 먼저 막아야 하겠지만 사용자도 주의해야 합니다. 이러한 공격에 이용되는 장비 대부분은 PC와 스마트폰 등이 **바이러스에 감염되면서 좀비 디바이스로 변하기 때문**에 발생하게 됩니다. 내 디바이스를 공격의 도구로 만들지 않기 위해서는 **백신 설치 후 주기적인 백신 검사**가 디도스 방어에 필수적 요소입니다.

> ⊕ **한 줄 대응**
> 서버의 백로그 큐를 늘리고, 안티 디도스 장비를 이용하며, 디도스 대피소와 사전 협약을 맺고, 백신 검사를 주기적으로 한다!

분산 반사 서비스 거부 공격(DRDoS)

전부 정상 사용자인데
계속 공격을 해요

좀비 PC/스마트폰을 이용한 기존 디도스 공격은 좀비가 지니는 특징이 있기 때문에 정상 사용자를 이용하더라도 어느 정도 구분할 수 있습니다. 효율적인 공격을 수행하려는 해커의 특징이 일부 공격에 나타나기에 방어 시 해당 특징을 차단할 수 있습니다. 그러나 악성 프로그램에 감염되지도 않은 정상 사용자가 마구 공격하는 기법도 있습니다.

분산 반사 서비스 거부 공격 Distributed Reflection Denial of Service, DRDoS은 해커가 별도의 악성 프로그램으로 감염시키지 않고 **IP 스푸핑**Spoofing(속이기) 기법을 이용해 정상 시스템을 통해 디도스 공격을 수행하는 기법입니다.

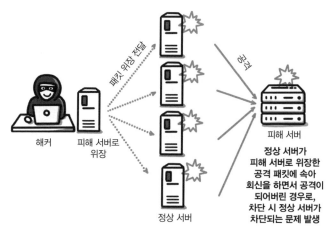

분산 반사 서비스 거부 공격 절차

앞에서 설명한 분산 서비스 거부 공격은 실제 공격을 제공한 PC 자체가 악성 프로그램에 감염된 시스템이기 때문에 차단하는 것이 가장 효율적인 방어이자 서비스 제공에 유리한 선택이었습니다. 그러나 분산 반사 서비스 거부 공격은 다릅니다. 이 공격은 피해 서버로 위장해서 **정상 서버에게 회신 공격을** 시키기 때문에 피해 서버가 정상 서버의 IP를 차단하면 정상 서버와 통신할 기회가 없어지게 됩니다. 그러다 보니 막을 수도 없고 내버려 둘 수도 없는 **계륵**과 같은 상황이 됩니다.

☣ 증상

- 정상 서버로부터 서비스 거부 공격이 발생합니다.
- 확인 결과, 공격자 IP가 외부 유명 사이트로 확인됩니다.
- 차단 결과, 정상 서버에 접속이 안 되는 장애가 발생합니다.

🧰 예방 및 대처

공격을 전송하는 정상 서버라는 형태가 어색하나요? **따뜻한 아이스 아메리카노** 같은 느낌일 수도 있습니다. 회사 사이트/서버에 공격을 전송하지만, 공격자로 판단해서 IP를 차단해서는 안 되는 경우입니다. 구글에서 이런 응답을 보낸다고 해서 공격자로 판단해 구글을 막아버리면 내부 사용자의 불만이 엄청나겠죠?

그러면 어떻게 해야 할까요? 그저 공격이 끝나길 기다려야 할까요? 아닙니다. 가장 중요한 것은 피해 서버가 요청한 적이 없는 패킷을 요청했다고 위장한다는 것입니다. **물어본 적 없음**이 핵심이죠. **인터넷 서비스를 제공하는 ISP에서 위조된 패킷의 출발지의 경우, 내**Ingress ➡ **외**Egress, **외** ➡ **내에 필터링**Filtering을 통해 IP 위조를 차단하는 것도 좋은 대응 방법입니다. 피해 서버 입장에서도 방어를 할 수 있습니다. 물어본 적/요청한 적이 없기 때문에 기존에 전달하는 요청(세션) 정보가 없습니다. **연결 상태 기반 검사** Stateful Inspection를 이용해서 방향 정보를 확인하여 요청한 적이 없다면 회신을 차단하는 것입니다. **침입 방지 시스템(IPS)과 디도스 대응 장비(Anti-DDoS)에서** 해당 기능을 지원하는 경우가 많습니다. 또한, 불필요한 외부로부터 받는 **UDP, ICMP 같은 프로토콜이**

없다면 미사용 서비스를 차단하는 것도 좋은 방법일 것입니다. TCP의 경우에도 서비스 포트 레벨로 불필요한 포트를 차단하는 것이 서버를 보호할 수 있는 효율적인 방법이 될 것입니다.

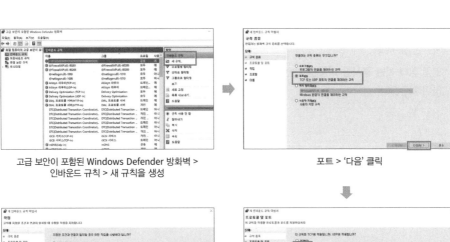

고급 보안이 포함된 Windows Defender 방화벽 >
인바운드 규칙 > 새 규칙을 생성

포트 > '다음' 클릭

연결 차단 > '다음' 클릭

사용하지 않을 프로토콜 선택 >
포트 범위 선택 > '다음' 클릭

이름 기입 > '마침' 클릭

윈도우의 Defender 방화벽을 이용한 프로토콜 차단 절차 윈도우의 Defender 방화벽, 리눅스의 Iptables, 전용 방화벽 장비와 같이 다양한 방화벽 기술을 통해서 불필요한 서비스를 효과적으로 막을 수 있습니다. 물론, 사용하는 서비스까지 막으면 안 되겠죠? ^^;

⊕ 한 줄 대응

연결 상태 기반 검사를 이용한 차단, Egress/Ingress 필터링을 통한 차단, 그리고 방화벽을 이용하여 차단한다!

089 시간 서버가 멈춰서 연결된 장비들의 시간이 전부 이상해요

기업이나 가정에서 해킹을 당했을 때 보안 전문가는 어떻게 공격을 확인할까요? 가장 먼저 여러 증거를 수집할 것입니다. 그 이후에는 수집한 증거를 분석하여 내 시스템의 어느 부분이 침해당하고 공격당했는지를 확인할 것입니다. 그런데 분석할 때 시스템별 시간이 다 다르면 어떻게 될까요?

시간 서버 증폭 공격NTP Amplification DDoS Attack은 컴퓨터 시스템 간의 시간 동기화를 위해 사용되는 네트워크 시간 프로토콜Network Time Protocol, NTP을 통해 서버를 공격하여 시간이 맞지 않거나 서비스 거부를 유발하는 공격입니다.

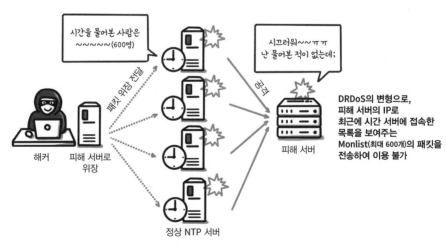

시간 서버 증폭 공격 절차

분산 반사 서비스 거부(DRDoS)의 일종으로, 네트워크 시간 프로토콜 서비스를 이용한 공격입니다. 컴퓨터도 시계를 가진 누군가에게 몇 시인지 물어보고 그 시간에 대해서 처리하도록 하는데, 그 시계를 이용해서 공격하는 거죠. 예를 들어, A가 시간을 물어보는 척해서 최근에 시간을 물어본 사람 600명을 알려달라고 하는 것입니다. 그러면 시계를 가진 사람이 600명에 대해서 알려주는데, 한 명이 아니고 여러 명이 그 대답을 해주는 것입니다. 그러면 A는 시끄러워서 정신을 못 차릴 것입니다. 이렇게 해서 A도 피해를 보고 시계를 가진 사람도 말하느라 지치게 하는 공격입니다.

☠ 증상

- 시간 서버가 멈추거나 응답을 하지 않습니다.
- 회사가 운영하는 NTP 서버로 요청한 적이 없는 과도한 응답이 발생합니다.
- 서버 간의 시간 정보가 맞지 않습니다.

🧰 예방 및 대처

시간은 침해사고 발생 시에 가장 먼저 확인하고, 여러 서비스 간의 연동을 위해서도 필수적인 데이터입니다. 따라서 시간 데이터가 맞지 않으면 여러 문제점을 동시에 수반할 수 있습니다. 결제 서버와 주문 서버가 분리되어 있는 경우, 시간 정보가 맞지 않으면 데이터의 무결성, 정합성에 문제가 발생할 수도 있을 것입니다.

그렇다면 시간 관련 문제를 해결하기 위해서 어떻게 해야 할까요? 대부분은 외부에 존재하는 **NTP 서버와의 통신에 따라 발생하는 문제**입니다. 따라서 서버는 **외부의 NTP 서버와 통신하지 않도록 설정**하는 것도 좋은 방법입니다. 내부에 별도로 한 대의 기준 NTP 서버를 두고 그 서버와 내부 서버만 통신하게 한다면 여러 대의 NTP 서버에서 공격받는 경우가 생기지 않을 것입니다. 전부 방화벽에서 "안 물어봤어"라고 대답하며 차단할 것이기 때문입니다. 반면, 사용자는 **내부 NTP가 필요 없다면 외부 공용 NTP를 사용하는 것**도 좋습니다. 대부분의 시간 서버 증폭 공격은 NTP 서버나 서버를 대상으로 하는 공격이 많은 만큼 공인 NTP 서버를 지정하여 사용하면서 NTP 서버를 만들지 않으면 서버의 관리 정도와 상관없이 공격 대상의 수량을 줄일 수 있습니다.

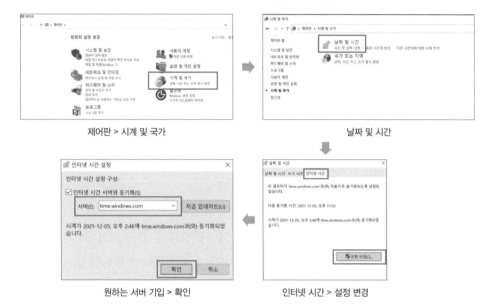

제어판 > 시계 및 국가   날짜 및 시간

원하는 서버 기입 > 확인   인터넷 시간 > 설정 변경

시간 서버 지정 방법

제어판 ➡ 시계 및 국가 ➡ 날짜 및 시간 ➡ 인터넷 시간 ➡ 설정 변경 ➡ 원하는 서버 기입 ➡ 확인을 통해서 서버 시간을 설정할 수 있습니다. 이때 설정하는 외부 공용 시간 서버는 **time.windows.com**(Microsoft), **time.bora.net**(LGU+), **time.nuri.net**(INET), **ntp.kornet.net**(KT)을 많이 사용합니다. 공격할 자산을 만들지 않는 것도 좋은 방어 포인트입니다. 또한, 내/외부에 NTP 서버를 통해 시간 정보 서비스를 하고 있다면 공격자가 되는 것을 방지하기 위해서 **불필요한 NTP Monlist 해제, NTP 서비스를 최신 버전으로 업데이트하는 것**도 중요합니다. 전체의 시스템을 일괄적으로 같은 시간으로 만들어 주는 시간 동기화 서버가 내부/외부 공격에 이용되지 않도록 주의가 필요합니다.

⊕ 한 줄 대응

서버는 내부 NTP로 통신하고, 사용자는 공인 NTP를 사용하며, 불필요한 NTP Monlist는 해제한다!

지속 가능한 서비스 거부 공격(PDoS)

스마트폰, 태블릿 PC 등 각종 무선기기 등이 망가졌어요

앞에서 여러 서비스 거부 공격 유형에 대해 알아봤습니다. DoS, DDoS, DRDoS, NTP Amplification 등 다양한 서비스 거부는 네트워크 트래픽에 부하를 일으켜서 서비스를 거부하도록 만들었습니다. 이번 공격은 한층 더 강력한데, 여러분의 기기를 영원히 사용할 수 없게 만듭니다.

지속 가능한 서비스 거부 공격 Permanent Denial Of Service은 사전에 전자기기의 펌웨어에 악성 프로그램을 삽입하여 공격을 가해서 악의적인 행동을 하게 하고, 나아가 제품 자체를 파괴해 공격 루트조차 확인하기 어려운 공격 기법입니다.

지속 가능한 서비스 거부 공격 절차

이 공격은 스마트폰, 스마트 TV, 태블릿 PC 등 각종 전자기기에 포함된 펌웨어 자체를 감염시킵니다. 각종 기기의 기본 작동에 영향을 미치는 펌웨어를 감염시켜 사용자의 정보 유출부터 해커가 원하는 악의적인 행동(예: DDoS)까지 수행할 수 있습니다. 주로 기기의 기능 변경과 보안 취약점으로 인한 펌웨어 업데이트 과정에서 악성 코드가 삽입된 펌웨어를 받게 되는 경우가 많습니다. 이렇게 한번 펌웨어가 감염되면 내부적으로 검사하려고 해도 기기의 기계적 조작 영역인 펌웨어에 있는 문제점 때문에 악성 프로그램 삭제가 잘 안 됩니다. 결국, 해커가 원하는 모든 목적이 달성되면 해당 기기는 폐기 처분되고 기기 불능으로 아무것도 하지 못하는 상태가 됩니다. 기기 자체가 파괴되면서 공격 루트도 찾지 못한 채 해커는 유유히 사라지게 됩니다.

☣ 증상

- 홈 와이파이에 연결된 여러 기기의 속도가 느려집니다.
- 기기에서 유출된 정보 때문에 2차, 3차 해킹이 발생합니다.
- 스마트폰, 태블릿 PC, 스마트 TV 등이 먹통이 됩니다.

✚ 예방 및 대처

공격이 한번 발생되면 감염된 제품 자체가 망가져야지만 끝나는 공격으로, 제품의 기본 기능 자체가 전혀 안 되며 펌웨어 원상복구도 쉽지 않은 경우가 많습니다. 실제로 해당 공격이 발생하면 수리 및 복구 비용이 새로 구매할 때와 비슷해서 원인 파악이나 수리를 포기하는 경우가 많습니다. 그렇다면 대처보다는 예방이 중요한 이러한 지속 가능한 서비스 거부 공격은 어떻게 대응해야 할까요?

제품 개발 시에 주의를 좀 더 기울여야 합니다. 제품 개발 시 안전한 제품을 만들기 위한 최초의 조치는 **공급망 공격(061)에서 알아보았던 시큐어 코딩을 통해 취약점을 최대한 없애서 해커가 공격할 경로 자체를 줄이는 것이 중요**합니다. Secure by Design을 통해 안전한 프로그램과 펌웨어를 만드는 것이 공격을 받지 않는 첫 번째 조건입니다. 펌웨어의 정합성을 매번 검증하면서 부팅 및 이용하는 **시큐어 부트**Secure Boot**를 적용**하는 것입니다. 전자기기가 시작되면서 단계별 CPU, 부트로더Bootloader(시작 시 부팅 관리), 커널Kernel(실제 명령어 작동), RootFS(루트 파일 시스템)이 변조되지 않았음을 순차적으로 검증하여 부팅하는 방식입니다. 누군가 침입하여 펌웨어를 변형하였다면 바로 확인할 수 있습니다.

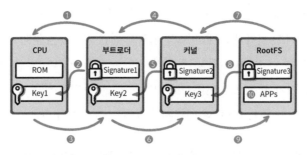

시큐어 부트 작동 원리

실행할 때만이 아니라 펌웨어를 업데이트할 때도 확인할 수 있습니다. 펌웨어를 업데이트할 때도 **섀도 IT(065)**에서처럼 **프로그램의 코드 서명을 확인**하여 업그레이드할 펌웨어를 검증한다면 업데이트하기 전에 확인이 될 것입니다. 해커가 악성 프로그램을 심어서 검증값이 달라졌는데 업데이트할 건가요? 업데이트할 사람은 아무도 없을 겁니다. 해커의 변조 여부를 확인하기 위해서 펌웨어의 전자서명 확인이 반드시 필요합니다.

⊕ **한 줄 대응**

시큐어 코딩을 하고, 시큐어 부팅을 적용하고, 프로그램 코드 서명으로 기기에서 먼저 검증한다!

웜

회사 동료가 해킹을 당했는데
저희 팀 전체가 먹통이에요

해킹이나 악성 프로그램에 당했을 때 기업에서 가장 걱정하는 부분은 무엇일까요? 피해 인원에 대한 걱정일까요? 컴퓨터 복구 비용을 걱정할까요? 아마도 이후에 다른 사람에게 피해가 확산되지 않을까를 가장 먼저 걱정할 것 같습니다. 왜 그럴까요?

웜Worm은 바이러스(048)와는 다르게 다른 프로그램에 기생하지 않고 독자적으로 실행되면서 타 시스템으로 옮겨가며 피해를 일으키는 악성 프로그램입니다.

웜 악성 프로그램 전파 공격 절차

기업의 보안 담당자들이 가장 걱정하는 것은 1명의 침해사고가 아닙니다. 1명의 사고를 시작으로 벌어지는 **추가적인 2차, 3차 피해**를 더 걱정하게 됩니다. 그러한 측면에서 보자면, 악성 프로그램 자체가 지니는 전파성으로 인해 더 큰 문제를 일으키는 것이 바로 웜입니다. 웜은 자기 복제 외에도 다른 여러 일을 하도록 설계된 악성 프로그램입니다. 시스템 파일을 삭제하거나, 암호화하거나, 이메일 송부 등과 같은 여러 악의적 행위를 수행합니다. 자기 복제를 수행하면서 발생하는 네트워크 트래픽 부하도 기업의 전체 운영망 속도를 느려지게 만듭니다. 그렇기 때문에 웜이 발생하는 순간에는 기업의 비즈니스 영속성과 효율성이 크게 타격을 받으며 보안 담당자에게 많은 부담감을 주게 됩니다. 물론, 해당 피해자도 엄청난 도의적 책임을 느끼게 될 것입니다. 본인 때문에 동료와 팀, 회사의 시스템까지도 먹통이 되는 엄청난 사고가 발생했다고 여기기 때문입니다.

😈 증상

- 회사 전체의 네트워크가 너무 느려집니다.
- 내부 PC와 PC, PC와 서버 간의 통신이 급격히 많아집니다.
- PC나 시스템 및 네트워크가 이상하다는 문의가 폭주합니다.

🧰 예방 및 대처

웜은 PC와 서버에서 움직이는 공격이기 때문에 가장 먼저 대응할 방법은 **바이러스**(**048**)에서도 알아봤었던 **백신을 이용하는 것**입니다. 바이러스 때문에 유명해진 백신이지만, 기능이 종합적으로 보완되면서 PC에 침입하는 각종 악성 프로그램을 막아주므로 보안의 가장 기본이 되고 있습니다.

백신 외에 추가로 웜에 대응하는 방법은 없을까요? 먼저, **공유 폴더 정보 유출**(**021**)과 같이 **불필요한 공유를 없애야 합니다**. 웜은 복제를 통해서 타인에게까지 피해를 주는 것을 목적으로 파괴적인 기능을 수행하기 때문에 악성 프로그램을 주고받을 구간을 없애는 것이 중요합니다. 사용 시에도 **비밀번호 설정과 매번 인증**을 이용해 웜의 복제 범위를 줄여야 합니다. 또한, **드라이브 바이 다운로드**(**047**)에서처럼 **윈도우 최신 패치 업데이트**를 통해 악성 프로그램이 취약점을 이용해 악의적 행동을 하려는 것을 방지해야 합니다. 넷스카이, 베이글, 마이둠, 웰치아, SQL 웜 등과 같이 다양한 웜이 발생할 때마다 나오는 각 웜의 특징에 맞춰서 **사용하는 네트워크 포트를 방화벽이나 라우터 등을 이용해 차단하는 것**도 권장합니다. 웜은 발생할 때마다 여러 특징을 보입니다. 이때마다

KISA, 금융보안원 및 여러 보안 업체 등에서 긴급조치 방안으로 나오는 사용 서비스 포트 **차단**을 긴급하게 수행해야 합니다.

SQL Worm 대응 및 조치 방안

한국정보보호진흥원

○ 네트워크관리자는 방화벽과 라우터에서 MS-SQL 서버가 사용하는 UDP 1434 포트를 차단한다.

○ 서버관리자는 SQL 서버 패치를 다음의 순서에 따라 수행한다.

　1. 아래의 과정을 통해 MS SQL Server 2000 SP3를 다운로드한다.
　　① http://www.microsoft.com/korea/sql/downloads/2000/sp3.asp에 접속한다.
　　② 페이지 우측상단의 '국가별 다운로드'에서 'Korean'을 선택하고 'Go'를 누른다.
　　③ 나타나는 페이지의 제일 아래에 'kor_sql2ksp3.exe(56774 KB)'를 클릭한다.

SQL 웜 대응 및 긴급 조치 방안(KISA)

악성 웜마다 이용되는 포트가 매번 다르기 때문에 긴급 공지를 통해서 내용을 확인하고 조치할 것을 권장합니다. 타인에게 폐가 되지 않도록 나 스스로 먼저 안전하게 보호해야 합니다.

➕ **한 줄 대응**

백신을 사용하고, 불필요한 공유는 제거하며, 윈도우 최신 패치를 업데이트하며, 긴급 포트를 차단한다!

공격을 당했는데 흔적이 없어요

해커가 증거를 남기지 않기 위해 **파일리스 공격(083)**이나 **지속 가능한 서비스 거부 공격 (PDoS)(090)**을 수행하지도 않았습니다. 그런데도 어떠한 증거도 남지 않고 공격의 경로를 찾아낼 수가 없었습니다. 왜 아무것도 찾을 수가 없었을까요?

보안 로그 및 모니터링 오류 Security Logging and Monitoring Failure는 부족한 보안 설정 로그나 관리로 인해서 공격으로 의심되는 활동이 로그나 모니터링으로 적절하게 관리되지 않아 발생하는 문제점입니다.

보안 로그 및 모니터링 오류 사례

해킹을 당해서 사고가 발생한 대부분의 피해자는 원인을 밝히고 문제점을 해결하기를 원합니다. 하지만 이러한 해킹 사고를 마주하는 보안 전문가들은 신이 아닙니다. 기록을 보고 역추적해가면서 사고조사를 해야 하는데, 기록이 부족하거나 아예 없다면 할 수 있는 조치가 거의 없습니다. 예를 들어, 살인 사건이 발생했다고 가정하겠습니다. 목격자가 아무도 없는 데다 이후 살인 현장에 대형 폭탄이 떨어져서 아무런 흔적조차 남지 않았다면 범인을 찾아낼 수 있는 형사가 있을까요? 하지만 아쉽게도 이처럼 목격자도 없고 대형 폭탄이 떨어져 아무런 흔적도 없는 현장은 사이버 세계에서도 비일비재합니다. 아무것도 설정하지 않은 여러분의 전자기기도 마찬가지일 것입니다.

☣ 증상

- 로그인, 로그인 실패와 같은 이벤트가 보이지 않습니다.
- 애플리케이션에서 발생한 로그가 존재하지 않습니다.
- 해킹 사고를 발견하지 못하고 다크 웹에서 유출을 인지하게 됩니다.

🧰 예방 및 대처

모든 결과에는 원인이 존재합니다. 이에 따라 사고라는 결과가 발생하게 되면 수사관이나 보안 전문가는 원인을 확인하기 위해 다양한 기술로 접근합니다. 그러나 여러분의 보안 로그 설정 실수로 인한 해킹에서는 원인을 파악하기 위한 증거 자체가 없기도 합니다.

윈도우 엔터프라이즈, 윈도우 프로페셔널, 그리고 윈도우 서버에서는 보안 로그 설정이 직접 가능하도록 구성되어 있습니다. **로컬 그룹 정책 편집기를 확인하여 중요한 보안 로그를 설정**하는 것이 중요합니다. gpedit.msc ➡ 컴퓨터 구성 ➡ Windows 설정 ➡ 보안 설정 ➡ 고급 감사 정책 구성 ➡ 시스템 감사 정책 – 로컬 그룹 ➡ 원하는 감사 그룹 ➡ 원하는 처리 범주 ➡ 마우스 오른쪽 버튼 ➡ 속성 ➡ 선택한 이벤트를 감사하도록 구성 ➡ '성공' 혹은 '성공 및 실패' 선택 ➡ 확인을 통해서 필요한 보안 로그를 남길 수 있습니다.

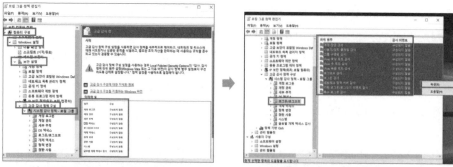

gpedit.msc > 컴퓨터 구성 > Windows 설정 >
보안 설정 > 고급 감사 정책 구성 >
시스템 감사 정책 – 로컬 그룹 정책 개체

원하는 감사 그룹 선택(순차적 처리 가능) >
원하는 처리 범주 > 마우스 오른쪽 버튼 > 속성

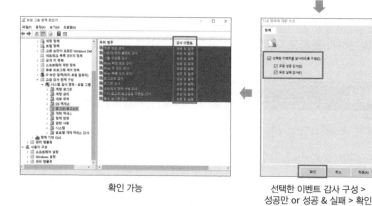

확인 가능

선택한 이벤트 감사 구성 >
성공만 or 성공 & 실패 > 확인

윈도우 주요 감사 로그 설정 방법

주요 감사 로그가 설정되어 있지 않으면 사고가 나도 사고의 발생 여부를 체크할 수가
없습니다. 감사 로그를 설정했다면 **주기적으로 감사 로그를 모니터링**하는 것도 중요합니
다. 큰 기업들은 운영 인력을 상주시켜서 정기적으로 해당 로그를 점검하여 문제점을
확인하고 있습니다.

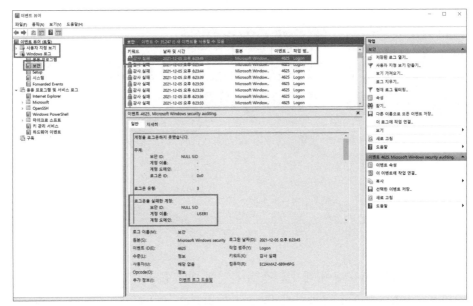

끊임없이 누군가 로그인을 시도하며 실패했다는 내용을 확인 가능

윈도우 감사 로그 확인 방법

이벤트 뷰어 ➡ Windows 로그 ➡ 보안 ➡ 이벤트 선택 ➡ 내용 확인을 통해서 실제 서버에서 발생하는 보안 이벤트 등을 확인할 수 있습니다. 로그인/로그오프의 로그를 설정해두면 해커의 접속 실패 로그를 확인할 수 있습니다. 기록하지 않은 것은 확인할 수 없고, 확인하지 않는 것은 개선될 수 없습니다. 로그 설정 및 모니터링을 하지 않는다면 사고가 나도 알 방법이 없습니다.

➕ **한 줄 대응**

로컬 그룹 정책 편집기를 통해 주요 보안 로그를 설정하고 주기적으로 모니터링한다!

상용 소프트웨어 취약점

끊임없는 보안 관련 패치를
과연 해야 할까요?

앞에서 **원데이**(**059**)와 같이 패치를 안 한 부분에 대한 공격이 있다는 것에 대해서 알아봤었습니다. 그렇다면 해커는 패치하지 않은 부분을 어떻게 알고 공격할 수 있었을까요?

상용 소프트웨어 취약점 Commercial Software Vulnerability은 상업적인 목적으로 제작 및 판매되는 소프트웨어의 관리되지 않는 버그를 통한 해커의 공격으로 기업들이 피해를 보게 되는 취약점을 말합니다.

상용 소프트웨어 취약점 공격

매년 발생하는 소프트웨어 취약점의 대부분은 바로 **오픈소스**Open Source(별도를 비용을 지불하지 않고 무료로 사용할 수 있는 프로그램)에서 발생하고 있습니다. 미국의 취약점 관련 비영리 단체인 MITRE에서 관리하는 **CVE**Common Vulnerability and Exposure(공개적으로 알려진 소프트웨어의 취약점 표기)에 의하면, 알려진 소프트웨어로 매년 몇만 개 수준의 취약점이 발생하여 CVE로 등록되고 있습니다. 실제로 이 CVE 리스트에 포함되지 않고 공격에 활용되는 취약점은 훨씬 많습니다.

Mitre의 CVE 취약점 사이트(https://cve.mitre.org)

취약점이 오픈소스 위주로 발생한다면 돈을 주고 사는 상용 소프트웨어는 안전하지 않겠냐고 생각하는 분들이 많을 것입니다. 미국 반도체 설계 회사인 시놉시스의 조사에 따르면, **조사한 상용 소프트웨어의 96%는 오픈소스를 포함하고 있고 이러한 오픈소스의 78%가 보안에 취약하다는** 것입니다. 결국, 상용 소프트웨어도 오픈소스의 취약점과 연결되어 같은 취약점을 가지고 있을 가능성이 높으며, 추가로 자체 취약점으로 **공급망 공격(061)**과 같이 연결되어 2021년 한국항공우주산업(KAI), 한국원자력연구원의 해킹 사고, 미국 솔라윈즈 해킹(미 국토안보부, 미 재무부)과 같이 상용 소프트웨어를 사용하더라도 해킹 사고가 발생할 수 있습니다. 공개되지 않기 때문에 안전하다고 여겼던 상용 소프트웨어조차 원데이 공격의 표적화에서 벗어날 수 없었습니다.

🦠 증상

- 여러 기업이 동시에 같은 취약점으로 사고가 발생합니다.
- 갑작스러운 특이 종류의 공격 트래픽이 증가합니다.
- 사용 제품 제조사의 엔지니어로부터 긴급 연락을 받습니다.

🧰 예방 및 대처

일반적으로 알려진 취약점에 대한 공격이기 때문에 **원데이(059)**의 공격 대응 방식이었던 **패치 관리 시스템(PMS)의 이용, KISA의 보호나라 실시간 업데이트 권고** 등이 모두 대응 방안에 포함은 됩니다. 다만, 문제점은 그것만으로는 대응이 어렵다는 것입니다. 상용 소프트웨어는 고객에게 납품될 때 모든 프로그램의 구조 및 소스 코드와 제품의 상세 구성을 공개하지 않습니다. 여러분이 스마트폰을 샀다고 해서 스마트폰에 포함된 OS, OS의 내부 구성, 이용된 소프트웨어 목록, 오픈소스 목록 등을 전부 알지도 고지받지도 못하는 것과 같습니다. 그렇기 때문에 상용 소프트웨어의 취약점이 발생했을 때 그 취약점을 먼저 인지하기가 쉽지 않은 것이 현실입니다.

내부 구조가 외부로 잘 알려지지 않은 이러한 상용 소프트웨어의 취약점 여부를 확인하고 제거하기 위해서는 **상용 소프트웨어의 유지보수 계약**이 최우선입니다. 소프트웨어 판매 기업은 별도의 유상 유지보수를 맺지 않았다면 무상 유지보수 기간 이후에는 지원해줄 의무가 없으며, 실제로 지원해주지도 않습니다. 가끔 온라인에 '사장님이 **유지보수 계약을 맺지 않고 관리**하자고 하는데 어떻게 하나요?'라는 질문이 종종 올라옵니다. 그 말은 앞으로 보안을 비롯한 모든 사고에서 해당 소프트웨어에 대한 지원을 받지 않겠다는 것이기 때문에 **사고가 나도 고치지 않겠다는 것**과 같습니다. 오픈소스와 달리 상용 소프트웨어를 계약할 때는 **유지보수는 선택이 아니라 필수**입니다.

또한, 상용 소프트웨어뿐만이 아닌 오픈소스 측면의 취약점도 확인하기 위해서는 오픈소스 전용 취약점 진단 프로그램을 이용하는 방법도 있으나, 제조사가 아니라면 비용까지 들여가며 진단하기는 쉽지 않습니다. **대표적인 오픈소스 관련 취약점이 발생하면 제품별로 문의하는 것**이 필요합니다. 유지보수 계약이 되어 있다면 연락을 통해 해당 제품에 대한 취약점 패치가 가능합니다.

오픈소스 취약점 발생 시 관련 문의 대응

많이 사용되는 OpenSSL, Tomcat, Apache 등에 취약점이 발생한 경우라면 좀 더 적극적으로 요청하여 조치 필요 여부를 체크해야 합니다. **2021년 말에 사상 최악의 취약점으로 발표된 Log4J 취약점(CVE-2021-44228, 45046, 4104)**과 같은 경우는 미리 전사적으로 조사하고 제품별 벤더까지 확인해서 대응하지 않는다면 여러분 회사의 사이트는 더 이상 회사의 것이 아닐 것입니다. 사고가 발생한 다음에 책임 추궁은 늦습니다. **먼저 앞서서 권리를 주장해야 합니다.** 유지보수 계약마저 안 되어 있다면 더는 사용하지 말 것을 권고합니다.

⊕ 한 줄 대응
상용 소프트웨어에 대한 유지보수 계약을 맺어 오픈소스 취약점 발생 시 문의한다!

서비스 종료

비용을 지불한다고 해도
쓰지 말라고 해요. 꼭 필요한데...

유지보수 계약은 상용 소프트웨어를 이용하기 위한 필수적인 절차이자 보안을 위한 대응 방안이었습니다. 또한, 지속해서 소프트웨어를 개선해주겠다는 **약속**이었습니다. 그러나 비용을 지불하고 싶어도 지불할 수가 없는 경우도 있습니다. 제조사에서 더 이상 쓰지 말라고 하는 경우입니다.

서비스 종료 End of Service/Sale는 제조사에서 제품 판매 종료 및 단종 선언 이후에 일정 기간이 지나면 해당 제품에 대한 유지보수나 버그 수정 및 보안 업데이트 등의 서비스를 제공하지 않는다는 공지입니다.

판매 중
On Sale

판매 중단
EoS(End of Sale)

개발 중단
EoD(End of Development)

지원 중단
EoL(End of Life)

기업에서
제품을 판매

더 이상 판매하지
않음을 선언

추가 개발 종료
(단순 운영만 지원)

공식적 지원 중단 선언
(보안 대응, 장애 대응 불가)

S/W 제품 생명주기 예시

업계나 회사에 따라 용어를 조금씩 다르게 표현하기는 합니다만 전체적인 맥락은 비슷합니다. 판매 중단 선언 이후에 **더 이상 제품을 개선하거나 패치해주지 않겠다**는 내용입니다. 공식적으로 지원이 중단된 서비스를 사용하려면 어떻게 하면 될까요?

서비스 종료(예: 윈도우 7)

대표적인 예로 **윈도우 7**이 있습니다. 윈도우 7은 **2020년 1월에 마지막으로 연장된 서비스 지원을 종료**하고 더 이상 지원을 하지 않는 것으로 발표되었습니다. 그렇기 때문에 다음 버전의 운영체제를 이용하거나 다른 운영체제로 변경하지 않고 그대로 사용하는 사용자들은 서비스 종료 이후 알려진 취약점에 노출되더라도 **더 이상 기술 지원을 받을 수가 없습니다.** 이 말은 해커가 이미 발표된 취약점을 악용한 **올데이**(0lday(**059**)라도 더 이상 막을 방법이 없다는 것입니다. 관리 사무소도 없고 사람도 다 빠져나가 문도 부서진 오래된 아파트에 나 혼자 사는 게 과연 안전할까요?

증상

- 업데이트가 더 이상 지원되지 않습니다.
- 제품/소프트웨어 제조 업체에서 지원 종료 공문을 받습니다.
- 유지보수 담당자에게서 지원 종료를 연락받습니다.

예방 및 대처

방치된 오래된 아파트, 누구도 수리할 수 없다면 그곳은 바로 무법천지가 될 것입니다. 이것은 영화에서만 일어나는 일이 아닙니다. 유지보수가 종료되었는데도 서비스를 이용하고 있다면, 여러분의 PC에서도 이러한 일이 발생할 것입니다.

제일 먼저 해야 할 대응은 **사용 가능한 대체 제품으로 전환하기**입니다. 예시에서도 언급되었던 **윈도우 7은 2020년 1월에 지원이 종료되었습니다.** 종료가 예정된 이상 **그 시점에 사용 가능한 다른 제품이었던 윈도우 10으로 전환해야** 했습니다. 대부분의 사용자는 다행히 윈도우 10으로 전환하였고, 다양한 릴리즈 버전에 맞춰 기술 지원을 받을 수 있었습니다.

수명 주기 확인(윈도우 10)

앞에서 봤던 윈도우 7은 2020년 1월까지, 윈도우 10은 2025년 10월까지 지원을 받을 수 있습니다. 현재 윈도우 11이 출시된 만큼 **이 책의 부록에서는 윈도우 11 설치 방법에 대해서도 알아보겠습니다.** 물론, 전환해야 한다는 것을 알지만 여러 상황에 따라 전환하지 못하는 경우도 있을 겁니다.

이미 PC나 서버에 설치돼 있는 구성이나 프로그램을 바꿀 수가 없다면, 재구성이 불가능한 환경이라 유지를 해야 한다면 어떻게 하면 할까요? **보안 측면에서 봤을 때는 허가가 나기 어려운 상황일 것입니다.** 이럴 때 정상 참작을 할 수 있는 두 가지 방법이 있습니다. 첫 번째는 **추가적인 기술 지원 협약 및 라이선스를 받는 경우**입니다. 공식적으로 종료가 되긴 했지만, 해당 기업이나 개인에 대해서는 종료 이후에도 추가적인 지원을 해주겠다고 약속을 받고 지원을 받는 것입니다.

목록	시작 날짜	일반 종료 날짜	연장된 종료 날짜
Windows 7	2009년 10월 22일	2015년 1월 13일	2020년 1월 14일

릴리스

Version	시작 날짜	종료 날짜
Extended Security Update Year 3*	2022년 1월 12일	2023년 1월 10일
Extended Security Update Year 2*	2021년 1월 13일	2022년 1월 11일
Extended Security Update Year 1*	2020년 1월 14일	2021년 1월 12일
Service Pack 1	2011년 2월 22일	2020년 1월 14일

추가 기술 지원 라이선스(윈도우 7)

앞에서 봤던 윈도우 7도 2020년 1월 서비스 종료 이후에는 패치가 불가하지만, ESUExtended Security Update(확장 보안 업데이트)라고 하여 3년간은 추가적인 별도의 개별 계약에 한해서만 기술 지원을 약속하고 있습니다. 꼭 윈도우가 아닌 다른 제품이라도 **기업 간에 개별 추가 계약**이 존재한다면 공식 종료가 되었다고 해도 유지보수가 불가능하지만은 않을 것입니다.

두 번째는 **네트워크에 연결하지 않고 포트를 막아버린 채 단독으로 이용**하는 경우입니다. 물론 스피커나 전기선으로도 해킹할 수 있다는 연구 논문이 있습니다만, 이는 특수한 환경에 한해서입니다. 전원만 연결하여 자체적인 연산 서버로만 이용하거나, USB나 네트워크 그 무엇과도 연결하지 않은 채 오직 눈으로만 결과를 보고 다른 PC에서 참조하는 정도로만 사용할 수도 있을 것입니다. 너무 제한적인 활용이 아니냐고 반문한다면 부인하지 않겠습니다. 그래서 가장 편하고 좋은 방식은 **사용 가능한 대체 제품으로 전환하는 것**입니다. 기능도 더 좋을 것이고, 여러분의 보안도 더 좋아질 것이기 때문입니다.

> ⊕ **한 줄 대응**
> 사용 가능한 대체 제품으로 전환하거나, 추가적인 기술 협약을 맺거나 단독으로만 이용한다!

□ 권한 상승

   불필요 권한 부여, 웹셸 업로드

□ 방어 우회

   리버스 셸, 논리 폭탄, 백신 무력화, 감사 로그 삭제, 보안 솔루션 우회 사용,

   시스템 파일 위장, 악성 프로그램 은닉

SECTION 6

권한 상승/방어 우회

해커의 공격이 피해를 주는 데 성공했다면 해커는 거기서 멈추지 않고 더 큰 이득을 취하고 더 큰 피해를 주기 위해 최선을 다할 것입니다. 그러기 위해서 더 높은 권한이 필요하고 그 권한을 올리기 위해 해커는 다양한 권한 상승을 시도합니다. 또한, 그 동안 해커는 보안 분석가, 보안 솔루션으로부터 탐지나 차단되지 않기 위해 악성 프로그램을 숨기고 우회하게 됩니다. 이 섹션에서는 해커의 집요한 공격을 살펴보고, 숨겨도 다시 찾아내는 방법에 대해서도 같이 알아보겠습니다.

095 사용자 계정 컨트롤(UAC)도 이용하는데 해킹이...

루트킷(080)에 의해 관리자 권한이 남용되는 것에 대한 방어 대책으로 '**사용자 계정 컨트롤(UAC)**도 설정했으니 권한과 관련해서는 안전하겠지'라고 생각하나요? 권한의 늪은 거기서 끝나지 않습니다.

불필요한 권한 상승 Useless Privilege Escalation은 불필요하게 과도한 권한을 이용해서 프로그램을 실행 및 이용함에 따라서 해커가 권한을 획득하여 악의적 행동을 하는 공격 기법입니다.

관리자 권한으로 실행(A)

실행 · 연결 · 권한 획득 · 권한 제어 무의미

이용자 · 과도한 권한의 습관적 실행 · 전달 · 악의적 악성 프로그램 · 감염 & 해킹

해커

불필요한 권한 상승을 이용한 공격 절차

프로그램이 마음대로 권한을 활용해 악용하는 것을 방지하기 위해서 사용자 계정 컨트롤을 설정하는 방법을 배웠습니다. 그러나 여러분이 다른 프로그램을 실행할 때마다

알람이 발생하니 귀찮아지게 됩니다. 그럼에도 설정을 하거나 아니면 습관적으로 최초 1회만 **관리자 권한으로 실행**해버리고 이후에는 메시지를 신경 쓰지 않게 됩니다. 알람이 많으니 무덤덤해진 것입니다. 이런 작은 습관 하나로 권한을 설정했던 의미가 퇴색하게 됩니다.

해커도 최초의 공격 성공 이후 환경 분석을 수행합니다. 여러분의 PC에 대해서 **일반 사용자 권한의 악성 프로그램 설치**를 성공한 이후에 여러분이 습관적으로 관리자 권한으로 연관된 프로그램을 실행하기를 기다리고 있을 것입니다. 습관적으로 실행한 순간, 권한이 **상속**Inheritance**되어 악성 프로그램도 관리자 권한**으로 실행됩니다. 평상시처럼 사용하던 프로그램만 실행했는데도 이후 악성 프로그램이 관리자 권한으로 변경되며 여러 공격을 수행하게 됩니다.

🐛 증상

- 별도의 UAC 창도 없이 악성 프로그램이 작동합니다.
- PC/서버에 다른 관리자 계정이 추가로 생성되어 이용됩니다.
- PC의 속도가 갑자기 많이 느려집니다.

🧰 예방 및 대처

내가 인지하지 못하고 있는 악성 프로그램의 실행을 차단하기 위해서 사용자 계정 컨트롤을 올렸는데도 생긴 문제점입니다. 악성 프로그램이 스스로 구동하면서 권한을 요구했다면 창을 띄우면서 경고를 하였을 것이고, 여러분이 거부를 했다면 악성 프로그램은 관리자 권한을 받지 못했을 것입니다. 그러나 잘못된 습관 때문에 권한을 승인했고, 이후 관리자 권한이 상속되어서 악성 프로그램이 실행되는 상황입니다. 따라서 **습관적으로 관리자 권한으로 실행하거나, 불필요한 관리자 권한 실행 권한 설정을 지양해야 합니다.**

습관적인 관리자 권한 실행

실행할 프로그램 마우스 오른쪽 >
'관리자 권한으로 실행' 남용 금지

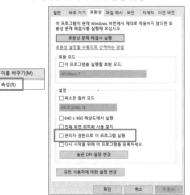

무의미한 관리자 권한 실행 설정

실행할 프로그램 마우스 오른쪽 > 속성 >
'관리자 권한으로 이 프로그램 실행' 해제

불필요한 권한 상승 예시

단순한 습관적 반복이 악성 프로그램과 만나면 보안을 위해 설정한 것들이 무용지물이 될 수 있습니다. 일반 사용자 권한으로 작동하여 관리자 영역에서는 파일 암호화를 할 수 없어야 했던 **랜섬웨어**가 불필요한 권한까지 얻게 되어 관리자 영역에 있는 파일까지 암호화하는 문제가 발생하는 것입니다. 이를 방지하기 위해서도 불필요한 권한을 부여하는 습관을 없애야 합니다.

개발자 측면에서도 변화가 필요합니다. 프로그램을 제작할 때 **실행 시 임시 파일을 만드는 행위를 지양**해야 합니다. 프로그램이 작동하면서 제작하는 임시 파일을 이용해 **경쟁 상태**Race Condition를 구성하고 프로세스 간 권한의 충돌을 일으켜 관리자 권한을 획득해서 시스템을 공격하는 시나리오는 오래된 **CTF**Capture the Flag(깃발 뺏기 방식의 해킹 대회)에서 나오는 가장 단순한 공격 기법입니다. 권한이 상속될 수 있는 임시 파일을 생성하지 않고 사용해야 불필요한 권한 상승에 대해서도 대응할 수 있습니다.

⊕ 한 줄 대응

습관적으로 관리자 권한으로 실행하거나 설정하는 것을 지양하고, 실행 시 임시 파일을 만들지 않도록 한다!

자세한 설명은 다음 동영상을 참고하세요.
https://bit.ly/Security_096

관리자 권한이 남용되어 해커에게까지 전달되면 악성 프로그램 설치부터 시작해서 중요 정보 유출, 시스템 파괴 등 각종 공격이 발생한다는 것을 알아보았습니다. 그래서 관리자의 권한을 주지 않기 위해서 운영체제의 권한 관리를 잘해야 할 텐데, 과연 그것으로 충분할까요? 웹 서버의 권한 관리는 그 정도로 끝나지 않습니다.

웹셸 업로드 Webshell Upload는 해커의 공격 도구인 스크립트로 구성된 웹셸을 업로드하고 실행시켜 웹 서버의 관리자 권한 등을 취득하는 공격입니다.

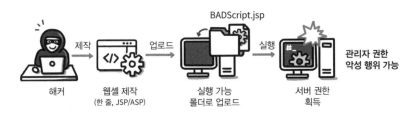

웹셸 업로드 공격

운영체제인 윈도우, 리눅스 등에서 열심히 권한 관리를 통해 **관리자 권한/루트 권한**을 취득하지 못하도록 방어를 했음에도 결국 공격당하고 맙니다. 공격자는 한 줄 또는 그 이상의 스크립트 형태의 웹셸을 서버에 업로드합니다. 이후 업로드된 웹셸을 요청하기만 하면 그 웹셸에 대한 요청은 웹 서버의 권한으로 서버에서 수행됩니다. 따라서 마치 웹 화면에서 윈도우의 관리자 권한을 받은 것처럼 명령창을 받게 되고 마음대로 서버를 망가뜨리거나 정보를 유출하는 등의 공격을 수행할 수 있게 됩니다. 서버의 권한을 획득해서 크립토마이닝부터 분산 서비스 거부 공격(DDoS), 개인정보 유출 사고까지 다양한 용도로 악용할 수 있게 됩니다.

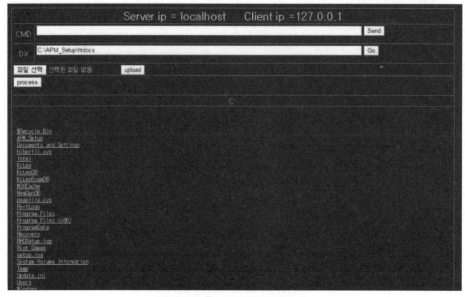

명령어 수행, 경로 확인, 추가 파일 업로드,
모니터 화면까지 포함해서 **악의적 공격 기능 제공**

웹셸 작동 화면 예시

웹셸이 서버에 업로드되어 실행된 순간부터 그 서버는 우리의 서버가 아니라 해커 소유가 되는 것입니다.

☠ 증상

- 업로드 폴더에 모르는 ASP, JSP, PHP와 같은 스크립트 파일이 업로드됩니다.
- 권한이 탈취되어 중요 정보 및 개인정보 유출이 발생합니다.
- 서버의 여러 폴더에 이상한 파일들이 많이 생깁니다.

🧰 예방 및 대처

앞에서 알아봤었던 운영체제 수준의 관리자 권한을 열심히 제어해도 어쩔 수 없이 발생하는 웹 서버의 취약점입니다. 이러한 취약점은 그동안 권한 제어를 위해 해왔던 모든 노력을 비웃고 해커가 서버를 마음껏 유린하게 됩니다. 그렇다면 이러한 웹셸은 어디서부터 막아야 할까요? 제일 중요한 예방은 서버에서도 **웹 서버**Web Application Server, **WAS를 구동시키는 별도의 계정으로 분리**해야 합니다. 웹 서버를 구동시키는 계정이 관리자 계정이나 루트 계정과 같이 최상위 권한인 경우에 침해가 발생하면, 그 계정 권한 범위 자체가 동일하게 침해당하게 됩니다. 군이 해당 권한까지 부여하지 않아도 작동시킬 때는 크게 문제가 없습니다. 계정 추가를 통해 웹 서버용 별도 계정을 등록하여 이용할 것을 권고합니다.

그다음으로는 **업로드되는 자료 폴더의 위치와 실행 권한을 관리**해야 합니다. 기존에 실행되는 소스 코드와 동일하지 않은 **별도의 공간에 두고** 서로 이동이 불가능하도록 모듈을 구현해야 합니다. 특히, 파일이 업로드되는 공간에서는 실행을 통해 공격하는 만큼, 업로드되는 자료 폴더는 **폴더의 속성이나 권한을 통해서 실행 권한을 제거**해야 웹셸이 업로드되더라도 별도로 실행되는 문제를 해결할 수 있습니다. **업로드된 파일을 불특정한 위치와 파일명으로 변경**하면 공격자가 추측을 통한 웹셸 실행을 할 수 없습니다.

업로드 시에 파일 확장자 필터링을 통해서 스크립트 언어(ASP, JSP, JSPX 등) 파일을 차단하는 것도 좋은 대응 방안입니다. 서버 내에서 작동하기 위해서는 단순한 JPG, GIF 같은 이미지 파일들이 아니라 작동이 가능한 스크립트 언어 확장자이어야 하므로 해당 확장자를 서버에서 업로드할 때 차단하는 것도 고려해야 합니다. 서버가 너무 여러 개라서 소스 코드를 전부 수정할 수가 없을 때는 **웹 방화벽**Web Application Firewall, WAF에서 이러한 웹셸 업로드를 막아줍니다.

실제로 당한 것으로 의심된다면 KISA에서 제공하는 웹셸 탐지 도구를 서버에 설치하여 웹셸 존재 여부를 체크할 수 있습니다. **KISA 보호나라 중소기업 홈페이지 보안 강화**[17]의 **휘슬**Whistle **& 캐슬**Castle**을 이용**하면 보안을 한층 강화할 수 있습니다.

---

17 https://www.boho.or.kr/webprotect/samCompany.do

서버에 웹셸이 있는지를 찾기 위해서는 휘슬,
네트워크를 통한 해킹 공격 시도를 막기 위해서는 캐슬

보호나라 > 보안점검 > 중소기업
홈페이지 보안강화 선택 > 서비스 이용 신청

KISA 제공 웹셸 탐지 도구(휘슬, 캐슬)

KISA 보호나라 ➡ 보안점검 ➡ 중소기업 홈페이지 보안강화 ➡ 서비스 이용 신청을 통해서 무료로 휘슬과 캐슬을 이용할 수 있습니다. 그 외에도 **Baregrep, Everything, File Finder와 같은 파일 검사 도구**를 통해 JSP, JSPX와 같은 파일의 리스트를 검색하여 **웹셸 존재 여부를 체크**할 수 있습니다. 그리고 홈페이지의 백업 파일을 웹 서버 내에 같이 올려두는 경우가 많은데, **백업 압축 파일은 반드시 분리해서 보관**해야 합니다. 분리하지 않으면 소스 코드가 유출될 수 있어서 해커가 서버 구조를 이해하고 취약점을 손쉽게 찾을 수 있게 됩니다. 이러한 파일 하나를 웹셸로 찾게 되면 더 이상 그 서버와 정보는 여러분의 것이 아닙니다. 우리 회사의 홈페이지 전체 구성과 보안 취약점이 전부 해커에게 전달되면서 소유권이 해커로 바뀌게 됩니다. 이후 여러분이 사용하려면 해커에게 사용료를 내야 할 수도 있습니다.

➕ **한 줄 대응**

웹 서버 계정을 분리하고, 실행 권한을 제거하며, 업로드 확장자를 필터링하고, 휘슬 & 캐슬을 이용한다!

분명히 외부에서 요청하는 모든 접속을 차단했는데...

'**인바운드**Inbound', '**아웃바운드**Outbound'라는 용어를 들어보았나요? 어려운 용어가 아니라 외부에서 내부로, 내부에서 외부로와 같이 방향성을 얘기하는 용어입니다. 홈페이지, 웹 서버가 보통 위험하다고 말하는 이유는 인바운드(외부에서 내부)로의 접근으로 외부 인원이 방문하여 안전성에 대한 검증 문제가 발생하기 때문입니다. 그래서 보안 담당자도 눈에 불을 켜고 해당 트래픽을 감시하고 있습니다. 그런데 해커는 생각지도 않았던 방향에서 공격하기도 합니다.

리버스 셸 Reverse Shell은 외부에서 내부로 접근하는 방식이 아닌, 외부의 해커가 **응답**Listen 포트를 열고 내부에서 그 포트로 요청하여 통신 구간을 연결해 해커가 마음대로 명령을 내릴 수 있는 공격 기법을 말합니다.

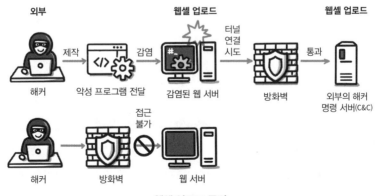

웹셸 업로드 공격

일반적인 접근 방식인 **외부에서 내부 형식의 SSH(22), RDP(3389)** 등의 터널 접속은 보안 장비인 **방화벽**Firewall에 대부분 막혀 공격이 불가능합니다. 그러나 해커가 악성 프로그램을 통해서 감염시킨 이후에 그 웹 서버가 직접 외부에 존재하는 해커의 명령 서버로 통신 채널을 연다면 얘기가 달라집니다. **내부에서 외부**에 대한 통신이기 때문에 특수 목적이 없는 일반 포트는 잘 막지 않는 경우가 많습니다. 이러한 맹점을 이용해서 **네트워크 통신을 위한 도구(NetCat, Putty 등)**를 이용하여 미리 준비된 외부의 명령 서버에 터널 연결을 시도하게 되면, 방화벽에서는 내부 웹 서버의 외부 통신이기 때문에 아무런 제지 없이 통과시키면서 내부와 외부를 연결하는 공격 터널 채널이 만들어지는 것입니다. 이후부터는 그 공격 터널 채널을 이용해서 내부의 다양한 서버를 해커가 마음대로 오가며 공격할 것입니다.

☠ 증상

- **외부에서 해커가 내부의 서버를 조정하게 됩니다.**
- **웹 서버가 직접적으로 특정 IP에 대해서 연결을 시도합니다.**
- **외부 기관으로부터 의심 IP 접속에 대한 경고를 받습니다.**

🧰 예방 및 대처

리버스 셸은 보안에 대한 지식이 있는 상태에서 일반적인 연결이 막히기 때문에 우회를 선택하여 공격하는 상급 기술입니다. 자세히 확인하지 않으면 기존의 평범한 연결로 오해하기 쉽습니다. 오해하는 순간, 여러분의 회사 전산실에 해커의 땅굴이 만들어지게 됩니다. 상상만 해도 끔찍합니다. 여러분에게 땅굴을 막는 법을 알려드리겠습니다. **관리자 권한의 원격 접속 차단을 설정**합니다. 외부에서 Root나 Administrator와 같은 권한을 이용해 접근하려고 해도 애초에 권한을 열어놓지 않으면 계속해서 에러 로그를 많이 발생시킬 것이고, 각종 보안 장비의 도움으로 해당 로그를 통해 침해 시도를 파악할 수도 있을 것입니다. 이렇게 **차단되거나 접속을 시도한 로그를 분석하여 외부에서 원격 접속 시도를 탐지**할 수도 있습니다. 리눅스에서는 **/var/log/secure의 로그 조회, lastb 최근 접속 실패 시도 조회**와 같은 방식으로 어떤 아이디로 로그인을 시도했고 실패했는지에 대한 내용을 확인할 수 있습니다.

```
[root@securityreader ~] # lastb –R
root        ssh:notty Web Jul 21 20:36 – 20:36 (00:00)
root        ssh:notty Web Jul 21 20:36 – 20:36 (00:00)

[root@securityreader ~] # cat /var/log/secure
Jul 21 20:39:16 localhost sshd[2668]: Accepted password for root from 192.168.1.246 port 1089 ssh2
Jul 21 20:39:16 localhost sshd[2668]: pam_unix(sshd:session): session opened for user root by (uid=0)
Jul 21 20:52:19 localhost useradd[2841]: new group: name=newuser, GID=501
Jul 21 20:52:19 localhost useradd[2841]: new user: name=newuser, UID=501, GID=501
Jul 21 20:52:23 localhost su: pam_unix(su-l:session): session opened for user newuser by root(uid=0)
```

원격 접속 시도 탐지(리눅스)

또한, 스케줄링 방식(At, Crontab, 작업 스케줄러 등)을 통해 작업하고 있는 프로세스를 정기 **적으로 점검**할 수도 있습니다. SSH, Putty, NC 등과 같은 도구를 이용해서 터널을 발생시키기 때문에 주요 프로세스 목록을 주기적으로 검사해서 비교해보고 이상 발생 시 알람을 전달할 수도 있습니다. 그 외에도 **계정을 관리하는 파일(/etc/passwd, /etc/ shadow)의 관리자 권한 계정 등록을 주기적 점검**하는 방식도 좋은 대응 방안입니다.

좀 더 쉬운 방법으로는 **방화벽에서 웹 서버의 소스 포트 중 Unknown Port(1024 이상의 비목적성 포트)를 전부 차단**하는 것입니다. 서버는 외부에서 내부로의 목적으로만 구성된 경우가 많습니다. 웹 서버의 포트는 서비스가 가능한 포트(80-HTTP, 443-HTTPS)로 구성되며, 1024 이상의 비 서비스형의 포트(8080, 8443 제외)로 구성되는 경우는 많지 않습니다. 그에 따라 **서버 내부에서 외부로 보내는 미사용 소스 포트를 방화벽에서 차단**하는 것도 효율적인 대응이 될 수 있습니다. 상태 정보가 기억Stateful되는 방화벽은 기록 관리를 통해서 방향성을 고려할 수 있기 때문에 통과 및 차단 수행이 좀 더 쉽습니다. 이후에도 백신 등을 이용해서 악성 프로그램 작동을 막으며, 실시간으로 **외부 기관과 정보 공유를 통해 악성 C&C 서버 리스트를 받아 방화벽으로 접속 차단**을 하면서 효율적으로 방어할 수 있습니다.

> ⊕ **한 줄 대응**
> 관리자 원격 접속을 차단하고, 접속을 시도하는 로그를 확인하며, 불필요한 웹 서버 포트와 외부 C&C IP를 차단한다!

098

백신이나 샌드박스 같은 보안 솔루션에서도 이상 없었는데...

대부분의 악성 프로그램은 백신의 패턴 탐지 기법을 통해서 탐지되고 차단됩니다. 그러나 알려지지 않았거나 패턴이 변하는 악성 프로그램은 백신만으로는 막기가 쉽지 않습니다. 그래서 가상으로 존재하는 **샌드박스**Sandbox를 이용해 미리 작동시켜서 탐지하고 있습니다. 그러나 이러한 다계층 보안 환경도 뚫을 수 있는 공격이 있습니다.

논리 폭탄 Logical Bomb은 특정 날짜나 시간, 환경 등의 조건이 충족되었을 때 악의적인 행동을 할 수 있도록 만들어진 프로그램을 이용한 공격 기법입니다.

웹사이트 　　배포→논리 폭탄 프로그램 다운로드 　실행→보안 프로그램 탐지 우회 (백신, 샌드박스) 　조건 충족→시간 조건, 환경 조건 충족 시 악성 행동 작동

논리 폭탄 작동 절차

악성 프로그램이 작동하는 데 첫 번째 걸림돌은 바로 백신입니다. 여러분은 보통 백신을 통해서 악성 프로그램을 탐지/차단합니다. 그래서 악성 프로그램은 **시간 조건을 넣어서 '5일 뒤 작동' 혹은 '사용자의 입력이 있을 때 작동'과 같은 조건들**을 넣어서 백신을

우회하도록 합니다. 그래서 방어 기술로 **샌드박스**SandBox가 출시되었습니다. 샌드박스는 가상 환경에서 악성 코드를 실행시키고 날짜를 변경하는 등의 조건을 맞춰 악성 코드의 우회를 탐지하고 차단합니다. 그런데 여기서 공격자는 한 번 더 **우회를 시도**합니다. 탐지를 위한 **가상 환경이라면 작동하지 않도록 하는 조건**입니다. 이러한 방식처럼 공격자가 원하는 조건을 추가하여 보안 솔루션 및 악성 코드 분석가들이 찾아내지 못하도록 하는 논리폭탄 공격은 점점 더 여러분을 노리고 있습니다.

☣ 증상

- 백신이 설치되어 있어도 알람 없이 이상한 사이트에 접속됩니다.
- 주변에 있는 여러 PC의 작동이 멈춥니다.
- 샌드박스, APT, 백신 등의 솔루션이 있으나 작동하지 않습니다.

🧰 예방 및 대처

보안 솔루션의 존재를 가정하고 움직이는 이러한 악성 프로그램은 사람들의 행동 패턴을 이해하고 공격합니다. 그러다 보니 일반적인 설정만으로는 막지 못하는 경우가 많습니다. 단순하게 시간 조건만 설정이 돼도 기본적으로 1~2분 동안 행위 분석만 수행하는 보안 장비들은 해당 공격을 탐지하지 못하게 될 것입니다. 이러한 공격을 예방하기 위해서는 **불법 복제된 프로그램을 사용하지 않거나 블로그처럼 신뢰할 수 없는 곳에서는 프로그램을 내려받지 않아야** 합니다. 또한, **최신 운영체제 패치 및 컴퓨터에 설치된 다른 소프트웨어에 대한 패치를 적용**하여 악성 프로그램이 이용할 취약점을 만들지 않는 것도 중요합니다. **의심스럽거나 위험한 프로그램은 별도의 가상 환경(VMware, VirtualBox) 등에서 실행**하여 조심하는 것도 하나의 방법일 것입니다.

Vmware Workstation Player　　　　　　　　　　　VirtualBox

가상 환경 제공 프로그램

가상 환경에서 이용한다면 악성 프로그램이 작동하더라도 범위를 제한할 수 있으며, 가상 환경을 탐지하여 우회하는 악성 코드라면 아예 작동하지 않을 것입니다. **기업이라면** 이러한 우회 공격을 어떻게 막아야 할까요? 피해 범위도 더 넓고, 공격자는 해당 기업의 보안 솔루션을 분석하여 진화된 공격으로 취약점을 노릴 것입니다. 그래서 방어하는 기업도 해커를 속일 수 있는 진화된 방식인 **허니팟**Honey Pot, **사이버 디셉션**Cyber Deception**을 구성하여 방어**할 수 있습니다. 미리 만들어둔 덫과 같은 이 두 가지 시스템은 가상 환경이라는 한계와 해커가 미리 만들어둔 우회 옵션을 적용한 논리 폭탄에 대해서 작동할 수 있는 환경을 구성합니다. **실제 환경인 것처럼 해커를 유인하여 악의적인 행동을 유도**하고, 이후 그 행위를 분석하여 실제 환경에 적용하게 됩니다. **실제 환경과 유사한 방어 체계**는 논리 폭탄을 이용한 우회 공격을 탐지/차단할 것입니다.

> ⊕ 한 줄 대응
> 의심스러우면 가상 환경에서 실행하고, 허니팟/사이버 디셉션을 구성하여 방어한다!

만병통치약인 백신을 설치했는데도 작동하지 않아요

사이버 세상의 만병통치약인 백신을 설치하여 사용하면 상당수의 악성 코드에 대응할 수 있습니다. 유용한 백신이 최고의 효율성을 자랑하는 보안 솔루션임에는 틀림이 없습니다. 다만, 해커도 여러분이 백신을 믿고 방심하고 있다는 것을 알고 있다는 것이 문제입니다.

백신 무력화 Kill Antivirus는 악성 프로그램이 본인이 작동하기 전에 자신을 탐지할 보안 소프트웨어(특히 백신)의 프로세스나 서비스를 강제로 종료시키는 공격을 말합니다.

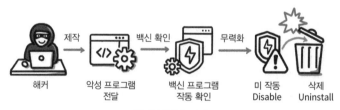

백신 무력화 절차

앞에서 악성 프로그램은 백신에 탐지되지 않기 위해서 특정 조건을 추가해서 탐지/차단을 우회하는 수동적인 역할을 수행했다면, 이번 악성 프로그램은 더 적극적입니다. 우회 공격을 위한 해커의 부단한 노력과 이를 탐지하고 차단하려는 백신의 대응은 마치 뫼비우스의 띠와 같습니다. 그런 와중에 해커는 해결책을 찾아냅니다. 바로 백신을 제거하기로 마음먹습니다. 터미네이터가 과거로 돌아가 저항군을 이끄는 적의 수장을 죽이기로 마음먹은 것처럼, 악성 프로그램도 백신 자체를 무력화하기로 작정한 것입니다. 백신도 결국은 프로그램이기 때문에 **프로그램을 종료시키거나 탐지/차단 기능을 끄면** 작동하지 않습니다. 여기에서 한 발 더 나간 악성 프로그램도 있습니다. 아예 **백신을 삭제**시켜 앞으로 탐지되지 않도록 하는 방식입니다.

외부를 통해서 전달된 다운로드 파일 > 임시폴더에 백신을 삭제하는 악성 코드 생성
예: C:\Documents and Settings\(사용자계정)\Local Settings\Temp\svchost.exe
파일을 이용해 WinLogon 서비스 항목을 등록, 방화벽 비활성화 & 백신 제거(Uninstall) 수행

백신을 삭제하는 악성 프로그램 예시

외부로부터 다운로드된 파일은 임시 폴더에 악성 프로그램을 만들고 하나씩 접근하여 마침내 백신을 삭제하게 됩니다.

☣ 증상

- 설치된 백신이 작동하지 않습니다.
- PC의 브라우저에 바로가기 및 즐겨찾기가 증가합니다.
- 설치된 백신이 사라집니다.

🧰 예방 및 대처

악성 프로그램이 작동하지 못하도록 하기 위해서는 끊임없이 **백신의 작동 및 탐지 기능을 종료하지 못하도록 막아야** 합니다. 기본적으로 백신은 이러한 악성 프로그램의 작동 방식을 알고 있기 때문에 **자가 보호 기능**을 갖고 있습니다. 그래서 설치될 때의 **권한을 기준으로 함부로 종료할 수 없도록 구성**하고 있습니다. 이러한 기능이 있더라도 설치할 때 관리자/시스템 권한을 이용하지 않으면 백신에서 권한을 획득하지 못할 수도 있습니다. 그렇기 때문에 백신을 설치할 때는 **[관리자 권한으로 실행]을 선택 후 설치**하여 악성 프로그램이 백신을 함부로 종료시키지 못하도록 해야 합니다.

또한, 백신을 제거하는 악성 프로그램이 작동하지 않기 위해서는 평상시에 비정상적인 경로의 P2P나 블로그 등과 같은 곳에서 프로그램을 받지 않고 **공식 홈페이지와 같은 안전한 경로를 사용**해야 합니다. 그리고 백신은 항상 최신 버전으로 업데이트하여 악성 프로그램이 작동하지 않도록 주의해야 합니다.

백신이 삭제되었다면 **랜섬웨어 – 화면 잠금(052)에서** 알아보았던 **안전 모드 접속 방법을 참고하여 악성 프로그램이 실행되기 전에 백신을 재설치하고 재검사**를 통해 악성 프로그램을 제거하는 게 좋습니다. 재설치와 재검사를 반복적으로 수행하여도 백신이 계속 삭제된다면 **KISA의 보호나라에서 맞춤형 전용 백신**[18]을 이용하는 방법도 있습니다. 이 전용 백신은 일반적인 만병통치약이 잘 듣지 않을 때 해당 병균을 직접 죽이는 치료 주사와 같습니다.

KISA 보호나라 맞춤형 전용백신

---

18   https://www.boho.or.kr/download/dedicatedVaccine/download.do

보호나라 ➡ **보안서비스** ➡ **맞춤형 전용백신**을 통해서 필요한 악성 프로그램 치료를 위한 도구를 다운로드받을 수 있습니다.

⊕ 한 줄 대응

백신을 관리자 권한으로 설치하고, 백신이 지워지면 안전 모드에서 재설치하고, 전용 백신을 이용해 차단한다!

감사 로그 삭제

윈도우에 열심히 감사 로그를
남겨놨는데 사라졌어요

보안 로그 및 모니터링 오류(092)에서 해커의 공격을 인지하기 위해 감사 로그를 설정했습니다. 해커가 여러분의 PC에 원격 요청을 시도하여 로그인에 성공하거나 실패하면 그 흔적을 모두 감사 로그로 확인할 수 있었습니다. 이러한 OS 레벨의 감사 로그를 통해 해커를 추적할 수 있습니다. 문제는 이 방식을 해커도 안다는 것입니다.

감사 로그 삭제 Delete Audit Log는 해커가 악의적인 해킹을 마친 후 본인이 한 행위에 대해서 흔적을 남기지 않기 위해 이벤트 로그 등을 삭제하는 공격을 말합니다.

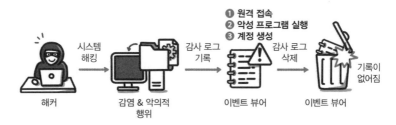

감사 로그 삭제(윈도우 기준)

운영체제에서는 사용자/관리자의 흔적을 제공하는 감사 로그가 있습니다. 사용자/관리자의 이벤트에 대한 기록이 감사 로그에 남고, 감사 로그를 통해 어떤 행위를 수행했는지 확인할 수 있는 것입니다. 예를 들어, 해커가 침투했다면 0) 로그인 시도, 1) 원격 접속 성공, 2) 악성 응용 프로그램을 실행, 3) 추후 재접속을 위한 악성 계정 생성과 같은 행위 모두가 **윈도우 이벤트 뷰어**에 순차적인 감사 로그로 남겨지는 것입니다. 보안 전문가들 입장에서는 너무 좋은 기능입니다. 문제는 해커도 운영체제의 이 기능을 안다는 것입니다. 해커는 감사 로그의 기록을 통해 자신의 행위가 자세하게 남게 되고 분석을 당할 것을 예상할 수 있습니다. 그래서 본인이 공격했던 흔적을 모두 지우려 합니다.

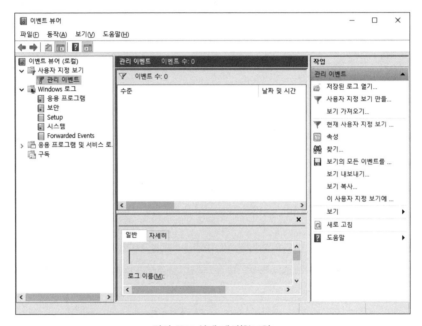

감사 로그 삭제 예시(윈도우)

감사 로그가 삭제되면 보안 분석가들은 분석할 거리가 없으니 멍하니 하늘만 볼 수밖에 없게 되는 것입니다.

🐛 증상

- 감사 로그의 이벤트가 사라집니다.
- 감사 로그 삭제를 위한 프로그램 작동 흔적이 확인됩니다.
- 윈도우 이벤트 관리 도구(wevtutil.exe)의 작동 기록이 확인됩니다.

✚ 예방 및 대처

악성 행위에 대한 확실한 근거 자료인 감사 로그를 해커 역시 알고 있기 때문에 지우는 경우가 자주 있습니다. 감사 로그가 삭제된 경우에는 어떻게 대응해야 할까요? 일반적인 프로그램이라면 어떠한 경우에라도 감사 로그를 함부로 지우지 않습니다.

설정을 잘해 놨음에도 **감사 로그가 지워진 흔적을 발견했다면 해킹을 당했다고 생각하고 대응**을 준비해야 합니다. **파일 시스템 분석, 타임라인 분석과 같은 침해사고 대응과 포렌식 기술**을 이용해서 해커의 흔적을 역추적해야 합니다. 윈도우에서 파일 시스템의 흔적을 찾기 위해서는 **MFT**Master File Table(볼륨에 존재하는 모든 파일과 디렉터리에 대한 정보를 가진 테이블), **USNJournal**Update Sequence Number Journal(변경된 기록을 관리하는 제어 코드) 등으로 구성된 **NTFS**(윈도우 NT의 파일 시스템 구조)를 NTFS Log Tracker 등으로 확인할 수 있습니다. **이를 통해 실제 감사 로그가 지워진 후에도 해커의 실제 악성 프로그램 실행, 다운로드 내역, 감사 로그의 삭제 시도 등 여러 가지 파일 시스템에 존재하는 기록을 확인**할 수 있습니다.

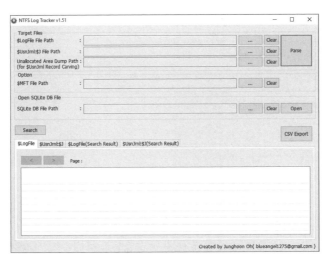

파일 시스템 분석 도구(NTFS Log Tracker)

NTFS Log Tracker는 파일 시스템의 실제 기록을 분석하는 도구로, 각종 침해사고에 많이 사용합니다. 하지만 다루기가 쉽지 않은데, 이 도구를 사용하고자 한다면 검색 및 학습을 통해서 미리 실습해볼 것을 추천합니다.

너무 어려운 방법이라고 생각하는 분들에게는 좀 더 쉬운 방법을 알려드리겠습니다. 감사 로그 파일이 사라지기 전에 **백업을 통해 복사본을 만들어놓는 방식**입니다. C:\Windows\System32\winevt\Logs\System.evtx와 같이 시스템에서 사용하는 이벤트 로그 파일을 한 주나 한 달 등과 같이 정기적으로 백업한다면 감사 로그 삭제에 대한 위협이 줄어들 것입니다. 파일을 통한 백업 외에도 **시스템 레벨의 백업이 있는 경우 이전 시스템 상태를 복원해서 로그와 시스템을 원상 복구**할 수도 있습니다.

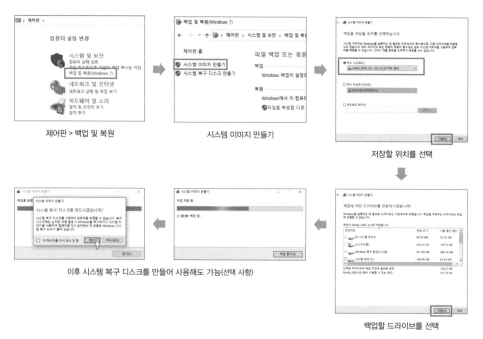

제어판 > 백업 및 복원 · 시스템 이미지 만들기 · 저장할 위치를 선택

이후 시스템 복구 디스크를 만들어 사용해도 가능(선택 사항) · 백업할 드라이브를 선택

윈도우 시스템 레벨의 백업 방법

제어판 ➡ 백업 및 복원 기능 ➡ 시스템 이미지 만들기 기능을 통해 안전한 시점의 시스템 백업 이미지를 제작해두었다가 나중에 문제가 발생하면 복원하여 사용하면 됩니다.

➕ 한 줄 대응

파일 시스템 분석 도구를 활용하고, 이벤트 파일과 시스템 단위의 백업을 해둔다!

보안 솔루션 우회 사용

누군가 허가되지 않은 프로그램을 이용해요

여러분의 회사에서는 해커의 공격이나 바이러스의 침투에 대비해 여러 장치를 준비해놓고 있습니다. 그러한 안전장치 덕분에 내부 임직원들의 고의나 실수로 인한 침해사고를 방지하고 있습니다. 그런데도 편의성을 위해서 몰래 허가받지 않은 프로그램을 이용하기도 하는데요. 이는 **섀도 IT(065)**의 한 유형으로, 사고로 바로 이어질 수도 있습니다.

보안 솔루션 우회 사용 Using Security Solution Bypass은 내부 사용자나 임직원 등이 허가되지 않은 프로그램을 보안 솔루션이 탐지나 차단하지 못하도록 우회(예: 프락시)하여 사용하는 방식을 말합니다.

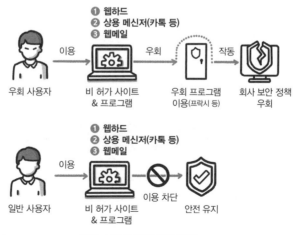

보안 솔루션 우회 사용 절차

회사에서는 비즈니스 조건 및 사무 환경에 따라 그에 맞는 보안 정책을 세워 운영하고
있습니다. 일반적으로 지정된 사내 메신저와 메일 등을 통해 업무를 보게끔 합니다. 지
정된 적절한 통제를 통해 내부 자료에 대한 외부 유출, 외부 공격에 대한 방어를 하고
있습니다. 그런데 내부 사용자의 입장은 다르죠. 일을 보는 도중에 카카오톡과 같은
상용 메신저로 지인들과 연락도 하고 싶고 네이버 메일 등 개인 메일 계정을 사용하고
싶을 때도 있습니다. 그러다 보니 우회 프로그램(예: 프락시, 토르 브라우저)을 이용하여
회사의 보안 정책을 피해서 이용하는 것입니다.

보안 솔루션 우회 사용 예시(토르 브라우저)

이러한 우회 프로그램은 보안 정책을 우회하게 되어 회사의 중요 데이터가 유출될 수
도 있습니다.

🦠 증상

- 임직원이 허가받지 않은 사이트나 프로그램을 이용합니다.
- 관제센터에서 이상한 사이트에 대한 접속 기록을 확인합니다.
- 내부 사용자 PC에서 악성 프로그램의 감염 흔적이 확인됩니다.

🧰 예방 및 대처

내부 사용자의 악의적인 의도라기보다는 본인의 편의성 때문에 한 행위가 회사에 악영
향을 미치게 되는 경우입니다. 보통은 방화벽의 IP 위주의 차단 정책을 우회하는 경우
가 많습니다. 대표적인 방식으로 토르 브라우저나 프락시 도구를 통해서 우회하게 되

는데, 다양한 방법을 동원하여 막을 수 있으며, 애초부터 프로그램이 작동하지 않도록 할 수도 있습니다. **관리자 권한 제어 등을 통해서 우회 프로그램이 작동할 수 없도록 만드는 것**입니다. 사용자에게 관리자 권한을 주지 않기 위해서 **관리자 권한 제거 솔루션**(Powerbroker, Avecto, EPM 등)이나 윈도우 **GPO**Group Policy Object(**그룹 정책**)를 통해서 관리가 가능합니다. 또한, 별도의 솔루션 없이 토르 브라우저 등을 막기 위해서는 **우회를 위해 사용하는 IP를 차단**하는 방법도 있습니다.

토르 브라우저 사용 확인 페이지
(check.torproject.org)

https://check.torproject.org/exit-
addresses에서
존재하는 IP를 차단하여 토르 브라우저 사용을 금지

토르 브라우저를 우회 사용하는 IP 차단 리스트 확인

토르 브라우저에서 이용되는 IP를 차단하면 내부 사용자가 우회하려고 할 때도 확인이 되어 차단이 가능할 것입니다. 나무위키 등이 이러한 방식을 통해서 토르 브라우저를 통한 접근을 자체적으로 차단하고 있습니다.

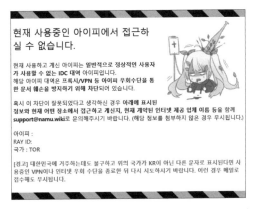

토르 브라우저 접근 시 차단 메시지(이미지 출처: 나무위키)

사용자가 프락시를 통해 우회할 때는 IP나 포트를 바꾸는 경우가 많습니다. 그렇지만 사이트나 애플리케이션이 사용하는 패턴 자체를 바꾸는 부분이 아닌 만큼 **인터넷 통제 시스템(Webkeeper, eWalker 등)이나 차세대 방화벽**Next Generation Firewall, NGFW **등을 이용해 애플리케이션의 특징, 프로파일링을 잡아서 우회를 차단**할 수도 있습니다. 이후 지속적인 보안관제를 통해서 이상 이벤트를 탐지해서 우회하는 사용자를 특정할 수도 있을 것입니다.

가장 효율적이면서 저렴한 방법은 바로 **내부 임직원에 대한 보안 인식 제고**입니다. 내부 임직원에게 해당 행위에 대한 **위험을 인지시키고** 이로 인해 발생하는 문제에 대한 **책임을 전달**하여야 우회하는 행위를 하지 않게 됩니다. 우회 시 발생하는 문제에 대한 책임 및 처벌을 분명하게 알려준다면 그렇게 하는 사람은 거의 없을 것입니다. 혹여 발생하더라도 그 부분은 감수하겠다는 사람이기 때문에 그에 따른 처벌을 하면 됩니다. 기업 보안에서 보안 담당자의 가장 큰 역할은 보안 측면의 위험에 따라 임직원들에게 하지 말아야 할 것과 해도 되는 것을 알려주는 것입니다.

> ⊕ **한 줄 대응**
> 관리자 권한 제거, 토르 브라우저를 사용하는 IP 차단, 애플리케이션의 프로파일 차단, 임직원에 대한 보안 인식을 제고한다!

시스템 파일 위장

윈도우의 기본 프로그램만 띄워져 있는데...

자세한 설명은 다음 동영상을 참고하세요.
https://bit.ly/Security_102

앞에서 우리는 주로 별도의 프로세스, 별도의 프로그램으로 구성된 해커의 악성 프로그램에 대해 알아보았습니다. 이렇게 잘 보이는 악성 프로그램이 있지만, 좀 더 은밀하게 숨어서 잘 보이지 않도록 구성된 악성 프로그램도 있습니다. 방어를 우회하면서 공격하기 위해 시스템 파일인 것처럼 숨어 있는 것입니다.

시스템 파일 위장 Masquerading System File은 악성 프로그램이 작동할 때 백신이나 사용자에게 탐지/차단되는 것을 우회하기 위해서 윈도우와 같은 운영체제에서 사용하는 기본 파일인 것처럼 위장하는 공격 기법입니다.

시스템 파일 위장 절차

취약점을 통한 악성 프로그램을 만들어 백신의 탐지 대응보다 빠르게 공격하려는 해커도 있지만, 빠른 공격보다는 백신이나 사용자에게 탐지나 차단되지 않는 것을 더 중요시하는 해커도 있습니다. 컴퓨터에 익숙한 사용자라면 기본적으로 이용되는 프로그램과 **어색한 이름의 프로그램 파일**을 어느 정도 구분할 수 있습니다. 그래서 이름만 보고도 쉽게 악성 여부를 체크할 수 있습니다. 해커들도 이러한 점을 잘 알고 있기 때문에 진화합니다. 프로세스 이름을 바꿔서 티 나지 않게 자연스럽게 시스템으로 스며듭니다. 마치 처음부터 존재하던 프로그램인 것처럼 숨어서 은밀히 접근하는 것이죠.

🐛 증상

- 특이한 파일이 보이지 않는데도 PC가 느려집니다.
- 개인정보 유출, 광고 팝업, 이상한 바로가기가 추가됩니다.
- 특별한 악성 프로그램이 확인되지 않습니다.

🧰 예방 및 대처

시스템 파일 위장 공격은 사용자의 직관만으로 찾기가 쉽지 않습니다. 매번 봐왔던 파일명이라 이상할 것이 없다고 여기기 때문입니다. 그러나 100% 같지는 않습니다. 가장 단순하게 침투하는 방식은 **이름을 비슷하게 하는 경우**입니다. 크롬 브라우저(chrome.exe) 대신에 chrone.exe, 탐색기(explorer.exe) 대신에 exploer.exe와 같이 한두 글자만 다르게 하여 사용자가 알아차리기 어렵게 한 **타이포스쿼팅(사이버스쿼팅)(045)** 방식도 많습니다. **이름이 비슷하여 구별이 쉽지 않은 경우에는 프로그램 디지털 서명값 확인을 통해 실제 시스템 파일 여부를 확인할 수 있습니다.**

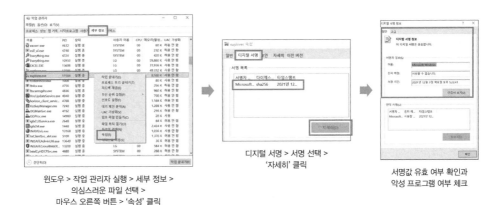

디지털 서명 > 서명 선택 >
'자세히' 클릭

서명값 유효 여부 확인과
악성 프로그램 여부 체크

윈도우 > 작업 관리자 실행 > 세부 정보 >
의심스러운 파일 선택 >
마우스 오른쪽 버튼 > '속성' 클릭

시스템 파일 위장 절차

악성 프로그램을 제작하는 해커는 프로그램 서명이 가능한 인증서를 획득하지 않는 이상 **동일한 디지털 서명을 남길 수 없습니다.** 그래서 이 방식으로 마이크로소프트에서 제작한 서명값인지 아닌지를 체크하여 확인할 수 있는 것입니다. 좀 더 확실한 방법으로 가볼까요? **세계적인 백신들을 모아서 검사**해주는 사이트가 있습니다. 바로 **바이러스 토털**VirusTotal[19]이라는 곳입니다. **의심스러운 파일의 위치를 찾아서 드래그 & 드롭으로 검사**하면, 해당 파일의 악성 여부를 확인할 수 있습니다. 한두 개의 백신이 탐지하지 못한 악성 프로그램을 수십 개의 백신으로 확인하는 방식입니다.

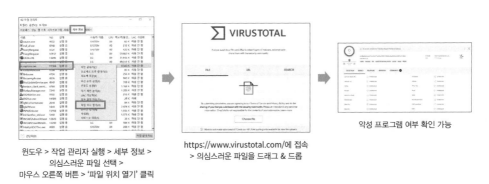

윈도우 > 작업 관리자 실행 > 세부 정보 >
의심스러운 파일 선택 >
마우스 오른쪽 버튼 > '파일 위치 열기' 클릭

https://www.virustotal.com/에 접속
> 의심스러운 파일을 드래그 & 드롭

악성 프로그램 여부 확인 가능

바이러스 토털을 이용한 악성 프로그램 검사

바이러스 토털을 좀 더 효과적으로 이용할 수 있는 프로그램도 있습니다. 마이크로소

---

19 https://www.virustotal.com/

프트에서 인수한 **Sysinternals의 Process Explorer를 이용하면 사용하고 있는 프로세스 전부를 바이러스 토털을 통해 검사**할 수 있습니다.

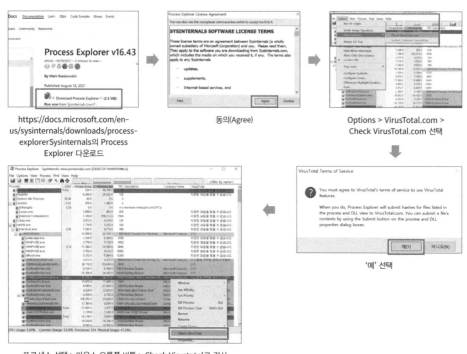

프로세스 선택 > 마우스 오른쪽 버튼 > Check Virustotal로 검사

Sysinternals의 ProcessExplorer를 이용한 검사

마이크로소프트의 지원 페이지[20]를 통해 Sysinternals의 Process Explorer 무료 다운로드와 이용이 가능하며, 전체 프로세스에 대한 **해시**Hash(프로그램의 고유한 계산 값)를 제출하여 악성 프로그램 여부를 점검하게 됩니다. 단, 이렇게 확인된 프로그램은 **프로세스 끝내기 이후에 삭제**하기를 권고합니다.

> ➕ **한 줄 대응**
> 프로그램 디지털 서명값을 확인하고, 바이러스 토털을 이용한 검사, Process Explorer를 이용하여 프로세스 전체를 검사한다!

---

20   https://docs.microsoft.com/en-us/sysinternals/downloads/process-explorer

바이러스 토털에서 검사했는데도
아무것도 안 보여요

자세한 설명은 다음 동영상을 참고하세요.
https://bit.ly/Security_103

악성 프로그램 방어 우회의 초급 버전인 시스템 파일 위장에 대해서 알아봤습니다. 많은 악성 프로그램은 파일명이 다르기 때문에 약간의 주의를 통해서 알아볼 수 있거나, 시스템 파일에 덧붙이거나 위장한 경우도 바이러스 토털 등을 이용하여 확인할 수 있었습니다. 이제 방어 우회의 고급 버전에 대해 알아보겠습니다.

악성 프로그램 은닉 Hiding Malware은 실제로 작동하는 악성 프로세스를 인식이 불가능하도록 연결된 정보(EPROCESS)를 수정합니다. 그래서 숨어서 작동하나 작업 관리자에서도 보이지 않는 악성 프로그램을 말합니다.

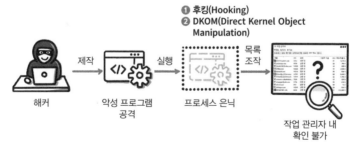

악성 프로그램 은닉

이전의 악성 프로그램들은 이름을 비슷하게 만들기, 작동하고 있는 시스템 파일에 덧붙이기 등의 방법으로 최대한 탐지/차단되지 않는 방식을 사용했습니다. 그러나 이번에는 작업 관리자에서도 리스트 확인을 할 수 없게 모든 활성화된 스레드/프로세스(프로그램이 작동하는 단위)를 포함하는 연결 리스트인 **EPROCESS의 목록**을 수정하여 앞과 뒤의 링크를 서로 연결하여 본인의 위치를 숨기는 방식입니다. 실제로는 존재하지만 보이지 않는 악성 프로그램이 만들어지게 됩니다. 마치 유령과 같습니다. 이렇게 보이지도 않는 유령 같은 존재에 어떻게 맞서야 할까요?

🦠 증상

- 작업 관리자에서도 악성 프로그램이 보이지 않습니다.
- 바이러스 토털을 통해 검사해도 이상이 없습니다.
- 컴퓨터가 느려지거나 개인정보가 계속해서 유출됩니다.

🧰 예방 및 대처

이 공격은 악성 프로그램의 방어 우회의 고급 버전으로, 컴퓨터를 잘 모르는 일반인이 쉽게 대응할 수준이 아닙니다만, **루트킷(080)** 탐지 도구를 이용하면 일부 탐지되는 경우가 있긴 합니다. 그러나 알려지지 않는 방식, 응용해서 공격을 수행하는 방식, 일반적인 루트킷 탐지 도구를 우회하는 방식도 있습니다. 그래서 보안 전문가들이 수행하는 좀 더 전문적인 방법으로 대응해보겠습니다. 악성 코드를 탐지하기 위해서는 **메모리 덤프**를 만들어야 합니다. **FTK Imager나 DumpIt 같은 도구를 이용**해 메모리에 존재하는 모든 내용을 덤프_{Dump}(한 번에 복제를 제작)로 만들어 분석해야 합니다.

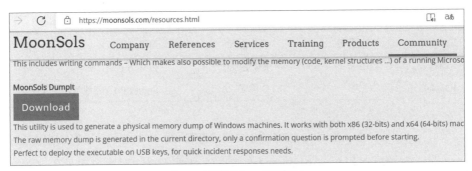

This includes writing commands – Which makes also possible to modify the memory (code, kernel structures ...) of a running Microso

MoonSols DumpIt

Download

This utility is used to generate a physical memory dump of Windows machines. It works with both x86 (32-bits) and x64 (64-bits) mac
The raw memory dump is generated in the current directory, only a confirmation question is prompted before starting.
Perfect to deploy the executable on USB keys, for quick incident responses needs.

Moonsols를 통한 DumpIt 다운로드

```
DumpIt - v1.3.2.20110401 - One click memory memory dumper
Copyright (c) 2007 - 2011, Matthieu Suiche <http://www.msuiche.net>
Copyright (c) 2010 - 2011, MoonSols <http://www.moonsols.com>

    Address space size:        1073741824 bytes (   1024 Mb)
    Free space size:           29963374592 bytes (  28575 Mb)

  * Destination =

  --> Are you sure you want to continue? [y/n] y
  + Processing... Success.
```

다운로드 후 실행 > Y를 통한 전체 메모리 Dump 생성

DumpIt 다운로드 및 덤프 생성

Moonsols[21]에 접속해서 DumpIt를 다운로드하여 실행하면 메모리를 전체 복사한 덤프가 생성됩니다. 이 덤프를 이용해 **메모리의 상세 분석**을 할 수 있습니다. 대개는 **Volatile Systems에서 만든 Volatility라는 메모리 분석 오픈소스**를 많이 사용합니다. 명령어 창에서 **tasklist ➡ tasklist.txt**를 통해 현재 존재하는 작업 관리자가 볼 수 있는 프로세스 리스트를 보여줍니다. 그리고 분석하기 위해 Volatility 도구를 이용해 덤프의 프로파일을 확인(**vol.py –f 덤프파일.raw imageinfo**)합니다.

---

21 https://moonsols.com/

항목	후킹	DKOM	설명
Tasklist	X(미 존재)	X(미 존재)	작업 관리자
Pslist	O(존재)	X(미 존재)	한 바퀴 돌며 확인
Psscan	O(존재)	O(존재)	Signature 구조체 탐지

실행하는 **vol.py -f --profile=실제 OS 프로파일(예: WinXPSP3x86) -f 덤프파일.raw psxview --output-file =c:\psxview.txt** 명령을 통해 실제 프로세스 목록을 확인할 수 있습니다.

위와 같이 결과를 확인해 몰래 은닉하는 **후킹**Hooking과 **DKOM**Direct Kernel Object Manipulation을 모두 잡아낼 수 있습니다.

```
Offset(P)    Name                 PID pslist psscan thrdproc pspcid csrss sessi
on deskthrd
--- -------  ---------            --- ------ ------ -------- ------ ----- -----
0x09c6dbf8 navipex.exe           1916 True   True   True     True   True  True
True
0x098433c0 9pSrchMn.exe           196 True   True   True     True   True  True
True
0x09b93bb0 WinCtrCon.exe         3012 True   True   True     True   True  True
True
0x098b5360 csrss.exe              660 True   True   True     True   False True
True
0x09cb2178 smss.exe               612 True   True   True     True   False False
False
0x09670530 SafetyNutManage       1444 False  True   True     False  False False
False
0x09c6d8a8 hcssrv.exe             492 False  True   True     False  False False
False
```

Tasklist: 작업 관리자에 표시 가능한 목록 표시
Pslist: Active Process Link Traversal 방식으로 검사
Psscan: EPRoCESS Signature Scanning

Tasklist 미 존재, Pslist 미 존재, Psscan에 존재하는 경우로 DKOM 방식의 악성 은닉 코드 확인 가능

[추가] 종료 여부 확인 : thrdproc과 같이 다른 지표들도 False이면 종료된 프로세스로 예상

은닉 프로세스 유형 파악

은닉하고 있는 악성 프로그램의 위치가 **확인되었다면 해당 위치의 악성 코드를 삭제**하고, 더 나아가서는 **중요 자료를 백업한 후에 포맷**을 해야 더 이상의 침해사고를 방지할 수 있습니다.

➕ 한 줄 대응

메모리 덤프를 만들고, 메모리를 상세 분석하며, 중요 자료를 백업 후 포맷한다!

해커는 다 나쁜 게 아니었나요?!?!

지금까지 여러분은 많은 해킹 사고에 대해서 알아보았습니다. 이곳에서는 해킹 사고를 일으키는 해커에 대해 좀 더 알아보겠습니다. 사고를 일으키는 해커는 전부 다 같은 해커일까요? 그렇지는 않습니다. 단순하게 해킹 도구 몇 개의 사용법만 알아서 해킹을 시도하는 **스크립트 키디**Script Kiddie부터 해킹을 통해서 사회를 바꾸고 정치적인 목적을 달성하려는 어나니머스Anonymous 같은 **핵티비스트**Hacktivist, 전형적인 범죄를 저지르는 해커로서 크래커Cracker라고도 불리는 **블랙 해커**Black Hacker, Black Hat Hacker, 취약점 진단 & 모의 해킹 등을 통해 기업의 보안 수준을 높이는 **화이트 해커**White Hacker, White Hat, Hacker까지 다양한 목적을 가지고 본인이 원하는 행위를 하기 위해서 해킹을 수행합니다.

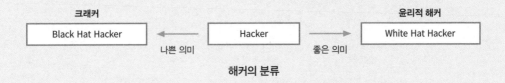

해커의 분류

요리사에게 칼은 맛있는 요리를 만드는 도구로서 여러 사람을 행복하게 해주는 것이지만, 강도에게 칼은 사람을 해치는 도구로서 여러 사람을 불행하게 만들 수도 있습니다. 이처럼 같은 해킹 기법이라고 해도 보안 수준을 높이기 위한 화이트 해커와 범죄를 저지르기 위한 블랙 해커가 끊임없이 대립하게 됩니다.

사전 승인 없는 해킹은 정보통신망법 제48조 침해행위 등의 금지 조항에 의해서 정당한 허락 없이 침입해 악성 프로그램을 전달, 유포함에 따라 처벌받게 됩니다.

분명한 범죄 행위에 대해서는 다양한 예방 & 대응법을 익혀 여러분의 중요한 정보와 자산을 잘 보호하기를 바랍니다.

☐ 서비스 검사

☐ 사내 협업 도구 공격

☐ 사내 파일 공유 공격

☐ 임시 및 잘못된 구성

☐ 원격 데스크톱 프로토콜 공격

SECTION 7

내부 이동 공격

해커는 집요하게 공격을 진행했고, 마침내 시스템에 지속적인 영향을 주는 데 성공했습니다. 이후에는 어떠한 일이 벌어질까요? 한 시스템을 장악하는 것으로 만족할까요? 해커는 좀 더 많은 시스템을 장악하고 피해를 주고자 할 것입니다. 이 섹션에서는 한 개의 시스템에 만족하지 않은 해커가 어떠한 방식을 통해 공격을 점차 확대해 나가는지에 대해 알아보고, 피해 확산의 징후 및 피해 확산을 줄일 방법에 대해서 알아보겠습니다.

104

서비스 검사

켜져 있는 시스템, 열려 있는 서비스를 노리는 하이에나

해커가 마음대로 할 수 있는 PC/서버를 얻게 된 이후에 해커는 새로운 목표를 세웁니다. 바로 기업과 가정 내의 모든 기기에 대한 권한을 획득하는 것이죠. 그 목표를 이루기 위해 정찰부터 다시 시작합니다.

서비스 검사 Scanning Service는 연결된 네트워크를 이용하여 운영 중인 서버/PC의 서비스를 구성하는 프로토콜(TCP/UDP)의 포트를 검색하는 공격 기법을 말합니다.

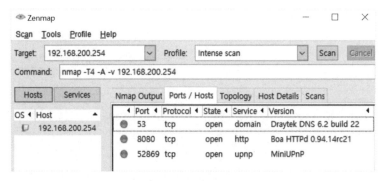

서비스 검사 사례(NMAP/Zenmap)

외부에서 지켜만 보던 해커가 드디어 문을 열고 집 안으로 들어왔습니다. 그러면 이제 또 다른 공격을 위해서 방문을 열어가며 집의 구조를 파악할 것입니다. 그래서 해커는 최초의 공격을 수행하기 위해 진행했던 정보 수집/정찰 단계를 **내부망 관점**으로 다시 수행하게 됩니다. 외부에서 집을 바라보던 모습과 집 안에서 바라보는 모습은 다르기 때문에 다시 네트워크를 검사하여 새로 문을 따고 들어가야 할 목표를 검사하기 시작합니다. 시스템이 서비스를 식별하는 단위인 **포트**Port를 일일이 확인하면서 새로운 공격 목표를 찾는 것입니다. 한 시스템을 획득한 직후부터 시작하는 일이죠.

☣ 증상

- 내부 네트워크 간에 불필요한 패킷/트래픽의 양이 늘어납니다.
- 포트를 검사하려는 스캐닝 트래픽이 발생합니다.
- 보안이 취약한 서비스 위주로 접속하려는 시도가 확인됩니다.

🧰 예방 및 대처

내부망으로 접속한 해커의 최초 공격은 정보 수집을 위한 서비스 검사부터 시작되었습니다. 내부망의 다른 목표를 찾기 위해 갑자기 늘어난 포트 스캐닝 트래픽으로부터 공격은 시작됩니다. IP/포트를 증가시키면서 한 개씩 서비스를 찾아가는 방식을 통해 공격 가능한 경로를 찾게 됩니다.

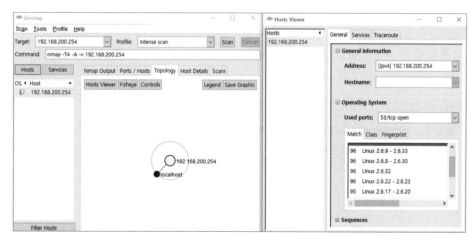

서비스 검사 후 경로(토폴로지) 및 수집 정보

해커의 새로운 공격 목표 지정을 막기 위해서는 정보를 주지 않아야 합니다. 정보를 주지 않기 위해서는 **불필요한 서비스를 열지 않는 것**이 중요합니다. 해커에게 정보를 회신하는 것은 열려 있는 서비스 기준으로 전달해주게 됩니다. **사용하지 않는 불필요한 서비스를 구동시키지 않아야** 해커에게 정보를 주지 않을 수 있습니다. 또한, **방화벽을 통해서 허용한 서비스 외에는 모두 차단**해야 합니다.

서비스 구성상 기본으로 포트가 오픈된 경우라도 네트워크 방화벽이나 호스트 방화벽(윈도우, 리눅스) 등을 이용하면 차단되어 별도의 허용 없이는 접근할 수 없습니다. **분산 반사 서비스 거부 공격(DRDoS)(088)의 방화벽 처리**를 참고하면 좋습니다. 또한, 방화벽이나 IPS가 있다면 해당 구간에 대한 공격 기록이 남게 됩니다. 이러한 **공격 기록을 이용한 통합 보안 관제 솔루션**Security Information & Event Management, SIEM**이나 통합 모니터링 도구인 ESM**Enterprise Security Management**, NMS**Network Management System**를 이용하면 알림**을 받을 수도 있습니다. 1개의 서버에 포트 번호를 바꿔가며 여러 번 요청하는 방식의 연결을 시도하기 때문에 알림 설정을 해놓으면 공격을 시도하는 시스템을 빠르게 파악할 수 있습니다.

또한, **FTP나 Telnet과 같은 암호화하지 않은 보안에 취약한 서비스를 이용하면 공격자의 타깃**이 될 수 있습니다. 암호화하지 않기 때문에 사용자의 아이디와 비밀번호를 쉽게 획득해서 공격에 활용할 수 있습니다. 공격할 여지를 주지 않는 것이 해커의 정보 수집을 방해할 수 있는 가장 좋은 솔루션입니다.

> ⊕ **한 줄 대응**
> 불필요한 서비스는 사용하지 말고, 방화벽 이용을 차단하고, SIEM 알림 서비스를 받고, 보안에 취약한 서비스는 이용하지 않는다!

사내 협업 도구 공격

사내 메신저를 통한 문의라서 믿고 얘기했는데...

자세한 설명은 다음 동영상을 참고하세요.
https://bit.ly/Security_105

회사에서는 다른 사람들과 업무를 공유하고 지원받아야 하는 경우가 많습니다. 혼자서 업무를 진행하는 형태보다는 협업 방식이 많죠. 그러다 보니 임직원 간의 업무 교류 또는 질의 응답 채널로 사내 협업 도구를 이용합니다. 그런데 이러한 생산성 도구도 공격의 대상이 될 수 있습니다.

사내 협업 도구 공격 In-company Collaboration Tools Attack은 사내 임직원 사이에 커뮤니케이션 용도로 사용되는 협업 도구를 활용해 사칭 또는 정보를 유출하는 공격 기법을 말합니다.

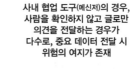

사내 협업 도구(메신저)의 경우, 사람을 확인하지 않고 글로만 의견을 전달하는 경우가 다수로, 중요 데이터 전달 시 위험의 여지가 존재

또한, 최근의 협업 도구는 업무 연속성을 위해 대화 기록을 지속 유지하는 경우도 다수 존재함. 비밀번호 & 주요 정보 유출 가능

사내 협업 도구 공격 사례

사내 협업 도구인 메신저나 메일을 이용할 때는 별도의 확인 없이 상대를 신뢰하고 업무를 수행하게 됩니다. 사내 협업 도구를 신뢰하지 않고 쓰는 것은 업무 효율상 어려우나, 100% 모든 것을 신뢰하고 사용하는 것도 보안 측면에서는 취약할 수 있습니다. 예를 들어, **금융정보 피싱(004)**에서 알아봤던 바와 같이 카톡이나 메신저로 누군가 돈을 빌려달라는 신뢰 기반의 공격이 있었던 것처럼, 동일한 방식으로 **비밀번호를 알려달라는 경우**가 발생하는 것입니다. '사내 메신저로 임직원의 ID로 직접 문의가 왔는데 알려줘도 되지 않나요?'라고 생각한다면, 해커는 그 생각을 노리고 내부의 다른 시스템을 공격하기 위해 여러분의 도움을 받을 것입니다.

☣ 증상

- **사내 협업 도구를 통해 비밀번호 및 주요 정보에 대한 질문을 받습니다.**
- **사내 시스템(포털) 등에 내가 하지 않은 로그인 기록이 발생합니다.**
- **사내 시스템에 로그인하여 각종 데이터를 밤새 조회한 기록이 발생합니다.**

🧰 예방 및 대처

사내 협업 도구는 생산성을 높이기 위한 기업들의 필수 선택 요소입니다. 기존의 자체 개발(In-House)에서 최근 SaaSSoftware as a Service(프로그램을 빌려서 사용하고 비용 지급) 방식까지 다양한 방식으로 사용하고 있습니다. 특히, 최근 재택근무가 늘어감에 따라 다양한 협업 도구가 회사에서 기본으로 이용되고 있습니다. 협업 도구는 문서 공유까지 가능한 효율성 좋은 도구이지만, 해커에게는 공격의 좋은 수단으로도 이용됩니다. 신뢰를 100% 하기에도, 신뢰하지 않기에도 어려운 사내 협업 도구, 어떻게 사용해야 할까요? 협업 도구를 통해 업무를 수행할 때는 **비밀번호와 같은 주요 정보는 전달해서는 안 됩니다.** 이는 협업 도구뿐만이 아니라 메일에서도 마찬가지로, 비밀번호는 **일방향 암호화**되어 있어야 하며, 그 누구도 다시 복호화해서 확인 후에 전달해서는 안 됩니다. 그 비밀번호가 다른 시스템에 사용되는 경우도 많기 때문에 사용 중인 비밀번호를 전달해서는 절대 안 됩니다. 비밀번호 변경 시에도 유선(전화) 등 별도의 채널을 통해서 초기화 비밀번호만 공유하는 것이 좋습니다.

또한, 초기화 비밀번호 전달 시에도 **최초로 사용할 때는 반드시 비밀번호가 변경되도록 강제화 설정**이 되어 있어야 합니다. 그래야 전달한 이후에도 그 시스템에 대한 사용 비밀번호가 본인 이외에는 그 누구도 알지 못하는 안전성이 확보됩니다.

또한, 사내 협업 도구는 **외부에서 접속하지 못하도록 설정**되어야 합니다. 비즈니스 프로세스상 외부 접속이 필요할 때에는 **사내 접속자와 사외 접속자를 분리하여 메신저상의 표시 이후 기능을 제한**해야 합니다. 이러한 식별자 표식으로 임직원 사칭 위험에서 좀 더 안전할 수 있습니다.

그리고 사내 협업 도구를 접속할 때는 주기적인 타임아웃 설정을 통해서 해커가 한 기기를 획득해도 지속해서 이용할 수 없게 하며, **로그인 시에 반드시 추가 인증**Multi Factor Authentication, MFA을 하도록 하여 해커가 아이디와 비밀번호만으로는 로그인할 수 없도록 해야 합니다.

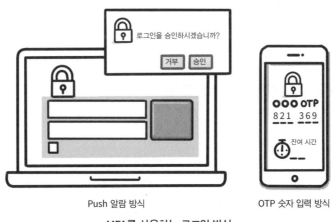

Push 알람 방식　　　　　　　OTP 숫자 입력 방식

MFA를 사용하는 로그인 방식

약간은 불편할 수도 있습니다만, 약간의 불편함이 해커에게는 불가능한 환경이 될 수 있습니다. 내가 조금 더 불편하면 할수록 해커는 점점 더 어려워집니다.

⊕ **한 줄 대응**

사용 중인 비밀번호를 전달해서는 안 되며, 초기 비밀번호 변경을 강제화하고, 사내/사외 접속자를 분리 구현하며, 로그인 시에 추가 인증(MFA)을 한다!

106 사내 시스템을 사용한 것뿐인데 악성 프로그램에...

여러분은 회사에서 파일을 어떻게 주고받나요? 일반적으로는 회사에서 제공하는 그룹웨어(사내 메일)나 포탈 형태로 임직원 간에 정보 공유를 할 것입니다. 그 외에도 **기업 콘텐츠 관리 시스템**Enterprise Content Management, ECM**, 공유 폴더** 등을 이용할 것입니다. 이러한 사내 파일 공유도 해커에게는 공격 대상입니다.

사내 파일 공유 공격 In-company File Sharing Attack은 사내 임직원 간의 협업을 위해서 이용되는 파일 공유 시스템(그룹웨어, 문서 중앙화, 공유 폴더) 등을 공격하여 데이터를 유출, 파괴하는 공격을 말합니다.

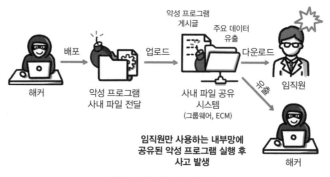

사내 파일 공유 공격 절차

임직원만 이용할 수 있는 사내 업무망에서 타인이 올린 자료를 열어 실행만 했을 뿐인데도 악성 프로그램에 감염되어 여러 시스템이 탈취/파괴되는 공격입니다. 보통 메일과 게시판을 담당하고 있는 **그룹웨어 시스템**, 모든 자료를 중앙 통제화하여 수행하는 **기업 콘텐츠 관리 시스템(일명, 문서중앙화), 공유 폴더/네트워크 스토리지**Network Attached Storage, NAS 등과 같이 다양한 방식을 이용해 서로의 중요 자료를 공유합니다. 이 지식 공유의 장이 악성 프로그램 공유와 정보 유출의 장으로 변질될 수도 있습니다.

☣ 증상

- 사내 파일 공유 시스템에 실행 파일이 공유됩니다.
- 사내에 악성 프로그램 감염자가 대량으로 발생합니다.
- 웜, 바이러스, 랜섬웨어 등 다양한 감염 및 침해사고가 발생합니다.

🧰 예방 및 대처

사내의 편의성과 지식 공유를 위해 만들어놓은 파일 공유 시스템이 공격당하는 경우입니다. 실제 업무에서 가장 많이 활용되는 도구를 이용해 모든 임직원을 대상으로 직접 타격하는 공격 방식입니다. 특히 기업 콘텐츠 관리 시스템, 네트워크 스토리지와 같이 기업의 지식 자산을 모아 놓는 서버가 공격당하면 걷잡을 수 없는 대형 사고로 번집니다. 기업의 모든 데이터가 **랜섬웨어를 통해 암호화**되거나 내부 **주요 데이터의 외부 유출** 등 기업의 존폐에 직접적인 타격을 줄 만한 사건으로 확대될 수 있습니다. 그러면 어떻게 해야 파일 공유 시스템에 대한 해커의 공격을 막을 수 있을까요?

가장 먼저 확인해야 할 것은 **파일 확장자를 관리하고 제한**해야 합니다. 즉, **지정된 확장자만 이용(Whitelist)하거나, 지정된 확장자를 제한(Blacklist)**해야 합니다. 이러한 확장자의 제어를 통해서 실행 가능한 EXE와 같은 확장자가 공유 시스템에 **업로드되지 않도록** 해야 합니다. 확장자 제어가 불가능한 네트워크 스토리지 형태의 시스템이라면 **임직원(사용자)에 대한 인식 교육**이 필요합니다.

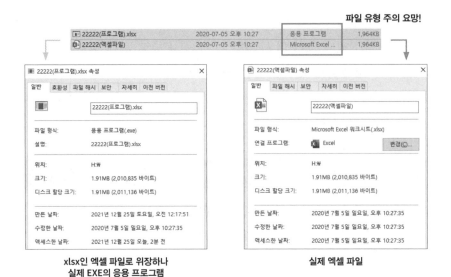

파일 유형 주의 요망!

xlsx인 엑셀 파일로 위장하나
실제 EXE의 응용 프로그램

실제 엑셀 파일

파일 확장자 구별 방법

엑셀 파일로 위장한 응용 프로그램이 존재할 수 있으니 **파일의 유형도 반드시 주의**해야 합니다. 또한, **불필요한 파일 업로드나 자료 유출과 같은 사고**가 발생하지 못하도록 권한 관리를 통해서 최소 권한 형태로 구성해야 합니다. 최소 권한을 설정하지 않은 PC를 해커가 장악하게 되면, 그 사용자의 권한을 이어받아 사용하기 때문에 대표이사의 자료와 같은 매우 중요한 자료까지도 유출/파괴될 수 있습니다.

또한, **프로그램 통제**를 통해서 **지정된 프로그램(워드, 엑셀, 파워포인트 등)만 이용**하도록 하고, 보안이 취약한 프로그램이나 악성 프로그램이 접근하지 못하도록 해야 랜섬웨어가 회사 전체의 공유 파일 시스템을 암호화하려는 행위를 막을 수 있습니다.

유출 측면에서 보자면, 가장 간편하면서 효과적인 방법은 바로 **파일 암호화**입니다. 유출되더라도 암호화된 파일은 내용을 바로 알 수 없습니다.

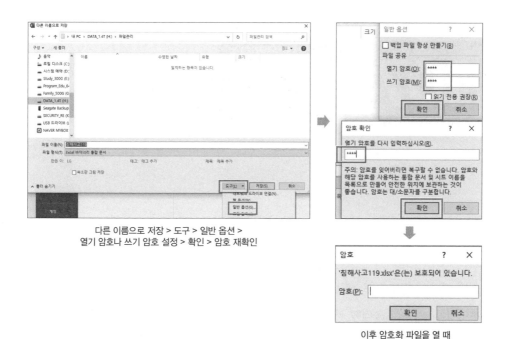

다른 이름으로 저장 > 도구 > 일반 옵션 >
열기 암호나 쓰기 암호 설정 > 확인 > 암호 재확인

이후 암호화 파일을 열 때
암호 입력 필수!

파일 암호화 방법

저장 시에 **도구 ➡ 일반 옵션 ➡ 열기/쓰기 암호 설정**을 통해 암호화를 해두면, 해당 암호를 넣어야만 열리기 때문에 해커가 데이터를 확인하여 유출하는 위험을 줄일 수 있습니다. 정말 단순한 방법이지만, **확장자 구별과 암호화는 사내 파일 공유 시스템에 대한 위험**을 획기적으로 줄일 수 있습니다.

> ⊕ **한 줄 대응**
>
> **확장자를 제한하고, 파일 유형에 주의하며, 권한은 최소로 부여하고, 사용 프로그램을 통제하고 암호화한다!**

임시 및 잘못된 구성

개발이나 테스트용으로
잠시 준비한 것들인데...

모든 일에는 연습이 필요합니다. 사내 시스템도 실제 운영 전에는 개발 및 테스트가 이루어지고, 이후 지속해서 개선되는 구조입니다. 그룹웨어, 포털 등 다양한 시스템에도 개발 소스 및 임시 설정이 모두 다 있었습니다. 그런데 그 임시 설정이 운영 시에도 그대로 유지된다면...

임시 및 잘못된 구성 Temporary & Misconfiguration은 개발/테스트 시에 이용했던 임시 및 잘못된 구성, 주석, 로그 등이 해커에게 유출되어 공격에 활용되는 문제점을 말합니다.

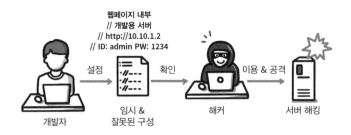

임시 및 잘못된 구성 사례

개발자가 내부적으로 잠시 사용하기 위한 **임시 주석 정보(예: 내부 서버 정보, 로직 설명, 디버그 정보)**가 그대로 실제 시스템에 반영되어 **웹 브라우저의 개발자 도구(F12 키)**를 통해 쉽게 확인되는 경우도 있습니다.

서버 정보에 대한 임시 주석이 노출된 소스 코드

이렇게 노출된 정보를 이용하여 해커는 내부에 다른 서버의 존재를 알게 되고, **아이디와 비밀번호까지 획득**할 수도 있습니다. 이를 이용해서 타 시스템을 해킹하는 일이 반복적으로 벌어지게 됩니다.

증상

- 사내의 연결된 개발 서버 등에 침입 흔적이 보입니다.
- 개발자의 긴급 배포, 서버 반영이 늘어납니다.
- 내부 서버에 접근하는 트래픽의 양이 증가합니다.

예방 및 대처

개발자나 운영자가 외부에 노출되리라 생각하지 않고 임시로 구성한 정보가 외부로 유출되면 생기는 문제가 많습니다. 먼저, 외부에 노출되면 안 되는 정보가 주석 등과 같은 형태로 소스 코드에 포함된 경우입니다. JSP, ASP, HTML과 같이 스크립트 언어에 주석을 넣게 되면 이용자 레벨에서도 확인할 수 있습니다. **임시 주석이나 임시 파일을**

배포할 때는 반드시 제거한 후에 공개해야 합니다. 소스 코드에 개발 서버 주소나 아이디, 패스워드, 주요 로직까지 다양한 부분을 담는 경우가 있는데, 외부에 배포할 때는 반드시 이를 제거하여 이용자가 확인하지 못하도록 해야 해커 또한 확인할 수 없게 됩니다.

주석이나 임시 파일 이외에도 임시 기능과 디버그 로그가 포함될 때도 있습니다. 이러한 임시 기능은 사용자를 갑자기 관리자로 둔갑시킬 수 있는 **백도어**로 악용될 수도 있습니다. 디버그 로그는 사용하는 사용자의 계정 정보를 전부 노출할 수도 있기 때문에 주요 로직에는 디버그 로그를 사용하지 않아야 하며, 일시적으로 만들었다면 반드시 제거해야 합니다. 임시 기능과 디버그 로그를 삭제하지 않으면 해커에게 다음 타깃을 지정해주는 꼴이 됩니다.

자주 발생하는 취약점으로, 서버 정보를 제거하지 않아 서버 정보가 외부로 노출되는 경우도 많이 발생합니다. 이러한 경우에는 **서버 정보 노출 수준을 변경**하여 외부 공격자에게 서버 정보가 노출되지 않도록 해야 합니다.

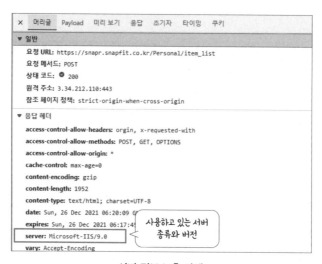

서버 정보 노출 사례

이렇게 노출된 서버의 정보를 이용해 해커는 해당 WEB/WAS 서버의 취약점을 찾아서 공격을 가합니다. 최신 버전이라면 다행이지만, 이전에 취약점이 발견되었던 버전이라면 서버의 취약점까지도 그대로 알려주는 것과 같기 때문입니다.

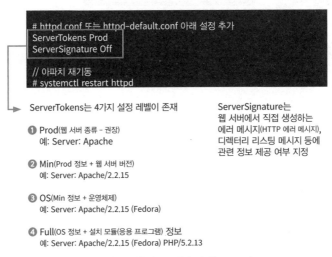

서버 정보 노출 수준 변경 사례(Apache)

가장 많이 사용되는 웹 서버인 Apache에서는 **Httpd.conf 등의 ServerTokens를 변경**
하면 최소한의 정보만 전달하게 되어 공격당하는 범위를 줄일 수 있습니다.

그 외에 **에러 메시지도 지정된 별도 페이지**를 통해서 '**관리자에게 문의하세요.**'라는 문구
로 최소한의 정보만 전달한다면 해커가 디버그 로그 및 에러 문구를 통해 공격 방법을
정하는 행위를 하지 못할 것입니다.

➕ **한 줄 대응**

임시 주석과 임시 파일을 제거하고, 임시 기능과 디버그 로그를 삭제하며, 서버 정보는 노출되지 않
게 하고, 에러 메시지는 별도 페이지로 지정한다!

항상 열어놓는
서버 접근용 단말기에 취약점이...

서버 관리자는 평상시에 서버를 어떻게 운영할까요? 서버에 직접 모니터를 붙여서 매번 서버실에 방문하여 키보드를 입력하면서 운영할까요? 그렇게 할 수도 있겠지만 대부분은 그렇게 하지 않습니다. 특히, 클라우드로 넘어가면서 물리적인 서버실은 없어졌기 때문에 그런 식은 아예 불가능해졌습니다. 이제는 **원격 접속**으로 서버를 관리하고 있습니다. 그런데 해커가 이 원격 접속을 다음 목표로 잡았습니다.

원격 데스크톱 프로토콜 공격 Remote Desktop Protocol Attack은 서버 관리자가 서버 운영을 위해 접속한 원격 연결을 이용하여 타 서버에 접속하는 공격을 말합니다.

원격 데스크톱 프로토콜 공격 절차

해커가 서버 관리자의 PC를 해킹하게 된다면 어떤 문제점이 발생하게 될까요? 서버 관리자는 서버를 운영하기 위해 원격 접속을 통한 서버 연결을 열어놨을 것이고, 해커는 서버 관리자의 PC 권한을 이미 획득해둔 상태라 열린 원격 접속을 이용하여 서버에 아무런 제지 없이 드나들게 됩니다.

해커가 서버 관리자가 된 이상 걷잡을 수 없는 침해사고가 발생하게 됩니다. 그렇다면 서버 관리자는 원격 접속을 아예 사용하면 안 되는 걸까요? 과연 어떻게 해야 할까요?

🦠 증상

- **정보 유출 및 파괴되는 서버의 수가 늘어납니다.**
- **별도의 서버 접속 흔적은 관리자 PC밖에 없습니다.**
- **서버 간에 이동한 흔적이 늘어납니다.**

🧰 예방 및 대처

서버 관리자는 원격 접속을 통해서 서버를 관리해야 하고, 해커도 이 사실을 명확하게 알고 있습니다. 그래서 서버 관리자의 PC는 안전하게 보호해야만 합니다. 해킹을 당하지 않는 것이 제일 중요하겠지만 추가적인 보호 조치에는 어떤 것들이 있을까요? 이러한 공격 대부분은 화면이 지속해서 서버 관리자에게 열려 있는 바람에 생기는 문제점이므로 **부재중 정보 유출(036)에서처럼 서버에 화면 보호기를 설정**하여 일정 시간 이상 사용하지 않을 때는 화면 보호기가 작동되게 구성해야 합니다. 더 나아가, 서버의 원격 접속에서도 **미사용 시 서버에 연결된 세션을 종료(시간 제한)**한다면 남아있는 미사용 원격 접속된 시스템 연결이 없기 때문에 해커가 활용할 수 없을 것입니다.

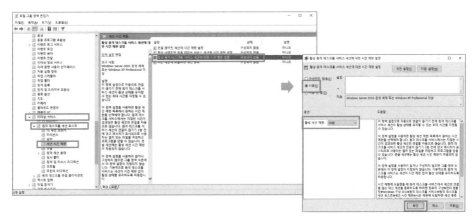

연결(세션) 시간 제한 설정 방법(윈도우)

윈도우 + R ➡ gpedit.msc ➡ 로컬 그룹 정책 편집기 ➡ 컴퓨터 구성 ➡ 관리 템플릿 ➡ Windows 구성 요소 ➡ 터미널 서비스 ➡ 원격 데스크톱 세션 호스트 ➡ 세션 시간 제한 ➡ **활성 원격 데스크톱 서비스 세션에 대한 시간 제한 설정 더블 클릭** ➡ **사용** ➡ **활성 세션 제한 시간 변경(예: 30분) 후 확인 선택**을 통해서 서버에 접속할 때 미사용 시 강제로 연결을 끊는 타임아웃Timeout 설정을 할 수 있습니다. 우리가 사용하고 있지 않을 때가 바로 해커가 사용하는 시간입니다. 해커에게 공격할 틈을 주지 않는 것이 효과적인 대응 방안입니다.

⊕ 한 줄 대응
화면 보호기를 설정하고, 원격 접속 연결도 시간 제한을 설정한다!

개인정보 유출 사고와 법원 판결

2008년 옥션 개인정보 유출 사고 이후 지속해서 수천만에서 수억 건의 개인정보 유출 사고가 발생하였습니다. 특히, 2014년도 카드 3사(국민, 농협, 롯데)의 1억 4천만 건의 유출 사건 이전까지의 민사소송에서는 최소한의 법적 요건을 준수하고 고의적인 행위가 아닌 이상 개인정보 유출에 따른 민사소송에서 기업이 대부분 승소하였습니다. 그러나 **카드 3사 유출 사고 이후** 개인정보에 대한 인식이 변경되면서 단순히 법적 의무 준수사항뿐만이 아닌 개인정보보호에 대한 관리가 부족하면 민사소송에서 불리하게 반영되고 있습니다.

연도	유출 사고	유출 건수	민사소송(기업 입장)
2008	옥션	1,800만 건	승
2011	싸이월드	3,500만 건	승
2012	KT N-STEP	870만 건	승
2014	KT 마이올레	1,170만 건	승
2014	카드 3사	1억 4천만 건	패
2015	뽐뿌	195만 건	패
2016	인터파크	2,500만 건	패
2017	여기어때	97만 건 + 숙박정보	일부 진행 중
2017	빗썸	3만 건 + 비트코인	일부 진행 중
2017	메가스터디	123만 건	

개인정보 유출 사고와 민사소송 판결

앞으로 개인정보를 보호하지 않는 기업은 대외 이미지 타격 이외에도, 소송, 과태료, 과징금 등의 각종 금전적 타격까지 발생하며 기업의 존속을 위협할 것입니다. 여러분도 여러분의 개인정보를 소중히 보호하시고 권리를 찾으시기를 바랍니다.

□ 자격증명 덤핑 공격

□ 비밀번호 관리 대장 탈취

□ 원격/재택 접속 공격

□ 원격회의 공격

□ 화면 캡처 유출

□ 키보드 로깅

□ 게임 계정 도용

□ SNS 계정 탈퇴

□ SNS 사칭

□ 웹캠/IP 카메라 해킹

□ 깃허브 업로드

SECTION 8

조정 & 탈취

해커는 집중해서 공격할 타깃을 확인했습니다. 그런 후에는 좀 더 확실하게 몰래 접근할 방법이 없을지, 그리고 아이디와 비밀번호, 개인과 기업의 주요 정보를 뺏을 방법이 없을지를 끊임없이 고민합니다. 해커는 한 번의 접근 기회에 만족하지 않고 시스템을 모두 해킹하여 기업과 개인의 모든 가치를 탈취하고자 합니다. 이 섹션에서는 단순 해킹 이력이 아닌 실제 금전적 가치를 얻기 위한 해커의 정보 탈취 기법에 대해서 알아보고 소중한 정보를 지키는 방법에 대해 배워보겠습니다.

자격증명 덤핑 공격

109 잠시 자리를 비웠을 뿐인데 내 계정이 털렸어요

'카페에서 PC를 켜놓고 잠시 자리를 비워도, 지인이 PC를 사용하겠다고 해서 빌려주고 비밀번호를 알려주지 않았으니 괜찮겠지'라고 생각하는 분이 있다면 새로운 공격 기법 하나를 알려드리겠습니다. PC의 비밀번호를 그대로 추출하는 공격 기법입니다.

자격증명 덤핑 공격 Credential Dumping은 프로그램 및 운영체제(윈도우, 리눅스)의 아이디와 비밀번호를 추출하는 공격 기법을 말합니다.

```
PS C:\Users                              \mimikatz.exe

  .#####.   mimikatz 2.2.0 (x64) #19041 May 19 2020 00:48:59
 .## ^ ##.  "A La Vie, A L'Amour" - (oe.eo)
 ## / \ ##  /*** Benjamin DELPY `gentilkiwi` ( benjamin@gentilkiwi.com )
 ## \ / ##       > http://blog.gentilkiwi.com/mimikatz
 '## v ##'       Vincent LE TOUX          ( vincent.letoux@gmail.com )
  '#####'        > http://pingcastle.com / http://mysmartlogon.com   ***/

mimikatz # privilege::debug
Privilege '20' OK

mimikatz # sekurlsa::logonpasswords

Authentication Id : 0 ; 109918286 (00000000:068d384e)
Session           : NewCredentials from 0
User Name         : Red
Domain            : DESKTOP-NUEP83A
Logon Server      : (null)
Logon Time        : 9/29/2020 8:32:57 AM
SID               : S-1-5-21-431301497-1314689467-305920130-1001
        msv :
         [00000003] Primary
         * Username : DomainAdmin1
         * Domain   : DESKTOP-NUEP83A
         * NTLM     :
         * SHA1     :
        tspkg :
         * Username : DomainAdmin1
         * Domain   : DESKTOP-NUEP83A
         * Password : Password1234
        wdigest :
         * Username : DomainAdmin1
         * Domain   : DESKTOP-NUEP83A
         * Password : (null)
        kerberos :
         * Username : DomainAdmin1
         * Domain   : DESKTOP-NUEP83A
```

대표적인 덤프 도구인 Mimikatz를 이용하여 해당 PC에 존재하는 계정에 대한 정보를 추출하여 해커에게 알려주는 공격 사례

자격증명 덤핑 공격 사례(Mimikatz)

사용자가 일시적으로 이용할 수 있는 환경을 열어주고 비밀번호를 알려주지 않았다고 해서 해당 PC/서버가 안전한 것이 아닙니다. 내부 서버 간의 이동을 통해서 각종 계정을 탈취하는 공격 도구를 이용하면 다양한 계정 정보를 빼낼 수 있습니다. 대표적인 도구가 바로 윈도우에서 사용되는 **Mimikatz**인데, 윈도우의 **Local Security Authority Subsystem Service(LSASS)**라는 프로세스에서 해당 정보를 획득할 수 있습니다. 그 외에도 Procdump나 기타 도구를 통해서도 메모리에 존재하는 여러분의 비밀번호를 유출할 수 있습니다.

☣ 증상

- **PC/서버의 계정 비밀번호를 바꿔도 누군가 접속합니다.**
- **PC나 서버가 정기적으로 해킹을 당해서 악성 프로그램이 탐지됩니다.**
- **여러분이 만들지 않은 폴더나 파일, 단축 아이콘이 보입니다.**

🏥 예방 및 대처

누군가 여러분의 PC나 서버를 이용해서 비밀번호를 빼낼 수 있다면, 그 비밀번호를 이용해서 내 SNS, 메일 등과 같은 타 서비스에 접속할 여지도 많을 것입니다. 그렇다면 타인이 여러분의 시스템을 이용할 때 어떻게 해야 할까요? 가장 편한 방법은 타인이 여러분의 PC/서버를 이용할 때는 **옆에서 같이 보고 있는 것이 가장 좋은 방법**입니다. 자격증명 덤핑 공격도 결국은 계정을 추출하기 위한 Dump나 분석 프로그램을 설치하여 계정 추출을 진행해야 합니다. 그러니 잠시 자신의 시스템을 빌려주더라도 옆에서 감시하고 있으면 내 기기에서 악의적인 행동을 하지 못할 것입니다. 하지만 항상 옆에 붙어 있을 수 없는 상황이라면 **시스템적으로 설정**하는 방법은 없을까요? 있습니다. 시스템 설정을 통해 해커가 활용하는 **NTLM**New Technology LAN Manager**의 사용을 제한**하는 것입니다.

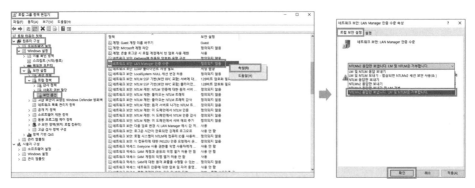

NTLM 사용 제한

시작 ➡ 그룹 정책 편집 ➡ 컴퓨터 구성 ➡ Windows 설정 ➡ 보안 설정 ➡ 로컬 정책 ➡ 보안 옵션 ➡ 네트워크 보안: LAN Manager 인증 수준 ➡ 로컬 보안 설정 ➡ NTMLv2 응답만 보냅니다. LM 및 NTML은 거부합니다 ➡ 확인을 통해서 시스템의 자격증명 덤핑을 통한 추출을 방지할 수 있습니다.

잠깐의 자리 비움이 해커에게는 당신의 비밀번호 체계를 알아낼 기회가 될 수도 있습니다. 잠깐 빌려주는 당신의 기기, 당신이 사용하고 있는 비밀번호도 함께 빌려주겠습니까?

⊕ 한 줄 대응

대여 시에는 옆에서 지켜보고, NTLM 사용 제한을 설정한다!

비밀번호 관리 대장 탈취

비밀번호를 관리하기 위해 정리해둔 파일이 유출됐어요

서버 관리자의 PC 해킹에 따라 **원격 데스크톱 프로토콜 공격(108)**, **자격증명 덤핑 공격 (109)**이 발생해서 연결된 서버가 해킹되거나 비밀번호가 추출되는 침해를 겪었습니다. 연결만이 관리자 PC에 있을까요? 아닙니다. 더 중요한 정보가 숨겨져 있죠? 바로 각종 서버에 접속하는 비밀번호 관리 대장입니다.

비밀번호 관리 대장 탈취 Password File Exfiltration는 비밀번호를 관리하는 파일이 해커에게 노출되어 각종 시스템 및 데이터베이스가 공격당하는 사고를 말합니다.

비밀번호 관리 대장 탈취 예시

어려운 해킹 기법을 이용해서 억지로 탈취한 방식이 아닙니다. 컴퓨터에 띄워진 **메모**나 드라이브에 존재하는 **패스워드 관리 파일**을 확인한 것뿐인데, 내부의 타 시스템에 대한 계정 정보를 획득할 수 있습니다. 이렇게 획득한 계정은 서버 관리자 PC나 다른 경로를 통해 서버를 해킹하여 데이터 유출/파괴 등의 다양한 침해사고를 발생시킬 수 있습니다. 해커의 더블 클릭 한 번만으로도 기업의 모든 데이터에 대한 소유주가 바뀔 수 있는 것입니다.

☣ 증상

- 화면에 아이디와 비밀번호가 메모로 띄워져 있습니다.
- 관리자가 접속하지도 않은 서버에 대한 연결이 발생합니다.
- 관리자의 PC에서 다수의 서버에 대한 접속 시도가 발견됩니다.

🧰 예방 및 대처

편의성 때문에 **일반적인 습관**대로 이용했을 뿐인데 결과는 해킹 사고까지 발전된 경우입니다. 관리자의 PC에는 업무와 연관된 다양한 자료가 있습니다. 특히, 서버 관리자에게는 서버와 연관된 많은 자료, 특히 계정 정보를 가지고 있을 확률이 높고, 그런 계정 정보가 바로 해커의 눈에 띄어 사고가 발생하게 됩니다.

이런 부분은 너무 단순하지만 많이 실수하는 부분으로, **메모장이나 엑셀 파일에 아이디와 비밀번호를 저장해서는 안 됩니다.** 이들 프로그램에 각종 서비스와 시스템에 대한 계정 정보를 관리하고 있다면, PC가 해킹을 당하는 순간 그 정보는 고스란히 해커에게 전달됩니다. 단순하게 파일이나 메모 형태로 비밀번호를 관리하지 말아야 하며, 불가피하게 이들 프로그램에서 계정 정보를 관리한다면 **사내 파일 공유(106)에서 알아보았던 파일 암호화**를 해야 합니다. 또한, 서버에 접속할 때도 아이디와 비밀번호만으로 접속해서는 안 됩니다. **별도의 서버/DB 접근 제어 등을 통해서 OTP 비밀번호를 이용한 추가 인증** 방식으로 접속해야 합니다. 소유하고 있는 **휴대폰이나 OTP 카드**를 이용해서 지식 + 소유의 MFAMulti Factor Authentication를 수행하여 해커가 아이디와 비밀번호를 알아냈다고 해도 접근하지 못하도록 막아야 합니다. 최근 클라우드와 같은 시스템에서는 아이디 & 비밀번호가 아닌 **AccessKey를 통해서 소유와 지식을 모두 검증**하고, 필요에 따라서는 OTP도 연동해야지만 서버에 접속할 수 있도록 하고 있습니다. 아이디와 비밀번호만으로 접속할 수 없도록 하는 방법은 점차 고도화되고 있습니다. 접근해야 하는 시스템이 많아 별도의 관리 방법이 필요하다면 **비밀번호 관리 시스템을 구축**하여 비밀번호를 매번 임시로 받아 사용하는 것도 한 방법입니다.

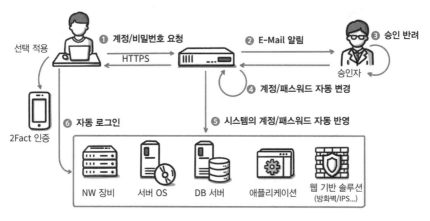

비밀번호 관리 시스템 예시

조금 번거롭긴 하지만, 시스템 관리를 위해 **접속할 때마다 결재 과정을 통해 임시 비밀번호를 발급받아 시스템에 접속**하는 것도 비밀번호 관리 대장의 탈취 위험을 막아주는 좋은 방식입니다. 비밀번호에 대한 안전 불감증이 회사 서버 전체의 침해사고로 이어질 수도 있습니다. 그리고 당연한 이야기지만, 이미 노출된 비밀번호는 반드시 변경해야 합니다.

⊕ 한 줄 대응

메모장이나 엑셀 파일에서 계정 정보 관리를 하지 말고, 서버 접근 제어와 OTP 카드 이용, 비밀번호 관리 시스템을 구축한다!

원격/재택 접속 공격

회사 PC에 누군가
원격으로 자꾸 접속해요

자세한 설명은 다음 동영상을 참고하세요.

https://bit.ly/Security_111

COVID-19 이후 근무 방식이 많이 달라졌습니다. 외부 접속을 엄격하게 금지하던 금융권조차도 '**금융회사 재택근무 보안 안내서**'를 발간하며 재택근무를 허용하게 되었습니다. 평생 재택근무를 조건으로 내는 회사들이 생겨나고 있는 요즈음, 해커도 여러분의 재택을 두 손 모아 기다려왔습니다.

원격 접속 공격 Remote Access Attack은 외부에서 내부의 PC/서버에 접속하여 악의적인 행동을 수행하여 각종 파괴, 조정 및 정보 유출을 수행하는 공격 기법을 말합니다.

TeamViewer 원격 접속 도구   Windows 365 클라우드 PC   Chrome Remote Desktop

원격/재택 접속 도구 예시

COVID-19 같은 감염병으로 시작된 재택근무의 편의성과 효율성은 전 세계의 IT 및 비즈니스의 방향을 바꿨습니다. 유연하고 빠른 대응을 하는 IT 부서를 가진 회사의 경쟁력은 그렇지 않은 회사에 비해 생산성 측면에서 커다란 차이를 보여주고 있습니다. 각 회사의 IT 부서에서는 Teamviewer, 클라우드 PC, Chrome Remote Desktop과 같은 다양한 재택근무 환경 제공 솔루션을 이용하고 있습니다. 질병으로부터 보호받고 편리함도 누릴 수 있는 재택근무, 과연 나만 편리할까요? 해커도 편리합니다.

☣ 증상

- **여러분의 재택근무 연결이 지속해서 끊어집니다.**
- **끊어진 이후에 재택근무 연결이 더 이상 되지 않습니다.**
- **사용하지 않은 프로그램의 사용 흔적이 남아있습니다.**

➕ 예방 및 대처

원격/재택근무는 이제 선택이 아닌 필수인 만큼 안 할 수는 없습니다. 이미 편리함과 생산성을 경험해본 이상 이전에 경험하지 않았던 시기로 돌아갈 수는 없을 것입니다. 중간에 외부의 공격자가 접근할 수도 있고, 회사의 중요 자료가 유출될 수도 있고, 사용하지 않는 시간에도 켜져 있는 경우가 많은 재택근무 환경, 안전한 방식으로 누릴 수는 없을까요?

재택에서 접속하는 PC는 **운영체제 및 각종 프로그램의 최신 패치**를 수행해야 합니다. 물론, **백신도 일일 1회 업데이트와 검사**를 수행해야 하고요. 또한, **무선 공유기 해킹(064)에서처럼 재택 내의 공유기에 보안 설정**을 반드시 해야 합니다. 같은 네트워크에 보안 설정이 안 되어 있다면 회사의 주요 정보를 해커와 함께 보게 될 수도 있습니다. 그리고 커피숍과 같은 **공유 와이파이나 공용 PC 등에서 회사 시스템에 접속해서는 안 됩니다.** 재택근무를 통한 업무 수행 시에는 회사 메일로만 접속하고 개인 메일을 통한 접속은 지양해야 합니다. 또한, **업무와 상관없는 불필요한 웹사이트 이용을 자제**하는 것이 좋습니다. 웹에는 해커들이 만들어놓은 악성 코드들이 많이 퍼져 있기 때문에 감염될 확률이 늘어날 행동은 하지 않기를 권합니다.

IT 담당자나 보안 담당자라면 어떻게 해야 할까요? **안전한 원격 접속이 가능한 근무 시스템을 만드는 것**이 중요합니다. **VDI**Virtual Desktop Infrastructure, **SSL-VPN**Virtual Private Network과 같은 사내망에 안전하게 접속할 수 있는 수단을 구성해야 합니다. 또한, **2차**

인증을 통한 접속으로 본인을 제외한 타인이 내부 시스템에 접속하는 것을 차단해야 합니다. 서약서와 보안지침 마련 등 재택근무자에 대한 **보안 인식을 제고**할 수 있는 노력도 해야 합니다. 또한 원격근무에 대한 지속적인 모니터링을 통해서 **접속하는 사용자에 대한 접근 제한 및 접속 현황을 지속해서 관리**해야 합니다.

⊕ 한 줄 대응

공유기 보안을 설정하고, 공유 와이파이나 공용 PC 사용을 금지하며, 불필요한 웹사이트 이용을 자제한다!

원격회의 공격

회의 중인데 누군가 몰래 들어와서 정보를 유출해요

COVID-19 이후에 가장 발전한 기술은 무엇일까요? 바로 원격회의 기술입니다. 여러분이 회사에서 일하는 동안 상당한 비중을 차지하는 게 회의이고, 당연히 원격근무나 재택근무 시에도 비슷하게 진행할 수밖에 없었습니다. 그런데 원격 회의가 늘어나면서 해커에게도 또 다른 기회가 생겼습니다.

원격회의 공격 Teleconference Attack은 다양한 원격회의 도구를 이용하여 협업을 진행할 때 도구 취약점 등을 이용하여 자료 유출이나 회의 내용을 유출하는 공격을 말합니다.

Zoom

시스코 Webex

Google Meet

Microsoft Teams

원격회의 도구 예시

사회적 거리두기와 재택근무 등의 이슈로 인해 **줌**Zoom을 필두로 한 화상/원격회의 요청이 엄청나게 늘어났습니다. **웨비나**Webinar(웹사이트상에서 진행하는 세미나 세션)부터 시작해서 학교 수업, 기업 회의, 소규모 미팅 등 다양한 종류의 회의가 전부 원격으로 진행되기 시작했습니다. 사람들의 사용이 늘어나면서 해커의 관심도 증가하였습니다. 특히, 세계적으로 제일 많이 이용하는 줌부터 타깃이 되었습니다. **화면 공유 기능 중 타인에게 화면 정보 유출 취약점(CVE-2021-28133), 악성 파일을 배포하는 파일 쓰기 취약점(CVE-2020-6109), 버퍼 오버플로를 통한 원격 코드 실행 취약점(CVE-2021-34423)** 등 다양한 취약점을 통한 공격이 있습니다.

🦠 증상

- 원치 않은 화면이나 파일이 외부에 공개됩니다.
- 비공개회의인데도 회의 내용이 알려집니다.
- 원격 회의를 진행하던 PC가 해킹당해 랜섬웨어 등에 감염됩니다.

🧰 예방 및 대처

원격/재택근무의 필수 협업 도구인 원격회의 도구에 대한 각종 공격이 늘어나고 있습니다. 도구의 사용이 늘면서 이에 대한 해커의 관심도 많아진 건 어쩌면 당연할지도 모르겠습니다.

원격 회의는 초대 URL만 있어도 참여할 수 있습니다. 그러니 외부의 누군가에게 URL이 전달되기만 해도 회의 내용이나 비공개되어야 할 자료가 유출될 수 있습니다. URL을 가지고는 아무나 회의에 참석하지 못하도록 **대기실을 반드시 사용**해야 합니다.

보안 > 대기실 사용
모든 인원이 참가한 경우 회의 잠금 처리

대기실 사용 설정(줌)

줌 기준으로 말하자면, **보안** ➡ **대기실 사용**을 통해서 URL만이 아니고 접속한 사람의 닉네임 및 정보를 확인하여 허용/불가 여부를 체크해야 합니다. 또한, 참석자 전원이 참석했다고 판단되면 **회의 잠금**을 통해서 더 이상 외부의 침입이 일어나지 않도록 해야 합니다. 또한, 지속해서 해커가 공격을 수행하는 만큼 취약점이 많이 발생하는 도구입니다. **주기적인 최신 버전 패치**를 통해 취약한 버전을 사용하지 않도록 해야 합니다. 그리고 자동 업데이트 기능을 통해서 업데이트 메시지가 발생한다면 **바로 업데이트**를 하여 취약점 패치가 반영되도록 해야 합니다. 또한, 누군가 동의 없이 녹화를 한다면 **별도의 표시를 확인하여 기록 중지 요청**을 해야 합니다. 이를 제대로 인지하지 못하면 외부에 회의 자료가 유출되는 피해를 볼 수도 있습니다.

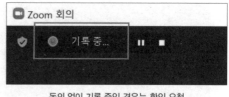

동의 없이 기록 중인 경우는 확인 요청

업데이트 메시지를 확인하는 경우에
바로 업데이트 실행

업데이트 안내 & 녹화 확인 표시(줌)

가장 쉬우면서도 선행되어야 할 것은, **불필요한 곳에 회의 URL을 공유하지 않아야** 외부
에서 접근할 경로 자체가 없어지게 됩니다. 많은 사람이 알수록 많은 공격 경로가 생깁
니다.

> ⊕ 한 줄 대응
> 대기실을 사용하고, 최신 버전으로 패치하며, 미동의 시에는 기록 중지를 요청하고, 초대 URL을 불
> 필요한 곳에 공유하지 않는다!

화면 캡처 유출

113

회사의 주요 기밀 데이터가
외부로 유출됐어요

원격 회의를 할 때 타인이 녹화를 누르면 표시가 나오면서 누군가 기록하고 있다는 것을 알게 됩니다. 줌은 물론 다른 원격회의 도구에서도 비슷한 방식으로 알려주고 있습니다. 이와 같은 방식으로 협업 도구에서는 누군가 기록하려고 할 때 알림을 주게 됩니다. 그러나 만약 내부에 **프레너미**Frenemy(협력하면서도 경쟁하는 존재)가 있다면 어떨까요?

화면 캡처 유출 Screen Capture Exfiltration은 내부 사용자가 화면을 캡처하여 외부로 주요 업무 자료를 유출하는 사고를 말합니다.

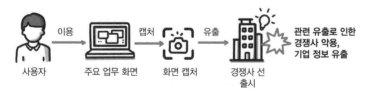

화면 캡처 유출 사고 절차

타인이 사용자 화면을 몰래 보는 식이 아니라 **내부 사용자의 악의적인 목적에 의해 캡처**되는 경우입니다. 기업의 주요 데이터 및 기밀 서류가 캡처되어 유출되면 회사 이익은 물론 회사의 영속성에 커다란 피해를 보게 됩니다. 특히, 외부에 공개되면 절대로 안되는 중요 의사결정이 포함된 내용이라면 회생조차 힘든 피해를 받을 수도 있습니다.

특히 모바일 오피스 환경, 재택근무 등이 늘어나게 되면서 직원들에 대한 상호 감시 효과도 줄어들게 되고, 이직이 잦은 환경이 구성됨에 따라 마음이 떠난 직원들은 회사의 내부자료 유출에 포커스를 맞추게 됩니다. 그렇다고 항상 캡처하는지 안 하는지 감시하면서 근무를 할 수도 없고 어떻게 해야 할까요?

☣ 증상

- 회사의 기밀 자료들이 외부로 유출되어 알려집니다.
- 미공개 신제품 설계도 및 각종 서류가 캡처되어 유통됩니다.
- 내부 연구 중이던 제품이 경쟁사에서 먼저 출시됩니다.

🏥 예방 및 대처

화면 캡처 유출은 단순하면서도 파괴적인 효과를 보입니다. 업무에 이용되는 화면이 외부에 유출되면 회사의 기밀 자료가 그대로 타인에게 전달되는 효과가 발생합니다. 사용자가 화면을 캡처할 때 주의를 주는 효과적인 방법으로는 화면 워터마크가 있습니다. **화면 워터마크**를 통해서 화면 내에 소속/사번/이름 등 본인을 나타내는 정보를 표시하면 누가 화면 캡처를 한 것인지를 알 수 있으며, 추후 추적당할 수도 있다는 점을 인지시킬 수 있습니다. 워터마크가 존재하는데도 그대로 캡처해서 유출하는 사람은 없을 것입니다.

또한, **화면 캡처 방지 설정**을 통해서 지정된 프로그램에 대한 화면을 캡처하지 못하도록 막을 수도 있습니다. 다양한 **화면 캡처 방지 솔루션, 재택근무 솔루션, 프린터 보안 솔루션** 등에서는 사용자가 임의로 중요 화면을 캡처하지 못하도록 구성하고 있습니다.

[화면 워터마크]
화면상의 사용자 소속/사번/이름 등을 표시하여
관련 자료 유출 시 본인이 책임을 진다는 것을 인지 & 추적

[화면 캡처 방지]
화면 캡처를 시도할 경우, 해당 화면을 하얀색 또는
검은색으로 막아서 화면 캡처가 작동하지 못하게 방어

화면 워터마크 & 화면 캡처 방지 설정

이외에 네트워크나 USB를 통해서 외부로 유출되는 경로를 차단하는 솔루션도 존재합니다. **EMM**Enterprise Mobility Management(기업에서 이용되는 모바일 기기를 통제하는 솔루션)을 통해서 막을 수도 있고, 일반적인 **MDM**Mobile Device Management 방식의 기기 통제 솔루션은 스마트폰, 태블릿 PC 등에 정해진 프로그램을 반드시 설치하도록 하고 회사 업무를 수행할 때 화면 캡처, 녹화 등의 기능을 작동하지 못하게 하고 있습니다. 이러한 기능을 통해서 여러분이 스마트폰을 이용해서 회사 업무를 진행할 때 유출을 방지하고 있습니다.

최소한의 기능인 **MAM**Mobile Application Management 형태로 애플리케이션을 실행하는 동안만 일부 기능을 차단할 수도 있습니다. 이외에도 캡처 이후에 USB나 메일을 통한 **외부 유출을 막는 DLP**Data Loss Prevention **솔루션**을 통해서 외부로 반출되는 경로를 차단하는 방법도 있습니다. DLP 솔루션은 USB나 메일의 **모든 사용 기록**을 남겨서 사용자가 어떠한 파일을 외부 반출을 시도했는지 확인할 수 있습니다. 그로 인해 사고 발생 후 책임 추적성을 확보하여 실제 법정 소송까지도 가능합니다.

> ✚ 한 줄 대응
> 화면 워터마크나 화면 캡처 방지를 설정하고, EMM을 이용하여 모바일을 통제하고, DLP를 이용하여 유출을 차단한다!

키보드 로깅

타이핑하던 자료가
그대로 해커에게 전달되었어요

여러분은 데스크톱이나 노트북을 사용할 때 어떠한 방식으로 사용하나요? ICT 기술의 발달로 음성도 인공지능 알고리즘(RNN, LSTM 등)을 이해하는 시대이니 "시리야, 하이 갤럭시"와 같이 음성으로 업무를 보나요? 아직은 키보드를 이용해서 글을 쓰거나 명령어를 넣는 게 현실일 겁니다. 그래서 해커는 여러분의 키보드 뒤에 숨어서 지켜보기도 합니다.

키보드 로깅 Keyboard Logging은 사용자가 입력하는 키보드의 키값을 **후킹**Hooking(숨어서 소프트웨어의 메시지를 중간에 가로채는 기술)하여 해커에게 전달하는 공격 기법입니다.

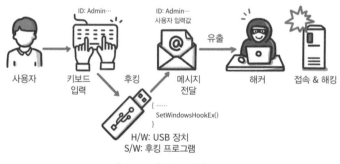

키보드 로깅 사고 절차

사용자가 키보드로 입력하는 입력값이 해커에게 모두 여과 없이 전달됩니다. 이러한 키보드 로깅 사고는 대개 다음의 두 가지 방법으로 발생합니다. 첫 번째는 **USB**나 **PS/2**와 같이 PC와 연결되는 키보드에 연결이 가능한 하드웨어 형태로 구성됩니다. 이러한 장치는 **물리적인 신호**를 추출하여 기록으로 남겨서 해커에게 전달됩니다. 두 번째 방법은 **후킹 프로그램**과 같은 악성 프로그램을 소프트웨어 형태로 만드는 방법입니다. 이러한 프로그램은 OS에서 사용하는 **API로 연결**하여 발생하는 키보드의 입력을 메시지로 만들어 해커에게 전달합니다. 키보드 로깅을 줄여서 부르는 이 키로깅은 사용자의 아이디와 비밀번호를 비롯하여 각종 중요 정보를 유출할 수 있습니다.

☣ 증상

- **아이디와 비밀번호를 계속 변경하여도 끊임없이 유출됩니다.**
- **키보드 USB 포트 뒤에 보지 못한 연결 장치가 생겼습니다.**
- **보안 프로그램에서 후킹 및 바이러스에 대한 경고가 발생합니다.**

🏥 예방 및 대처

여러분이 입력하는 모든 키가 로깅되어 타인에게 넘어간다면 어떨까요? 작성하는 보고서가 그대로 경쟁업체로 넘어갈 것이며, 입력하는 아이디, 비밀번호가 외부로 유출될 것이고, 입력하는 주민등록번호와 같은 개인정보가 유출되어 다크 웹에 거래될 것입니다. 해커의 몰래 훔쳐보기 스킬, 어떻게 대응해야 할까요?

물리적인 키보드를 별도로 연결해서 사용한다면, 키보드와 PC가 연결된 경로에 USB나 PS/2와 같이 내가 연결하지 않은 **중간 장치**가 있는지 확인해야 합니다. 중간에 연결된 **젠더 모양의 키보드 로깅 기기의 존재를 파악**하여 해커에게 물리적인 복호화한 키 입력값이 넘어가는 것을 막아야 합니다. 물리적인 하드웨어는 기기가 존재하기 때문에 비교적 쉽게 파악할 수 있습니다. 그렇다면 눈에 보이지 않는 소프트웨어 형태의 후킹 프로그램은 어떻게 탐지할 수 있을까? 기본적인 **바이러스 백신**에서도 상당수의 후킹 프로그램을 탐지하고 차단하고 있습니다. 좀 더 정확하게 확인하고 싶으면 **은행, 카드, 보험 등 금융 사이트 방문 후 키보드 보안 프로그램을 설치**하면 됩니다. 은행, 카드, 보험

사와 같은 금융회사는 이용자의 안전을 보장하기 위해 다양한 보안 프로그램을 무료로 제공하고 있습니다.

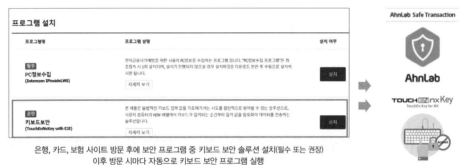

은행, 카드, 보험 사이트 방문 후에 보안 프로그램 중 키보드 보안 솔루션 설치(필수 또는 권장)
이후 방문 시마다 자동으로 키보드 보안 프로그램 실행

금융회사의 키보드 보안 프로그램 설치 사례

사이트에 방문해서 로그인을 할 때 **필수/권장**의 형태로 보안 프로그램 설치를 안내하고 있습니다. 이때 **키보드 보안**이라고 표시된 프로그램의 설치 버튼을 누르면 키보드 로깅을 탐지하고 안전하게 보호해주는 솔루션들을 설치할 수 있습니다. 설치된 키보드 보안 프로그램은 이후 **해당 금융 사이트에 접속**만 해도 자동으로 실행되어 키보드 로깅 여부를 체크해줍니다. 안전하게 활용할 수 있는 무료 프로그램들을 이용하여 해커의 공격을 방어하기 바랍니다.

➕ 한 줄 대응

젠더 모양의 키보드 로깅 기기 존재 여부를 확인하고, 금융 사이트에서 키보드 보안 프로그램을 설치한다!

소중한 게임 아이템이 사라졌어요

자세한 설명은 다음 동영상을 참고하세요.
https://bit.ly/Security_115

메타버스Metaverse(초월 세계로서 생활과 다양한 측면이 연결된 세계)라는 단어를 들어보았나요? 최근 10대 청소년들은 유튜브나 넷플릭스 같은 영상보다도 메타버스에서 더 많은 시간을 소모한다고 합니다. 포트나이트, 로블록스 등 다양한 메타버스 게임에서 여러분의 또 다른 삶이 존재합니다. 이러한 삶이 통째로 사라진다면 어떨까요?

게임 계정 도용 Game Account Abusing은 게임에서 사용하는 계정이나 **아바타**Avatar(게임에서의 분신 캐릭터)가 해커에게 노출되어 아이템, 포인트 등 각종 게임 관련 재화가 도난 및 손실되는 사고를 말합니다.

게임 계정 도용 절차

최근 **소확행**(소소하지만 확실한 행복)이 많이 회자되면서 현실 속의 비싼 물건보다 게임에서 손쉽게 구할 수 있는 작은 아이템이 유행입니다. 게임 속 작은 아이템만으로도 행복 지수에 영향이 미치는데 게임 계정에 있던 모든 아이템과 포인트가 사라진다면 어떨까요? 모든 것을 잃어버린 느낌일 것입니다. 특히, 게임 아이템은 이용자들 사이에서는 금전적 거래 대상이라서 실제 물건을 도난당한 것과 같은 피해를 보게 되는 것입니다. 몇만 원부터 몇천만 원 이상의 금전적 피해를 고스란히 보게 되는 것입니다. 여러분의 재산을 훔쳐 간 도둑은 잡아야 합니다.

🐛 증상

- 게임 캐릭터의 아이템이 전부 사라집니다.
- 게임 캐릭터가 악의적 행동 때문에 평판이 안 좋아집니다.
- 게임 계정 자체가 잠금 상태가 되거나 사라지게 됩니다.

🩹 예방 및 대처

아카마이 인터넷 현황 보고서에 의하면, 2017년 11월부터 2019년 3월까지 17개월 동안 **120억 건 이상의 공격**이 게임 웹사이트를 노리는 **크리덴셜 스터핑(016)**이었다고 합니다. 다른 웹사이트에서 사용하는 계정을 동일하게 사용하는 경우였습니다. 게임을 하는 이용자는 금전적 가치가 있는 게임 캐릭터와 아이템을 보유하고 있기 때문에 해커 입장에서도 매력적인 해킹 대상이 되는 것입니다. 그러면 금전을 노리고 다가오는 해커에 어떻게 대응해야 할까요? 여러 측면에서 대응해야 합니다. **키보드 로깅(114)**에서 알아보았던 바와 같이 **젠더 모양의 하드웨어 로깅 장치나 자체 제공하는 키보드 보안 프로그램을 통해 후킹 소프트웨어를 탐지**하여 사고 발생 시에 아이디와 비밀번호를 변경해야 합니다. 그리고 **크리덴셜 스터핑** 방식의 공격을 차단하기 위해서는 사이트마다 **서로 다른 비밀번호를 이용하고, 2차 인증(OTP 문자) 등을 이용**하여 타 사이트에서 아이디와 비밀번호를 알아낸다고 해도 내 계정에 접속하지 못하도록 차단해야 합니다.

그리고 **공공장소에서 게임에 접속하는 것도 자제**해야 합니다. PC방은 게임을 많이 하는 곳이지만, 공격에 상대적으로 취약한 곳이기도 합니다. 공공장소에서 접속할 때는 **반드시 2차 인증을 추가로 하거나 임시 인증, QR 인증을 이용**해야 안전하게 사용할 수 있습니다.

그러나 안타깝게도 이미 사건이 발생하여 여러분의 게임 캐릭터에 심각한 피해를 보았다면 어떻게 해야 할까요? **게임을 실제로 운영하거나 관리하는 회사에 신고**하는 것이 선행되어야 합니다.

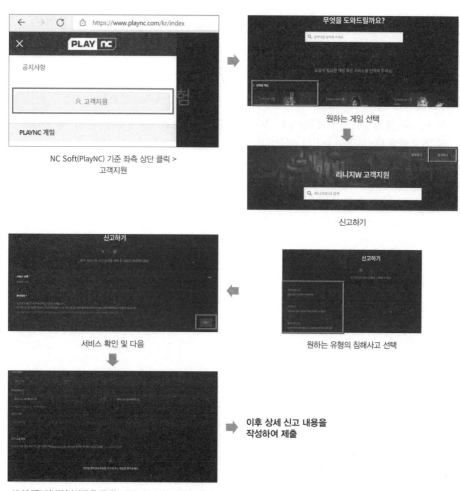

NC Soft(PlayNC) 기준 좌측 상단 클릭 >
고객지원

원하는 게임 선택

신고하기

서비스 확인 및 다음

원하는 유형의 침해사고 선택

이후 상세 신고 내용을
작성하여 제출

서버/캐릭터/시간/아이템 등 작성(모바일 게임이라면 기기정보 추가)

게임 회사 신고 절차(엔씨소프트)

게임에 대한 모든 정보를 가지고 있고, **실제 해커가 이용해서 접속한 경로와 한 행위에 대한 기록**을 가지고 있는 것이 게임 회사이므로 실제 침해사고 여부 및 해킹 여부를 판단할 수 있는 것도 게임 회사입니다. 회사마다 다르겠지만, **고객 지원 ➡ 게임 선택 ➡ 신고하기 ➡ 사고 유형 선택 ➡ 서버, 캐릭터, 시간, 아이템 등의 상세 내용을 작성하여 제출**하는 방식을 통해서 침해 내용을 신고할 수 있습니다. 금전적인 아이템이 도난당한 것이 확인되면 **사이버 수사대 등 수사기관에 문의**해서 추가적인 확인 및 대응도 할 수 있습니다.

> ⊕ 한 줄 대응
> 키보드 로깅을 확인하고, 가능하면 2차 인증 방식으로 로그인하고, 공공장소에서는 접속을 자제하며, 사고 발생 시에는 게임 회사에 신고한다!

네이버, 인스타그램 계정이 탈퇴 처리가 되었어요

출근이나 등교하면서 빠뜨리지 않고 하는 것이 있지 않나요? 대부분의 사람이 네이버, 다음, 구글 등의 포털 서비스, 카카오와 같은 메신저 서비스, 인스타그램과 같은 소셜 서비스 등 다양한 소셜 네트워킹을 이용하고 있습니다. 가장 소중한 순간에 대한 공유, 중요한 정보에 대한 나눔의 시간이 한순간에 전부 부정당할 수도 있습니다.

SNS 계정 탈퇴SNS Account Delete는 카페, 블로그, 메신저, 소셜 등 다양한 서비스의 계정이 탈취당해 악의적인 행위를 하거나 데이터를 삭제하고 계정을 탈퇴해버리는 공격을 말합니다.

SNS 계정 탈퇴 절차

네이버, 카카오톡, 인스타그램, 페이스북을 하지 않는 분을 찾기 힘든 요즘입니다. 네이버 계정이 탈취되어 가입된 각종 카페에 광고 글을 올리고, 개인 블로그에서 중요한 데이터가 탈취되고 삭제된 것도 모자라 계정까지 탈퇴 처리가 되었다면 어떨까요? 특히, 개인 블로그와 인스타그램을 통해 쇼핑몰과 같은 개인사업을 하는 분들에게는 고생해서 만든 본인의 일터가 사라지는 셈이 되겠죠. 이렇게 된 본인 계정은 누구도 좋아하지 않을 것이고, 방문자들도 급감할 것이기 때문에 금전적 타격이 발생할 수 있습니다. 여기에 추가로 개인 평판도 떨어질 것이기 때문에 간접적 피해는 더욱 클 것입니다.

😈 증상

- 내 계정을 통해서 광고 글이 많이 작성됩니다.
- 블로그, 카페, 인스타그램, 유튜브 등 개인 콘텐츠가 사라집니다.
- 계정이 탈퇴 처리되어 더 이상 사용할 수 없게 됩니다.

🧰 예방 및 대처

카페와 같은 커뮤니티에서는 차단될 것이며, 평판은 하락할 것입니다. 또한, 여러분이 만들어놓은 수많은 관련 데이터 또한 삭제될 것입니다. 탈퇴가 된 이상 해당 사이트와 애플리케이션에서는 여러분의 데이터를 보관하지 않을 것이기 때문에 지금까지의 시간이 부정당한 것처럼 느껴질 수도 있습니다.

그러면 이러한 침해사고를 막기 위해서는 어떻게 해야 할까요? 기본적인 대응 방안은 **게임 계정 도용(115)**과 비슷합니다. 키보드 로깅과 크리덴셜 스터핑에 대해서 방어해야 하기 때문입니다. 그러나 **이미 벌어진 사건**이라면 어떨까요? SNS마다 조금씩 다르긴 합니다.

네이버는 아쉽게도 **계정 복구를 지원하지 않습니다.**

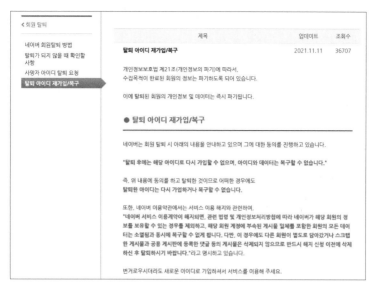

SNS 탈퇴 후 복구 불가 안내(네이버)

네이버는 개인정보보호법에 의거하여 탈퇴한 회원의 데이터는 삭제하고 있습니다. 해킹을 당했다고 증명하여도 복구 처리가 되지 않습니다. 깔끔하게 포기하고 **사이버 수사대에 신고**해서 해킹 조사를 요청하는 쪽이 현실적일 것 같습니다. 그러나 인스타그램은 다릅니다. **인스타그램**은 계정 삭제가 바로 이뤄지지 않습니다. 삭제 요청을 하면 한 달의 유예기간을 둡니다. 그 기간 안에 **다시 로그인**하면 기존 계정을 다시 사용할 수 있습니다.

삭제 요청 시 한 달의 유예기간을 부여   재로그인 시 복구 완료

SNS 탈퇴 후 복구 방법(인스타그램)

내 계정이 삭제되어 게시글이 비공개되었다고 해도 너무 걱정하지 않아도 됩니다. 인스

타그램은 재로그인하는 순간 다시 이용할 수 있습니다. 가입했던 서비스에 대한 **포기 및 복구를 빠르게 선택**하여 이후 조치를 하기 바랍니다.

> ➕ 한 줄 대응
> SNS 서비스마다 정책이 조금씩 다르다는 것을 확인하고, 인스타그램 계정은 한 달 안에 재로그인으로 복구한다!

연예인, 유명인인 줄 알고
대화했는데 가짜 계정이었어요

자세한 설명은 다음 동영상을 참고하세요.
https://bit.ly/Security_117

누구에게나 취향이 있습니다. 연예인을 좋아할 수도 있고, 캐릭터를 좋아할 수도 있고, 방송인이나 스포츠 스타 등 다양한 분야의 인물들에게 호감을 느끼고 팬으로서 응원을 남기기도 합니다. SNS 등과 같은 최근의 인터넷 서비스는 팬에게 즐거움을 줄 수 있는 도구로 비약적인 발전을 이루었습니다. 그런데 그 모든 것이 거짓이라면 어떨까요?

SNS 사칭SNS Fraud은 유명인들의 계정과 똑같이 만들어 그들의 이름과 사진을 사용해 타인에게 피해를 주거나 유명인의 평판을 떨어뜨리는 등 악의적인 행위를 하는 범죄를 말합니다.

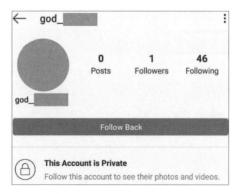

가수 박준형의 사칭 계정(인스타그램)

팬들에게 유명인이나 연예인인 척 다가와서 쪽지를 보내며 **사이버스쿼팅(045)**과 같이 이름이 유사한 계정으로 연락을 시도합니다. 금전이나 선물, 개인정보 등을 요구하거나, 만남 주선 등과 같은 다양한 방식의 범죄를 저지릅니다.

🦠 증상

- 유명 연예인이 만나자고 연락을 보내옵니다.
- DM이나 메시지를 통해서 금전적인 요구를 받습니다.
- 개인정보, 음란 사진 등에 대한 요구를 받습니다.

💊 예방 및 대처

연예인과 팬의 관계는 팬이 연예인을 더 많이 좋아하는 관계이기 마련입니다. 그러한 상황을 누구나 유추할 수 있기 때문에 해커나 범죄자들도 이러한 관계적 유추를 통해 공격을 수행합니다.

그렇다면 어떻게 방어해야 할까요? 이러한 사칭 계정은 사이버스쿼팅(타이포스쿼팅) 형태와 **유사한 이름**을 가지고 있는 경우가 많습니다. 이름만으로 확인하기 어렵다면, 가장 쉬운 방법은 **검색 사이트를 통한 검색**입니다. 최근에는 많은 연예인이나 유명인이 자신이 운영하는 SNS 계정을 연결해놓기 때문에 어렵지않게 공식 SNS 계정을 확인하여 연결할 수 있습니다.

가수 박준형의 검색 결과(네이버)

이 그림에서 보듯이 이름만 검색해도 해당 연예인의 **인스타그램, 트위터** 등의 공식 계정을 확인할 수 있습니다. 계정명이 비슷하다고 해도 믿어서는 안 됩니다. 비슷한 계정은 누구나 만들 수 있습니다.

SNS를 운영하는 회사들도 이러한 사칭 계정에 대해서 고민이 많았습니다. 그래서 쉽게 구별할 방안을 내놓았습니다. **공식 인증 마크를 추가**하여 실제 본인 여부를 확인할 수 있게 한 것입니다.

가수 박준형의 실제 SNS(인스타그램)

인스타그램의 경우, 본인 인증을 완료한 연예인이나 유명인은 계정 옆에 ✅ 마크를 넣어서 마우스를 갖다 대면 '인증됨'이라는 메시지로 확인할 수 있도록 하였습니다. 연예인이 연락했다는 기쁨은 잠시 뒤로 미루고 정말 맞는지를 먼저 체크해봄으로써 안전하게 취미생활을 하기 바랍니다.

➕ **한 줄 대응**
유사 이름을 확인하고, 검색 사이트를 통해 검색해보고, SNS 공식 인증 마크를 확인한다!

웹캠/IP 카메라 해킹

민감한 사진과 영상이 외부로 유출돼요

아파트 월패드 공격(**063**) 때문에 평상시라면 무심히 지나갈 수도 있는 여러분의 개인정보, 특히 영상이나 사진에 대한 위협이 지속해서 언급되고 있습니다. 그런데 아파트 월패드보다도 더한 위협이 여러분의 노트북 바로 앞에도 있습니다.

웹캠 & IP 카메라 해킹 WebCam & IP Camera Hacking은 노트북이나 PC에 연결된 웹캠, 공공장소 등에 설치한 IP 카메라 등을 통해서 타인의 사생활을 몰래 지켜보면서 노출하는 공격을 말합니다.

[쇼단]
인터넷에 연결된 기기 등의 다양한 정보를 제공하는
사이트(해커들의 놀이터)

쇼단을 통한 카메라 연동 자료
(모자이크 처리)

웹캠 & IP 카메라 해킹 사례(쇼단)

인터넷에 연결된 다양한 기기에 대한 정보를 제공하는 **쇼단**Shodan은 인터넷에 연결된 장비의 허점 등과 같은 다양한 취약점도 같이 제공하기 때문에 해커가 공격 대상을 선정할 때 많이 사용하기도 합니다. 국내에 이슈가 많이 됐었던 N번방 사건의 전 운영자였던 와치맨도 IP 카메라 해킹을 통해 다수의 사생활을 침해해서 옷 갈아입는 모습 등을 인터넷에 개재했습니다. 분명히 카메라가 있다는 사실을 알고 있는데도 왜 이러한 영상과 사진들이 외부에 유출되고 있을까요?

☣ 증상

- 옷 갈아입는 영상이나 집에서 생활하는 모습이 유출됩니다.
- 실시간으로 여러분의 모습이 전 세계로 생중계됩니다.
- 개인정보가 유출되어 여러 곳에 퍼지기 시작합니다.

🧰 예방 및 대처

불법 촬영물은 촬영되는 것만으로 끝나지 않습니다. 성적 호기심을 자극하는 영상은 **다크 웹(005)**에서 비싼 가격에 매매되며, 한번 거래되어 유포된 영상은 쉽게 줄어들지 않습니다. 가장 먼저 해야 할 행동은 **아파트 월패드 공격(063)**에서 언급되었던 **렌즈 가리개**를 통해 노트북의 내장된 웹캠이나 IP 카메라의 렌즈를 사용하지 않을 때는 잠가 놓는 것이 좋습니다. 사용하지 않는 시간이 많은데 항상 열어놓는 것은 불필요하기 때문입니다. 하지만 정품 노트북에도 렌즈 가리개가 포함되어 있지 않기 때문에 따로 구매해야 합니다. 렌즈 가리개 가격은 **개당 100원에서 200원대이며, 배송료까지 해도 몇천원 수준**입니다. 이 비용도 아깝다고 생각한다면 여러분 사생활의 가격은 얼마일까요? 다시 한번 생각해보기를 바랍니다.

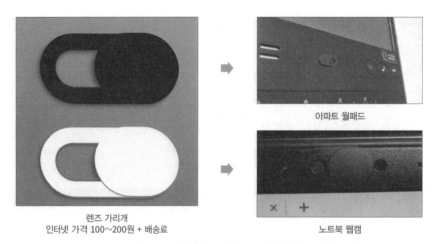

렌즈 가리개
인터넷 가격 100~200원 + 배송료

아파트 월패드

노트북 웹캠

렌즈 가리개(아파트 월패드, 노트북 웹캠)

물리적인 방법 말고도 설정이 필요한 부분이 있습니다. IP 카메라는 **초기 사용자 아이디와 비밀번호를 반드시 변경**해야 합니다. admin/admin, admin/12345는 카메라에서 초기 기본 계정으로 가장 많이 사용되던 비밀번호입니다. 기본 아이디와 비밀번호를 그대로 둔다면, 해커는 쇼단에서 바로 수집하여 여러분의 사생활을 녹화하여 다크웹에서 판매를 시작할 것입니다. 또한, IP 카메라에는 **사생활 보호 모드**가 있는 경우가 많습니다. 보호 모드가 없는 기기라도 **사용하지 않을 때는 종료하는 습관**을 지니는 것이 좋습니다. 특히, 사용하지 않았는데 위치가 변경되거나 회전이 일어났다면 의심해보는 것이 좋습니다.

이미 유출되어 인터넷에서 거래되고 있다면, **딥페이크(076)**에서 알아본 바와 같이 **디지털 장의사**와 같은 별도의 영상 추적 제거 서비스를 이용하는 것도 좋은 방법입니다. 이미 벌어진 일이라 완벽하게 수습하기는 어려울 수 있지만, 최대한 막아볼 수는 있습니다. 예방과 빠른 대응이 침해사고에서 가장 중요한 요소입니다.

➕ **한 줄 대응**

렌즈 가리개를 사용하고, 초기 사용자 아이디와 비밀번호를 변경하고, 유출 시에는 디지털 장의사와 상담한다!

기업 자료, 개인정보, 소스 코드가 인터넷에 유포되고 있어요

오픈소스 소프트웨어가 이제 IT 시장의 대세로 자리 잡고 있습니다. 오픈소스를 이용해서 더 많은 업무를 수행할 수 있는 시대가 오고 있고, 이에 발맞추어 개발자의 대우도 점점 더 좋아지고 있습니다. 개발자들이 사용하는 오픈소스 중 가장 많이 이용하는 **깃허브**GitHub, 과연 좋기만 할까요?

깃허브 업로드 GitHub Upload는 개발자나 IT 전문가들이 오픈소스를 공유하는 플랫폼인 깃허브에 각종 기업 자료, 개인정보, 소스 코드 등을 업로드시켜 외부에 유출되는 사고를 말합니다.

이루다의 개인정보 데이터 깃허브 유출 사고

깃허브는 IT 개발자들이 개발 생태계 전반의 발전을 위해서 다양한 오픈소스, 개발 데이터 등을 올리는 플랫폼으로서, 오픈소스 생태계에서 큰 역할을 차지하고 있습니다. 개발자들은 깃허브에 저장소Repository를 만들고 공유하는 것을 명예로 생각하며, 본인 포트폴리오를 구성할 때도 많이 이용하고 있습니다.

그러나 기회의 땅인 깃허브가 역으로 기업을 위협하기 시작했습니다. 대표적인 사건이 있습니다. **AI 챗봇 소프트웨어인 이루다**의 제작 회사인 스캐터랩이 카카오톡 대화 데이터로 학습하는 인공신경망 모델 파일을 깃허브에 게재했습니다. 그런데 4개월간 **비식별 처리**를 하지 않은, 개인들의 사생활이 담긴 카카오톡 대화 데이터가 유출되고 말았습니다. 거기에다 AI 챗봇인 이루다가 **장애인 및 성소수자를 혐오하는 발언**을 하는 바람에 **AI 윤리 문제**까지 확산되며 기업에 위기가 찾아왔습니다.

증상

- 기업에서 제작한 각종 소프트웨어가 인터넷에 유포됩니다.
- 기업 자료와 개인정보, 소스 코드가 유포되기 시작합니다.
- 공개된 소스 코드를 통해 내부 취약점이 노출됩니다.

예방 및 대처

좋은 의도로 만들었던 오픈소스 공유 플랫폼이 기업에는 위협의 형태로 돌아올 수도 있습니다. 개발자들의 명예를 위한 일이라고는 하나 기업 입장에는 리스크로 돌아올 수도 있는 깃허브, 어떻게 활용해야 할까요?

깃허브에 유출되는 자료 중 문제가 되는 대부분은 기업의 업무 내용이 업로드될 때입니다. **회사에 저작권이 있는 소스 코드가 유출**되거나 개발자에게 발급된 클라우드에 직접 접속할 수 있는 키인 **AWS Key 정보가 유출**되는 문제가 깃허브에서 종종 발생하곤 합니다.

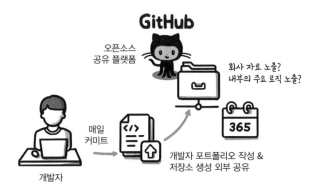

깃허브를 통한 회사 자료 유출 사례

개발자나 개발을 수행하는 외주 업체에 보안 서약서를 작성하게 하는 것도 좋은 방법입니다. 그리고 회사 업무로 알게 된 자료에 대해서는 유출 책임이 있다는 것을 반복적으로 인지시켜 **개인 업무와 회사 업무를 분리**해야 합니다.

정보보안 서약서

개인정보 수집동의

개인정보 수집항목	수집목적	보유 및 이용기간
성명, 회사명, 생년월일	본인확인을 위함	1년

( ) 동의함　　( ) 동의안함

성　　명 :

회 사 명 :　　　　　　　　　　생년월일 : 　　.　　.

상기 본인은 ㈜ㅇㅇㅇ(이하 '회사'라 함) 및 '회사'의 관계사 등으로부터 업무 수행 중에 얻게 되는 정보들에 대해서 다음의 사항들을 성실히 지키겠습니다.

'정보'란,
- 기업정보[경영정보, 재무정보, 기술정보, 영업정보, 시스템정보(ID/비밀번호 포함) 등]
- 개인정보[주민등록번호, 여권번호 등 개인식별정보, 전화번호, 주소, 상품이용정보, 위치정보, 계정(ID/비밀번호), 이메일주소 등]를 의미함

본인은,
1. 회사의 업무수행 기준과 관련 법령에 따라 '정보'를 이용하고 관리함에 최선을 하겠습니다.
2. 업무수행 중이나 업무가 끝난 후에도 제3자에게 '정보'를 제공하지 않겠습니다.
3. '정보'가 무단복제 혹은 분실되지 않도록 안전하게 관리하겠습니다.
4. 회사로부터 허가 받은 정보시스템과 '정보'에만 접근하겠습니다.
5. 회사가 소유하거나 보관중인'정보'를 외부로 보낼 때, 회사의 규정 절차를 따를 것이며, 이를 점검 및 통제할 수 있음을 이해하고 동의 하겠습니다.
6. 그 외의 사항에 대해서는 회사의 정보보호정책 및 지침 등 업무수행 기준에 정해진 내용에 동의하고 이를 준수하겠습니다.

본인은 위의 사항을 숙지하고 성실히 지키며 위 사항을 위반했을 경우에는, 회사와의 업무관계 또는 계약의 해지 등을 감수하며, 회사 및 회사 고객에게 끼친 손해를 배상하고 그 밖의 책임도 질 것을 서약합니다.

년　　　월　　　일

서 약 자 :　　　　　　(인)

정보보안 서약서 예시

외부 인터넷망이 차단된 곳에서 개발 환경을 운영하는 것도 좋은 관리 방안입니다. 외부와 통신이 차단된 경우, 데이터(소스 코드 등) 반입/반출을 위해서는 반드시 상위 결재권자가 해당 내용을 판단하여 승인할 것이고 검토에 대한 책임을 갖기 때문에 외부 유출에 대해서는 보다 안전하게 관리할 수 있습니다.

이렇게 구성하기가 어렵거나 작은 회사라면 기업 내에서 깃허브 접속을 아예 막는 것도 방법일 것입니다. 다만, 그렇게 구성하면 깃허브 자체를 이용할 수 없을 뿐만이 아니라 개발자라면 여러 우회 경로를 통해 어렵지 않게 업로드할 수 있기 때문에 보다 근본적인 대응이 필요합니다.

개발자의 소스 코드 저장소 접근을 통제하고 프로젝트 공개 수준을 점검해야 합니다. 개발자가 소스 코드 전체에 대한 접근 및 범위 이상의 **권한을 요구하면 차단**할 수 있도록 구성해야 합니다. 그래서 본인 권한 내에서만 소스 코드에 대한 작업을 하고 관리할 수 있도록 하여 소스 코드 전체가 외부에 유출되는 것을 막아야 합니다. 또한, 프로젝트 수준을 **공개형/미공개형** 등으로 분리하여 외부 유출에 대한 사전 주의 및 관리를 해야 합니다. 유용하고 오픈소스 생태계의 리더격인 깃허브의 안전한 사용을 보안 담당자와 개발자 모두가 함께 고려해봐야 할 시점입니다.

⊕ 한 줄 대응
보안 서약서를 작성하게 하고, 인터넷망이 차단된 환경에서 개발하게 하며, 개발자의 저장소 접근을 통제하거나 공개 수준을 점검한다!

모순

중국 전국 시기의 사상가 한비韓非가 쓴 《한비자》 36편에는 '모순矛盾'이라는 단어가 나옵니다. 어떤 초나라 상인이 방패와 창을 팔고 있었습니다. 방패에 대해서는 "내 방패의 견고함은 어떤 것도 이것을 뚫지 못하오"라고 말하고, 또 자신의 창에 대해서는 "내 창의 예리함은 어떤 것이라도 다 뚫을 수 있소"라고 말했습니다. 그때 어떤 다른 사람이 "당신의 창으로 당신의 방패를 뚫으면 어찌 되오?"라고 말하니 그 상인은 아무런 대답을 하지 못했다는 내용입니다.

사이버 세상에서도 이과 같은 '모순'이 존재합니다. **해킹**과 **보안**, 무엇이든 뚫을 수 있는 기술인 해킹 기술과 무엇이든 막을 수 있는 보안 기술, 어떤 것이 더 강하다고 생각하나요? 다양한 해킹 사고를 발생시키기는 **어나니머스**Anonymous, **김수키**Kimsuky, **라자루스**Lazarus 등 다양한 해킹 그룹이 존재하고, 한편에서는 매일 그러한 사고를 막기 위해 노력하는 보안전문가들이 있습니다. 아직은 **APT**Advanced Persistent Threat와 같이 뚫릴 때까지 끊임없이 공격하는 해킹 쪽이 좀 더 우세하게 느껴지기도 합니다. 하지만 언젠가는 모든 이용자가 보안 마인드를 지니고 훌륭한 보안 아키텍처가 세워진 시스템을 통해 완벽한 보안 체계를 이용하는, **그 누구도 뚫을 수 없는 방패와 같은 세상**이 오기를 간절히 바랍니다. 저를 비롯한 많은 보안전문가들은 그러한 세상을 만들기 위해 부단히 노력할 것입니다. 이 책을 읽는 여러분도 함께한다면 그 시점이 좀 더 빨라지리라 확신합니다.

☐ 중고 물품 거래 사기꾼 잡기

☐ 온라인 사이버 수사대 신고

☐ 한국인터넷진흥원 신고

☐ 개인정보 유출 소송

☐ 스마트폰 백업과 복원

☐ 윈도우 초기화

☐ 윈도우 10 재설치

☐ 윈도우 11 업그레이드

APPENDIX

주요 침해사고
대응 및 관리 방법

여러분은 앞에서 다양한 해킹을 통한 침해사고 유형에 대해서 알아보았습니다. 다양한 침해
사고에 맞는 다양한 대응 방법이 있었지만, 부록에서는 좀 더 범용적으로 많이 사용되는 대
응 방법, 그리고 보충 설명이 필요한 대응 방법에 대해서 자세하게 알아보겠습니다.

사이버 수사대에 가장 많이 신고되는 사고가 무엇일까요? 예상하는 바와 같이 중고 물품 거래입니다. 중고나라를 비롯한 유명 사이트가 사기꾼의 주 활동 무대로 활용되고 있습니다. 유명 카페에서는 별도로 사기꾼 명단을 만들어서 관리하기도 합니다.

중고 물품 거래 사기에서 가장 중요한 것은 예방입니다. 중고 물품 거래는 시중의 온라인 쇼핑몰과는 다르게, 수수료 및 편의성의 문제로 **중개 플랫폼을 이용하지 않고 거래**하는 경우가 대부분입니다. 그러면 일반적인 중고 거래 시에 어떻게 하면 사기를 **예방**할 수 있을까요?

1) 이전 거래 내역 및 기존 기록 확인

사기꾼은 한 건만 사기 치지 않습니다. 사기꾼은 이전에도 다양한 사기를 쳤을 가능성이 높기 때문에 게시글이 있다는 것을 알면 피해자들이 신고하거나 댓글을 쓸 가능성이 높습니다. 그러니 사기꾼은 오래된 이전 거래 게시글을 유지하기 어렵습니다. 그래서 **이전에 거래된 글이나 내역, 판매자의 활동 내역**을 참고하는 것도 사기 예방에 도움이 됩니다.

2) 중고 거래 사이트의 '사기글 신고하기' 게시판에서 검색

이름이나 전화번호, 계좌번호 등 상대편으로부터 받는 정보를 '사기글 신고하기' 게시판에서 검색하면 이전에 사기를 쳤던 사람에 대한 기록을 확인할 수 있습니다.

3) 더치트 조회

사기 피해자들이 많이 사용하는 **더치트**[22]**에서 피해 사례를 조회**하면 사례를 확인하여 사기꾼 여부를 구분할 수 있습니다. 또한, 각종 사이트에서도 피해 사례를 조회해보면 종합적으로 판단하여 예방할 수 있습니다.

4) 온라인 거래보다는 직거래를 요청

직접 보고 거래하면 상대적으로 사기를 당할 확률이 줄어듭니다. 물건을 실제로 보여줘야 하고 물품에 대한 검증 단계가 끝나야 금액을 지불할 것이기 때문에 사기꾼이라면 최대한 온라인으로 유도할 가능성이 높습니다. 지속해서 직거래를 요청해도 온라인만 고집하는 상대라면 다시 한번 확인해보기를 바랍니다.

다방면의 확인을 통해서 의심할 여지가 별로 없다고 생각되면 거래를 진행할 것입니다. 그러나 모두에게 처음이 있던 것처럼 그 사기꾼도 여러분이 처음일 수도 있습니다. **검색한 모든 기록이 깨끗했지만, 사실은 숨겨진 사기꾼**일 수도 있는 것입니다.

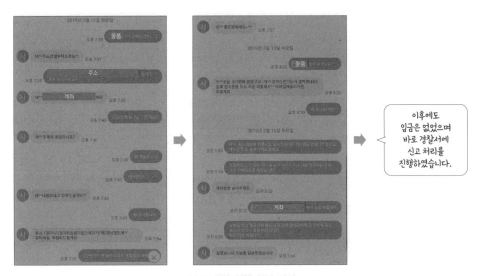

중고 거래 시의 사기 사례

---

22 https://thecheat.co.kr/

비슷한 경우로 저 또한 중고 거래 사기를 당한 적이 있습니다. 위와 같이 일반적인 중고 거래에서 조회 시에 특이사항이 없어서 거래를 진행하였고, 이후 5일이 지났음에도 물품 배송도 하지 않고 금액 반환도 없었습니다. 결국, 사기를 당했습니다. 아무리 주의해도 발생할 수 있는 사기, 이미 벌어진 사건에 대해서 **어떻게 대처**해야 할까요?

가장 먼저 진행해야 한 건 바로 **증거 수집**입니다. 판매와 관련된 **게시글, 문자 및 전화 내역, 입금내역서** 등을 준비해야 합니다.

게시글이 이미 지워진 상태라면 **카페 운영진 등에 요청**하는 것도 좋은 방법입니다. 중고 거래 시에는 일정 금액 이상의 물건을 구매할 때는 게시글을 미리 캡처해놓는 습관도 좋습니다. 금액을 지급했다는 입금내역서는 **인터넷뱅킹(이체 ➡ 이체결과 조회 ➡ 이체확인 증 ➡ 바로인쇄)**을 통하거나 직접 은행 지점을 방문하여 발급받을 수 있습니다.

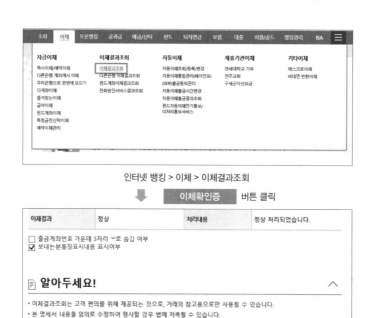

인터넷 뱅킹 > 이체 > 이체결과조회

이체확인증 버튼 클릭

바로인쇄를 통한 발급 처리

입금내역서 출력 방법(우리은행)

증거를 모았다면 **경찰서에 신고**해야 하는데, 수집했던 **증거를 전부 출력**하여 가져가야 합니다. 신고 시에 같이 제출해야 하므로 사진이나 미디어 형태의 자료보다는 출력본이 유용합니다.

사전에 **온라인 사이버 수사대 신고(부록002)**를 한 후에 방문하는 것이 좋지만, 신고 없이 바로 방문해도 무방합니다. 경찰서에 방문했다면 **민원실 안내를 통해 사이버범죄수사팀**을 찾아가면 됩니다. 그곳에서 여러분이 당한 인터넷 사기에 관한 내용을 신고하고 접수하게 됩니다.

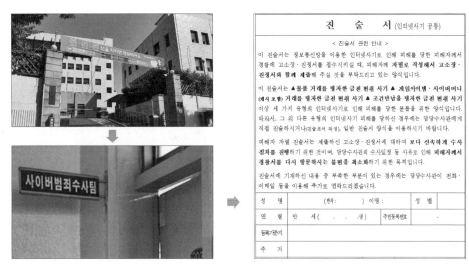

경찰서 방문과 진술서 작성

사고 접수 시에는 자필로 적은 **고소장이나 진정서**가 필요합니다. **고소장은 피의자의 신상을 명확하게 특정할 수 있을 때** 작성하며, **진정서는 피의자를 특정하기 어려울 때** 확인을 요청하기 위해 작성하게 됩니다. 인터넷 사기는 보통 직접 보지 않은 상태에서 벌어지는 사건이 많으므로 계좌/전화번호 주인이 사기꾼인지 불확실합니다. 그래서 확인 요청을 위해 보통 **진정서를 제출**합니다. 또한, 고소장이나 진정서 작성 후에는 **자필 진술서**가 필요합니다. 여기에는 실제 피해 경위를 자세하게 적게 됩니다. 피해자의 정보가 일부 불확실하다고 해도 이름, 전화번호, 계좌번호, 사건 발생 사이트 정도만 알아도 충분히 작성할 수 있습니다. 개인 도장이나 지장 날인으로 작성을 마무리하게 됩니다.

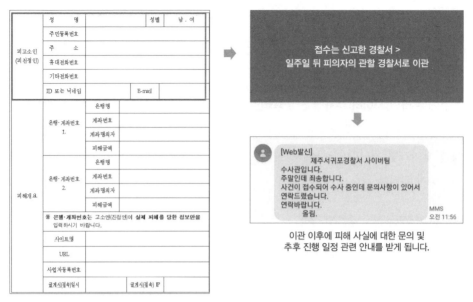

피의자에 대한 정보가 부족한 경우에는
아는 범위 내에서 작성

접수는 신고한 경찰서 >
일주일 뒤 피의자의 관할 경찰서로 이관

[Web발신]
　　　제주서귀포경찰서 사이버팀
수사관입니다.
주말인데 죄송합니다.
사건이 접수되어 수사 중인데 문의사항이 있어서
연락드렸습니다.
연락바랍니다.
　　올림.

MMS
오전 11:56

이관 이후에 피해 사실에 대한 문의 및
추후 진행 일정 관련 안내를 받게 됩니다.

피의자 관련 진술서 작성 및 절차

피의자에 대한 정보에 대해서는 부족하면 부족한 대로 아는 범위 내에서 작성하면 됩니다. 진정서와 진술서 작성을 전부 마쳤다면 제출하고 이후 절차에 대해 안내를 받으면 됩니다. 보통 **1주일 후에 관할 경찰서로 이관되며 관련 담당 수사관의 연락**을 받게 됩니다. 이때 피해 사실과 관련된 추가 질문을 받게 되며, 처벌을 원하는지도 확인받게 됩니다. 이후 수사관이 관련 조사를 수행하게 되며, 진행 상황에 따라서 중간에 연락이 오기도 합니다.

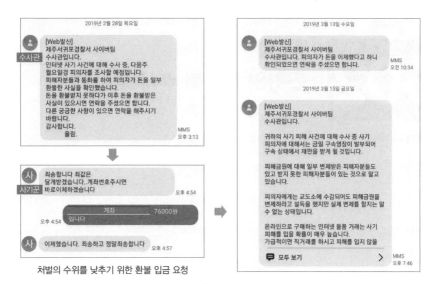

처벌의 수위를 낮추기 위한 환불 입금 요청

피의자 환불 금액 입금

수사가 진행되었다면 피의자가 본인의 처벌 수위를 낮추기 위한 합의의 수단으로 **환불 입금을 요청**하게 됩니다. 처벌의 완화를 원하지 않으면 받지 않을 수도 있지만, 대부분은 환불을 받는다고 합니다.

아쉽게도 여러분의 정신적인 고통에 대한 합의금을 추가로 주는 경우는 거의 없습니다. 처벌을 앞둔 사기꾼은 금전적으로 여유가 없는 경우가 많아 피해자가 합의금을 요청하더라도 받아들이지 않기 때문입니다. 환불 이후에는 사건의 진행 상황을 공유받게 됩니다. 저의 경우 **해당 피의자는 결국 구속되었고, 검찰청으로 사건이 송치되어 처벌** 받게 되었습니다. 한 달여 만에 피의자도 잡고 금액도 돌려받게 되었습니다. 국내에서 본인의 명의를 이용하여 중고 사기를 치는 사기꾼은 대부분 잡힙니다. 단돈 몇만 원이라는 이유로 귀찮다고 포기하지 말고 반드시 신고하여 피해액도 돌려받고 또 다른 피해자가 발생되지 않도록 하기를 바랍니다.

002 온라인 사이버 수사대 신고

중고 물품 거래 사기꾼 잡기(부록 001)에서 알아봤던 대로 사기에 대한 능동적인 대응법은 경찰에 바로 신고하는 것입니다. 앞에서 알아봤던 중고 물품 거래 이외에도 로맨스 스캠, 사이버 명예훼손, 해킹 사고 등 다양한 범죄가 존재하며, 해당 범죄에 대해서는 모두 신고할 수 있습니다. 그러면 경찰에 신고는 어떻게 해야 할까요? 세 가지 방법, 즉 **인터넷을 통한 온라인 신고, 경찰서 방문 신고, 우편 신고**가 있습니다. 여기서는 **인터넷을 통한 온라인 신고**에 대해 알아보겠습니다.

사이버 시스템이 많이 발전되어 경찰청 시스템도 체계화되었습니다. 이전에 **여러 블로그나 책에서 보면 인터넷 신고가 절차상으로만 안내**되는 경우가 있었는데, 지금은 많이 달라졌습니다.

사이버안전지킴이
https://www.police.go.kr/www/security/cyber.jsp

사이버범죄 신고시스템
https://ecrm.police.go.kr/minwon/main

사이버안전지킴이, 사이버범죄 신고 시스템 안내

예전의 사이버수사대 신고 절차는 사건 배정팀을 받기 위한 사전 절차였다면, 2021년 이후의 **사이버범죄 신고시스템(ECRM)으로 개편된 이후에는 다중피해 사건으로 확인되면 경찰서에 방문하지 않아도 신고 및 처리**를 할 수도 있습니다.

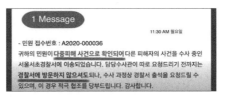

다중피해 사건 안내 예시(대한민국 경찰청 유튜브)

사이버 범죄시스템(ECRM)[23]으로 접속한 이후에 온라인 신고를 진행할 수 있습니다. 먼저 **신고, 상담, 제보하기 중에 원하는 유형을 선택**합니다. 이후의 설명은 **신고를 기준**으로 하겠습니다.

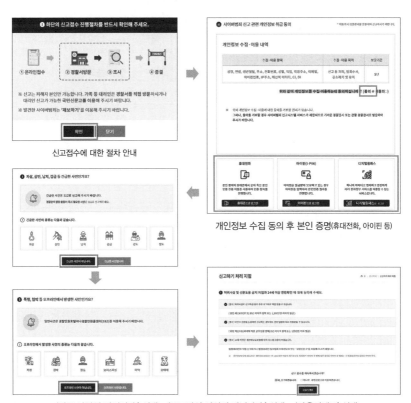

'긴급 사안이 아닙니다.' 선택 > '오프라인 사안이 아닙니다.' 선택 > '다음단계로' 선택

사이버 범죄 신고 1단계

신고 접수에 대한 절차를 알아본 후 **본인이 직접 신고**해야 합니다. 범죄 수사를 위한 개인정보 **수집에 대한 동의를 진행**하고, **휴대전화, 아이핀, 디지털 원패스 중 한 가지를 이용해 본인을 증명**합니다. 이후 실제 긴급한 사건(자살, 살인, 납치, 감금, 강도, 절도 등) 여부를 체크합니다. 긴급 사건은 유선을 통한 직접 신고가 더 빠르게 대응할 수 있기 때문에 유선을 통해 진행해야 하며, 여기서 다룰 사이버 수사대 신고에서는 **'긴급한 사안이 아닙니다'**를 선택합니다. 또한, 다음 질문으로 오프라인 사건(폭행, 협박, 절도, 보이스피싱, 마약, 성매매) 여부를 체크할 때는 **'오프라인 사안이 아닙니다'**를 선택합니다.

긴급하지도 않고 오프라인이 아닌 사안에 대해서만 사이버 수사대에서 온라인 신고를 받습니다. 물론, **여러분의 금전이나 명예가 달린 중요한 사안**입니다. 사건 분류상 긴급 처리 건으로만 분류되지 않는 것이므로 고민하지 않아도 됩니다.

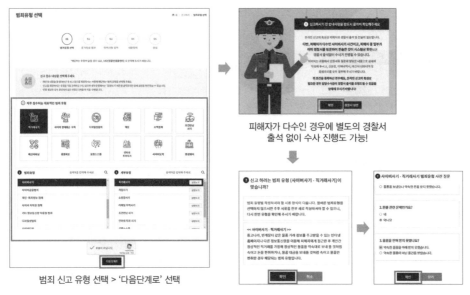

범죄 신고 유형 선택 > '다음단계로' 선택

피해자가 다수인 경우에 별도의 경찰서 출석 없이 수사 진행도 가능!

사이버 범죄 신고 2단계

사이버 수사대에 접수할 만한 사건이라면, 다음은 실제 유형을 선정하는 단계를 하게 됩니다. 제일 많은 유형인 직거래 사기부터 명예훼손, 디지털 성범죄, 몸캠 피싱까지 다양한 유형의 범죄 중 **본인이 피해를 본 유형의 범죄를 선택**합니다. 여기서부터가 최근 개편된 이후 가장 많이 달라졌습니다. 다수 피해자가 발생한 **다중피해 사건은 동일 사안으로 묶어서 처리할 수 있기 때문에 시스템상 확인이 되면 경찰서 출석 없이도 수사가 진행**될 수 있다는 점입니다. 휴가를 내거나 시간을 빼서 신고하는 것이 부담스러웠던 분들에게는 참 좋은 방법일 것입니다. 온라인 거래 사기는 보통 1명에게만 하지 않고 여러 명에게 동시에 사기를 치는 경우가 많습니다. 그에 따라 경찰의 신고 시스템도 좀 더 효율적으로 바뀌게 된 것입니다. 선택하게 되면 신고하려는 범죄 유형에 대한 설명과 함께 **양식과 관련된 주의사항**을 보게 됩니다.

유형을 **직거래 사기라고 가정**하고 진행해보겠습니다. 이후에는 사전 질문을 통해서 정확한 피해 범위를 측정하게 됩니다. 온라인 직거래 사기에서는 **돈을 보냈는데 물품을 아예 못 받는 경우**가 많습니다. 본인의 경우와 맞게 설정하고 **사전 질문 확인 버튼을 클릭**합니다.

신분증 및 이체 내역서, 대화 내역서, 기타 자료 등에 대한 파일을 첨부하여 제출

본인 인적사항과 피의자 인적사항을 작성(아는 범위 내)

사이버 범죄 신고 3단계

이후 **증거 자료를 첨부**하는 과정이 필요합니다. **본인의 신분증을 첨부하여 본인임을 증명**하게 됩니다. 또한, **이체 내역서(부록 001 참고), 대화 내역 첨부, 기타 게시물 등의 다양한 자료를 첨부하여 증거 자료로 제출**합니다. 이어서 본인의 인적 사항과 피의자의 인적 사항을 작성하게 되는데, 피의자에 대한 정보가 불확실하고 다를 수도 있기 때문에 **부록 001**에서와 동일하게 아는 범위 내에서만 기재하면 됩니다.

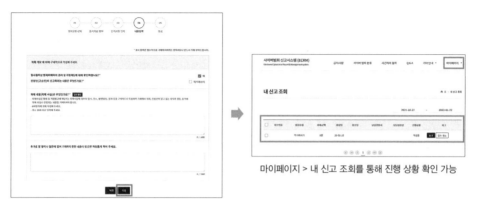

피해 사실에 대한 구체적인 내용 작성

마이페이지 > 내 신고 조회를 통해 진행 상황 확인 가능

사이버 범죄 신고 4단계

열심히 인적 사항 및 정량적인 정보를 작성했다면 다음은 **피해 사실에 대해서 구체적으로 작성할** 차례입니다. 언제, 어느 곳에서, 어떻게, 누구와 같이 구체적인 정보를 육하원칙에 맞춰서 알고 있는 내용과 경험을 통해서 작성하면 됩니다.

① 3월 14일 ××× 사이트에서 한정판 신발 판매의 게시글을 확인

② 3월 14일 오후 5시에 게시글에 대한 연락처를 기준으로 휴대전화 메시지를 통해 구매 의사를 보내고 상품 상태 및 입금 계좌를 받은 후 송금

~이후 생략~

위와 같이 다양한 정보를 여러분의 방식에 맞춰 작성하면 됩니다. 신고 양식이 다소 다양하나 너무 걱정하지 말고 **편하게 작성**하면 됩니다. 이후 부족하거나 모자란 자료가 있다고 사이버 수사대에서 판단하면 경찰관으로부터 보강 방법에 대한 안내를 받을 수 있습니다. **전부 작성하고 신고 처리**가 되었다면 **마이페이지 ➡ 내 신고 조회**를 통해서 여러분의 신고 진행 상황을 실시간으로 확인할 수 있습니다.

이전과는 다르게 단순하게 사건 배정팀 부여를 위한 절차가 아닌, 정말 신고의 기능을 수행하는 온라인 신고 방법이 생겼습니다. 귀찮다고 휴가를 낼 수 없다고 해서 범죄자를 방치하겠습니까? **여러분의 신고가 여러분만이 아닌 또 다른 피해자들을 도와줄 기회가** 될 수도 있습니다.

003 한국인터넷진흥원 신고

범죄에 대해서는 앞에서 알아봤던 바와 같이 경찰서, 사이버 수사대에서 해당 사건을 진행했습니다. 그러나 범죄 여부가 불분명하고 PC나 스마트폰에 대한 **악성 코드와 관련된 해킹 사건으로 의심되는 경우**나 개인정보 유출이 의심되는 경우에는 어떻게 진행해야 할까요? 사고가 발생한 것으로 의심은 되는데 범죄라고 판단하기 어려울 때가 있습니다. 이럴 때 신고와 상담하기 좋은 곳이 있습니다. 바로 **한국인터넷진흥원(KISA)**입니다.

한국인터넷진흥원Korea Internet & Security Agency, KISA은 정보보호 및 인터넷에 대한 전문 기관으로서, 정보통신망의 안전한 이용 및 정보보호에 대한 **대국민 지원을 목표**로 하는 기관입니다. 간단히 말하자면, 여러분의 안전한 인터넷 사용을 지원하기 위한 기관입니다.

그럼, 지금부터 범죄로 분류하기는 애매한 악성 프로그램을 통한 해킹 사고나 개인정보에 대한 유출이 의심될 때 한국인터넷진흥원(이하 'KISA')에 신고하는 절차에 대해 알아보겠습니다.

악성 프로그램 감염, 스피어 피싱 등의 사유로 해킹이 의심되어 신고와 상담을 원한다면 **KISA에서 운영하는 인터넷 보호나라**를 통해 신고할 수 있습니다. 인터넷 보호나라의 해킹 신고[24]로 접속하여 신고 양식을 확인할 수 있습니다.

---

24 https://www.boho.or.kr/consult/hacking.do

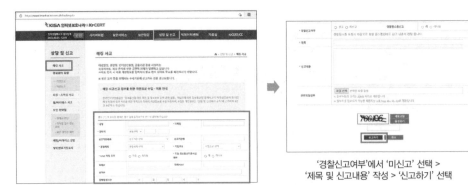

'경찰신고여부'에서 '미신고' 선택 >
'제목 및 신고내용' 작성 > '신고하기' 선택

KISA 인터넷 보호나라의 상담 및 신고 > 해킹 사고 >
'상세 내용' 입력 '신고 기관 종류(기타(개인))' 선택

KISA 인터넷 보호나라 해킹 사고 신고

상담 및 신고 ➡ 해킹 사고 ➡ 상세 내용을 입력하여 신고하면 됩니다. 기업과 개인의 해킹 사고를 함께 접수하고 있기 때문에 신고기관 종류에서 **기타(개인)를 선택**하여 개인의 사고를 신고할 수 있습니다. 또한, 해킹은 증거 자료가 부족하여 범죄 신고를 직접 하기 어려운 경우가 많기 때문에 보통 **경찰신고 여부는 미신고를 선택**하고 제목 및 신고 내용을 작성하면 됩니다. 개인은 대개 상담 및 대응을 위해 신고하지만, **기업은 개인정보보호법 제 34조에 따라서 1천 명 이상(시행령 기준) 개인정보 유출 시에는 개인정보 보호위원회 또는 한국인터넷진흥원에 의무적으로 신고를 해야 합니다.** 특히, 정보통신 서비스 제공자의 경우 개인정보 유출을 당했을 때에는 건수와 무관하게 동일한 기관에 신고를 해야 합니다. 또한, 정보통신망법 제 48조의3에 따라 정보통신 서비스 제공자는 침해사고가 발생한 경우에 한국인터넷진흥원에 신고하는 등 여러 신고 의무가 있습니다.

여기서는 여러분의 소중한 **개인정보와 관련해서 한국인터넷진흥원에 신고 및 상담**을 받는 법에 대해 알아보겠습니다.

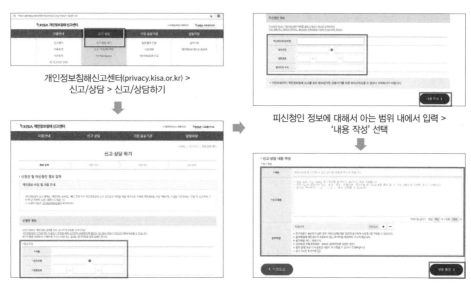

개인정보침해신고센터(privacy.kisa.or.kr) >
신고/상담 > 신고/상담하기

피신청인 정보에 대해서 아는 범위 내에서 입력 >
'내용 작성' 선택

'신청인 및 피신청인 정보' 입력

'신고 및 상담 내용' 작성 후 > '내용 확인' 선택

한국인터넷진흥원 개인정보침해신고센터 신고 및 상담 1단계

KISA에서 운영하는 **개인정보침해신고센터**[25]**로 접속하여 신고/상담 ➡ 신고/상담하기를 선택합니다. 신청인 및 피신청인 정보를 입력**합니다. 피신청인(업체)은 정보를 아는 범위 내에서만 작성한 후 **내용 작성을 선택**합니다. **신고 및 상담 내용을 작성**하여 실제 외부의 개인정보 유출로 인한 스팸 연락 및 사고 사실을 작성합니다. 필요하다면 증거 자료로 활용할 파일을 첨부할 수도 있습니다.

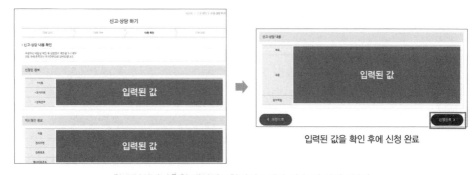

입력된 값을 확인 후에 신청 완료

한국인터넷진흥원 개인정보침해신고센터 신고 및 상담 2단계

---

25 https://privacy.kisa.or.kr/

이후 **내용 확인을 선택**하면 이후에 여러분이 작성한 내용을 확인하고 신고할 수 있습니다. 전부 확인되었다면 **신청 완료**로 마무리합니다. 기업은 의무 신고이지만, 개인은 의무 신고가 아닌 **상담 및 대응의 목적으로** 신고하게 됩니다. 법적인 대응을 할 수 있는 단체가 아니므로 법적 처리가 목적이 아니라, **실제적인 사고 사실을 명확하게 확인하고 절차적 대응을 할 수 있는 상담을 받은 후에 대응**하면 됩니다. 법적 범죄 행위가 명확하지 않은 상황에서는 보안 전문가의 상담을 받아보기를 권장합니다.

004

부록

개인정보 유출 소송

부록003에서는 개인정보침해신고센터를 통해서 KISA에 개인정보 유출에 대해서 신고 및 상담하는 방법에 대해 알아봤었습니다. 신고를 통해서 안전성 확보 조치를 제대로 하지 않거나 담당자의 실수로 개인정보가 유출된 것으로 확인된 해당 기업에는 **과태료가 부과**됩니다. 그러나 과태료는 기업의 행위에 대해서 제재하는 방법이지 여러분의 손해를 보상해주지는 않습니다. 그러면 개인정보 유출로 인한 피해는 어떻게 보상받아야 할까요? 바로 **개인정보 유출 소송**으로 보상받을 수 있습니다.

개인정보 유출은 여러분이 직접적인 피해자로서 피해에 대한 보상도 여러분이 받아야 하지만, 가만히 있으면 과연 기업이 알아서 보상해줄까요? 아쉽게도 현행법상으로는 그렇게 보상해주지 않습니다. 피해에 대해서 보상받기 위해서는 직접적인 **손해배상청구 소송**을 신청해야 합니다. 여기서는 **손해배상청구 소송 절차**에 대해 알아보겠습니다.

개인정보 유출 사고에 대해서 여러분은 **뉴스나 홈페이지 공고, 메시지 등으로 알게 되는 경우**가 많습니다. **개인정보보호법 제34조 개인정보 유출 통지** 등에서 정해진 내용에 따라 여러분(정보 주체)에게 알려야 하기 때문입니다. 여러분이 뉴스를 통해 개인정보 유출 사건이 발생했다는 것을 알았다면 실제로 여러분이 그 **대상자에 포함되었는지를 확인**해보아야 합니다. 보통은 홈페이지, 메일을 통해 유출된 여러분의 정보 유형 및 조치 사항 등에 대해서 알게 됩니다.

개인정보 유출사고 인지 & 확인

개인정보유출 피해자 집단소송 법무법인 참여 카페
(예: 법무법인 평강)

개인정보 유출 소송 절차 1단계

여러분의 정보가 유출되었고 여러분이 입은 손해에 대해서 손해배상 청구 소송을 하기로 마음먹었다면, 그다음에는 **피해자 집단 소송을 진행하는 법무법인의 참여 카페를 확인하여 가입**합니다. 집단 소송은 한 명의 대리인이 다수의 의뢰를 받아 진행할 수 있기 때문에 여러 유출 피해자의 힘을 모아서 소송을 진행이 가능하다는 장점이 있습니다.

카페별 소송 절차 및 수임료 입금 설명(몇천 원 ~ 몇만 원 수준)

소송 진행 상황 중간 공유

KT 개인정보유출 소송의 경우
100원 수임료로 이슈화
(2,500원 인지대 별도)
(출처: 〈이데일리〉)

개인정보 유출 소송 절차 2단계

여러 명을 대신해서 한 법무법인이 소송을 진행한다는 것은 단체 소송의 장점을 활용할 수 있다는 것입니다. 한 명이 변호사를 선임해서 이러한 소송을 진행한다고 하면 비용이 많이 들겠지만, **다수 인원이 신청하여 모아서 진행하면 변호사 선임 비용을 저렴하게 진행**할 수 있게 됩니다.

실제로 KT 개인정보 유출 소송에서 법무법인 평강이 수임료 100원(2,500원 인지대 별도)으로 진행하여 이슈화되기도 했습니다. 그 외에도 많은 법무법인이 이러한 소송을 대신 진행하면서 적게는 1인당 몇천 원에서 많게는 몇만 원 수준의 수임료를 받으며 진행하였습니다.

집단 소송 카페에 가입하여 절차에 관해 확인하고 정해진 방식에 따라 수임료를 입금하면 됩니다. 여러분이 직접 변론을 진행하거나 방문하여 절차를 처리하는 과정은 거의 없습니다. 판결의 핵심은 여러분의 정보 등록 방식이 문제가 아니라, **실제 기업에서의 개인정보 수집, 저장, 제공, 파기 등의 단계에서 적절한 보호 조치의 여부**이기 때문에 변론하려는 기업과 피해에 대한 배상을 주장하는 변호사 간의 재판을 통해서 결정되게 됩니다. 그리고 중간에 대리로 소를 진행하는 **법무법인에서는 진행 상황을 공유**하게 됩니다.

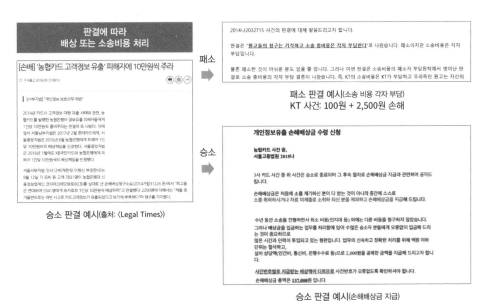

개인정보 유출 소송 절차 3단계

단체 소송 특성상 판결이 이른 시일 내에 나오지 않습니다. 2014년에 진행되었던 KT 사건은 2019년에 판결이 나왔습니다. 거의 5년의 세월이 지나서야 완결이 된 것입니다. KT 사건(2014나2032715)의 경우에는 원고의 청구가 기각된 패소 판결이 나왔습니다. 결국, 별도의 손해 배상을 받지 못했었죠. 그러나 그 이후의 판결은 많이 달라진 양상을 볼 수 있습니다.

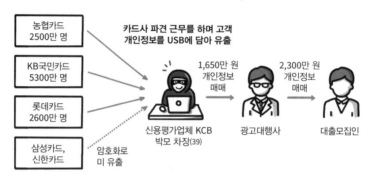

카드 3사 개인정보 유출 사고(2014년 1월 8일)

카드 3사의 개인정보 유출 사고에서는 많은 법무법인이 승소를 이끌었는데, 농협카드로부터는 **소송 비용 7,700원으로 9~15만 원까지의 손해배상금**을 받기도 했습니다. 결국, **판결이 나면서 승소를 이끌어낼 때에는 손해배상금**도 받을 수 있습니다. 기업 입장에서는 단순하게 소송 비용, 손해배상 비용, 카드 재발급 비용과 같은 비용적인 측면만이 아닌 금융회사의 브랜드 가치로 봤을 때 그 손해액은 훨씬 더 클 것으로 예상합니다.

카드 3사 유출 사고 이후에 법률은 점차 강화되는 추세인데, 최근 판결이 난 인터파크의 경우도 **45억의 과징금**이 최종 확정되었습니다. 또한, 단체 소송으로 **인터파크 개인정보 유출 사고(2016가합563586)**도 회원들에게 **1인당 10만 원씩 지급하라는 원고 일부 승소 판결**도 나왔습니다. 개인정보 유출 사고가 나지 않도록 기업에게 안전성을 확보하기 위한 기술적/관리적 보호 조치를 강하게 하라는 쪽으로 판결이 나고 있습니다. 앞으로도 이러한 유출 사고에 따른 소송은 늘어날 것으로 판단됩니다.

여러분의 개인정보는 소중하게 이용되어야 하며, 그렇지 않게 관리되고 있다면 그에 따른 **권리를 주장**해야 합니다. 여러분의 소중한 개인정보가 유출되어 **손해를 입었다고 판단**한다면 개인정보 소송에 **참여해서 대응**하는 것도 가능합니다.

005

부록

스마트폰 백업과 복원

스마트폰 바이러스(049), 스마트폰 복제(050) 사고를 당한 이후 탐지되는 악성 코드를 전부 삭제했다고 해도 안심하고 쓰긴 어렵습니다. 악성 코드로 분류되지 않는 악성 코드를 심어주는 **드로퍼**Dropper(정상 프로그램인 척 위장하여 악성 코드를 주기적으로 만드는 프로그램)라는 프로그램도 있고, 아직은 탐지하지 못하는 악성 코드도 있을 수 있기 때문입니다 악성 프로그램을 치료했다고 해도 혹시 찾지 못한 악성 프로그램이 존재하는지 의심스럽기도 하고 불안합니다. 이럴 때 가장 효과적인 대응법이 바로 **스마트폰 백업과 복원**입니다.

스마트폰 바이러스(049)에서 간단히 설명했던 **백업**Backup은 원본 데이터가 손상되거나 잃어버릴 때를 대비하여 별도의 사본을 미리 복사해두는 방법을 말합니다. 간단히 말하면, 내가 자주 쓰는 스마트폰의 데이터를 따로 보관하여 스마트폰이 감염되면 초기화하고 덮어씌우겠다는 것입니다.

이러한 백업은 **정기적(1주, 1달, 6개월)**으로 해주는 것이 제일 좋습니다. 기존에 정기적으로 저장했던 데이터가 존재한다면 바이러스나 해킹당한 시점 이전의 데이터를 가져와서 언제든지 다시 복원시킬 수 있기 때문입니다.

하지만 **이미 바이러스에 걸렸거나 해킹을 당했다면 백업할 수 없을까요?** 꼭 그렇지는 않습니다. 백업의 방식 중 저장된 데이터 위주의 백업을 진행하고 앱은 제외해 다음에 다시 설치하는 방식도 가능해서 바이러스나 해킹을 당한 이후에도 **필요한 데이터만 추출**할 수 있습니다. 다만, 이럴 때는 **휴대전화 서비스 센터를 방문해서 전문가의 상담**을 받은 이후에 할 것을 권장합니다.

삼성전자나 애플 등 휴대폰 서비스 센터는 네이버 검색을 통해서 간단하게 찾을 수 있습니다.

휴대전화 서비스 센터 예시(삼성전자)

기본적으로 가장 좋은 방법은 내가 **주기적으로 스마트폰의 데이터를 백업**해서 저장하는 게 가장 저렴하면서도 안전합니다.

스마트폰은 기종별로 백업하는 방법에 차이가 있습니다. **안드로이드 스마트폰**(예: 삼성 **스마트폰) 백업 기능**부터 알아보겠습니다. 스마트폰끼리의 백업 용도로 많이 알려진 **스마트 스위치**Smart Switch를 이용해서 **PC에서도 백업**해보고자 합니다.

검색 엔진에서 '스마트 스위치' 검색

네이버와 같은 검색 엔진의 검색을 통해서 **스마트 스위치를 받을 수 있는 삼성전자의 링크를 찾아 접속**합니다.

제일 하단에 다운로드 버튼 위치

웹페이지에서 프로그램 다운로드(윈도우 기준)

이후에 해당 페이지 하단에 있는 **윈도우 버튼을 클릭**하여 스마트 스위치 프로그램을 다운로드할 수 있습니다. 이후 **설치를 진행**하면 됩니다.

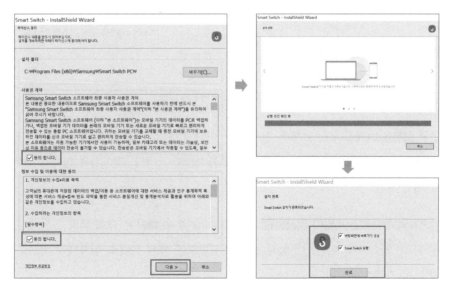

스마트 스위치 프로그램 설치

스마트 스위치 프로그램 설치를 완료하였다면 **스마트폰을 연결하여 백업**을 수행합니다. **스마트폰 연결 후 백업 버튼을 클릭**합니다.

❶ 스마트폰을 USB를 통해 PC와 연결 　　 ❷ 이후 스마트폰이 연결되면 백업 수행

스마트폰 PC 연결(USB 충전 연결선 이용)

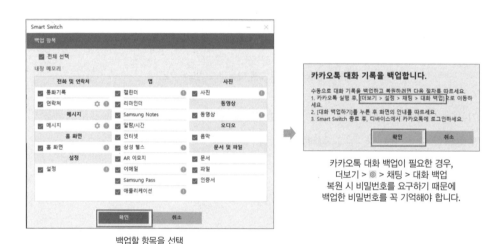

백업할 항목을 선택

백업 항목 선택과 카카오톡 백업

백업할 **항목을 선택**합니다. 보통은 전체 모든 영역에 대해서 백업을 하므로 기본인 **전체 선택** 기준으로 진행하면 됩니다. 이후 카카오톡 백업을 진행할 것인지에 대해서 재확인을 수행합니다.

카카오톡의 추가적인 백업이 필요하면 더 보기 ➡ 설정 ➡ 채팅 ➡ 대화 백업을 통해서 백업을 할 수 있습니다. 다만, 백업 시 묻는 비밀번호를 복원 시에도 입력해야 하므로 인해 반드시 기억해야 합니다.

백업에 걸리는 시간은 보통 한두 시간이 일반적입니다. 백업이 끝나면 저장이 완료되었다는 화면을 볼 수 있으며, 백업 파일은 **내 컴퓨터 ➡ 내 문서 ➡ Samsung ➡ Smart Switch ➡ backup ➡ 핸드폰 기종 명칭**에서 확인할 수 있습니다.

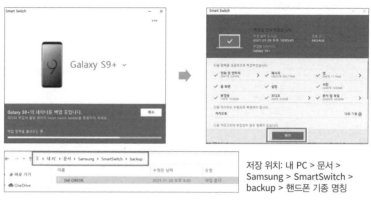

저장 위치: 내 PC > 문서 >
Samsung > SmartSwitch >
backup > 핸드폰 기종 명칭

백업이 저장된 위치

백업한 데이터를 선택

이후 복원할 백업 데이터 선택

복원 절차

이후 **복원**이 필요한 경우에는 **복원할 데이터를 선택한 이후에 지금 복원** 버튼을 통해서 간단하게 복원할 수 있습니다.

지금까지 안드로이드 스마트폰의 백업 기능에 대해 알아보았습니다. 이번에는 또 다른 스마트폰의 대표주자 아이폰(예: IPhone X) 백업 기능에 대해 알아보겠습니다. 아이폰 백업은 더 간편합니다.

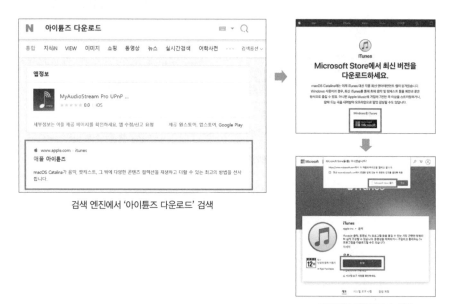

아이튠즈 다운로드와 설치

검색 엔진에서 **'아이튠즈'를 검색하여 다운로드 링크**를 찾습니다. 그리고 다운로드를 한 후 해당 프로그램을 설치합니다. 윈도우 10부터는 **마이크로소프트 스토어**에서도 쉽게 찾을 수 있습니다. 아이폰을 사용하는 분이라면 **아이튠즈**iTunes(아이폰과 PC를 연결하는 프로그램)가 이미 설치되어 있을 겁니다.

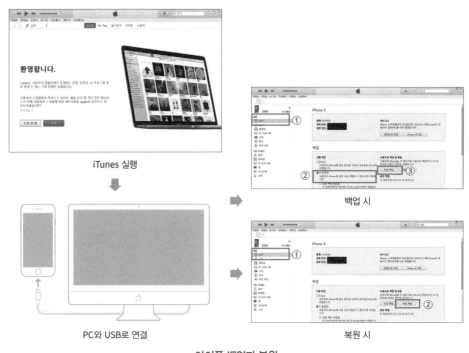

iTunes 실행

PC와 USB로 연결

백업 시

복원 시

아이폰 백업과 복원

iTunes 실행 이후 **PC와 USB를 연결**하고, **요약 ➡ 이 컴퓨터 ➡ 지금 백업**을 누르면 바로 백업이 됩니다. 또한, **복원**이 필요하다면 동일하게 **요약 ➡ 백업 복원**을 누르면 바로 복원되는 간편한 UI를 제공하고 있습니다.

간편한 대신 사용자의 PC 용량에 따른 선택권과 같은 자유도는 낮습니다. 각 스마트폰 회사별 장단점이라고 보면 될 것 같습니다. 이렇게 한 달에 한 번만 백업을 수행해줘도 스마트폰의 분실/도난이나 악성 코드와 같은 위험에서 데이터 손실의 문제를 없앨 수 있습니다.

부록

윈도우 초기화

스마트폰만이 백업과 복원의 대상이 아닙니다. 스마트폰보다 PC가 더욱 많은 악성 프로그램에 노출되며 위협 또한 높아지고 있습니다. PC를 사용하다 보면 속도도 느려지고 이상한 악성 프로그램이 설치되기도 하여 사용성이 점차 떨어지게 됩니다. 이럴 때 가장 효과적인 방법이 바로 **윈도우 초기화** 기법입니다. PC의 윈도우를 초기화함으로써 **악용되던 프로그램, 바이러스(048), 랜섬웨어(051 ~ 053), 좀비 PC(066)** 등이 숨어 있어도 전부 사라지게 됩니다. PC의 성능 향상에도 좋고 보안 측면에서도 좋은 **윈도우 초기화 절차**에 대해 알아보겠습니다.

시작 > 설정 > '업데이트 및 보안' 선택

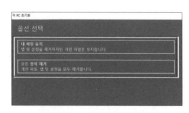

파일 유지 시 '내 파일 유지' 선택
전체 삭제 시는 '모든 항목 제거'(권장) 선택

복구 > 이 PC 초기화의 '시작' 선택

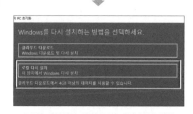

PC의 재설치를 위해 '로컬 다시 설치' 선택

윈도우 초기화 1단계

먼저, **시작 ➡ 설정 ➡ 업데이트 및 보안 선택 ➡ 복구 ➡ 복구의 초기화 시작 버튼**을 선택합니다. 기존에 따로 보관한 파일이 없다면 내 파일 유지 옵션을 선택하여 데이터 파일을 보존합니다. 만약 미리 백업을 통해서 파일을 따로 보관하고 있다면, 전체를 삭제하고 설치하는 **모든 항목 제거 선택을 권장**합니다. 앱을 남겨두는 식으로 하면 여전히 침해의 가능성이 남아있기 때문에 완전한 초기화를 하는 게 좋습니다. 로컬 디스크 드라이브에 해당 윈도우를 재설치하기 위해서 **로컬 다시 설치**를 선택하여 전체를 다시 설치하면 됩니다.

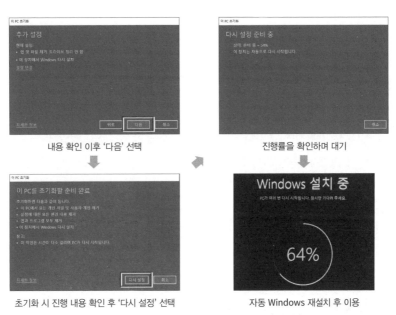

내용 확인 이후 '다음' 선택   진행률을 확인하며 대기

초기화 시 진행 내용 확인 후 '다시 설정' 선택   자동 Windows 재설치 후 이용

윈도우 초기화 2단계

현재 설정된 내용을 확인하고 맞는다면 **다음**을 선택하고, 초기화 시 진행될 절차에 관해서 확인한 후에 **다시 설정**을 선택합니다. 다시 설정 준비 중에서 진행률을 확인하면서 기다렸다가 윈도우를 재설치하고 초기화가 완료되었다면 이용하면 됩니다.

단순하게 버튼 클릭 몇 번만으로 여러분의 PC를 공장에서 처음 나온 것처럼 다시 만들어주는 편리한 기능입니다. 악성 코드 감염 이후에 PC가 의심스럽다면 고민할 필요 없이 바로 초기화를 통해 다시 안전하게 사용하기를 바랍니다.

부록

윈도우 10 재설치

윈도우의 초기화 설정을 통해서 별도의 어려운 절차를 거치지 않고 몇 번의 클릭만으로 윈도우를 최초 구성처럼 만들었습니다. 윈도우가 정상적으로 설치되지 않거나 별도의 오류로 인해서 망가지면 초기화 기능을 더는 이용할 수 없을 것입니다. 또한, 온라인 환경이 아닌 PC를 재설치해야 하는 경우도 있을 것입니다. 이럴 때 필요한 것이 바로 **윈도우 재설치**입니다.

이미 망가진 PC나 오프라인의 상태의 PC에도 설치가 가능한 **윈도우 10 재설치 절차**에 대해서 알아보겠습니다.

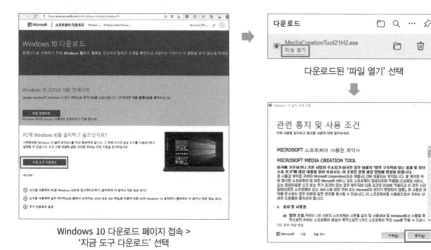

Windows 10 다운로드 페이지 접속 >
'지금 도구 다운로드' 선택

다운로드된 '파일 열기' 선택

'동의' 선택

윈도우 10 재설치 1단계

490 **APPENDIX** 주요 침해사고 대응 및 관리 방법

윈도우 10 다운로드 페이지[26]에 접속해서 '지금 도구 다운로드'를 선택하여 설치 도구를 다운로드합니다. 그런 후에 설치 도구를 **실행하여 사용 조건을 확인한 후 '동의'**를 선택합니다.

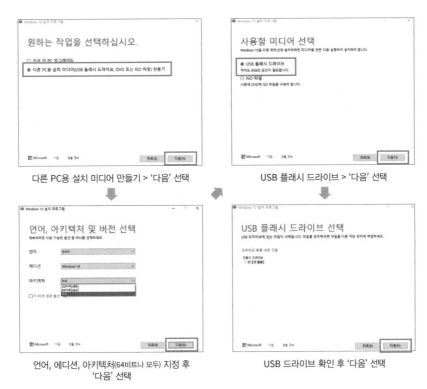

다른 PC용 설치 미디어 만들기 > '다음' 선택

USB 플래시 드라이브 > '다음' 선택

언어, 에디션, 아키텍처(64비트나 모두) 지정 후 '다음' 선택

USB 드라이브 확인 후 '다음' 선택

윈도우 10 재설치 2단계

USB에 윈도우 설치 이미지를 만들기 위해 **다른 PC용 설치 미디어 만들기 ➡ 다음 ➡ 언어, 에디션, 아키텍처 선택 ➡ USB 플래시 드라이브 ➡ 다음 ➡ USB 드라이브가 확인되면 다음**을 선택하여 윈도우 설치용 USB 만들기를 시작합니다. 이때 사용할 USB는 **부팅 기능이 가능한 8G 이상의 USB**를 이용해야 합니다. USB 구매 시 'Bootable'이라는 문구가 포함되었다면 USB만으로 부팅이 가능한 USB입니다. 저렴한 가격으로도 부팅 가능한 USB가 많으니 가격에 대한 부담은 덜 가져도 될 것 같습니다.

---

26 https://www.microsoft.com/ko-kr/software-download/windows10

Windows 10 파일 다운로드 후
미디어 자동 생성

USB 드라이브에 구성 완료 확인 >
'마침' 선택

USB를 끕고 CMOS BIOS에 진입하기 위해
노트북별 바이오스 진입 키 입력 >
(삼성 F2, LG F2, ASUS F2 or Del)를 선택 > 'Boot' 선택

(삼성 노트북 기준)Secure Boot Control: OffOS Mode
Selection: CSM and UEFI OS Fast BIOS Mode: Off 선택
> Boot Device Priority의 USB 선택

윈도우 10 재설치 3단계

인터넷으로부터 윈도우 10 설치 파일을 다운로드한 후에 설치용 USB를 자동으로 만들어줍니다. 완성되었다면 **마침**을 눌러 구성을 완료합니다. 이후에는 USB를 꽂은 상태에서 **부팅 순서를 결정하는 CMOS BIOS에 진입하기 위해서 노트북별 바이오스 진입 키를 입력**합니다. 보통 많이 사용되는 노트북 유형은 삼성전자는 F2, LG전자는 F2, ASUS는 F2 혹은 Del 키가 이용됩니다. 위와 같이 **보통 F2, Del 키 위주로 누르면 진입**할 수 있습니다. 가끔 F10(HP)이나 F1(레노버) 키를 이용할 때도 있습니다.

삼성 노트북 기준으로 CMOS에 접속했다면, **BOOT 선택 ➡ Secure Boot Control: Off, OS Mode Selection: CSM and UEFI OS, Fast BIOS Mode: Off 설정 이후 Boot Device Priority를 클릭하여 해당 설치용 USB를 선택**합니다. 그리고 **USB를 통한 부팅 순서를 설정**합니다.

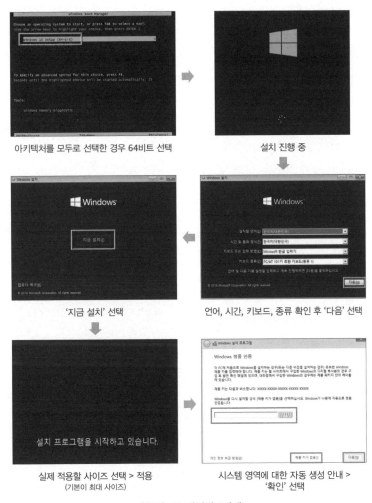

아키텍처를 모두로 선택한 경우 64비트 선택

설치 진행 중

'지금 설치' 선택

언어, 시간, 키보드, 종류 확인 후 '다음' 선택

실제 적용할 사이즈 선택 > 적용
(기본이 최대 사이즈)

시스템 영역에 대한 자동 생성 안내 >
'확인' 선택

윈도우 10 재설치 4단계

이후 **Save & Boot를 눌러 재부팅** 시에 Window Boot Manager를 나오게 합니다. 부팅 USB 생성 시에 1개의 윈도우 아키텍처만 골라서 만들면 별도의 선택 화면이 안 나올 수도 있습니다. 이후 윈도우 설치 마법사에 들어오게 되면 **언어, 키보드, 종류를 확인한 후 다음 ➡ 지금 설치**를 선택 후 설치 프로그램의 초기 설정을 진행하게 됩니다. 윈도우 제품 키가 있는 경우 입력하고 진행해도 되며, 나중에 입력하는 경우에는 제품 키가 없음을 선택하면 설치가 진행됩니다.

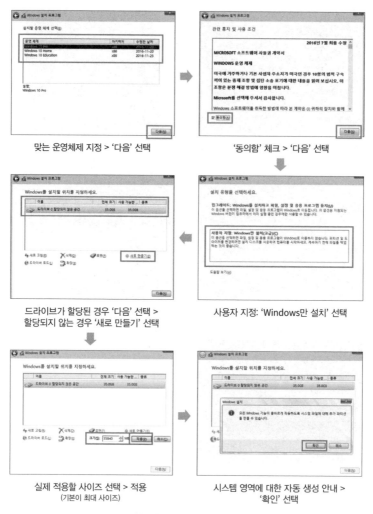

맞는 운영체제 지정 > '다음' 선택

'동의함' 체크 > '다음' 선택

드라이브가 할당된 경우 '다음' 선택 >
할당되지 않는 경우 '새로 만들기' 선택

사용자 지정: 'Windows만 설치' 선택

실제 적용할 사이즈 선택 > 적용
(기본이 최대 사이즈)

시스템 영역에 대한 자동 생성 안내 >
'확인' 선택

윈도우 10 재설치 5단계

다음은 설치할 **운영체제**를 선택합니다. **사용 조건 확인 후 동의함 ➡ 다음 ➡ 사용자 지정: 윈도우만 설치**를 선택합니다. 드라이브가 할당된 경우는 **다음 ➡ 할당되지 않는 경우 새로 만들기**를 선택합니다. 실제 적용할 용량을 할당하게 되는데, 기본값이 최대 용량이므로 여러 개의 드라이브로 분리하지 않고자 할 때는 **적용 ➡ 확인 ➡ 다음**을 통해서 설치를 진행할 수 있습니다.

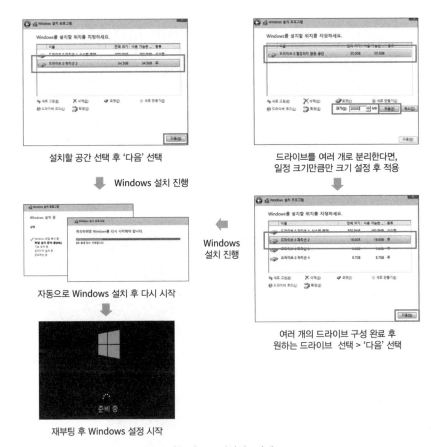

설치할 공간 선택 후 '다음' 선택

Windows 설치 진행

드라이브를 여러 개로 분리한다면,
일정 크기만큼만 크기 설정 후 적용

Windows
설치 진행

자동으로 Windows 설치 후 다시 시작

여러 개의 드라이브 구성 완료 후
원하는 드라이브 선택 > '다음' 선택

재부팅 후 Windows 설정 시작

윈도우 10 재설치 6단계

드라이브를 여러 개로 분리하고자 할 때는 일정 크기만큼만 크기 설정 후에 적용하고, 여러 개의 드라이브 구성이 완료되면 드라이브를 지정한 후 '다음'을 선택하여 윈도우 설치를 진행할 수도 있습니다. 윈도우 설치가 진행되면 자동으로 다시 시작하고 윈도우 설정 메뉴를 띄우게 됩니다.

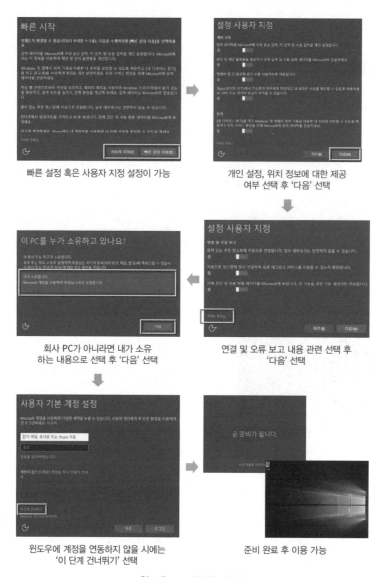

빠른 설정 혹은 사용자 지정 설정이 가능

개인 설정, 위치 정보에 대한 제공
여부 선택 후 '다음' 선택

회사 PC가 아니라면 내가 소유
하는 내용으로 선택 후 '다음' 선택

연결 및 오류 보고 내용 관련 선택 후
'다음' 선택

윈도우에 계정을 연동하지 않을 시에는
'이 단계 건너뛰기' 선택

준비 완료 후 이용 가능

윈도우 10 재설치 7단계

빠른 설정 사용을 클릭하여 기본으로 빠르게 이용하거나, **사용자 지정 설정**을 통해 **설정 사용자 지정**(개인정보, 위치정보, 연결 및 오류 등) 설정을 진행할 수 있습니다.

이어서 PC의 소유주가 기업/단체용인지 개인용인지를 확인합니다. 계정 연동을 통한 정책 적용이 가능한 메뉴로서, 별도의 계정 연동이 없다면 **내가 소유합니다** ➡ **다음** ➡ **이 단계 건너뛰기**를 선택해서 단순 설치로 진행할 수 있습니다. 전체 설치가 완료되었다면 이후 이용하면 됩니다.

이렇게 한다면 1만 원 정도의 USB 1개를 이용해 PC가 문제가 생길 때마다 손쉽게 윈도우를 복구할 수 있습니다. 언제든지 안전한 복구 수단을 제공하는 '내 컴퓨터를 위한 만 원의 행복', 한번 준비해보는 것이 어떨까요?

008

윈도우 11 업그레이드

PC용 운영체제인 윈도우 95가 출시된 이래 윈도우도 끊임없이 발전되어 왔습니다. 하지만 2022년 현재도 기존 일부 애플리케이션과의 호환성에 여전히 문제가 있습니다. 그래서 **얼리 어답터**를 비롯해 새 버전을 사용하고 싶은 분들은 **윈도우 11 업그레이드**를 고려할 것입니다.

여기서는 윈도우 11으로 업그레이드하려는 분들을 위한 **상세 절차**에 대해 알아보겠습니다. 윈도우 11은 기존과 다르게 시스템 요구사항이 있습니다. TPMTrusted Platform Module(안전하게 암호화 키를 보관하는 보안 장치) 역할을 의무화하였기 때문에 TPM이 없다면 업그레이드가 제한됩니다. TPM 없이 설치하는 방법도 있지만, 굳이 요구되는 의무 사항을 제외하고 설치하는 것을 권장하지는 않겠습니다.

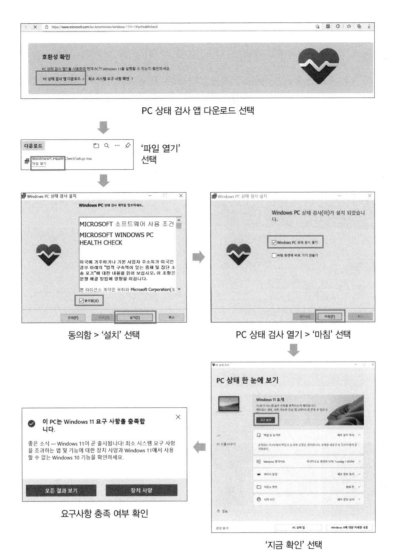

PC 상태 검사 앱 다운로드 선택

'파일 열기' 선택

동의함 > '설치' 선택

PC 상태 검사 열기 > '마침' 선택

요구사항 충족 여부 확인

'지금 확인' 선택

윈도우 11 설치 요구사항 충족 확인

윈도우 11은 TPM부터 시작해서 설치 요구사항이 존재합니다. 먼저, PC 상태 검사 사이트[27]에 접속하여 **PC 상태 검사 앱을 다운로드**합니다. 이후 파일을 실행하여 사용 조건을 확인한 후 **동의함 ➡ 설치**를 선택합니다. **PC 상태 검사 열기 ➡ 마침**을 선택하여

---

27 https://www.Microsoft.com/ko-kr/windows/windows-11?r=1#pchealthcheck

PC 상태를 확인할 수 있습니다. **지금 확인**을 누르면 **요구사항에 충족되는 PC 여부**를 확인할 수 있습니다. 요구사항의 충족되지 않으면 모든 결과 보기를 통해 문제점을 확인할 수 있습니다. 특히, TPM 이슈가 있는 경우가 많은데, 메인보드에서 TPM 설정이 꺼져 있는 경우도 많으므로 **윈도우 10 재설치(부록007)**의 CMOS BIOS 진입 방법을 참조하여 **TPM 설정을 Enable**시키는 방법도 있습니다.

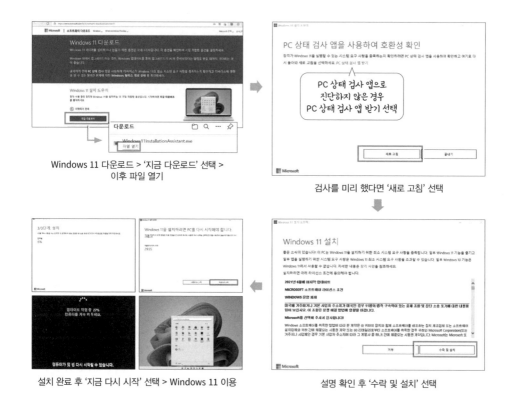

Windows 11 다운로드 > '지금 다운로드' 선택 >
이후 파일 열기

검사를 미리 했다면 '새로 고침' 선택

설치 완료 후 '지금 다시 시작' 선택 > Windows 11 이용

설명 확인 후 '수락 및 설치' 선택

윈도우 11 업그레이드 절차

윈도우 11 다운로드 사이트[28]에 접속 ➡ **'지금 다운로드'를 선택** ➡ **이후 도구가 받아지면 파일 열기**를 선택합니다. 미리 상태 검사 앱을 통해서 요건 충족 여부를 확인했다면 새로 고침, 검사를 하지 않으면 'PC 상태 검사 앱 받기'를 선택합니다. 윈도우 11의 설명을 확인 후 수락 및 설치를 선택하여 윈도우 11 업그레이드 설치를 진행합니다. 설치를 마쳤다면 **지금 다시 시작**을 선택하여 윈도우 11을 이용하면 됩니다.

28　https://www.microsoft.com/ko-kr/software-download/windows11

사고의 끝은 재발 방지!

많은 사람이 보안에 처음 관심을 가지게 되는 시점은 바로 앞에서 알아봤던 것처럼 보안 사고가 발생했을 때입니다. 대개 보안 사고가 발생하지 않으면 보안 활동이 무엇인지 별 관심이 없습니다. 그러다 보안 사고가 발생하면 보안 활동을 제대로 하지 못했다고 보안 부서를 비난하곤 합니다. 이는 보안이 가진 딜레마로, 보안 관련 업무를 하는 분들이 늘 고민하는 부분입니다.

이러한 상황은 비단 회사에서만의 문제가 아닙니다. 여러분도 IT 서비스를 이용할 때 보안 기술이 제대로 적용되어 있으면 사용하는 데 불편함을 느껴 불만을 토로할 때가 많을 겁니다. 여기서 한 가지 부탁의 말씀을 드립니다. 이러한 불편한 상황이 발생할 때마다 '이 회사는 내 정보, 내 자산을 지키려고 보안에 많은 신경을 쓰고 있구나'라고 이해해주면 좋겠습니다.

이 책에서는 다양한 보안 사고와 이에 대한 대응 방법을 다루고 있는데, 가장 중요한 것은 다시는 같은 사고가 발생하지 않도록 하는 재발 방지 방안입니다. 왜 사고가 발생했고, 어떻게 해커와 같은 공격자가 들어올 수 있는지까지도 이해하여 내 PC와 스마트폰, 시스템을 안전하게 지키기를 기원합니다.

여러분이 보안이 잘 적용된 회사의 서비스를 이용하면서 다소 불편함을 겪었다면, 아마도 해커들은 몇 배 더 불편함을 느끼며 해킹을 포기했을 겁니다. 부디 이 책에서 다루는 보안 예방 및 대응을 통해 보안 사고가 재발하지 않기를 바랍니다.

혹여 이 책이 어렵게 느껴지는 분들은 제가 운영하는 유튜브 강좌(http://bit.ly/security_reader)나 블로그(https://blog.naver.com/security_reader)를 통해서 다시 만나면 좋을 것 같습니다. 여기까지 수고 많으셨습니다. 이 책을 선택하고 읽어준 여러분께 진심으로 감사를 드립니다.

기호 및 숫자

*.apk	227
0-Day	236
1-Day	236
1인 출입 통제 시스템	167
2-Factor Authentication	86
2차 공격자	109
2차 인증	86
2차 인증 설정	306
2채널 인증	116

A

Access Control	166
AccessKey	426
Access Point Hacking	254
ACL(Access Control List)	294
Active Phishing	120
Active-X	320
AD(Active Directory)	195
Administrator	309
Ad Provider	137
Adware	229
Anti-DDoS	337
AntiMiner	317
Anti-Tailgating	168
Anti-Virus	198
APT(Advanced Persistent Threat)	176
APT Wallpad Attack	250
arp -a	58
Automated Bot	31
Autorun Attack	145
AWS Shield Advanced	33

B

Backdoor	169
Background Knowledge Attack	66
Backlog Queue	336
Backup	481
BIA(Business Impact Analysis)	143
Black Hacker	399
Black Hat Hacker	399
Blackmail	132
Black Market	238
Bodycam Phishing	225
Broken Access Control	292
Brute-Force Attack	94
Bug	194
Bug Bounty	238
Business Scam	175

C

Captcha	96
CAPTCHA	290
Castle	371
Charger Hacking	240
Circle Lock	167
Clean Desk	150
Clipping Level	95
Combo-Squatting	185
Commercial Software Vulnerability	356
Cookie	288
Cracker	399
Cracking	77
Credential Dumping	422
Credential Stuffing	86
Cryptojacking	316
CSRF(Cross-Site Request Forgery)	288, 289
CSRF 토큰	290
CTI(Cyber Threat Intelligence)	263
CTF(Capture the Flag)	368
CVE(Common Vulnerability and Exposure)	356
Cyber Bullying	275
Cyber Deception	378
Cyber Defamation	281
Cyber/Internet Addiction	49

Cyber Sexual Violence 279
Cybersquatting 184
Cyber Stalking 278
Cyber Warfare 198

D

Dark Web 41
Data Exfiltration with Shared Folder 104
DBD(Drive By Download) 193
DDoS(Distributed Denial of Service) 32, 335
Deep Fake 295
Deep Web 42
Deface Attack 269
Defender 방화벽 341
Delete Audit Log 383
Dictionary Attack 77
Digital Door Lock Attack 246
Distributed Denial of Service 335
DKOM(Direct Kernel Object Manipulation) 398
DLP(Data Loss Prevention) 437
DNS(Domain Name Service) 124
Document With Macro 272
DoS(Denial of Service) 332
Doxware 222
DRDoS
   (Distributed Reflection Denial of Service) 339
DumpIt 397
Dumpster Diving 158

E

E-commerce Scam 181
ECRM 469
EDR(Endpoint Detection & Response) 238
EMM(Enterprise Mobility Management) 437
End of Service/Sale 360
ESM(Enterprise Security Management) 404
eWalker 390

F

Fake Site 121
File Encryption Ransomware 207
Fileless Attack 322
FILETYPE 29
Financial Information Phishing 38
Firmware 255
Forensic 209

G

Game Account Abusing 441
Garbage Picking 158
GitHub Upload 455
Google Dork 29
gpedit.msc 353
GPO(Group Policy Object) 389
GPS(Global Positioning System) 190

H

Hacker 399
Hacktivist 399
Hiding Malware 395
Homogeneity Attack 65
Honey Pot 378
Hooking 398
hosts 126
Hosts File 124
hosts.ics 126
Httpd.conf 415
HttpOnly 설정 328
Humint 172

I

ID 43
ID 저장(자동 로그인) 실수 139
In-company Collaboration Tools Attack 405

In-company File Sharing Attack 408
Information Leaking When Away 155
Injection 270
Interlock 167
Internet History Exfiltration 90
Internet Information Gathering 29
INTEXT 29
INTITLE 29
INURL 29
IoC(Indicator of Compromise) 325
IoT 보안 252
IoT 보안 인증 247
IPS(Intrusion Prevention System) 333
Iptables 342
IP & 세션 기반 95
IP 스푸핑 339
IP 주소 124
ISO/IEC 20889 63
iTunes 486

J

Job Schedule Malware 300

K

Keyboard Logging 438
Kill Antivirus 379
KISA(Korea Internet & Security Agency) 211, 473
KISA의 보호나라 381
KrCERT 224
K-익명성 63, 64

L

Land Attack 332
last 310
Least Privilege 293
Linkage Attack 62
Location Trace 190
Lock Screen Ransomware 212
Logical Bomb 376
L-다양성 67

M

Malvertising 136
Malware Distribution 108

MAM(Mobile Application Management) 437
Man Fault 143
Masquerading System File 391
MDM(Mobile Device Management) 437
Memory Exploit 323
Message Bomb 265
MFA(Multi Factor Authentication) 407
MFT(Master File Table) 385
Mimikatz 423
MinerBlock 317
MITM(Man In The Middle) 54
Mitre 357
Multichannel 177

N

NAC(Network Access Control) 261
Nasty Stuff 207
NetCat 374
Netstat 33
Network Segmentation 237
NMS(Network Management System) 404
NoCoin 317
Nonce 331
NotPetya 217
NTFS Log Tracker 385
NTLM(New Technology LAN Manager) 423
NTP(Network Time Protocol) 343
NTP Amplification DDoS Attack 343
NTP 서버 344

O

Office Information Leakage 149
One-Day 236
Online Witch-Hunt 49
Operational Mistake 142
Opt-In 67
OS Account Registration 308
OS 계정 등록 308
OTP(One Time Password) 124
OTP 장치 125
OWASP
  (the Open Web Application Security Project) 285

P

P2P(Peer to Peer)	109
Packet Sniffing	56
Password File Exfiltration	425
Password Guessing Attack	97
Permanent Denial Of Service	346
Persona	74
Personal Information	34
Petya	217
Pharming	123
Phishing	38
Piggybacking	166
Plug-in	193
PMS(Patch Management System)	238
Powershell	323
PPS(Packet Per Second)	336
Privacy Profiling	72
Process Explorer	394
Pslist	398
Psscan	398
Putty	110

Q

Quantum Computer	82

R

RaaS(Ransomware as a Service)	42
Radio Frequency	247
Rainbow Table	81
Ransomweb	219
Referer	290
Reflective DLL	323
Remote Access Attack	428
Remote Desktop Protocol Attack	416
Reverse Shell	373
robots.txt 파일	33
Rogue Access Point	52
Romance Scam	178
Root	309
Rootkit	312
RPO	143
RTO	143

S

Safe Mode	213
Salt	81
SandBox	377
Scanning Service	402
Screen Capture Exfiltration	435
Script Based Techniques Attack	323
Script Kiddie	399
Scrubbing Center	338
SDR(Software Define Radio)	331
Secure Boot	347
Secure Coding	245
Secure 설정	328
Security Logging and Monitoring Failure	352
ServerTokens	415
Session	326
Session Hijacking	326
Session Replay	329
Session Token	331
Shadow IT	258
Shodan	453
Shoulder Surfing	152
Silk Road	42
Similarity Attack	70
SIM Swapping	205
SITE	29
Skewness Attack	69
Slowloris	332
Smartphone Duplication	204
Smartphone Virus	201
SmartScreen	291
Smishing	127
Sniffing	57
Snooping	56
SNS(Social Network Service)	178
SNS Account Delete	445
SNS Account Stolen	304
SNS Fraud	449
SNS 계정 유출	304
SNS 계정 탈퇴	445
SNS 사칭	449
SolarWinds	243
Spear Phishing	114
Speed Gate	168
SPoF(Single Point of Failure)	254

Spoofing	57
SQL Injection	285
SSID	55
SSL/TLS 암호화	330
SSL-VPN	429
Stateful Inspection	340
Stealing	161
Stuxnet	145
Supply Chain Attack	243
Surface Web	42
Sysinternals	33
System Destruction Ransomware	216

T

Tailgating	166
Tasklist	398
TCP View 프로그램	33
Teleconference Attack	431
Temporary & Misconfiguration	412
Timeout	331
Timestamp	331
TPM(Trusted Platform Module)	498
Trojan-Horse	233
Typo-Squatting	185
T-근접성	71

U

UAC(User Access Control)	313
Unknown Port	375
URL 주소	124
USB	146
Useless Browser Extension Program	319
Useless Privilege Escalation	366
Using Security Solution Bypass	387
USNJournal(Update Sequence Number Journal)	385

V

Vaccine	198
VDI(Virtual Desktop Infrastructure)	429
Virus	197
VirusTotal	128
Voice Phishing	117
Volatility	397
Vulnerability	194

W

WAF(Web Application Firewall)	286, 371
WAS(Web Application Server)	334
Watering Hole	111
WebCam & IP Camera Hacking	452
Webkeeper	390
Webshell	270
Webshell Upload	369
WFA(Work From Anywhere)	153
Whaling Attack	101
Whistle	371
White Hacker	399
White Hat	399
Wi-Fi	52
Windows Defender 방화벽	32
WMI(Windows Management Instrumentation)	323
Worm	198, 349
WPA2	257
WPA3	257

X

XSS(Cross-Site Scripting)	288

Z

Zero-Day	236
Zombie PC	262

ㄱ

가명정보 처리 가이드라인	63
가비지 피킹	158
감사 로그 삭제	383
개인정보	34
개인정보보호법	270
개인정보 수집	34
개인정보 유출 소송	477
개인정보 프로파일링	72
개인화 이미지	121
거짓 사이트	121
게임 계정 도용	441
경찰청 안티스파이	206
고소장	465
공공 와이파이	52
공급망 공격	243

공식 인증 마크 451
공유 폴더 설정 105
공유 폴더 설정 변경 107
공유 폴더 정보 유출 104
광고 서비스 제공자 137
광고 설정 75
광고 차단기 138
광고 표시 설정 제한 232
구글 검색 센터 30
구글 해킹 29
권한 상승 365
권한 설정 106
글로벌 스미싱 129
금융정보 피싱 34
김미영 팀장님 127
깃허브 업로드 455

ㄴ

나의 찾기 서비스 165
낫페트야 217
내 디바이스 찾기 서비스 163
내부 이동 공격 401
네트워크 시간 프로토콜 343
노 모어 랜섬웨어 210
노코인 317
노트북 잠금장치 162
논리 폭탄 376

ㄷ

다크 웹 41
대용량 트래픽 전송 공격 336
더치트 463
덤스터 다이빙 158
도메인 구매 대행 186
독스웨어 222
동질성 공격 65
드라이브 바이 다운로드 193
디도스 335
디도스 대응 서비스 33
디지털 도어록 공격 246
디지털 장의사 297
디페이스 공격 269
딥페이크 295
따라 들어가기 166

따라 들어가기 차단 168

ㄹ

랜섬웨어 207
랜섬웹 219
레인보우 테이블 80
렌즈 가리개 252, 454
로그아웃 328
로그아웃 미흡 139
로맨스 스캠 178
루트킷 312
리버스 셸 373
리퍼러 290

ㅁ

마이너블록 317
말웨어바이트 안티-루트킷 314
망 분리 237
매뉴얼 18
매크로 포함 문서 272
멀버타이징 136
멀티채널 177
메모리 기반 루트킷 313
메모리 덤프 396
메모리 분석 397
메시지 수신 차단 266
모니터 보안기 153
모순 459
몸캠 피싱 225
무선 공유기 255
무선 공유기 해킹 254
무선인터넷망 52
무선주파수 247
무역 보험 177
무차별 대입 공격 94
문서 현장 파쇄 서비스 160
문자 폭탄 265
민감정보 67

ㅂ

바이러스 197
바이러스 토털 393
방어 우회 365
배경지식 공격 65

백도어	169	사이버 모욕죄	282
백로그 큐	336	사이버범죄 신고 시스템	468
백신	198	사이버 성폭력	278
백신 무력화	379	사이버 수사대	465
백업	481	사이버 수사대 신고	468
버그	194	사이버스쿼팅	115
버그 바운티	238	사이버 스토킹	278
법인정보	45	사이버안전지킴이	468
법인정보 공격	45	사이버(인터넷) 중독	49
보안 담당자	221	사이버전	198
보안 로그 및 모니터링 오류	352	사전 공격	77
보안 솔루션	33	사회 관계망 서비스	178
보안 솔루션 우회 사용	387	상용 소프트웨어 취약점	356
보안 패치	112	샌드박스	377
보이스 피싱	117	섀도 IT	258
복원	481	서비스 거부 공격	332
부재중 정보 유출	155	서비스 검사	402
분산 반사 서비스 거부 공격	339	서비스 제공자	290
분산 서비스 거부 공격	32	서비스 종료	360
불법 AP	52	서클락	167
불필요한 권한 상승	366	세단기	159
불필요한 브라우저 확장 프로그램	319	세션	326
블랙 마켓	238	세션 리플레이	329
블랙메일	132	세션 하이재킹	326
블랙 해커	399	세이프 브라우징	113
비밀번호	43	소액결제	130
비밀번호 관리 대장 탈취	425	솔라윈즈	243
비밀번호 복잡도	98	쇼단	453
비밀번호 복잡성	78	스누핑	56
비밀번호 추측 공격	97	스니핑	57
비식별조치	62	스마트폰 바이러스	201
비식별화 국제표준	63	스마트폰 백업	481
비즈니스 스캠	175	스마트폰 복제	204
		스마트폰용 백신	202
		스미싱	127
ㅅ		스케줄링 방식	375
사내 파일 공유 공격	408	스크러빙 센터	338
사내 협업 도구 공격	405	스크립트 키디	399
사무실 정보 유출	149	스턱스넷	145
사용자 계정 컨트롤	313	스파이 프로그램	205
사용자 모드 루트킷	313	스팸 메일	48
사이버 디도스 대피소	337	스팸 설정	48
사이버 디셉션	378	스푸핑	57
사이버 따돌림	275	스피드 게이트	168
사이버 망명	56	스피어 피싱	114
사이버 명예훼손	281		

시간 서버 증폭 공격 343
시스템 구성 303
시스템 레벨 386
시스템 파괴 랜섬웨어 216
시스템 파일 위장 391
시큐어 부트 347
시큐어 코딩 245
실크로드 42
심 스와핑 205
심층 웹 42
쏠림 공격 69
쓰레기통 뒤지기 158

ㅇ

아이디 43
아이튠즈 486
아이폰 486
아파트 월패드 공격 250
악성 소프트웨어 197
악성 코드 유포 108
악성 프로그램 은닉 395
안드로이드 스마트폰 482
안전Dream 277
안전 모드 213
안티 디도스 337
안티마이너 317
안티바이러스 198
알람 설정 144
암호화폐 채굴 316
애드웨어 229
액티브엑스 320
액티브 피싱 120
양자 컴퓨터 82
어깨너머 훔쳐보기 152
에스크로 제도 182
연결 공격 62
연결 상태 기반 검사 340
온라인 광고 136
온라인 마녀사냥 49
옵트인 67
와이파이 52
와이파이 이름 55
운영 실수 142
워터링 홀 111
원격 데스크톱 프로토콜 공격 416

원격 접속 공격 428
원격회의 공격 431
원격 접속 로그 309
웜 198
웨일링 공격 101
웹 방화벽 371
웹 서버 371
웹 서비스 지연 공격 336
웹셸 270
웹셸 업로드 369
웹 애플리케이션 서버 334
웹캠 & IP 카메라 해킹 452
위치 추적 190
위치 추적 프로그램 191
윈도우 7 362
윈도우 10 362
윈도우 10 재설치 490
윈도우 11 362
윈도우 11 업그레이드 498
윈도우 이벤트 뷰어 384
윈도우 초기화 488
유사 도메인 121
유사성 공격 69
유지보수 계약 358
은닉 프로세스 398
이동식 매체 146
이루다 455
인적 장애 143
인젝션 270
인증 실패 횟수 제한 95
인증 최대 실패 횟수 제한 95
인터넷 기록 유출 90
인터넷 정보 수집 28
인터넷주소분쟁조정위원회 186
인터락 167
임시 및 잘못된 구성 412

ㅈ

자격증명 덤핑 공격 422
자동실행 공격 145
자동실행 기능 146
자동화 봇 31
자필 진술서 465
작업 관리자 303
작업 스케줄러 악성 코드 300

잠금화면 93
적극적 공격 189
전자상거래 사기 181
전화 금융사기 117
정보보안 컨설팅 221
정보 수집 27
정보 추적 61
제로데이 236
조정 421
좀비 PC 262
중고 물품 거래 462
지속 가능한 서비스 거부 공격 346
지속성 루트킷 313
지속적인 공격 299
진정서 465

ㅊ

초기 공격 89
최소 권한의 원칙 293
충전기 해킹 240
취약점 194
취약한 접근 제어 292
침입 방지 시스템 333
침해지표 325

ㅋ

카카오톡 484
캐슬 371
캡차 96
커널 모드 루트킷 313
코드 서명 259
콤보스쿼팅 185
쿠키 288
크래커 399
크래킹 77
크리덴셜 스터핑 34
크립토재킹 316
클라우드 86
클린 데스크 150
키보드 로깅 438

ㅌ

타이포스쿼팅 185
타임아웃 331

탈취 421
투넘버 서비스 46
트로이 목마 233

ㅍ

파밍 121
파워셸 323
파일리스 공격 322
파일 암호화 410
파일 암호화 랜섬웨어 207
패킷 감청 56
펌웨어 255
페르소나 74
페트야 217
포렌식 209
포맷 148
표면 웹 42
프로그램 통제 410
프로파일링 73
프린터 추적 시스템 160
플러그인 138
피싱 38
피해구제신청 183

ㅎ

한국여성인권진흥원 297
한국인터넷진흥원 473
핫스팟 58
해외 로그인 차단 98
핵티비스트 399
허니팟 378
호스트 파일 124
화면 보호기 92
화면 워터마크 436
화면 잠금 랜섬웨어 212
화면 캡처 방지 436
화면 캡처 유출 435
화이트 해커 399
회원 탈퇴 36
후킹 398
휘슬 371
휴민트 172